吴晗

(1909—1969)

著名历史学家、社会活动家

曾任北京市人民政府副市长

民盟中央副主席、民盟北京市委主委

图书在版编目（CIP）数据

吴晗年谱．政务篇 / 习之编著 .— 北京：群言出版社，2014.11
（民盟历史文献）
ISBN 978-7-80256-640-8

Ⅰ．①吴… Ⅱ．①习… Ⅲ．①吴晗（1909～1969）—年谱 Ⅳ．① K825.81

中国版本图书馆 CIP 数据核字（2014）第 242305 号

责任编辑　李　群
封面设计　群言艺术设计中心·齐立娟

出版发行　群言出版社（Qunyan Press）
地　　址　北京市东城区东厂胡同北巷 1 号（100006）
网　　站　www. qypublish.com
电子信箱　qunyancbs@126.com
总 编 办　010-65265404　65138815
发 行 部　010-65263345　65220236
经　　销　全国新华书店
读者服务　010-65262436　65276609
法律顾问　北京市君泰律师事务所

印　　刷　北京画中画印刷有限公司
版　　次　2014 年 11 月第 1 版　2014 年 11 月第 1 次印刷
开　　本　880 × 1230　　1/32
印　　张　19.75
字　　数　408 千字
书　　号　ISBN 978-7-80256-640-8
定　　价　79.00 元

前　言

中国民主同盟成立于1941年3月，正值抗日民族统一战线遭到国民党独裁统治破坏的危难之际。民盟以贯彻抗日主张、实践民主精神、尊重思想自由、提倡依法治国为政治纲领。民盟凝聚了当时绝大多数进步知识分子和社会精英，可谓群贤毕集。在不同的历史时期，黄炎培、张澜、沈钧儒、杨明轩、闻一多、李公朴、梁漱溟、史良、胡愈之、楚图南、吴晗、费孝通……这些民盟前辈精英们纵横捭阖、开阔放达，本着知识分子的人文良知和社会责任"奔走国是"，在政治、经济、军事、外交、教育、社会等领域都提出了明确的纲领和主张，将平等、民主、自由的思想播撒在中国的土地上。

在那苍黄翻覆、陵谷变迁的大时代，在那风云变幻、波澜壮阔的动荡岁月里，历史的浪潮将中国民主同盟，将有志于民族振兴的贤良才俊推上了风口浪尖，他们在改变中国命运的同时，也改变了自己的人生轨迹。他们为历史的进程，为国家富强、民族振兴和民主政治的进步做出了卓越的贡献；他们将自己的荣辱与民族存亡紧紧地联系在一起，为中国的民主、繁荣奋斗了一生，为后人留下了许多宝贵的精神财富；他们关于新民主主义社会的探索，至今仍具有巨大的影响和现实意义。

在和平盛世的今天，为了保存这珍贵的历史财富，为了让后人记住先辈们的独立之精神、自由之思想以及他们为国为民、励精图治的奋斗事迹，我们通过多年的精心准备和积累，出版了《民盟历史文献》丛书，这不仅仅是追忆往昔、缅怀先贤，也不仅仅是为了从学术研究的角度去厘清历史、臧否人物，更重要的是：通过回顾那段曲折的历史，传承民盟与中国共产党肝胆相照、荣辱与共的真挚感情；纪念民盟先贤为新中国做出的巨大贡献；呈现近现代中国社会的嬗变和进步知识分子的爱国情怀；同时也是为了民盟薪火相传、与时俱进的需要；为了让那些隽永传奇的人物和可歌可泣的历史再现后人的眼前。

路漫漫其修远兮，吾将上下而求索。《民盟历史文献》丛书的出版，是对先贤们多党合作历史的尊崇和传承。

《民盟历史文献》编委会

序　言

吴晗先生是我国著名的历史学家和社会活动家，他在民主革命中和新中国的文化建设方面都曾做出了重大贡献，1969年蒙冤逝世。

习之先生不辞辛苦，坚持不懈，收集和阅览了大量有关资料，编成《吴晗年谱·政务篇》《吴晗年谱·外事篇》等多部分门别类的年谱专集，精神感人，可敬可佩。这些年谱专集无论是对于深入了解吴晗，还是开展吴晗研究，吸取宝贵的历史经验教训，都具有重大意义。

家父闻一多与吴晗系至亲好友，他们相识虽然较晚，但几经开怀畅谈以及并肩战斗过一段历程之后，成了莫逆之交，感情之深，关系之密，超过了家父一生中结识的任何一位朋友。得此知己，家父非常高兴，非常满意，特从《论语·微子》篇中摘选了两句书赠吴晗，词曰："鸟兽不可与同群，吾非斯人之徒与而谁与。"非同一般的友情尽在区区不足二十个字的横幅之中！

《吴晗年谱》各专集继《吴晗全集》之后陆续出版，家父有知，当于九天之上含笑捋须，举杯相庆！

习之先生邀请为其《吴晗年谱·政务篇》作序，盛情难却，谨将得悉该专集即将出版后的一点感想，草成短文，权当序言。

闻立雕[1] 于北京莲花小区
2014年7月2日

---

① 闻立雕，伟大的爱国主义者，坚定的民主战士，中国民主同盟早期领导人闻一多的次子，现名韦英，湖北浠水人。1928年出生，1948年参加革命。先后在陕西、新疆、北京工作。他曾任西北团校党史教研室副主任、中共陕西省委讲师团教员、新疆维吾尔自治区党委宣传部理论教育处副处长、中宣部宣传局副局级调研员等职务，1989年离休。离休后的闻立雕，并没闲着，一心致力于《闻一多全集》的整理出版工作。

自　序

继已经出版的《吴晗年谱·外事篇》之后，我的第二部较为详细地反映吴晗生平活动的历史专著《吴晗年谱·政务篇》又将由群言出版社出版了。

《吴晗年谱·政务篇》所反映的，是从一九四九年二月一日吴晗以北平市军管会文化接管委员会成员身份进入北平之时起，至一九六六年三月二日中共北京市委根据周恩来总理的指示，由北京市市委副书记、副市长万里出面，让吴晗到北京昌平县大东流公社参加“四清”之时止，共计十七年零一个月的时间里，因从事政务工作所发生的生平活动。

据笔者尚不完全的统计，吴晗一生中担任过的各种职务共有160多个，其中与政务工作相关的职务就高达58个，与社会工作相关的职务高达38个，与学术工作相关的职务高达32个，与民主党派工作相关的职务高达21个，一九四九年二月份以前他还在清华大学读书，任教期间担任过的其他职务也有16个。本书所反映的，仅仅只是吴晗担任与政府工作相关的职务和与社会工作相关的职务时所发生的生平活动。

在这本《吴晗年谱·政务篇》中，我们可以看到吴晗出席或出席并主持各种诸如北京市人民政府委员会会议、北京市人民政府集体办公会议、北京市人民政府行政会议、北京市人民政府联合办公会议、北京市人民政府文教委员会全体会议、北京市文教委员会联合办公会议等会议时所发生的生平活动的部分真实记录。

在这本《吴晗年谱·政务篇》中，我们也可以看到吴晗出席或列席最高国务会议、全国人民代表大会、全国政协常务委员会、全国政协全体会议、国家文化教育委员会全体委员会议等国家级的会议时所发生的生平活动的部分真实记录。

在这本《吴晗年谱·政务篇》中，我们也可以看到吴晗在纷繁庞杂的各种下行文、上行文、平行文上所作出的包括"指示"、"批示"、"阅办意见"等文件处理意见时所发生的生平活动的部分真实记录。透过上述这些真实的记录，我们可以看到吴晗在担任北京市副市长以及其它与政府工作职务相关的工作和与社会工作职务相关的工作时，勤政为民、兢兢业业的人民公仆的身影。

在这本《吴晗年谱·政务篇》中，我们也可以看到吴晗在为北京植物园、北京市少年宫、北京教学植物园、北京师范学院、北京天文馆、人民大会堂、人民英雄纪念碑、中国书店等的建立时所发生的生平活动的部分真实记录。透过这些真实的记录，我们可以看到吴晗为北京、为我国这些“文化遗产”和“标志性”建筑的建设时所付出的不懈努力和辛勤付出。

在这本《吴晗年谱·政务篇》中，我们还可以看到吴晗在我国历史上的几个大的政治运动和历史事件中，如：三反五反、胡风反革命集团案、反右派运动等中的部分真实记录。当时，在这些政治运动和历史事件中，不少人第一天还是站在斗争别人的讲台上高谈阔论，第二天自己就莫名其妙的站在被人斗争的席位上“低头认罪”。不少人本着紧跟党，紧跟形势的思维观念，自觉或不自觉地在这些群众性的政治运动中充当了急先锋，伤害了不少本是自己的好同事，好战友。吴晗，就是这样一批人中的一个。吴晗在这些政治运动和历史事件中的真实记录，以及那个特殊年代的特殊的历史现象，为我们提供了一份研究那个特殊年代的一份不可多得的历史文献。

近些年来，有关反映吴晗生平活动的传记和纪念文章可谓是不可胜数，汗牛充栋。但像本书这样全面、真实、连续、原始的反映吴晗生平活动的史学专著——“年谱”，应该还是前所未有、史无前例的。

在这本专著即将出版之际，我要衷心地感谢群言出版社的责任编辑张天放先生。他为本书的编撰、出版，付出了不少艰辛的努力，为本书的最后修改稿提出了许多有益的建议。

我还要衷心地感谢北京历史学会吴晗研究分会的副秘书长张丽娜老师。她也为本书的出版做出了很多默默无闻的“幕后人”的工作。

最后，我还要衷心地感谢八十六岁高龄的伟大的爱国主义者、坚定的民主战士、中国民主同盟早期领导人、吴晗的亲密战友闻一多先生的次子闻立雕老先生。他虽年事已高，但他还是非常乐意地答应了我请其为本书写序的“不情之请”，使得本书陡然添色，蓬荜生辉。

刘之

2014年6月28日

于北京市海淀区定慧东里

目 录

一九四九年

2月1日夜 吴晗、翦伯赞、宦乡等人以文化接管委员会成员的名义进入北平。①

［按:文化接管委员会是北京市军事管制委员会所属的一个部门组织。主任为钱俊瑞(后为周扬),副主任为陈微明。］

2月3日 吴晗参加了人民解放军进驻北平的入城仪式。②

［按:2月3日,人民解放军进驻古都北平的庄严的入城式在上午10时举行。成群结队的工人、学生和市民天刚一亮就跑到城门口伫望。他们赶到前门车站整队欢迎,华北人民政府所在地来北平的各民主党派人士周建人、胡愈之、吴晗、楚图南、刘清扬、张曼筠,新近访问华北人民政府回北平的各大学教授张东荪、费孝通、雷洁琼、严景耀、焦菊隐等,与由清华、燕京两大学入城的教授张奈茗、钱伟长、邓以

① 宋连生著:《吴晗的后二十年》,河北人民出版社,2009年版,第38页。

② 本条引自1949年2月5日《人民日报》第一版。

蛰、李广田等都加入了欢迎的行列。]

2 月 4 日 吴晗增补为文化接管委员会委员。①

[按:1948 年 12 月 21 日,北平军管会便成立了由钱俊瑞、陈微明(沙可夫)、马彦祥、李伯钊、艾青、光未然、尹达、徐迈进、张宗麟、范长江、侯俊岩等 11 人为委员的文化接管委员会。1949 年 2 月 4 日,又增加田汉、胡愈之、吴晗、楚图南、翦伯赞、周建人、安娥等 7 人为委员。]

2 月 6 日 吴晗参加北平市军管会第三十二次汇报会。②

[按:军管会在中共解放各大城市之际,面临着复杂的接管工作。为了维护社会秩序,中共拟对各解放的城市实行军事管制的办法,因此,在各城市解放之前都成立了军事管制委员会。中国人民解放军北平市军事管制委员会(简称北平军管会)是 1949 年 1 月 1 日宣告成立的。]

2 月 12 日 吴晗参加北平市军管会第三十八次汇报会。③

[按:会上韩钧通知,下午招待东北解放军将领,各单位派代表出席。]

---

① 欧阳青:《中国工农红军历史上的 35 个军》。

② 本条引自《北京档案史料》1993 年第 4 期。

③ 本条引自《北京档案史料》1993 年第 4 期。

2月14日　吴晗参加北平市军管会第四十次汇报会。[①]

［按：会上决定吴晗参加清华大学校务委员会，并担任主席。］

2月17日　吴晗以文化接管委员会委员的身份参加了北京师范大学的接管。[②]

［按：2月17日，中国人民解放军北平市军事管制委员会主任叶剑英签署命令，派文化接管委员会钱俊瑞、陈微明、张宗麟、郝人初、吴晗、叶丁易、周建人接管了北京师范大学。］

2月28日　吴晗以军代表的身份出席了北京大学举行的欢迎北平市军管会文化接管委员会接管北京大学的大会。[③]

［按：据宋连生的《吴晗的后二十年》一书叙述，“那天刮着大风，尘沙飞扬，吴晗坐在主席台上，穿着一套灰色的解放军制服，红光满面，显得很有精神”。］

2月　吴晗以军管会副代表的身份接管清华大学，并担任了清华大学历史系主任、文学院院长等职务。[④]

---

① 本条引自《北京档案史料》1993年第4期。

② 马新国、刘锡庆主编：《北京师范大学百年图志》，北京师范大学出版社，2002年版，第178页。

③ 宋连生著：《吴晗的后二十年》，第39页。

④ 王宏志、金若年著：《吴晗画传》，团结出版社，2004年版，第87页。

［按：几个月前，吴晗是在国民党的追捕下撤离清华园的，而如今他是以胜利者的身份回到了这里，成为这里的主要管理者之一，这使他的内心兴奋异常。］

3月3日上午 吴晗出席在清华大礼堂举行的本学期始业式。[①]

［按：始业式在学校大礼堂举行。北平市军管会文管会主任钱俊瑞，文管会教育部长张宗麟、吴晗、白坚等到会讲话。在校学生1800余人参加。］

3月14日 吴晗出席北平军管会文管会在北京饭店召开的"大学教育座谈会"。[②]

［按：3月14日下午2点，北平市军管会文管会在北京饭店召开"大学教育座谈会"，出席者有：钱俊瑞、马叙伦、范文澜、茅盾、沙千里、周扬、刘清扬、吴晗、杨秀峰、许德珩、洪深、李济深、田汉、王昆仑、侯外庐、孙起孟、高崇民、周建人、雷洁琼、张奚若、许广平、胡愈之等四十余人。这次会议研讨两个主要问题，其中一个就是有关私立大学的保留或停办以及改造问题。］

---

① 清华大学校史研究室编：《清华大学九十年》，清华大学出版社，2001年版，第162页及方惠坚、张思敬主编：《清华大学志（下）》，清华大学出版社，2001年版，第700页。

② 本条引自1949年3月16日《人民日报》第三版。

3月16日下午 吴晗出席北平市军管会文化接管委员会举行的文物保管使用座谈会。[①]

[按:3月16日下午1点半,北平市军管会文化接管委员会在北京饭店举行文化界文物保管使用座谈会。出席座谈会的有文化界人士郭沫若、茅盾、翦伯赞、田汉、楚图南、侯外庐、张奚若、梁思成、向达、邓以蛰、潘光旦、翁独健、许广平、李德全、千家驹、吴晗、钱俊瑞、尹达、王冶秋等四十余人。]

3月18日 吴晗到清华大学办公,作为军管会代表莅校参加清华领导机构的改建工作。[②]

[按:1月10日,北平市军管会代表钱俊瑞到清华宣布接管清华大学。3月18日,吴晗作为军管会代表莅校参加清华领导机构的改建工作。5月4日,军管会成立新的清华大学校务委员会,任命叶企孙等21人为校务委员会委员,叶企孙等9人为常务委员,叶企孙任主席。]

3月的一天 吴晗出席北平市各界人民代表协商座谈会。[③]

[按:据孙孚凌在他的《一位民主党派人士在北京工作和生活的60年》一文中回忆说:"1949年3月开始,进城不

---

① 本条引自1949年3月17日《人民日报》第一版。

② 刘国生著:《从清华走出的教育家》,内蒙古文化出版社,2007年版,第188页及清华大学校史研究室编:《清华大学九十年》,第162页。

③ 孙孚凌:《一位民主党派人士在北京工作和生活的60年》。

久的军管会一连召开数次北平市各界人民代表协商座谈会，我那时已经接掌了福兴面粉厂，也被邀请参加了会议。会议地点在台基厂老的德国大使馆内。参加会议的还有：彭真、叶剑英、聂荣臻、刘仁、吴晗、李乐光、李续刚；民主人士雷洁琼、钱端升；工商界人士浦洁修、刘一峰、陈荫堂、王向辰等，共四五十人。”]

4 月 9 日 北平市文化界发表《声讨南京反动政府盗运文物宣言》，吴晗等三百二十九人在该宣言上签字。①

[按：4 月 9 日，北平市文化界三百二十九人联名发表宣言，声讨南京国民党反动卖国政府盗运文物的罪行。在该宣言上签字的还有：千家驹、王冶秋、王芸生、王昆仑、王钧衡、尹达、卞之琳、田汉、朱学范、朱蕴山、艾青、成仿吾、李何林、李德全、李济深、沈从文、沈钧儒、吴之椿、吴玉章、吴晗等三百二十九人。]

4 月 11 日 中国新民主主义青年团第一次全国代表大会在北平胜利召开，吴晗等到会祝贺。②

[按：4 月 11 日，中国新民主主义青年团第一次全国代表大会在北平隆重揭幕。出席会议的有：朱德、李立三、邓颖超、谢邦定、沈钧儒、谭平山、马叙伦、茅盾、章乃器、吴晗

① 本条引自 1949 年 4 月 11 日《人民日报》第三版。

② 本条引自 1949 年 4 月 12 日《人民日报》第一版。

等。大会由冯文彬同志致开幕词，朱总司令代表中共中央及人民解放军总部向大会致贺词，李立三、邓颖超、沈钧儒、谭平山、马叙伦、茅盾、章乃器、吴晗等先后在会上作了发言。]

[按：自从1946年9月中共中央提议建立民主青年团以后，经过近三年的试建团，中国新民主主义青年团第一次全国代表大会于1949年4月11日—18日在刚刚和平解放的北平举行。任弼时代表中共中央作政治报告。大会通过了团的章程、团的工作报告、大会结论等决议，选举了中国新民主主义青年团第一届中央委员会。冯文彬当选团中央总书记。]

4月16日　吴晗出席中华全国青年代表大会筹备委员会成立大会，并任筹委会常委、副主任等。①

[按：4月16日，中华全国青年代表大会筹备委员会在东长安街中国解放区青年联合会会址召开成立大会。到会的有：廖承志、冯文彬、蒋南翔、傅锺、叶圣陶、张育英、沈体兰、吴晗、黄华、高棠、梅益等五十一人。会议由廖承志主持，冯文彬代表解放区青联向筹委会提议于今年五月四日在北平召开第一次全国青年代表大会及成立全国青年的联合组织。会议对大会的程序与代表名额交换了意见，并通过筹委会通告。会议推举廖承志、冯文彬、蒋南翔、吴晗、傅

① 本条引自1949年4月17日《人民日报》第一版。

锺、黄华、高棠、杨涤生、董昕、张育英、谢邦定、江春泽、沈体兰等十三人为筹委会常务委员，常委会推选廖承志为筹委会主任，冯文彬、吴晗为副主任，黄华为秘书长。筹委会并决定成立起草委员会，由廖承志、吴晗、蒋南翔、杨涤生等组成。]

4月22日　《人民日报》报道了吴晗闻悉毛主席、朱总司令颁发四月二十一日命令后的态度。①

[按:4月22日《人民日报》报道:闻悉毛主席、朱总司令颁发四月二十一日命令，北平清华大学教授吴晗表示:毛主席、朱总司令对全体人民解放军发布的命令，实现了全中国人民的意志，因为只有彻底完全消灭一切敢于抵抗的国民党反动派，才能获得并巩固真正的永久的和平。]

[按:4月1日至15日，以周恩来为首的中国共产党代表团与张治中为首的国民党代表团，在北平进行了谈判，拟定了国内和平协定。4月20日，国共双方代表在北平谈判商定的《国内和平协定》遭到国民党政府的拒绝。4月21日，毛主席和朱总司令向全体人民解放军发出了坚决、彻底、干净、全部地歼灭中国境内一切敢于抵抗的国民党反动派，解放全中国的命令。]

5月4日上午　吴晗出席中华全国青年第一次代表大会预

---

① 本条引自1949年4月22日《人民日报》第二版。

备会议。①

[按:中华全国青年第一次代表大会预备会议五月四号上午举行,到会代表四百七十五人。大会选出大会主席团共三十七人,他们是廖承志、冯文彬、吴晗、蒋南翔、董昕、江怡、黄振声、刘国华、章泽、王治周、鲁钊、谢雪红、丁盛雅、傅锺、方华、刘善本、张学思、艾思奇、沈体兰、田常青、胡绳、叶浅予、张育英、特古斯、钱伟长、袁翰青、孙起孟、胡子婴、梅龚彬、雷洁琼、黄鼎新、萨空了、高棠、刘冰、千家驹、王诤、樊学华。此次大会共七天,四日下午开幕典礼,五日上午由廖承志报告中国青年运动与中国青年任务,蒋南翔报告国际民主青年运动,下午大会报告中华全国青年联合会章程。六日上午严济慈报告青年与科学,吴晗报告青年与文化,下午继续开会。七日休会一天。八日全日及九日上午大会发言,九日下午通过宣言决议章程等。十日上午选举中华全国青年联合会委员会委员,十日下午闭幕式。]

5月4日　北平市军管会通知,决定成立清华大学校务委员会。吴晗为常委。②

[按:通知任命叶企孙(兼主席)、陈岱孙、张奚若、吴晗、钱伟长、周培源、费孝通、樊恭烋(讲助教代表)、吕应中(学生代表)为常委。委员21人。教务长周培源,秘书长陈新

① 本条引自1949年5月5日《人民日报》第一版。

② 清华大学校史研究室编:《清华大学九十年》,第162页。

民，文学院院长冯友兰，理学院院长叶企孙，法学院院长陈岱孙，工学院院长施嘉炀，农学院院长汤佩松，图书馆馆长潘光旦。校新的校务委员会成立以后，即依新的行政机构进行工作。文管会原派驻各校军管代表及联络员同时撤销。]

5月4日下午　吴晗出席中华全国青年第一次代表大会开幕式。[①]

[按：中华全国青年第一次代表大会于“五四”三十周年纪念日在北平揭幕。到会代表四百八十人。包括五大解放区及西南、东南、华南、台湾、马来亚等地区，从事部队、政权、生产、职工、青年妇女等方面工作的优秀人物，和科学家、作家与新闻记者，中国各民主党派，均有代表出席。毛泽东同志向大会题词并同其他中央领导同志接见了全体会议代表，朱德同志代表中共中央在大会上讲话，刘少奇、周恩来等先后到会讲话。冯文彬同志致开幕词，董必武、吴玉章、沈钧儒、马叙伦、黄炎培、茅盾、张志让、陆志韦等先生相继讲话，一致祝贺大会成功。]

5月5日下午　吴晗出席北平市军管会文化接管委员会举行的学术界座谈会。[②]

---

① 本条引自1949年5月5日《人民日报》第一版。

② 本条引自1949年5月6日《人民日报》第二版。

[按:5月5日下午3点,北平市军管会文化接管委员会在北京饭店举行学术界座谈会,到会的有梁希、范文澜、马叙伦、汤用彤、陆志韦、沈志远、严济慈、袁翰青、张志让、沈体兰、曾昭抡、周建人、潘菽、胡愈之、黎锦熙、杨振声、李宗恩、张子高、吴晗、夏康农、钱端升、费孝通、樊弘、费青、钱伟长、向达等学术界人士共二百余人。周恩来同志亲临讲话,这是中国学术界的一次盛会。会议由周扬致开会词,沈志远先生报告中国科学工作者协会的工作概况,袁翰青教授报告中国科学工作者协会情况,并提出筹备召开全国科学工作者代表大会的建议,樊弘先生、范文澜同志讲话,前南京中央大学农林学家梁希等先后在会上讲话。]

5月6日上午 吴晗在中华全国第一次青年代表大会上作了《青年与文化》的报告。[①]

[按:吴晗号召青年文化工作者,要决心改造自己,建立新的劳动态度,努力学习,使学有专长,并且要使文化工作者围绕着生产工作进行,有利于生产的恢复和发展。

5月6日上午,在吴晗向大会作题为《青年与文化》的报告之前,还有科学家严济慈向大会作题为《青年与科学》的报告。]

5月6日 《人民日报》上刊登了"清华大学校务委员会名

① 本条引自1949年5月7日《人民日报》第一版。

单”，吴晗作为常委名列其中。[①]

［按：叶企孙（常委兼主席）、陈岱孙（常委）、张奚若（常委）、吴晗（常委）、钱伟长（常委）、周培源（常委）、费孝通（常委）、陈新民、李广田、施嘉炀、汤佩松、冯友兰、戴芳澜、刘仙洲、屠守锷、潘光旦、张子高，讲助教代表二人（中一人为常委），学生代表二人（中一人为常委），共二十一人。教务长周培源，秘书长陈新民，文学院院长冯友兰，理学院院长叶企孙，法学院院长陈岱孙，工学院院长施嘉炀，农学院院长汤佩松，图书馆馆长潘光旦。］

5月7日 吴晗出席清华大学校务委员会第一次会议。[②]

［按：会议由叶企孙主持，军管会代表张宗麟、吴晗在会上报告成立校务委员会的意义及其使命，说明校委会的成立是根据新民主主义的原则以教授讲助学生为主体的组织，为校内最高权力机关。］

5月10日 吴晗在中华全国第一次青年代表大会上被选举为委员。[③]

［按：中华全国青年第一次代表大会，十日选出中华全国民主青年联合总会全国委员会正式委员八十七名，候补

---

① 本条引自1949年5月6日《人民日报》第二版。

② 清华大学校史研究室编：《清华大学九十年》，第163页。

③ 本条引自1949年5月13日《人民日报》第一版。

委员二十二名，另有十名正式委员空额，留待将来全国解放后，由新解放区补选。正式委员八十七名主要有：千家驹、艾思奇、吴晗、沈志远、沙千里、胡绳、胡乔木、陈家康、袁翰青、区棠亮、冯文彬、蒋南翔、钱三强、钱俊瑞、钱伟长、谢邦定、薛成业、萨空了、严济慈等。候补委员二十二名主要有：梅益、闻家驷、陈克寒、翁独健、丁聪、关世雄等。]

5月10日下午 吴晗出席中华全国第一次青年代表大会闭幕式。①

[按：5月10日下午，中华全国青年第一次代表大会在北平隆重闭幕。在庄严的闭幕式上，宣告中华全国民主青年联合总会的成立。北平市人民政府叶剑英市长在大会上讲话，他庆祝大会的成功，庆祝全国民主青年联合总会的成立。青年团北平市筹委会和北平市青年联合会筹委会向大会献旗。沈体兰向大会致闭幕词。大会闭幕后，中国共产党华北局、华北军区、华北人民政府、中国共产党北平市委会、北平市人民政府联合邀请全体代表在北京饭店聚餐。晚上在长安戏院举行游艺晚会，由青年艺术剧院及青年代表们表演各项节目。]

5月21日 吴晗出席中华全国民主青年联合总会全国委员

---

① 本条引自1949年5月12日《人民日报》第一版。

会第一次会议，被选举为常务委员。①

［按：5 月 21 日，中华全国民主青年联合总会全国委员会召开第一次会议。出席委员五十人。会中对“中国人民解放战争中的青年运动及今后中国青年的基本任务”的修正草案，作原则上的通过，决定向世界民主青年联盟声明：中国解放区青年联合会已扩大为中华全国民主青年联合总会。廖承志同志在会上指出，中国选派代表参加今年八月与九月在匈京布达佩斯相继召开的世界青年节及世界青年第二次代表大会事宜，决议由常务委员会负责筹备。最后选举常务委员会，选出廖承志、钱俊瑞、谢雪红、钱三强、沙千里、吴晗、萨空了、沈志远、陈家康、谢邦定、区棠亮、李伯球、千家驹、钱伟长、沈体兰等二十五人。廖承志任主席，钱俊瑞、谢雪红、钱三强、沙千里等任副主席。］

5 月 25 日下午　吴晗到北平东车站欢迎出席世界拥护和平大会胜利归国的中国代表团。

6 月 1 日　华北高等教育委员会成立，吴晗任常委。②

［按：6 月 1 日，华北高等教育委员会成立，所属单位有大学、独立学院、专科学校、学术研究机关等共 20 个。华北人民政府主席董必武兼委员会主任，张奚若、周扬为副主

① 本条引自 1949 年 5 月 23 日《人民日报》第一版。

② 本条引自 1949 年 6 月 3 日《人民日报》第二版。

任，董必武、张奚若、周扬、马叙伦、许德珩、钱俊瑞、吴晗、曾昭抡、李达等九人为常务委员，郭沫若、吴玉章、徐特立、马寅初、黄炎培、范文澜、成仿吾、邓初民、张志让、汤用彤、梁希、郑振铎、钱端升、蓝公武、杨秀峰、叶企孙、陈岱孙、陆志韦、张东荪、雷洁琼、黎锦熙、徐悲鸿、李宗恩、严济慈、裴文中、晁哲甫、于力、刘鼎、乐天宇、恽子强、胡锡奎、周泽昭、沈体兰、黄松龄、张宗麟、张子丹、张国藩、邓拓、俞大绂、冯乃超为华北高等教育委员会委员；张宗麟为该会秘书长。］

6月5日下午 吴晗出席并主持北平市院校教授研究员联合会全体会员大会。①

［按：6月5日下午2时半，北平市院校教授研究员联合会在协和礼堂召开全体会员大会，邀请周恩来同志讲话，及欢迎出席拥护世界和平代表大会归来的两位教授代表张奚若、许德珩报告。到会的有清华、北大、师大、燕大、艺专、北平研究院、辅仁、铁道管理学院、协和医学院等十四个院校会员约五百人。］

6月6日 吴晗出席华北高等教育委员会第一次会议。②

［按：6月6日，华北高等教育委员会在六国饭店举行第一次会议，到会的有：董必武、张奚若、周扬、马叙伦、李达、

① 本条引自1949年6月6日《人民日报》第二版。
② 本条引自1949年6月7日《人民日报》第一版。

许德珩、曾昭抡、吴晗、郭沫若、吴玉章、徐特立、马寅初、范文澜、成仿吾、汤用彤、郑振铎、钱端升、杨秀峰、叶企孙、雷洁琼、黎锦熙、徐悲鸿、严济慈等四十二位委员。会上正副主任委员董必武、张奚若说明了高等教育委员会成立的意义与任务。高等教育委员会副主任委员周扬与黄松龄委员，分别报告平津各大学接管以来工作进行情况。]

6月8日下午 吴晗出席华北高等教育委员会首次常务委员会议。①

[按:6月8日下午3点，华北高等教育委员会召开首次常务委员会议。出席常委董必武、张奚若、周扬、马叙伦、许德珩、曾昭抡、李达、吴晗及秘书长张宗麟等。会中主要决定:1. 成立华北国立大学招生委员会;2. 决定成立平津各大学毕业生暑期学习团;3. 决定设立私立大学研究委员会;4. 为研讨文、法、教育学院学制课程改革事宜，决定组织历史、哲学、文学、法律、政治、经济、教育等七组分别进行;5. 筹组文物保管委员会推定专人负责进行。]

6月9日 吴晗出席中华全国民主青年联合总会常委会第一次会议，并当选为秘书长。②

[按:6月9日，中华全国民主青年联合总会常委会召开

① 本条引自1949年6月9日《人民日报》第二版。
② 本条引自1949年6月10日《人民日报》第一版。

第一次会议，商讨协同新民主主义青年团、全国学联筹备选派代表出国参加八月召开的世界青年第二次代表大会及国际青年节的事宜，选出廖承志、陈家康、钱三强、萨空了、吴雪五人负责筹备，追认廖承志同志在青代大会上所作报告，通过成立秘书处，处理日常工作，并选出吴晗为秘书长，陈家康、李庚为副秘书长。]

6 月 11 日下午 吴晗出席北平市专科以上院校教职员联合会筹备会议。①

[按:6 月 11 日下午 3 点，北平各院校教研联、教职联筹委会、新文建(新民主主义文化建设协会)筹委会等三团体为筹备成立北平市专科以上院校教职员联合会在中共北平市委会办公室举行联席会议，出席会议的有教研联的吴晗、钱端升、罗常培、费青等，教职联筹委会的楼邦彦、王玢、魏真、黄有莘，新文建筹委会的陈定民、陈明绍、许京骐、杨贵贞等二十五人。市委书记彭真同志也被邀参加。会议提议吴晗为教研联主席。钱端升、费青、陈定民、赵承信、许京骐、陈明绍、张澜庆、吴晗等先后在会上发言。]

6 月 15 日晚 吴晗出席新政协第一次全体会议筹备会议。②

[按:6 月 15 日，新政治协商会议筹备会在北平开幕。

① 本条引自 1949 年 6 月 12 日《人民日报》第二版。
② 本条引自 1949 年 6 月 12 日《人民日报》第一版。

参加此次筹备会的有：新政治协商会议原提议人中国共产党，与赞成中共此项主张的各民主党派，各人民团体，各界民主人士，国内少数民族和海外华侨代表人物等共二十三个单位，一百三十四人。会上，中共中央政治局委员，中国人民革命军事委员会副主席周恩来担任临时主席并致开幕词。接着，中国共产党中央委员会主席毛泽东，中国人民解放军总司令朱德，中国国民党革命委员会主席李济深，中国民主同盟中央常务委员沈钧儒，无党派民主人士郭沫若，产业界民主人士陈叔通，海外华侨民主人士陈嘉庚等均发表了讲演。筹备会决定在常务委员会领导之下设立六个小组，分别完成下列各项任务：一、拟定参加新政治协商会议的单位及各单位的代表名额；二、起草新政治协商会议组织条例；三、起草共同纲领；四、拟定中华人民共和国政府方案；五、起草宣言；六、拟定国旗、国歌、国徽方案等。大会休会之后，常务委员会和上述六个小组将继续紧张的工作，以便新政治协商会议能于最近召集。]

6月17日　《人民日报》报道：吴晗任平津各大学本届毕业生暑期学习团委员会委员。①

［按：6月17日《人民日报》第二版报道：华北高等教育委员会为使平津各大学本届毕业生适应新社会建设的需要，确立为人民服务的观念，及便于统一分配工作，成立平

① 本条引自1949年6月17日《人民日报》第二版。

津各大学本届毕业生暑期学习团，并聘任冯乃超、龚子荣、吴晗、蒋南翔、张宗麟等九人为学习团委员会委员。冯乃超、龚子荣任正副主任委员。该委员会决定团址借用清华大学，学习时期为七月十日至八月九日，计一个月。学生由各校在自愿的原则下于七月八、九两日到该团报到。学员伙食完全由该团供给。结业后，由华北高等教育委员会本着自愿与需要的原则，统一分配工作。]

6 月 17 日 吴晗在新政协筹备会期间，与周恩来等一起在中南海会场外合影。①

[按：在一起合影的还有沈钧儒、翦伯赞、楚图南、沈志远等。]

6 月 19 日上午 吴晗出席并主持北平市院校教职员联合会筹委会第一次会议，被推选为常务委员会主席。②

[按：6 月 19 日上午 9 时，北平市院校教职员联合会筹委会在北京大学子民纪念堂召开第一次筹委会议，讨论各院校教职员联合会的组织范围、组织程序，并选举筹委会常务委员进行经常工作等。到会的有华大、清华、师大、北平研究院、燕京、北大、辅仁、中法、艺专等十五个院校，共四十

① 王宏志、闻立树主编：《怀念吴晗：百年诞辰纪念》，中国社会科学出版社，2009 年版，第 274 页及麻星甫编著：《楚图南年谱》，群言出版社，第 54 页。

② 本条引自 1949 年 6 月 20 日《人民日报》第三版。

六位委员。会议由吴晗主持，会议决定除此会出席之四十六位委员外，增聘吴玉章、刘澜涛、汤用彤、许德珩、张奚若、叶企孙、陆志韦、黎锦熙、徐悲鸿、乐天宇、陈凤桐十一人为筹备委员。此外并推选十八位常务委员，当选者有：吴晗、翁独健、钱端升、罗常培、费青等。吴晗为常务委员会主席。]

6月20日 《人民日报》公布了参加新政治协商会议筹备会的各单位代表名单，吴晗名列其中。[①]

[按：6月20日，《人民日报》第二版公布了参加新政治协商会议筹备会的各单位代表名单，吴晗作为中华全国民主青年联合总会六位代表之一名列其中。中华全国民主青年联合总会的另五位代表是：廖承志、冯文彬、谢雪红、胡乔木、钱三强。]

6月21日下午 吴晗出席华北高等教育委员会举行的第二次常务委员会议。[②]

[按：6月21日下午2点，华北高等教育委员会举行第二次常务委员会议，出席者有主任委员董必武，副主任委员张奚若、周扬，委员许德珩、李达、曾昭抡、吴晗及秘书长张宗麟，并有冯乃超、张志让、杨石先等列席参加。会议决定：

① 本条引自1949年6月20日《人民日报》第一版。

② 本条引自1949年6月22日《人民日报》第一版。

暑假中各校学生人民助学金凡留校者照发,离校者发一个月。此外,常委会批准南开大学政经学院改为财经学院,师大家政系改为保育系。并决定在七月五日召开全体委员会会议,报告常委会工作及讨论各校学制课程改革的初步方案。]

7月1日下午 吴晗出席中国新史学研究会筹备会成立会议,被推选为常委。[①]

[按:7月1日下午3点,中国新史学研究会在北平正式成立筹备会。会议在北京饭店举行。出席会议的有该会发起人郭沫若、范文澜、吴晗、邓初民等三十余人。大会全体通过了筹备会的组织规程和中国新史学研究会暂行简章。并决定迅速筹备召开全国历史工作者代表会议。选举了筹备会的常务委员会,选出郭沫若、吴玉章、范文澜、邓初民、陈垣、侯外庐、翦伯赞、向达、吴晗、杨绍萱、吕振羽等十一人为筹备常务委员会委员。推选郭沫若任主席,吴玉章、范文澜任副主席,侯外庐、杨绍萱任秘书,负责进行召开全国历史工作者代表会议的筹备事宜。]

7月6日 吴晗主持北平市纪念"七七"演讲大会。[②]

---

① 本条引自1949年7月1日《人民日报》第二版。

② 清华大学校史研究室编:《清华大学一百年》,清华大学出版社,2011年版,第176页及1949年7月7日《人民日报》第一版。

[按:7月6日晚,北平市扩大纪念“七七”筹备会,在北大民主广场举行讲演会。中共中央华北局书记薄一波同志,中国新民主主义青年团中央委员钱俊瑞同志,民主人士李达和华北军区特种兵部队孙健同志等四人出席作纪念讲演。听讲者有南下工作团全部学员及北大、中法等校学生共约一万人。]

7月7日 吴晗出席北平纪念“七七”抗战12周年暨庆祝新政协筹备会成立的集会。[①]

[按:7月7日这天,北平城又是风又是雨,大雨哗哗地下个不停,然而,风雨没有阻挡住20万群众前来参加庆祝会的步伐。他们顶风冒雨汇集到天安门广场,参加这个意义重大的活动。当天下午,纪念和庆祝活动在49响撼天动地的礼炮声中开始。接着,奏响了《义勇军进行曲》。在20万群众的热烈掌声中,通过成立了由董必武、薄一波、聂荣臻、彭真、叶剑英、李锡九、许德珩、吴晗等人组成的会议主席团。尔后全体起立,向抗战中死难的烈士默哀。接下来由主席团主席彭真发表讲话。之后,董必武、薄一波、叶剑英、李济深、沈钧儒、许德珩、吴晗、萧明等人,相继在天安门城楼上演讲。]

---

① 于江:《开国大典6小时——大典背后的秘闻》及1949年7月9日《人民日报》第一版。

7月14日下午 吴晗出席中国社会科学工作者代表会发起人会议。[①]

[按:7月14日,《人民日报》报道:中国社会科学工作者代表会发起人会议,定于今(十四)日下午三时在中南海勤政殿开幕。发起人包括全国各地的哲学、经济、政治、法学、史学等部门的社会科学工作者共二百三十余人。会期预定自十四日至十七日。在此次会议中,将商讨成立中国社会科学工作者代表会议筹备会,俾能于最近期间召开全国社会科学工作者代表会议,成立永久性的组织,团结全国社会科学工作者,致力于中国新民主主义的建设。这二百三十余人中主要有:千家驹、王冶秋、王昆仑、尹达、白寿彝、史良、向达、艾思奇、吴晗、杜任之、李德全、沈钧儒、周扬、周新民、尚钺、金灿然、金岳霖、邵循正、范文澜、侯外庐、胡乔木、胡愈之、胡绳、翁独健、梁思成、容肇祖、高崇民、宦乡、陶大镛、陈家康、郭沫若、陆定一、张奚若、张友渔、章伯钧、华岗、汤用彤、费孝通、费青、楚图南、杨献珍、董必武、翦伯赞、雷洁琼、郑振铎、郑天挺、钱端升、钱俊瑞、齐燕铭、罗常培、罗克汀、罗瑞卿、罗隆基等。]

7月18日晚 吴晗出席北平市各界欢送南工团南下大会。[②]

[按:7月18日晚7点45分,北平市各界在先农坛体育

---

① 本条引自1949年7月14日《人民日报》第三版。

② 本条引自1949年7月19日《人民日报》第二版。

场举行了欢送南下工作团南下大会。在北平的团员6000多人全部参加，天津二分团还派来了代表。出席欢送会的北平市党、政、军、机关及各民主党派，青年、职工、妇女、教职员团体和家属代表等社会各界共15000余人，盛况空前。中共北平市委书记彭真、市长叶剑英、民主教授张奚若、民盟代表吴晗教授、全国学联主席谢邦定、北平市青年团筹委会代表许立群、青工代表张大成及北平市女同学代表等先后在会上讲话。彭真书记勉励大家准备吃苦，决心克服各种困难，坚持全心全意为人民服务的立场，紧密联系实际，学习马列主义与毛泽东思想。北平市市长叶剑英在讲话中勉励大家要勤勤恳恳、恭恭敬敬地向劳动人民学习，在工作中不能大意，要不骄不躁、虚心谨慎，把人民解放事业当作庄严的事业，真正对人民负责，有始有终地完成南下任务，坚定不移地将革命进行到底。十天后，第一批工作团成员启程，开始了一段激情燃烧的南下岁月。]

[按：南工团，即南下工作团。1949年1月，随着淮海战役和平津战役的胜利结束，人民解放军百万雄师向南挺进，急需大批干部随军南下，开辟新解放区工作。党中央和中央军委及时决定，批准第四野战军直接领导建立“南下工作团”。南下工作团主要吸收平津地区大学生和部分高中学生，强化训练。2月24日，南下工作团在《人民日报》《北平解放报》《天津日报》等报纸上刊登了招考启事和招考简章。清华大学从2月24日至3月1日，短短几天的时间内便有1000多名学生报名，约占在校生的三分之一，有的全班同学

都报了名。北京大学、北京师范大学、辅仁大学、燕京大学、朝阳学院、华北学院、北平铁道管理学院、中国大学、中法大学、铁路专科学校、北平艺术专科学校等院校的学生争先恐后报名，场面热烈。父母送子女、夫妻齐报名、师生同参军的动人场面不断上演。这是继“五四”运动、“一二·九”运动之后，北平又一次青年学生大规模参加革命活动的壮举。]

7月22日 吴晗出席中华全国教育工作者代表会议的筹备会议。①

[按：7月22日，中华全国教育工作者代表会议的筹备会在北平举行。自六月间起，发起人先后举行过全体的及部分的会议五次，经过仔细的商讨研究，决定了筹备会章程的草案，以及筹备委员名额分配的办法。在发起人历次会议中，一致明确地指出：举行一个全国性的教育工作者的代表会议，乃是为了响应毛主席“恢复和发展人民的文化教育事业”的号召，团结所有的教育工作者，深入研究并坚决执行新民主主义教育方针，以便更好地为人民服务。在全国的解放快要实现的今天，召开这样的会议，实具有重大的意义。发起筹备者包括在北平各方面的教育工作者，他们中主要有：李维汉、吴晗、周扬、马叙伦、张奚若、汤用彤、董必武、叶企孙、叶圣陶、钱俊瑞、薛成业等四十四人。]

---

① 本条引自1949年7月14日《人民日报》第一版。

8月初 吴晗当选为出席北平市各界代表会议的代表。①

[按:中国民主同盟北平市支部的代表还有杜任之、张曼筠、曾昭抡、陈鼎文。]

8月8日上午 吴晗出席华北各大学毕业生暑期学习团毕业典礼。②

[按:8月8日上午9点,华北各大学毕业生暑期学习团在清华大学礼堂举行毕业典礼,两千余名来自华北各地的大学毕业生,以兴奋和依恋的心情倾听着领导和来宾们对他们的临别赠言。首先,钱俊瑞同志代表华北高等教育委员会欢迎他们走向为人民服务的工作岗位,接着郭沫若先生,暑期学习团主任冯乃超同志,来宾代表陆志韦先生、吴晗先生等先后在会上讲话。]

8月9日 吴晗出席北平市第一届一次各界人民代表会议。③

[按:8月9日上午9点,北平市各界代表会在中山公园中山堂举行开幕典礼,到会代表共三百一十二人。大会选举叶剑英、张友渔、彭真、赵振声、余心清、吴晗、韩卓儒、许

① 北京市人大常委会办公厅编:《北京市人民代表大会文献资料汇编1949—1993》,北京出版社,1996年版,第19页。

② 本条引自1949年8月9日《人民日报》第五版。

③ 北京市政协文史资料委员会编:《北京文史资料第59辑》,北京出版社,1999年版,第1页及1949年8月10日《人民日报》第一版。

德珩、许立群、萧明、宋凤祥、朱长江、柴泽民、刘同恩、萧松、古奇踪、张晓梅、薛成业、钱端升、诸福棠、高存信、王普、孙孚凌、刘一峰、马玉槐、陈铭德、贺绿汀、张奚若、梁思成等二十九人为主席团成员。推选叶剑英、张友渔、彭真、吴晗、余心清、韩卓儒、许德珩、许立群、萧明等九人任主席团常务主席，彭真为召集人，薛子正任主席团秘书长，李公侠、杜任之、崔月犁、郭则忱等四人任副秘书长。]

8月9日 吴晗等在北平市第一届一次各界人民代表会议上讲话。①

[按：叶剑英市长致开幕词后，中国人民解放军朱总司令、华北人民政府董必武主席、来宾国民党革命委员会主席李济深、民主同盟沈钧儒、无党派民主人士郭沫若相继讲话，最后由中共北平市委代表赵振声讲话。中国民主同盟北平市支部主委吴晗、工人代表袁峙、农民代表施德海、北平市妇联暨中小学教职员联合会代表田绘、北平市院校教职员联合会代表徐悲鸿、蒙古代表巴根、医界代表余贻周、国民党革命委员会北平分会筹委会主任余心清、中国农工民主党北平市党务整理委员会主委韩卓儒、工业界代表张俭堂等也先后在会议上讲话。]

8月9日 吴晗等在北平市第一届一次各界人民代表会议

① 本条引自1949年8月10日《人民日报》第一版。

上被选为北平市各界人民代表会议协议委员会委员。①

[按:北平市各界人民代表会议协议委员会(1949年8月—11月),于1949年11月13日正式更名为北京市各界人民代表会议协商委员会。]

8月10日下午 吴晗出席华北高等教育委员会常委会第三次会议。②

[按:8月10日下午,华北高等教育委员会召开常委会第三次会议。到会委员有该会主任委员董必武,副主任委员张奚若、钱俊瑞及常委马叙伦、周扬、许德珩、曾昭抡、吴晗等。会议由副主任委员钱俊瑞、秘书长张宗麟、文物处长王冶秋、华北各大学毕业生暑期学习团主任冯乃超报告各项工作。各委员对各大学共同必修课的订定,文法学院各系课程改革,各文物建筑的修缮、整理与保管,都作了详密的研讨与决定。]

8月23日 清华大学校委会议决,由吴晗以常委资格,代表清华大学与华北高教会联络。③

[按:该议决8月31日报华北高教会,9月12日华北高教会批准。]

---

① 政协北京市委员会办公厅和北京市档案馆编:《北京政协五十年》,中国文史出版社,1999年版,第13页。

② 本条引自1949年8月12日《人民日报》第二版。

③ 清华大学校史研究室编:《清华大学九十年》,第165页。

9月2日 清华大学校委会聘任吴晗为历史系主任。[①]

[按:这个聘任决议是在当日举行的第二十一次校务委员会会议上决定的,同时还决定聘任金岳霖为哲学系主任。]

9月7日 清华大学校委会主任叶企孙致函华北教育委员会呈报吴晗担任历史系主任事。[②]

[按:同时呈报的还有金岳霖任哲学系主任。]

9月8日 《新建设》创刊号出版,吴晗任《新建设》编委。[③]

[按:《新建设》杂志的前身是《中国建设》半月刊,简称《中建》杂志。《中建》是一本综合性刊物,总社在上海,编辑出版在北平。《中建》是民主党派和无党派民主士创办的,一些共产党员也参与编辑出版工作,这就引起国民党反动派的注意,终于在1949年9月被国民党反动派查封了。《中建》被迫停刊后,《新建设》杂志创刊。当时,正值中国共产党领导的全国政协会议召开前夕,我国学术界中民主党派和无党派民主人士中一些知名人,如吴晗、费青等人以团结学术工作者、促进新中国建设为宗旨,共同商定创办《新建设》,编委会负责人是费青;编委15人(以姓氏笔划为序):

① 清华大学校史研究室编:《清华大学九十年》,第165页。

② 清华大学校史研究室编:《清华大学史料选编》第五卷(上),清华大学出版社,2005年版,第76页。

③ 吉伟青:《我所了解的〈新建设〉》。

向达、吴晗、李广田、袁翰青、张志让、费青、费孝通、闻家驷、雷洁琼、樊弘、潘静远、钱伟长、钱端升、严景耀。董事长王艮仲、费振东、潘祖丞。《新建设》创刊号这期杂志，由《新建设》的工作人员史济舟和伊明志二人直接送到全国政协会场，分发给每个委员。]

9月13日上午　吴晗出席清华大学第二十四次校务委员会会议。①

[按:9月13日上午10点，清华大学第二十四次校务委员会在学校一院会议室召开。会议由周培源代理叶企孙主持。会议报告了高教会核准清华大学改聘改任教76个职员工的指令以及其他十个讨论事项。出席会议的有刘仙洲、周培源、樊恭烋、陈新民、费孝通、陈岱孙、张儆、吴晗、施嘉炀、李广田、吕应中、张子高、潘光旦、钱伟长、袁君孚、屠守锷等。]

9月21日　吴晗出席中国人民政治协商会议开幕式。②

[按:9月21日，中国人民政治协商会议开幕。中国人民政协筹备会主任、中国共产党中央委员会主席毛泽东向大会致开幕词，中国共产党代表刘少奇、特别邀请代表宋庆

---

① 清华大学校史研究室编:《清华大学史料选编》第五卷(下)，清华大学出版社，2005年版，第704—705页。

② 本条引自1949年9月22日《人民日报》第三版。

龄、中国国民党革命委员会代表何香凝、中国民主同盟代表张澜、中国人民解放区代表高岗、中国人民解放军代表陈毅、民主建国会代表黄炎培、中华全国总工会代表李立三、新疆代表赛福鼎、特别邀请代表张治中、特别邀请代表程潜、华侨代表司徒美堂等十二人在会上先后发表讲演。吴晗是以中华全国民主青年联合总会代表的身份出席的。中华全国民主青年联合总会的代表共14人(其中正式代表十二人,候补代表二人),他们是:廖承志、吴晗、钱三强、高棠、何礼、董昕、何其芳、曹禺、龚澎、梅益、杨文、范小凤;候补代表:徐盈、杨涤生。]

9月22日 《人民日报》上公布了"中国人民政治协商会议第一届全体会议代表名单",吴晗作为中华全国民主青年联合总会的正式代表名列其中。①

[按:这个名单公布在当日的《人民日报》第三版。]

9月22日 吴晗任中国人民政治协商会议组织法草案整理委员会委员。②

[按:中国人民政治协商会议第一届全体会议第二日,通过主席团的提议,设立六个委员会:中国人民政治协商会议组织法草案整理委员会,中国人民政治协商会议共同纲

① 本条引自1949年9月22日《人民日报》第三版。

② 本条引自1949年9月23日《人民日报》第二版。

领草案整理委员会，中央人民政府组织法草案整理委员会，中国人民政治协商会议第一届会议宣言起草委员会，国旗国徽国都纪年方案审查委员会，代表提案审查委员会。吴晗任中央人民政府组织法草案整理委员会委员。该委员会的成员主要还有：董必武、史良、黄炎培、张奚若、千家驹、王昆仑、傅作义等五十二人，召集人为董必武。]

9月24日 清华大学校委会决议推荐吴晗为文学院院长。①

[按：9月24日，清华大学校委会作出决议：推荐吴晗、金岳霖为文学院院长候选人，报请华北高教会任命。]

9月24日 清华大学组成庆祝中华人民共和国大会委员会，吴晗为委员。②

[按：9月24日，清华大学组成庆祝中华人民共和国大会委员会，校委会主席张子高为召集人，陈岱孙、吴晗、樊恭烋、钱伟长、陈新民等为委员。]

全国政协会议期间，吴晗请毛主席为《新建设》题写刊名。③

[按：据吉伟青《我所了解的〈新建设〉》一文叙述，吴晗在全国政协会议期间，请毛主席为《新建设》题写刊名。毛

---

① 清华大学校史研究室编：《清华大学九十年》，第166页。

② 清华大学校史研究室编：《清华大学九十年》，第166页。

③ 吉伟青：《我所了解的〈新建设〉》。

主席写了三张"新建设",由张志让指导史济舟从中选出字体大小均匀的"新建设"三个字,一直沿用到"文革"停刊。会议期间,毛主席、朱德、董必武、张澜等还分别为《新建设》题词,这些题词,发表在1949年10月6日出版的《新建设》第3期上。毛主席的题词是:"随着经济建设的高潮的到来,不可避免地将出现一个文化建设的高潮。中国人被人认为不文明的时代已经过去了,我们将以一个具有高度文化的民族出现于世界。"朱德的题词是:"努力建设新中国。"]

9月26日 华北高等教育委员会任命吴晗为清华大学文学院院长。①

[按:该令说:

"兹任命吴晗为清华大学文学院院长,任命状随发,希即转发收执,并即到职视事具报。

华北高等教育委员会 主任委员 董必武

副主任委员 张奚若 钱俊瑞

三十八年九月二十六日"。]

9月27日晚 吴晗向清华师生员工传达全国政协会议决议精神。②

---

① 清华大学校史研究室编:《清华大学史料选编》第五卷(上),第78页。

② 金富军:《迎接新中国的曙光——纪念清华园解放60周年》。

[按:据金富军在他的《迎接新中国的曙光——纪念清华园解放60周年》一文中叙述说,“9月27日晚,清华师生员工在大礼堂集会,庆祝新政协的成功召开,迎接中华人民共和国的诞生。德高望众的张子高先生首先发言,以自己亲身经历和感受阐述人民革命胜利的伟大意义和他对新中国的希望。庄前鼎、张维、章名涛、孟昭英、钟士模等教授和同学代表都做了热情洋溢的发言。刚从中南海怀仁堂参加政协会议回来的吴晗向大家传达了政协会议当天通过的决议并出示了一面刚制作出来的五星红旗,引起全体师生员工的鼓掌欢迎”。]

9月30日　中国人民政治协商会议第一届全体会议选举第一届中国人民政治协商会议全国委员会。吴晗当选为政协全国委员会委员。①

[按:9月30日,中国人民政治协商会议第一届全体会议在最后一日选举毛泽东为中华人民共和国中央人民政府委员会主席,朱德、刘少奇、宋庆龄、李济深、张澜、高岗六人为副主席。选举陈毅、贺龙、李立三、林伯渠、叶剑英、何香凝、林彪、彭德怀、刘伯承、吴玉章、徐向前、彭真、薄一波、聂荣臻、周恩来、董必武等五十六人为中央人民政府委员。选举李济深、陈劭先、朱蕴山、李任仁、余心清、郭春涛、王昆仑、蔡廷锴、蒋光鼐、张澜、罗隆基、周新民、楚图南、曾昭抡、

---

① 本条引自1949年10月1日《人民日报》第一版。

沈钧儒、沙千里、吴晗等180人为政协全国委员。]

10月1日 吴晗参加了开国大典。

[按:10月1日下午3点,北京庆祝中华人民共和国中央人民政府成立典礼在北京天安门前举行,参加这个典礼的有中国人民政协全体代表和首都各工厂职工、各学校师生、各机关人员、市民、近郊农民和城防部队共三十万人。

查阅文献得知,列入名单享有登上天安门城楼参加开国典礼"资格"的新中国领导人、政协代表和候补代表共622人,区域代表102人,军队代表60人,团体代表206人,这团体代表中:中华全国总工会,各解放区农民团体代表各16人;中华全国妇女联合会、全国工商界、中华全国文学艺术工作者协会、中华全国科学会议筹备委员会、全国教育界、全国社会科学工作者、海外华侨民主人士等单位代表各15人;中华全国民主青年联合总会、中华全国新闻工作者协会筹备会代表各12人;中华全国学生联合会、上海各界人民团体代表各为9人;宗教界民主人士代表7人。吴晗是以中华全国民主青年联合总会的名义参加开国大典的。]

10月3日 吴晗出席清华大学庆祝中华人民共和国成立大会。[1]

[按:10月3日,清华大学召开庆祝中华人民共和国成

---

① 王宏志、金若年著:《吴晗画传》,团结出版社,2004年版,第89页。

立全校师生大会。吴晗作为全国政协委员、学校领导在主席台前排就坐。人民政协委员陈毅、李秀真、张奚若等同志都到会。吴晗作为学校的负责人邀请陈毅等人在会上讲了话。]

10月3日　吴晗陪同参加清华大学庆祝新中国成立大会的陈毅参观清华园,并在图书馆门前合影留念。①

[按:一起合影留念的还有:周培源、张子高、张奚若、潘光旦、叶企孙等。]

10月15日　吴晗出席北大教职员联合会成立大会并在会上讲话。②

[按:10月15日,北大教职员联合会召开了第一次代表大会,宣告成立。北大教联系由北大教授会、讲助会、职员会合并而成。大会主席团执行主席罗常培致开幕词。华北大学校长吴玉章、高教会副主任钱俊瑞、吴晗、市总工会筹委会主任萧明、北大校委会主席汤用彤均应邀出席大会讲话。中共北大总支委会、青年团北大团委会、北大学生会、北大工警工会均派代表出席致贺词并向大会献旗。]

---

① 王宏志、金若年著:《吴晗画传》,团结出版社,2004年版,第90页。

② 本条引自1949年10月18日《人民日报》第四版。

10 月 17 日 吴晗在清华大学讲政治理论第一次大课。[①]

［按:上课的题目是《辩证唯物论与历史唯物论引论》,听众达 3000 余人,其中教职员工及家属六七百人。］

10 月 19 日 中央人民政府委员会召集第三次会议,任命吴晗为中央人民政府政务院文化教育委员会委员。[②]

［按:10 月 19 日下午 5 点,中央人民政府委员会召集第三次会议,任命了政务院的副总理、政务委员、秘书长、副秘书长及所属各委、部、会、院、署、行的负责人员,人民革命军事委员会的副主席、委员、总参谋长和副总参谋长,最高人民法院的副院长和委员,最高人民检察署的副检察长和委员。文化教育委员会委员主任是郭沫若;副主任是马叙伦、陈伯达、陆定一、沈雁冰、习仲勋;委员有周扬、丁燮林、钱俊瑞、李四光、胡乔木、吴晗等 48 人。秘书长胡乔木,副秘书长阳翰笙、冯乃超、邵荃麟。］

10 月 21 日上午 吴晗出席中央人民政府政务院文化教育委员会成立会议。[③]

［按:10 月 21 日上午,中央人民政府政务院文化教育委员会举行成立会议。出席的有文化教育委员会主任郭沫

---

① 清华大学校史研究室编:《清华大学九十年》,第 167 页。

② 本条引自 1949 年 10 月 20 日《人民日报》第一版。

③ 本条引自 1949 年 10 月 22 日《人民日报》第一版。

若，副主任马叙伦、陈伯达、陆定一、沈雁冰和委员三十五人。缺席的委员七人。会议决定各部、院、署应即迅速筹备成立。会议决定由沈雁冰、陈伯达、胡乔木、胡愈之、李德全、贺诚、周扬、沈志远、陈此生、钱俊瑞、艾思奇、吴晗、钱端升、费孝通、侯外庐等十五人组成小组对这个工作加以专门讨论，并以沈雁冰为召集人。]

11 月上旬　吴晗当选为第二届北京市各界人民代表会议代表。[①]

［按：中国民主同盟北京市支部的代表还有李和林、曾昭抡、张曼筠、陈鼎文。］

11 月 19 日　《人民日报》上刊登了出席北京市第二届各界人民代表会议代表名单，吴晗名列其中。[②]

［按：吴晗是以中国民主同盟北京市支部代表的资格参加会议的。中国民主同盟北京市支部参加会议的代表共有五人，他们是吴晗、李何林、曾昭抡、张曼筠、陈鼎文。］

11 月 20 日　吴晗出席第二届北京市各界人民代表会议第一次会议。[③]

---

① 本条引自《北京市人民代表大会文献资料汇编 1949—1993》，第 54 页。

② 本条引自 1949 年 11 月 19 日《人民日报》第四版。

③ 北京市政协办公厅和北京市档案馆编：《北京政协五十年》，第 17 页。

[按:北京市第二届各界人民代表会议于 1949 年 11 月 20 日在中山公园中山堂召开,出席本次会议的代表 405 人,代表的界别 34 个。从这一届会议开始代行人民代表大会的职权。]

11 月 22 日 吴晗在第二届北京市各界人民代表会议第一次会议上被选为副市长。①

[按:11 月 22 日,第二届北京市各界人民代表会议第一次会议在北京闭幕。会议选举聂荣臻为北京市人民政府市长,张友渔、吴晗为副市长。罗瑞卿、薛子正、梁思成、程宏毅、翁独健、牟泽衔、王文斌、严镜清、韩诵裳、徐楚波为委员。此时的吴晗还在苏联参加十月社会主义革命三十二周年庆祝盛典活动。]

11 月 22 日 吴晗当选为北京市第二届各界人民代表会议协商委员会委员。②

[按:北京市第二届各界人民代表会议协商委员会主席为彭真,副主席刘仁、钱端升、梁思成、余心清,委员聂荣臻、张友渔、罗瑞卿、邓拓、吴晗、萧明、柴泽民、张晓梅、萧松、古奇踪、费孝通、傅华亭、浦洁修、李伯钊、马玉槐、张奚若、张东荪、费青等 40 人。]

---

① 本条引自 1949 年 11 月 23 日《人民日报》第一版。

② 本条引自 1949 年 11 月 23 日《人民日报》第一版。

11 月 23 日 《人民日报》第一版刊登了“北京市长、副市长、政府委员名单及简历。[①]

11 月 23 日 《光明日报》头版头条刊登了“聂荣臻、张友渔、吴晗等被选为正副市长”的消息。[②]

[按：在头版上还刊登了北京市的政府委员名单。]

12 月 9 日上午 吴晗在北京市人民政府市长、副市长、政府委员就职及北京市人民政府成立典礼上发表就职演说。[③]

[按：12 月 9 日上午 9 点，由北京市第二届各界人民代表会议选出的北京市市长聂荣臻，副市长张友渔、吴晗及北京市人民政府委员会委员薛子正、牟泽衔、罗瑞卿、程宏毅、王文斌、梁思成、严镜清、翁独健、韩诵裳、徐楚波等在北京市人民政府举行就职典礼。北京市人民政府委员会成立典礼亦同时举行。吴晗在就职典礼上发表了就职演说。]

12 月 9 日 吴晗同聂荣臻、张友渔一道发布北京市人民政府人字第一号通告。

[按：通告说：奉政务院一九四九年十二月七日政人字第一四号令：“政务院第九次政务会议通过：提请任命聂荣

① 本条引自 1949 年 11 月 23 日《人民日报》第一版。

② 本条引自 1949 年 11 月 23 日《光明日报》第一版。

③ 本条引自北京市档案馆档案号为 002－001－00136 的档案及 1949 年 12 月 9 日《人民日报》第一版。

臻为北京市人民政府市长，张友渔、吴晗为副市长……荣臻等遵于十二月九日就职视事，并成立北京市人民政府委员会。除呈报并分别通知外，特此通告。]

12月9日下午 吴晗出席北京市人民政府委员会第一次会议。①

[按：12月9日下午2点半，北京市人民政府委员会举行第一次会议，聂荣臻市长，张友渔、吴晗副市长及全体委员均出席。会议由聂荣臻市长主持，通过事项如下：(一)推选薛子正委员为市府秘书长，呈请中央人民政府政务院任命。(二)通过各局局长名单，呈请中央人民政府政务院任命。(三)接受本市第二届各界人民代表会议全部决议案，由各局分别计划实施。]

12月10日 吴晗出席亚洲妇女代表会议开幕式并致祝词。②

12月初 周恩来总理正式向吴晗交代公墓选址的要求。③

[按：周恩来对吴晗说，你们在北京找块好地方，建一座公墓，把烈士们的遗骨迁进去。让我们这些活下来的人，让

---

① 本条引自1949年12月10日《人民日报》第一版。

② 本条引自1949年12月11日《人民日报》第四版。

③ 李建编著：《八宝山纪事》，档案出版社，1998年版，第3页。

后代时时不忘胜利来之不易。公墓不但作为烈士的安息地,还要成为教育后代的场所。现任的高级领导干部和知名人士一旦病故也好有一个合适的安葬处。……公墓一是不要离城太远,交通一定要方便,以便于今后群众去搞纪念活动;二是环境要美,要幽静,不能随便找个地方就行。再有就是尽量不占用农田……]

12 月上旬 吴晗和余心清①、薛子正②等在北京郊区三王坟等地寻找建革命公墓的地址。③

[按:12 月上旬,吴晗和余心清、薛子正和公墓筹备小组的刘东胶、曹恩棠、王玉珉等在北京郊区寻找建革命公墓的地址。连日来他们接连看了北京郊区许多地方,三王坟是今天跑的第三个地方了,还不太满意,因为在平地上建公墓不符合周恩来不占农田的要求。]

12 月 15 日 吴晗致函校务委员会由于自己当选为北京市副市长,请辞文学院院长职务。④

[按:吴晗推荐金岳霖继任文学院院长一职。]

---

① 余心清,时任政务院典礼局副局长。

② 薛子正,时任北京市政府秘书长。

③ 大河网:《踏遍京郊 选中八宝山选址八宝山革命公墓始末》。

④ 清华大学校史研究室编:《清华大学一百年》,清华大学出版社,2011 年版,第 180 页。

12 月 16 日 清华大学校委会决议,同意吴晗由于当选为北京市人民政府副市长,请辞所任清华大学文学院院长职务。[1]

12 月 23 日上午 吴晗出席北京市人民政府委员会第二次会议。[2]

[按:12 月 23 日上午 9 点,北京市人民政府委员会举行第二次会议,聂荣臻市长,张友渔、吴晗副市长及全体委员均出席。会议由聂荣臻市长主持,听取了列席会议的财政局赵子尚局长关于一九四九年度北京市财政收支概况及最近税收工作的两项报告。会议还通过了北京市人民法院院长及市府各委员会主任,各处处长的名单,以便呈报中央人民政府政务院批准。]

12 月某日 吴晗致信张文松。[3]

[按:12 月某日,吴晗就"北京市各界人民代表会议代表产生办法"和"北京市各界人民代表会议工人学生代表试行直接选举施行细则"及初步意见等事宜写信给张文松。]

[按:该信函原件上标注的时间为 12 月 1 日,但事实上这个时候吴晗出访苏联尚未回国,原因尚未考证,故编者在收入本书谱文时,将其定为"12 月某日",具体原因待考。]

---

① 清华大学校史研究室编:《清华大学九十年》,第 168 页。

② 本条引自 1949 年 12 月 24 日《人民日报》第二版。

③ 本条引自北京市档案馆档案号为 001 - 006 - 00131 的档案。

一九五〇年

1月2日上午 吴晗参加一九五〇年北京市新年大联欢活动。①

[按:1月2日上午9点,首都各界五万余人欢欣愉快地举行一九五〇年北京市新年大联欢。大联欢活动分别在中山公园、北海公园两处同时开幕。张友渔、吴晗两位副市长分别在两处讲话。]

1月6日 教育部批准吴晗由于当选为北京市人民政府副市长,辞去清华大学文学院院长职务。②

1月6日 吴晗任北京市人民胜利折实公债推销委员会主任委员。③

[按:1月6日下午,北京市人民胜利折实公债推销委员

① 本条引自1950年1月3日《人民日报》第二版。

② 清华大学校史研究室编:《清华大学九十年》,第168页。

③ 本条引自1949年1月7日《人民日报》第一版。

会在市府成立，并举行了首次常务委员会议。大会讨论并通过了以吴晗副市长为主任委员的十五名常务委员人选及联络、宣传、经收、秘书四组组长人选；计划成立工商界、地方人士、工会、机关、教育工作者、医务工作者、新闻工作者等十余分会。吴副市长及委员等相继讲话。该会常务委员会委员十五人为：吴晗（主任委员）、刘仁、余心清、薛子正、程宏毅、萧明、周子健、傅华亭、刘一峰、钱端升、刘仲华、董汝勤、浦洁修、赵子尚、贾星五。委员韩诵裳、闻家驷、张云川、许德珩、唐庆永、许立群、张晓梅、梁以俅。工商业界十五人：凌其峻、王富晋、诸福棠、尚小云、邢詹亭、贺孔才、缪秋杰等共四十七人。]

1月6日下午　吴晗出席并主持北京市人民胜利折实公债推销委员会常务委员会会议并在会上讲话。①

[按：1月6日下午5点，北京市人民胜利折实公债推销委员会成立后，吴晗即主持召开了常务委员会会议。出席会议的有全体常务委员和各组负责人。具体讨论研究了负责组织分会的人选问题。吴晗在会上作了讲话。]

1月10日下午　吴晗出席北京市第二届各界人民代表会议协商委员会第二次全体会议。②

① 本条引自北京市档案馆档案号为004－004－00005的档案。

② 本条引自北京市档案馆档案号为127－001－00005的档案。

［按:会议在北京市人民政府大会议室召开。会议讨论了一九五〇年度第一期人民胜利折实公债如何分配、推销及市政府一九五〇年度施政方针两个重要问题。会议由协商委员会主席彭真主持。吴晗副市长报告了北京市人民胜利折实公债推销委员会组织经过。］

1 月 10 日晚　吴晗在北京人民电台“市政之声”节目时间作题为《全市人民动员起来,热烈推销胜利公债!》的演讲。①

［按:吴晗在演讲中号召各单位公债推销委员会分会,每个干部深入动员、宣传,并号召全市同胞在全国范围内起带头作用,以欢欣鼓舞的心情,光荣地愉快地完成自己的任务。］

1 月上旬　吴晗与市长聂荣臻、副市长张友渔联名致函中央人民政府政务院。②

［按:1 月上旬,吴晗与市长聂荣臻、副市长张友渔就疏浚三海(指北海、中海和南海),呈报计划、拟请拨款等事宜,联名致函中央人民政府政务院。

疏浚三海工程,后经政务院批准。成立了疏浚三海工程指导委员会。委员会由时任中共中央办公厅主任、中央

---

① 本条引自 1950 年 1 月 10 日《人民日报》第三版及 1 月 14 日《人民日报》第四版。

② 本条引自北京市档案馆档案号为 002－004－00190 的档案。

副秘书长的杨尚昆负责，北京市卫生工程局局长曹言行任常委。该工程于4月动工，仅用77天，共挖运淤泥34万立方米，新建和改建进退水闸8座，码头31处，砌筑护岸近11公里。]

1月上旬 吴晗与市长聂荣臻、副市长张友渔联名致函中央人民政府政务院财政经济委员会。[①]

[按：1月上旬，吴晗与市长聂荣臻、副市长张友渔就疏浚三海计划及概算等事宜，联名致函中央人民政府政务院财政经济委员会。]

1月11日 吴晗与市长聂荣臻、副市长张友渔联名致函薄一波。[②]

[按：1月11日，吴晗与市长聂荣臻、副市长张友渔就疏浚三海事宜，联名致函薄一波，告知"关于疏浚本市三海及玉泉山水源问题，业经中央同意批准办理"等事宜。]

1月13日 彭真市长致信吴晗。[③]

[按：彭真市长是就民政局电网电死人一事写信给吴晗。彭真在信中说，"近来因触电死亡的事件屡屡发生……

① 本条引自北京市档案馆档案号为002－004－00190的档案。

② 本条引自北京市档案馆档案号为002－004－00190的档案。

③ 本条引自北京市档案馆档案号为027－001－00014的档案。

我提议监察委员会认真处理一两案，以惩前毖后与保护人民生命的安全”。]

1月17日 吴晗同北京市市长聂荣臻、副市长张友渔一道颁布府财字第一号北京市人民政府布告。①

［按：该布告的内容是重申北京市地产税征收暂行办法，通知有关部门开始征收一九四九年度地产税等事宜。该布告连续在1950年1月18日《人民日报》第六版、1月19日《人民日报》第三版、1月20日《人民日报》第六版公布。]

1月18日 《人民日报》刊登了吴晗同北京市市长聂荣臻、副市长张友渔一道颁布的北京市人民政府府财字第一号布告。②

［按：这布告的内容是重申北京市地产税征收暂行办法，通知有关部门开始征收一九四九年度地产税等事宜。该布告是1月17日吴晗同聂荣臻市长和张友渔副市长一道签发的。]

1月19日 《人民日报》再次刊登了吴晗同北京市市长聂荣臻、副市长张友渔一道颁布的北京市人民政府府财字第一号布告。③

① 本条引自1950年1月18日《人民日报》第六版及1月19日《人民日报》第三版及1月20日《人民日报》第六版。

② 本条引自1950年1月18日《人民日报》第六版。

③ 本条引自1950年1月19日《人民日报》第三版。

［按：这布告的内容是重申北京市地产税征收暂行办法，通知有关部门开始征收一九四九年度地产税等事宜。该布告是1月17日吴晗同聂荣臻市长和张友渔副市长一道签发的。］

1月19日 北京市人民胜利折实公债推销委员会职工分会致函吴晗。[①]

［按：1月19日，北京市人民胜利折实公债推销委员会职工分会致函吴晗主任（吴晗时任北京市人民胜利折实公债推销委员会主任委员），将一份1月15日的《北京市人民胜利折实公债推销委员会职工分会推销公债的情况简报（第二号）》呈送给吴晗收阅。］

1月20日 吴晗同北京市市长聂荣臻、副市长张友渔一道颁布府秘字第二一八号北京市人民政府令。

［按：府秘字第218号政府令的内容是颁布《北京市公立（市）场管理暂行规则》，这个政府令公布在1950年1月22日的《人民日报》第六版上。］

1月20日 吴晗同北京市市长聂荣臻、副市长张友渔一道

① 本条引自北京档案馆档案号为004－009－00006的档案。

颁布府秘字第二一八号、府秘字第二一九号北京市人民政府令。[①]

［按：这两个令的内容分别是颁发《北京市人民政府取缔非法商业行为暂行办法》和《北京市公立(市)场管理暂行规则》。这两个令同时公布于1950年1月22日《人民日报》第六版、1月23日《人民日报》第六版上。］

1月20日 《人民日报》再次刊登了吴晗同北京市市长聂荣臻、副市长张友渔一道颁布的北京市人民政府府财字第一号布告。[②]

1月21日 吴晗同聂荣臻市长和张友渔副市长一道颁发府秘字第二三七号、第二三八号北京市人民政府令。[③]

［按：第237号政府令的内容是颁布《北京市管理旧货商暂行规则》，第238号政府令的内容是颁布《北京市各种车辆管理暂行规则》。这两个政府令都公布在1950年2月6日的《人民日报》第三版上。］

1月22日 吴晗同北京市市长聂荣臻、副市长张友渔一道

---

① 本条引自1950年1月22日《人民日报》第六版及1月23日《人民日报》第六版。

② 本条引自1950年1月20日《人民日报》第六版。

③ 本条引自1950年2月6日《人民日报》第三版。

颁布府密字第一号、府密字第二号北京市人民政府布告。[①]

［按：这两个布告的内容分别是颁发《北京市粮食交易所交易管理暂行规则》和《北京市纱布交易所交易管理暂行规则》。这两个布告也同时公布在 1950 年 1 月 22 日《人民日报》第六版上。］

1 月 22 日 《人民日报》刊登了吴晗同北京市市长聂荣臻、副市长张友渔一道颁布府秘字第二一八号、府秘字第二一九号北京市人民政府令。[②]

［按：这两个令的内容分别是颁发《北京市人民政府取缔非法商业行为暂行办法》和《北京市公立（市）场管理暂行规则》。这两个令是 1 月 21 日吴晗同聂荣臻市长和张友渔副市长一同签发的。］

1 月 23 日 《人民日报》再次刊登了吴晗同北京市市长聂荣臻、副市长张友渔一道颁布的府秘字第二一八号、府秘字第二一九号北京市人民政府令。[③]

1 月 27 日下午 吴晗出席并主持北京市人民胜利折实公债推销委员会常务委员会会议。[④]

---

① 本条引自 1950 年 1 月 22 日《人民日报》第六版。

② 本条引自 1950 年 1 月 22 日《人民日报》第六版。

③ 本条引自 1950 年 1 月 23 日《人民日报》第六版。

④ 本条引自北京市档案馆档案号为 004－004－00005 的档案。

［按:1 月 27 日下午 2 点,吴晗主持召开了北京市人民胜利折实公债推销委员会常务委员会会议。出席会议的有傅华亭、汤绍远、董汝勤、钱端升、浦洁修、贾星五、程宏毅等。会议具体由各部门汇报公债推销的情况。］

2 月 2 日　吴晗出席北京市人民胜利折实公债推销委员会总会举行的全市各区著名地方人士座谈会。[①]

［按:2 月 2 日,北京市人民胜利折实公债推销委员会总会在市政府邀请全市各区著名地方人士四十余人举行座谈会,交换关于如何在地方人士中推销公债问题的意见。会上,一致同意成立公债推销委员会地方人士分会,通过以出席会议的四十余人为委员,并推选乐松生为主任委员。并决定本月四日召开全市地方人士动员大会,立即展开推销工作。座谈会由推销委员会常委、市府民政局长董汝勤主持,张友渔副市长及推销委员会主任委员吴晗副市长均亲自出席指导。吴晗副市长就目前北京市公债推销情况作了报告。北京市工商联合会筹委会主任傅华亭及韩诵裳并向大家介绍了北京市工商业界组织推销公债认购任务完成的办法及经过。］

2 月 3 日　吴晗出席并主持北京市人民胜利折实公债常务

---

① 本条引自 1950 年 2 月 3 日《人民日报》第四版。

委员会第四次会议。①

[按:2月3日下午,北京市人民胜利折实公债推销委员会常务委员会召开第四次会议。吴晗出席并主持了会议。吴晗在会上宣布:由于乐松生先生担任了北京市地方人士推销分会的主任,因此聘请他为总会常务委员。乐松生、汤绍远、浦洁修等先后在会上讲话。]

2月3日晚 吴晗出席北京市人民政府庆祝北京市解放一周年集会。②

[按:2月3日晚,北京市人民政府千余干部在北京人民剧院集会,庆祝北京市解放一周年。会议由薛子正秘书长主持,吴晗副市长在会上报告了《新中国在国际上的地位》。张友渔副市长兴奋愉快地致辞说:今天大家尽情地狂欢,但是不要忘了我们还有很艰巨的任务,要克服相当严重的困难。他指出:要在行动上为人民服务,要虚心学习理论,学习政策,学习业务,和要在生活上保持艰苦奋斗的革命传统。他勉励市政府全体干部,希望他们能在解放后第二年比第一年把工作做得更好,更和人民的利益相结合。旋即举行晚会,节目为北京人民艺术剧院演出的《莫斯科性格》。]

---

① 本条引自北京市档案馆档案号为004-004-00005的档案。

② 本条引自1950年2月4日《人民日报》第一版。

2月4日 吴晗出席北京市人民胜利折实公债推销委员会地方人士分会动员大会。[1]

［按:2月4日下午,北京市人民胜利折实公债推销委员会地方人士分会公债推销动员大会在民主剧场召开。会议首先由吴晗讲话,接着地方分会主任乐松生,市工商联合会主任傅华亭,市工商联合会副主任韩诵裳,副市长张友渔,地方人士分会常委鲁雅轩、郑子磐、冯占海、张寿崇以及程宏毅局长先后在大会上讲话。］

2月5日、6日 吴晗出席中央人民政府政务院文化教育委员会第二次全体会议。[2]

［按:2月5日、6日,中央人民政府政务院文化教育委员会举行第二次全体会议,通过了该会一九五〇年工作计划的草案。出席会议的有:主任郭沫若,副主任陆定一和沈雁冰,委员周扬、钱俊瑞、沈体兰、韦悫、李德全、竺可桢、胡乔木、胡愈之、费孝通、吴晗、刘清扬、潘光旦、符定一、蒋南翔、沈兹九、谢邦定、欧阳予倩、田汉、阳翰笙、钱三强、翦伯赞、侯外庐、钱端升、张东荪、雷洁琼等三十五人。董必武副总理亲临指导。会议第一日由沈雁冰副主任任主席,董必武副总理报告最近国内军事、政治、外交情况,郭沫若主任报告文教委员会工作计划要点,各部院署首长分别作了三

① 本条引自北京市档案馆档案号为004－004－00005的档案。

② 本条引自1950年2月8日《人民日报》第一版。

个月的工作报告，胡乔木秘书长报告文教委员会一九五〇年度事业费岁出总概算草案。第二日的会议由陆定一副主任任主席。会议在四小时的讨论后通过了文教委员会一九五〇年工作计划草案，并通过了委员等关于在各大行政区设立师范大学或师范学院的提案，决定交教育部研究办理。]

2月6日　《人民日报》刊登了吴晗同聂荣臻市长和张友渔副市长一道颁发府秘字第二三七号、第二三八号北京市人民政府令。①

[按：第237号政府令的内容是颁布《北京市管理旧货商暂行规则》，第238号政府令的内容是颁布《北京市各种车辆管理暂行规则》。这两个政府令是1月21日吴晗同聂荣臻和张友渔一道签发的。]

2月7日　吴晗出席北京市人民委员会第三次政府委员会会议。②

[按：出席会议的有北京市市长聂荣臻，副市长张友渔、吴晗，政府委员薛子正、梁思成、程宏毅、翁独健、牟泽衔、严镜清、韩诵裳、徐楚波等八人，市政府各局处会首长也都列席参加。市财经委员会副主任程宏毅报告了一九五〇年度

---

① 本条引自1950年2月6日《人民日报》第三版。

② 本条引自1950年2月8日《人民日报》第四版。

的财经工作计划，吴晗副市长报告了文教卫生工作计划，文教局副局长李伯钊关于文化工作计划作了补充发言，薛子正秘书长报告了市政建设工作计划，建设局局长王明之和卫生工程局局长曹言行都作了补充发言。最后，会议讨论通过了“北京市人民政府委员会议事规程”、“北京市人民政府行政会议议事规程”和“北京人民政府工作人员任免更调暂行办法”等三项重要单行法令。]

2月7日 吴晗和聂荣臻、张友渔一道签发北京市人民政府（府秘字）第732号公函。[①]

[按：该公函是发给中央人民政府政务院、政法委员会和内务部的。公函内容是北京市人民政府关于召开北京市第二届第二次各界人民代表会的情况的请示和汇报。]

2月8日 吴晗和聂荣臻、张友渔一道签发北京市人民政府（府税字）第一号公函。[②]

[按：该公函是发给北京市各界人民代表会议协商委员会的。公函内容是北京市人民政府关于办理北京市第二届各界人民代表会议提请办理纳税小米储蓄券提案拟酌予以变通办理的几点意见。]

---

① 本条引自北京市档案馆档案号为127－001－00001的档案。

② 本条引自北京市档案馆档案号为127－001－00001的档案。

2月9日 吴晗出席北京市第二届各界人民代表会议协商委员会第三次全体会议并在会上作报告。[①]

［按:2月9日,北京市第二届各界人民代表会议协商委员会在市政府举行第三次全体会议。由协商委员会主席彭真主持。会议听取了市政府薛子正秘书长关于北京市一九五〇年工作计划的报告和吴晗副市长、文教局李伯钊副局长关于文教卫生工作计划的补充报告。最后由张友渔副市长报告北京市一九五〇年财政收支概算。下次会议将对此项计划与概算进行讨论。］

2月10日 吴晗出席北京市城区房地产交易所开幕典礼。[②]

［按:2月10日,北京市城区房地产交易所上午在该所举行开幕典礼。市府吴晗副市长及地政局刘仲华局长和沈勃副局长都亲往讲话,市财政局及公逆产清管局也派有代表参加。该所吕建亚所长在会上报告了交易所的筹设经过及目前京市房地产权的转移情况。］

2月10日下午 吴晗出席并主持北京市人民胜利折实公债常务委员会第五次会议。[③]

［按:2月10日下午2点,北京市人民胜利折实公债推

① 本条引自1950年2月10日《人民日报》第四版。

② 本条引自1950年2月11日《人民日报》第四版。

③ 本条引自北京市档案馆档案号为004－004－00005的档案。

销委员会常务委员会第五次会议在北京市政府第一会议室召开。吴晗出席并主持了会议。汤绍远、殷玉昆、董汝勤、乐松生等先后在会上讲话。]

2月13日 吴晗和聂荣臻、张友渔一道签发北京市人民政府(府秘字)第896号公函。[①]

[按：该公函是发给中央人民政府政务院、财政经济委员会会和财政部的。公函内容是北京市人民政府关于报送北京市一九五〇年度财政收支概算等事。]

2月13日 清华大学成立教育工作者工会，吴晗为该工会会员。[②]

[按：大会通过了《清华大学教育工作者工会章程》。参加清华教育工作者工会的成员共有206人。历史系的工会会员就二个，他们是吴晗和任华。]

2月15日下午 吴晗出席北京市第二届各界人民代表会议协商委员会第四次全体会议。[③]

[按：2月15日下午，北京市第二届各界人民代表会议协商委员会在北京市人民政府大会议室举行第四次全体委

① 本条引自北京市档案馆档案号为127－001－00001的档案。

② 清华大学校史研究室编：《清华大学史料选编》第五卷(下)，第763页。

③ 本条引自北京市档案馆档案号为127－001－00005的档案及1950年2月16日《人民日报》第四版。

员会议。到会委员三十一人。会议由协商委员会主席彭真主持。彭真主席对中苏友好同盟互助条约及关于中长路、旅大问题等协定的订立与内容作了简单扼要的报告,并指出了它的伟大的历史意义。接着由吴晗副市长报告北京市人民胜利折实公债推销的情形。人民胜利折实公债推销委员会地方人士分会主任乐松生亦曾到会报告地方人士推销公债情形。吴副市长报告后,会议继续第三次协商委员会未了议程,讨论北京市人民政府一九五〇年工作计划纲要及一九五〇年岁入岁出概算草案。市府财政局赵子尚局长报告了北京市一九四九年度财政支出概况。相继发言的有费青、许德珩、钱端升、浦洁修、刘一峰、张云川等委员。]

2月16日 吴晗同市长聂荣臻、副市长张友渔一道签发《北京市人民政府关于北京市人民政府委员会议事规程的公布令》的文件。[①]

2月16日 吴晗同市长聂荣臻、副市长张友渔一道签发《北京市人民政府关于北京市人民政府联合办公规则的公布令》的文件。[②]

---

① 北京市档案馆等编:《北京市重要文献选编1950》,中国档案出版社,2001年版,第80页。

② 北京市档案馆等编:《北京市重要文献选编1950》,中国档案出版社,2001年版,第86页。

2月22日上午 吴晗为"北京市中小学教师寒假学习会"作《怎样运用唯物史观批判历史人物》的讲座。[1]

[按:2月21日上午9点,吴晗在女一中为北京市中小学教师寒假学习会讲座《怎样运用唯物史观批判历史人物》。北京市中小学教师寒假学习会的第一周学习已于春节前结束,第二周为分科讲座,分别在2月20日、22日、23日、24日、25日由叶蠖生、吴晗、翦伯赞、侯外庐、翁独健等主讲《历史教学中联系实际的问题》《怎样运用唯物史观批判历史人物》《中国封建社会长期停滞的原因》《中国社会经济发展史》《从明治维新、土耳其革命说到中国革命的问题》等讲座。]

2月25日上午 吴晗出席北京市第二届第二次各界人民代表会议开幕式并担任执行主席。[2]

[按:2月25日上午,北京市第二届第二次各界人民代表会议在中山公园中山堂开幕。出席会议代表共三百七十二人,李济深副主席、沈钧儒院长、彭泽民副主任亲临指导。第二届各界人民代表协商委员会秘书长薛子正宣布开会后,全体代表一致通过以协商委员会全体委员四十五人为大会主席团。上午的会议由彭真、余心清、吴晗、张奚若、许德珩、许立群担任执行主席。大会主席彭真致开会词。聂

① 本条引自1950年2月21日《人民日报》第四版。

② 本条引自1950年2月26日《人民日报》第一版。

荣臻市长报告北京市人民政府一九五〇年度工作计划，张友渔、吴晗副市长分别补充报告一九五〇年度北京市财政收支概算草案，与推行人民胜利折实公债情况。]

2月25日 吴晗在北京市第二届第二次各界人民代表会议上作《关于北京市推行人民胜利折实公债的报告》。①

2月25日 中国民主同盟召开第三次中央常务委员会议，通过该盟总部各委员会委员人选，吴晗分别任文教委员会委员和联络委员会委员。②

2月26日 吴晗向北京市第三届第一次各界人民代表会议提交了《北京市人民政府关于一九五〇年度文教卫生工作的报告》。

2月27日下午 吴晗出席北京市第二届第二次各界人民代表会议，并担任会议下午的执行主席。③

[按：2月27日下午，历时三天的北京市第二届第二次各界人民代表会议胜利闭幕。出席会议代表共三百二十九人。大会上午的执行主席为余心清、萧明、钱端升、徐悲鸿、

---

① 本条引自《北京市人民代表大会文献资料汇编1949—1993》，第64页。
② 本条引自1950年2月28日《人民日报》第一版。
③ 本条引自1950年2月28日《人民日报》第一版。

费孝通、黎锦熙、马玉槐；下午为聂荣臻、张友渔、吴晗、浦洁修、赵紫宸、刘一峰、陈铭德。大会主席彭真作一九五〇年度市政工作计划和财政收支概算讨论的总结报告之后，代表们纷纷发言，热烈拥护彭真主席的报告，坚决表示要为实现北京市人民政府一九五〇年度的工作计划和财政收支概算而努力。最后由许德珩教授致闭幕词。会议在雄壮的口号声中宣告闭幕。]

2 月 27 日 吴晗同市长聂荣臻、副市长张友渔一道签发《北京市人民政府关于任免更调工作人员暂行办法令》的文件。[①]

2 月 吴晗任北京市人民政府业余教育工作委员会副主任。

[按：这个机构是由北京市人民政府邀请市总工会、青年团市工委会、市民主妇联、市教育工作者工会及其他有关单位共同组成的。吴晗副市长任主任，廖沫沙、刘菜夫、翁独健、张晓梅任副主任。工委会设常委，常委会下面设教务处、总务处、秘书室与研究室四个部门。业余教育工作委员会的工作方针是以产业工人和机关干部为对象，在生产和工作的时间之外，进行以文化学习为主的有条件的正规化学习。]

3 月 3 日 中央人民政府政务院总理周恩来签署有关彭真、

① 北京市档案馆等编：《北京市重要文献选编 1950》，第 124 页。

张友渔、吴晗可先行到职的“令”。①

［按:3月3日,中央人民政府政务院总理周恩来签署中央人民政府政省字第38号令,“令知北京市第三届各界人民代表会议选出的北京市人民政府市长、副市长、委员可先行到职视事”。］

3月4日 吴晗与市长聂荣臻、副市长张友渔联名签发北京市人民政府府秘字第742号“令”。②

［按:3月4日,吴晗与市长聂荣臻、副市长张友渔联名签发北京市人民政府府秘字第742号令《修正北京市医事人员申请登录给照暂行办法第五条条文》。该令是对北京市人民政府1949年9月19日府秘字第355号公布的《北京市医事人员申请登录给照暂行办法第五条条文》进行修正后予以公布。］

3月7日 吴晗和市长聂荣臻、副市长张友渔一道签发北京市人民政府(府财字)第362号文件。③

［按:该文件是颁发至市属各机关学校的。内容是北京市人民政府关于从三月份起分部门管理财政等事宜。］

① 本条引自北京市档案馆档案号为002－003－00001的档案。

② 本条引自北京市档案馆档案号为002－004－00211的档案。

③ 本条引自北京市档案馆档案号为127－001－00001的档案。

3 月 14 日　吴晗同聂荣臻市长和张友渔副市长一道颁发府财字第三号北京市人民政府布告。[1]

［按：第 3 号北京市人民政府布告的内容是有关合并征收 1949 年度冬季和 1950 年度春季房产税等事宜。这个布告公布在 1950 年 3 月 14 日的《人民日报》第一版上。］

3 月 14 日　《人民日报》刊登了吴晗同聂荣臻市长和张友渔副市长一道颁发府财字第三号北京市人民政府布告。[2]

3 月 16 日　吴晗同市长聂荣臻、副市长张友渔一道签发《北京市人民政府关于处理城区无主房地暂行办法的公布令》的文件。[3]

3 月 16 日　吴晗出席北京市业余教育委员会成立大会，被选举为业余教育委员会主任委员。[4]

［按：出席会议的有市委、市政府、市文化局、市总工会、团市委、市妇联等方面的负责人彭真、张友渔、吴晗、廖沫沙、钱端升等。大会选举吴晗为业余教育委员会主任委员，廖沫沙、翁独健、刘莱夫、张晓梅为副主任委员。］

---

① 本条引自 1950 年 3 月 14 日《人民日报》第一版。

② 本条引自 1950 年 3 月 14 日《人民日报》第一版。

③ 北京市档案馆等编：《北京市重要文献选编 1950》，第 133 页。

④ 欧阳璋主编：《成人教育大事记》，北京出版社，1987 年版，第 16 页。

3月17日上午　吴晗出席北京市人民政府委员会第四次全体会议。[①]

［按:3月17日上午9点,北京市人民政府委员会举行第四次全体会议。会议听取与讨论了吴晗副市长关于卫生局工作检查委员会的工作报告及薛子正秘书长关于第二届第二次各界人民代表会议的总结报告。会议对京市城厢区重新划分行政区划问题及区人民代表会议组织条例草案交换了意见,并通过了京市新建机构:一、北京市人民检察署,二、北京市人民监察委员会,三、北京市企业总公司三项人事任命名单。会后各委员并亲往城内外视察了前三门护城河、龙须沟、金河、长河等地的下水道与河道工程。］

3月18日上午　吴晗出席北京市学生第二届代表大会并在会上讲话。[②]

［按:北京市学生第二届代表大会3月18日上午在中法大学礼堂开幕。出席大会并在会上讲话。市学联主席古奇踪致开幕词。北京市副市长吴晗、北京市文教局局长翁独健、清华大学校委会主席叶企孙、女一中校长梁以俅及教育工作者工会筹委会副主席钱端升先后在会上讲话。最后由北京市二届各界人民代表会议学生代表周基裕传达二次会议的决议。

---

① 本条引自1950年3月19日《人民日报》第四版。

② 本条引自1950年3月19日《人民日报》第四版。

下午会议继续进行。]

3月23日 吴晗和聂荣臻、张友渔一道签发北京市人民政府(府秘一字)第060号公函。①

[按:该公函是发给中央人民政府政务院的。公函内容是北京市人民政府关于请求批准召开北京市各区各界人民代表会议的事。]

3月23日 吴晗出席全市地方人士推销人民胜利折实公债第二次大会。②

[按:北京市推销人民胜利折实公债总会及地方人士分会为按照中央人民政府规定在三月底以前如期完成第一期公债的推销任务,于3月23日在民主剧场召开全市地方人士推销人民胜利折实公债第二次大会,出席会议的有地方人士分会常委及各区地方人士约八百人。市府张友渔副市长、市推销公债总会主任吴晗副市长均亲临讲话。]

3月24日 吴晗出席北京市公安局业余文化学校开学典礼。③

[按:3月24日,北京市公安局业余文化学校在民主剧

① 本条引自北京市档案馆档案号为127－001－00001的档案。

② 本条引自1950年3月25日《人民日报》第四版。

③ 本条引自1950年3月27日《人民日报》第三版。

院隆重举行开学典礼。到会学员六百余人,吴晗副市长及市公安局张副局长均亲临讲话。

公安局业余文化学校曾于3月12、13日两天举行考试,共有学员六百多人。分初级班与中级班。初级班学习两年,分六个学期,每学期四个月。中级班学习三年,分六个学期,每学期六个月。聘请了八位专任教员,十位兼任教员。校址借用北京市立司法部街小学校。]

3月24日 吴晗和聂荣臻、张友渔一道签发北京市人民政府(府秘一字)第120号公函。①

[按:该公函是发给中央人民政府政务院的。公函内容是北京市人民政府关于向政务院报告北京市推销胜利公债工作的情况。]

3月24日 吴晗担任清华大学校务委员会副主任委员。②

[按:3月24日,叶企孙改组校务委员会,指定周培源、吴晗等21人组成校务委员会,叶企孙为主任委员,周培源、吴晗为副主任委员。]

3月27日 吴晗在北京市人民委员会行政会议上被增选为

① 本条引自北京市档案馆档案号为127-001-00001的档案。

② 清华大学校史研究室编:《清华大学九十年》,第171页。

税收复核委员会副主任委员。[①]

［按：北京市一九四九年下半年度工商业税已开始征收，市人民政府为更好地完成此一工作，避免个别工商业户负担不平衡，发生畸轻畸重的偏向，决定加强在上次征收工商业税期间成立的税收复核委员会的工作，建立健全的复核组织，有重点地进行复核。该会人选除上次推定由张友渔副市长任主任委员，程宏毅等为委员不动外，增加吴晗副市长为该会副主任委员。］

3 月 27 日　吴晗在北京市人民委员会行政会议上成立的编制委员会任委员。[②]

［按：3 月 27 日，北京市人民政府根据中央人民政府政务院关于统一国家财政经济的决定，成立了编制委员会。编制委员会负责整编各机关员额编制，核实现有人员将编余人员报呈中央。北京市人民政府编制委员会委员为张友渔、吴晗、薛子正、赵子尚、冯基平、严镜清、翁独健等九人，主任委员为张友渔。］

3 月 31 日　吴晗同市长聂荣臻、副市长张友渔一道签发《北京市人民政府关于各机关因进行生产占用郊区土地规定的令》

---

① 本条引自 1950 年 4 月 5 日《人民日报》第四版。

② 本条引自 1950 年 4 月 5 日《人民日报》第四版。

的文件。①

4 月 1 日　吴晗同聂荣臻市长和张友渔副市长一道颁发府秘一字第一二四三号北京市人民政府令。②

［按：第 1243 号北京市人民政府令的内容是颁发《北京市硝磺厂商管理暂行办法》《北京市火药厂商管理暂行办法》《北京市花炮业火柴业管理暂行办法》。这个令公布在 1950 年 4 月 4 日的《人民日报》第三版和 4 月 10 日的《人民日报》第六版上。］

4 月 4 日　《人民日报》刊登了吴晗同聂荣臻市长和张友渔副市长一道颁发府秘一字第一二四三号北京市人民政府令。③

［按：第 1243 号北京市人民政府令的内容是颁发《北京市硝磺厂商管理暂行办法》《北京市火药厂商管理暂行办法》《北京市花炮业火柴业管理暂行办法》。这个令 4 月 1 日吴晗同聂荣臻和张友渔副市长一道签发的。］

4 月 5 日　吴晗同市长聂荣臻、副市长张友渔一道签发《北京市人民政府关于劳资争议仲裁委员会暂行组织规程的公布令》的文件。④

---

① 北京市档案馆等编：《北京市重要文献选编 1950》，第 148 页。

② 本条引自 1950 年 4 月 4 日《人民日报》第三版。

③ 本条引自 1950 年 4 月 4 日《人民日报》第六版。

④ 北京市档案馆等编：《北京市重要文献选编 1950》，第 160 页。

4月5日 吴晗等北京市人民政府及各界代表四十余人赴西郊万安公墓隆重祭扫李大钊烈士墓。[①]

[按:4月5日为清明节,北京市人民政府及各界代表四十余人赴西郊万安公墓隆重祭扫李大钊烈士墓,全体与祭人员在北京市人民政府副市长吴晗、中共北京市委会代表李乐光、北京市总工会副主席萧明率领下,绕墓三周,并默哀、献酒致敬。接着由北京市人民政府、中共北京市委会、市总工会、市民主妇女联合会与市民主青年联合会代表献花圈。吴晗、李乐光、萧明等在墓前相继致辞。吴副市长致辞中,于简略地说明李大钊烈士永垂不朽的勋绩后,号召全体革命工作人员学习先烈对人民革命事业的无限忠诚,更好地担负起新的建设工作。随后,全体与祭人员即往北京市军事管制委员会已故秘书长韩钧及革命老战士任锐、严朴等人墓前致敬。]

4月5日 吴晗同市长聂荣臻、副市长张友渔一道签发《北京市人民政府关于劳资争议仲裁委员会暂行组织规程的公布令》的文件。[②]

4月10日 《人民日报》再次刊登了吴晗同聂荣臻市长和张友渔副市长一道颁发的府秘一字第一二四三号北京市人民政

---

① 本条引自1950年4月6日《人民日报》第四版。

② 北京市档案馆等编:《北京市重要文献选编1950》,第160页。

府令。①

4月11日 吴晗和聂荣臻、张友渔一道签发北京市人民政府(府秘一字)第1437号公函。②

[按:该公函是发给北京市各界人民代表会议协商委员会的。公函内容是北京市人民政府关于批准北京市各界人民代表会议协商委员会关于设立本市区各界人民代表会议的请示及转发中央政务院对此事的批复的文件。]

4月11日 吴晗同市长聂荣臻、副市长张友渔一道签发《北京市人民政府关于对农民及农业经营者发展生产奖励办法的布告》。③

4月13日 吴晗同市长聂荣臻、副市长张友渔一道签发《北京市人民政府关于批准八一面粉为标准通粉及处理旧存超标面粉办法的布告》。

4月14日 吴晗出席中国人民印刷厂业余学校开学典礼。④

[按:4月14日,北京市最大的业余学校——中国人民印刷厂业余学校举行开学典礼,参加典礼的该厂职工有五

① 本条引自1950年4月4日《人民日报》第六版。

② 本条引自北京市档案馆档案号为127-001-00001的档案。

③ 北京市档案馆等编:《北京市重要文献选编1950》,第167页。

④ 本条引自1950年4月19日《人民日报》第四版。

千余人，其中学员二千五百余人，市人民政府吴晗副市长、中华全国总工会文教部部长刘子久、业余教育工作委员会副主任廖沫沙、北京市总工会副主席萧明等均亲自莅会指导。]

4月21日 吴晗出席北京市推销公债总结联欢大会。①

[按：4月21日，北京市人民胜利折实公债推销委员会为总结超额完成推销公债任务的工作经验，表扬模范购债工商户与地方人士，在华北戏院举行推销公债总结联欢大会。出席的有全市工商业界各行业代表，地方人士推销分会委员及模范户，各机关、学校、团体等代表约五百人。市推委会主任委员吴晗副市长在会上作总结报告。工商业界代表孙孚凌、杨宜之、汤绍远，市府委员韩诵裳，地方人士代表乐松生、郑子盘、杨厚安、陈聘之等都在会上相继讲话。]

4月22日 吴晗同聂荣臻市长和张友渔副市长一道颁发府建管字第一号北京市人民政府布告。②

[按：府建管第1号北京市人民政府布告的内容是有关规划工厂建筑建设等事宜。这个布告公布在1950年5月3日的《人民日报》第六版上。]

---

① 本条引自1950年4月24日《人民日报》第四版。

② 本条引自1950年5月3日《人民日报》第六版。

4 月 25 日　吴晗同聂荣臻市长和张友渔副市长一道颁发府秘一字第一七四八号北京市人民政府令。①

［按：第一七四八号北京市人民政府令的内容是颁发《北京市城区房地产权登记暂行规则》。这个令公布在 1950 年 5 月 3 日的《人民日报》第六版上。］

4 月 25 日　吴晗同聂荣臻市长和张友渔副市长一道颁发府秘一字第一八一〇号北京市人民政府令。②

［按：府秘一字第一八一〇号北京市人民政府令的内容是颁布《北京市剧艺社团登记管理暂行规则》。这个令公布在 1950 年 5 月 4 日的《人民日报》第五版和 5 月 8 日的《人民日报》第五版上。］

4 月 25 日　吴晗同市长聂荣臻、副市长张友渔一道签发《北京市人民政府关于契税暂行条例并补充规定的布告》。③

4 月 25 日上午　吴晗出席北京市救济失业工人委员会成立大会并被推选为委员。④

［按：4 月 25 日上午，北京市总工会邀请市政府、中共北京市委会、华北军区政治部、市劳动局、市公安局、团市工

① 本条引自 1950 年 5 月 3 日的《人民日报》第六版。
② 本条引自 1950 年 5 月 4 日《人民日报》第五版。
③ 北京市档案馆等编：《北京市重要文献选编 1950》，第 175 页。
④ 本条引自 1950 年 4 月 26 日《人民日报》第四版。

委、市妇联、市教育工作者工会筹委会等单位开会，成立北京市救济失业工人委员会。会议推选市总工会副主席萧明、北京市副市长吴晗、市商业局局长程宏毅、市委办公室主任赵凡、华北军区政治部主任张致祥、市劳动局副局长万一、市公安局副局长张明河、市妇联主任张晓梅、团市工委副书记杨伯箴、市教育工作者工会筹委会副主任钱端升等十人组成京市救济失业工人委员会；萧明为主任委员。]

4月26日　吴晗同市长聂荣臻、副市长张友渔一道签发《北京市人民政府关于查禁烟毒办法及执行计划决定的通知》。[①]

4月27日　吴晗在《北京市业余教育工作委员会工作条例草案》的稿件上作出批示。[②]

[按：批示的内容为："送常委会讨论通过后呈市府批准。吴晗　四．廿七"。]

4月27日　吴晗在《北京市业余教育工作委员会视导工作方案》的稿件上作出批示。[③]

[按：批示的内容为："原则可行，文字应加整理，提交常委会通过。吴晗　四．廿七"。]

① 北京市档案馆等编：《北京市重要文献选编1950》，第179页。

② 本条引自北京市档案馆档案号为152－001－00031的档案。

③ 本条引自北京市档案馆档案号为152－001－00031的档案。

4 月 30 日 《人民日报》公布了中央人民政府政务院第三十次政务会议通过的任命，吴晗为北京市人民政府都市计划委员会委员。①

[按：北京市人民政府都市计划委员会主任委员聂荣臻，副主任委员张友渔、梁思成，委员王明之、吴晗、吴景祥、李颂深、林是镇、林徽因、侯仁之、翁独健、张任、张开济、曹言行、曾承宗、郭洪涛、陈占祥、彭真、曾永年、华南圭、费孝通、冯法祀、董汝勤、赵子尚、刘一峰、刘仲华、萧明、薛子正、钟森、戴念慈、严镜清、顾鹏程等二十九人。]

5 月 3 日 吴晗的《北京市公债推销工作总结》撰写完毕。②

[按：这份《北京市公债推销工作总结》是吴晗代表北京市人民政府向中央作的一个总结报告。报告分为四个部分：一是汇报了推销工作的三个阶段；二是汇报了推销工作的主要成绩；三是总结了推销工作的经验与不足；四是提出了今后工作的几点意见。]

5 月 3 日 《人民日报》刊登了吴晗同聂荣臻市长和张友渔副市长一道颁发府建管字第一号北京市人民政府布告。③

[按：府建管第 1 号北京市人民政府布告的内容是有关

---

① 本条引自 1950 年 4 月 30 日《人民日报》第三版。

② 本条引自北京市档案馆档案号为 127 - 001 - 00005 的档案。

③ 本条引自 1950 年 5 月 3 日《人民日报》第六版。

规划工厂建筑建设等事宜。这个布告是4月22日吴晗同聂荣臻市长和张友渔副市长一道签发的。]

5月3日 《人民日报》刊登了吴晗同聂荣臻市长和张友渔副市长一道颁发府秘一字第一七四八号北京市人民政府令。①

[按:第1748号北京市人民政府令的内容是颁发《北京市城区房地产权登记暂行规则》。这个令是4月25日吴晗同聂荣臻市长和张友渔副市长一道签发的。]

5月4日 《人民日报》刊登了吴晗同聂荣臻市长和张友渔副市长一道颁发府秘一字第一八一〇号北京市人民政府令。②

[按:府秘一字第一八一〇号北京市人民政府令的内容是颁布《北京市剧艺社团登记管理暂行规则》。这个令是4月24日吴晗同聂荣臻市长和张友渔副市长一道签发的。]

5月4日 吴晗在《北京市业余教育工作委员会视导工作方案》修改稿的稿件上作出批示。③

[按:批示的内容为:"提交常委会讨论。吴晗 五.四"。]

---

① 本条引自1950年5月3日《人民日报》第六版。

② 本条引自1950年5月4日《人民日报》第五版。

③ 本条引自北京市档案馆档案号为152－001－00031的档案。

5月6日 吴晗和聂荣臻、张友渔一道签发北京市人民政府(府秘一字)第2387号公函。[1]

[按:该公函是发给北京市各界人民代表会议的。公函的内容是请其解释"救济失业员工决定"是否包括倒闭破产歇业户之失业员工在内等事宜。]

5月7日上午 吴晗出席北京市第二届各界人民代表会议协商委员会第五次全体会议。[2]

[按:5月7日上午,北京市第二届各界人民代表会议协商委员会在颐和园远眺斋举行第五次会议,会议由协商委员会主席彭真主持,根据第二届第二次代表会议所授权力,讨论和修正了北京市人民政府所拟订的《北京市区各界人民代表会议组织通则草案》,并经全体委员一致通过。会议听取了北京市公债推销委员会主任委员吴晗副市长关于推销公债的总结报告和北京市人民法院王斐然院长关于清理积案工作的报告。最后会议就北京市人民法院所拟订的《各种民事、刑事案件处刑标准草案》交换了意见。]

5月8日 《人民日报》再次刊登了吴晗同聂荣臻市长和张友渔副市长一道颁发府秘一字第一八一〇号北京市人民政

① 本条引自北京市档案馆档案号为127－001－00001的档案。

② 本条引自北京市档案馆档案号为127－001－00005的档案及1949年5月8日《人民日报》第三版。

府令。[1]

［按：府秘一字第一八一〇号北京市人民政府令的内容是颁布《北京市剧艺社团登记管理暂行规则》。这个令是4月24日吴晗同聂荣臻市长和张友渔副市长一道签发的。］

5月10日上午 吴晗出席北京市人民法院清理积案动员大会。[2]

［按：北京市人民法院为了迅速清理积案，减少人民讼累，于日前呈准市人民政府自市区各机关学校团体调集干部二百六十余人帮助工作，并于十日召集参加此次工作的全体工作人员四百余人举行动员大会。中央人民政府最高人民法院沈钧儒院长，市人民政府张友渔、吴晗两副市长均亲自到会。］

5月11日 吴晗和聂荣臻、张友渔一道签发北京市人民政府(府秘一字)第2504号公函。[3]

［按：该公函是发给中央人民政府政务院的。公函内容是北京市人民政府关于向政务院呈送《北京市各区各界人民代表会议组织原则》备案事。］

---

① 本条引自1950年5月8日《人民日报》第五版。

② 本条引自1950年5月12日《人民日报》第三版。

③ 本条引自北京市档案馆档案号为127－001－00001的档案。

5 月 11 日　吴晗同市长聂荣臻、副市长张友渔一道签发《北京市人民政府关于本市城区新区划简要说明及新区划简图》的文件。[①]

5 月 13 日　吴晗出席"首都庆祝六一国际儿童节筹委会"成立会议,被推选为筹委会主任。[②]

[按:5 月 13 日,首都市民主妇女联合会、青年团市工委会及市文教局等二十余机关团体响应中华全国"六一"国际儿童节筹委会的号召,在市民主妇联正式成立"首都庆祝六一国际儿童节筹委会"。准备组织分散的广泛的各种活动,使首都的孩子们能在欢乐中度过自己的节日;并通过儿童节活动,启发儿童的国际主义与爱国主义思想。筹委会推选了妇幼福利委员会主任吴晗为主任,张晓梅、杨伯箴、翁独健、严镜清等为副主任。]

5 月 20 日　吴晗以北京市人民政府的名义致函政务院。[③]

[按:信函的内容是向中央人民政府政务院汇报北京市近几个月来发行人民胜利折实公债的情况。该信函还同时抄致中央政法委员会和中央财经委员会。]

---

① 北京市档案馆等编:《北京市重要文献选编 1950》,第 189 页。

② 本条引自 1950 年 5 月 15 日《人民日报》第三版。

③ 本条引自北京市档案馆档案号为 004 - 004 - 00041 的档案。

5月20日下午　吴晗出席北京市第二届各界人民代表会议协商委员会第六次全体会议。[①]

［按:5月20日下午,北京市第二届各界人民代表会议协商委员会在中山公园该会会议室举行第六次会议,会议听取了北京市第六第七两区关于区各界人民代表会议筹备工作的报告和北京市人民法院关于清理积案工作的报告;讨论通过了市人民政府关于检查干部作风与纪律及召集京市党、政、群干部动员大会的建议。会议听取了市财经委员会的报告,并决定由协商委员会成立工商、税收、劳资关系和失业救济及区代会议等四个组并指定张友渔、钱端升、刘仁、吴晗等为各组召集人。］

5月26日　吴晗同市长聂荣臻、副市长张友渔一道签发《北京市人民政府关于调整本市城区区划的布告》。[②]

5月26日　吴晗和北京市市长聂荣臻、副市长张友渔一起在北京市人民政府秘书厅府秘一字3439号文件上作出指示。

［按:北京市人民政府秘书厅府秘一字3439号文件是针对北京市"第二妇幼保健所收费价目表"中提出的有关"为照顾贫苦患者,拟比照第一妇幼保健所收费标准,略予减低"一事,作出了"准予照办"的指示。］

---

① 本条引自1950年5月22日《人民日报》第三版。

② 中国档案馆编:《北京市重要文献选编1950》,第215页。

5 月 26 日 吴晗在北京市业余教育工作委员会致市府的公函上作出批示。①

[按:5 月 23 日,北京市业余教育工作委员会致函北京市人民政府办公厅,请求批示该会的工作条例草案,吴晗于 5 月 26 日作出批示:"送行政会议讨论通过。吴晗 五.廿六"。]

5 月 27 日 吴晗和聂荣臻、张友渔一道签发北京市人民政府(府秘一字)第 2912 号公函。②

[按:该公函是发给北京市市属各单位的。公函内容是公布《北京市区各界人民代表会议组织通则》的事宜。]

5 月 28 日上午 吴晗参加北京市第一次文学艺术工作者代表大会开幕式并作为来宾在会上的讲话。③

[按:5 月 28 日上午,北京市文学艺术工作者代表大会在劳动人民文化宫隆重开幕。三百多位代表出席了开幕式。上午九时半,市文联筹委会秘书长王亚平报告筹备经过后,通过大会主席团,并推选老舍为执行主席。主席致开幕词后,即请全国文联主席郭沫若,副主席茅盾、周扬相继讲话,接着翁独健、郑振铎、田汉、徐悲鸿、吴晗等首长、来宾

① 本条引自北京市档案馆档案号为 002-004-00207 的档案。

② 本条引自北京市档案馆档案号为 127-001-00001 的档案。

③ 王树声:《北京的黎明〈建国初期北京市的文化艺术工作〉》,第 383 页及陈世崇主编:《北京市文联五十年》及 1950 年 5 月 29 日《人民日报》第一版。

也讲了话。]

5月28日下午　吴晗在北京市第一次文学艺术工作者代表大会上作题为《解放以前北京市的文艺工作》的报告。①

[按:5月28日下午,大会继续举行,中国共产党北京市委员会书记彭真同志到会致辞,北京市副市长吴晗作题为《解放以前北京市的文艺工作》的报告,中共北京市文艺工作委员会书记、北京市文联筹委会副主席李伯钊作题为《北京市文艺普及工作问题》的报告,王亚平作题为《1950年市文教局文艺工作计划和实施情况》的报告。]

5月31日下午　吴晗出席北京市第六区各界人民代表会议并发表演说。②

[按:5月31日下午,北京市第六区各界人民代表会议开幕。北京市各界人民代表会议协商委员会主席、中国共产党北京市委会书记彭真、北京市人民政府副市长均参加指导,并发表演说。参加会议的来宾还有中央人民政府政法委员会参事丘锷仑、北京市人民政府秘书长薛子正、市府各局处负责人、北京市各民主党派、团体等代表及天津市人民政府代表张太逢等。]

---

① 陈世崇主编:《北京市文联五十年》,第55—56页及1950年5月29日《人民日报》第一版。

② 本条引自1950年6月2日《人民日报》第一版。

5月 清华大学调整学校常设委员会名单，吴晗任研究计划委员会委员。[①]

［按：清华大学研究计划委员会由周培源任主席，委员有葛庭燧、钱伟长、金岳霖、吴晗、陈新民、华罗庚、王瑶等19个委员。］

6月1日 吴晗出席首都庆祝第一届国际儿童节大会。[②]

［按：6月1日，首都约五千儿童代表在中山公园音乐堂举行了庆祝第一届国际儿童节大会。苏联、朝鲜、匈牙利、罗马尼亚、捷克等兄弟国家的小朋友和母亲们也应邀出席。大会播送了朱德向大会小朋友们讲话的录音片，随后有吴晗的讲话、郭沫若的献诗、邓颖超和冯文彬的讲话。他们都勉励小朋友们要好好学习，锻炼身体，长大了好把伟大的祖国建设得更美丽。］

6月1日 吴晗参加全国第一次高等教育会议。[③]

［按：6月1日，中央人民政府教育部第一次全国高等教育工作会议在北京开幕。中央及各大行政区教育部行政部门负责人、全国各主要院校负责人、中央人民政府各部门代表和高等教育专家、教授等200余人出席会议。会议的任务

---

① 清华大学校史研究室编：《清华大学史料选编》第五卷（上），第93页。

② 本条引自1950年6月2日《人民日报》第一版。

③ 本条引自1950年6月2日《人民日报》第一版。

在于对高等教育的方针任务、组织规程、课程改革、领导关系、师资培养、教材编审诸问题作广泛的讨论，以使高等教育能更好地为国家各方面的建设服务。政务院董必武副总理、郭沫若副总理、黄炎培副总理、文教委员会副主任陆定一、财经委员会副主任马寅初、政法委员会副主任张奚若均曾出席指导，并由马叙伦部长作关于高等教育的方针任务的报告，钱俊瑞、韦悫副部长分别就高等教育的任务、课程、学制、领导关系等问题作补充报告。会议预定九日结束。]

6月1日 吴晗同聂荣臻市长和张友渔副市长一道颁发府秘字第五号北京市人民政府布告。①

[按：府秘字第五号北京市人民政府布告的内容是颁布修订的《北京市交通管理暂行规则》。这个布告公布在1950年6月13日的《人民日报》第五版上。]

6月3日 吴晗和市长聂荣臻、副市长张友渔一道给北京市公共卫生局作出有关指示。②

[按：该指示文号为府秘一字2907号，该指示说："一、本年五月二十二日公卫三字第二六一号呈报筹建第二妇幼保健所经过情形及成立日期。已悉。二、准予备案。"]

① 本条引自1950年6月13日《人民日报》第五版。

② 本条引自北京档案馆档案号为135－001－00068的档案。

6月7日 吴晗同市长聂荣臻、副市长张友渔一道签发《北京市人民政府关于市金库暂行规程及实施细则的公布令》。①

6月7日 吴晗在《业余学校建校工作的初步总结 北京市人民政府业余教育工作委员会四、五月工作报告》的稿件上作出批示。②

[按:吴晗批示的内容为:"节到三千字左右,开头应根据代表会决议(一)组织与领导;(二)一般情况;(三)教员教学方法和教材编印;(四)缺课;(五)经费与校舍;(六)今后计划 吴晗 六.七"。]

6月9日 吴晗在北京市人民政府秘书厅拟写的秘字第3173号文件的文稿上作出批示。③

[按:6月7日,北京市人民政府秘书厅就修改业余教育工作委员会撰写的《北京市人民政府业余教育工作委员会工作简则》一事拟写秘字第3173号文件,吴晗于6月9日作出批示:"如拟。吴晗 六.九"。]

6月9日 吴晗签发北京市人民政府府秘字第3173号文件。④

---

① 北京市档案馆等编:《北京市重要文献选编1950》,第231页。

② 本条引自北京市档案馆档案号为152-001-00039的档案。

③ 本条引自北京市档案馆档案号为002-004-00207的档案。

④ 本条引自北京市档案馆档案号为002-004-00207的档案。

［按:6 月 7 日,北京市人民政府就修改业余教育工作委员会撰写的《北京市人民政府业余教育工作委员会工作简则》一事发文(秘字第 3173 号)致业余教育工作委员会,吴晗于 6 月 9 日签发了该文件。］

6 月 10 日　吴晗同聂荣臻市长和张友渔副市长一道签发府秘一字第三一七三号文件。①

［按:府秘一字第三一七三号文件的内容是:批准北京市业余教育委员会呈报的工作条例,并提出了修改意见。］

6 月 12 日　吴晗参加北京市政府作风、纪律检查动员大会并在会上作报告。②

［按:吴晗在报告中讲了三个问题:第一,为什么要检查作风和纪律? 第二,我们主要检查什么? 第三,如何进行这一检查工作。］

6 月 12 日　吴晗同聂荣臻市长和张友渔副市长一道颁发府秘一字第三一八八号北京市人民政府令。③

［按:府秘一字第三一八八号北京市人民政府令的内容是颁布《北京市建筑管理暂行规则》。这个令公布在 1950

---

① 本条引自北京市档案馆档案号为 152－001－00031 的档案。

② 吴晗:《吴晗全集》十卷版第十卷,中国人民大学出版社,2009 年版,第 230 页。

③ 1950 年 6 月 25 日的《人民日报》第六版及 6 月 26 日的《人民日报》第五版。

年6月25日的《人民日报》第六版和6月26日的《人民日报》第五版上。]

6月13日 吴晗出席北京市各界人民代表会议协商委员会与北京市人民政府委员会联席会议。①

[按:会议在协商委员会会议室召开。会议听取、讨论了张友渔副市长关于北京市一九五一年度财政收支预算和市公安局长罗瑞卿关于镇压反革命工作的报告等。出席会议的还有彭真、刘仁、张友渔、蒋光鼐、薛子正等七十余人。]

6月13日 《人民日报》刊登了吴晗同聂荣臻市长和张友渔副市长一道颁发府秘字第五号北京市人民政府布告。②

[按:府秘字第五号北京市人民政府布告的内容是颁布修订的《北京市交通管理暂行规则》。这个布告是6月1日吴晗同聂荣臻和张友渔一道签发的。]

6月13日下午 吴晗出席中国人民政协全国委员会第二次会议开幕式。③

[按:6月13日下午4点,中国人民政治协商会议第一届全国委员会第二次会议今日在京开幕。出席此次会议的

---

① 本条引自北京市档案馆档案号为127－001－00004的档案。

② 本条引自1950年6月13日《人民日报》第五版。

③ 本条引自1950年6月15日《人民日报》第一版。

有全国委员会委员一百四十九人，及不兼全国委员会委员的中央人民政府委员二十五人。列席会议的有由全国委员会常委会协商特别邀请的人士三十八人，地方政治协商委员会推派的代表四十六人，以及中央人民政府各部门负责人，全国委员会工作人员，地方人民政府负责人，人民解放军军区与直属兵团负责人，驻外国的代表使节共一百六十四人。会议首先由人民政协全国委员会毛泽东主席致开会词。会议接着听取了全国委员会副主席陈叔通的会务报告，和全国委员会常务委员、中央人民政府副主席刘少奇关于土地改革问题的报告。]

6 月 14 日 朝外大街辅华合记矿药厂发生特大爆炸事故，吴晗同彭真，聂荣臻、张友渔一道当即赶赴受灾现场。[①]

［按:6 月 14 日，位于朝外大街由私商王念维与中国人民解放军某部 208 师司令部机关合股经营的辅华合记矿药厂因违反操作规程发生特大爆炸事故。事故发生后，中央人民政府秘书长林伯渠，中央办公厅主任齐燕铭，政务院副总理郭沫若、黄炎培，最高人民法院院长沈钧儒，中央监察委员会副主任刘景范，全国政协委员会副主席陈叔通，中央人民政府委员蔡廷锴、彭泽民，卫生部部长李德全，北京市委书记彭真，市长聂荣臻，副市长吴晗、张友渔，秘书长薛子

① 李永敏主编:《中国共产党北京朝阳历史大事记 1944—2000》，北京出版社，2002 年版。

正等领导当即赶赴现场，组成临时指挥部指挥，抢救并分赴各医院看望受伤人员。]

6月14日 吴晗出席并主持市政府全体干部作风纪律检查动员大会。该会议宣布，北京市人民政府成立作风纪律检查委员会，吴晗任主任委员。①

[按：6月14日，吴晗召集市政府全体干部举行了作风纪律检查动员大会，对这一次检查运动的目的与内容，和进行的步骤加以阐明。该会议宣布，北京市人民政府成立作风纪律检查委员会，作风纪律检查委员会以北京市人民政府副市长兼人民监察委员会主任吴晗为主任委员，市府秘书长薛子正为副主任委员。]

6月15日 吴晗和聂荣臻、张友渔一道签发北京市人民政府（府秘一字）第3275号公函。②

[按：该公函是发给中央人民政府政务院、内务部、政法委和人民检察委员会的。公函内容是北京市人民政府关于向上述部门报告6月14日北京市朝阳门外海慧寺117号辅华矿药厂爆炸事件经过及善后办法的事宜。]

6月15日 吴晗出席并主持北京市卫生委员会成立会议并

① 本条引自1950年6月17日《人民日报》第三版。

② 本条引自北京市档案馆档案号为127－001－00001的档案。

任主任委员。[①]

[按:6月15日,北京市卫生委员会成立会议在西长安街北京市人民政府第三会议室召开。出席会议的还有:严镜清、王旭东、兰仲林、孙鹤林、汪意侠、谢恩增、曹言行、刘九如、方亮等二十多人。会上首先吴晗作了有关报告。接着卫生工程局刘九如以及华北军区卫生部的兰仲林同志都作了有关讲话。北京市卫生委员会主任委员由吴晗兼任,委员由市公共卫生局、卫生工程局、公安局、民政局、文教局、新闻出版处负责人担任。]

6月16日下午 吴晗偕同政务院人民监察委员会监察委员前往北京市辅华矿药厂爆炸事件善后委员会了解善后工作进行情况。[②]

[按:北京市辅华矿药厂爆炸事件发生后,北京政府6月14日召开了紧急善后会议。6月16日下午,北京市人民监察委员会主任委员吴晗、秘书主任彭涛陪同监察委员五人,前往京市辅华矿药厂爆炸事件善后委员会了解善后工作进行情况,巡视现场和深入灾民居住地进行了访问。]

6月16日 吴晗和聂荣臻、张友渔一道签发北京市人民政

---

① 本条引自北京市档案馆档案号为135－001－00079的档案及王康久主编:《北京卫生志》,北京科学技术出版社,2001年版,第902页。

② 本条引自1950年6月日《人民日报》第三版。

府(府秘一字)第3305号公函。[①]

[按:该公函是发给中央人民政府政务院、内务部、政法委和人民检察委员会的。公函内容是北京市人民政府关于向上述部门更正报告6月14日北京市朝阳门外海慧寺117号辅华矿药厂爆炸事件经过及善后办法内笔误的事宜。]

6月17日 吴晗出席并主持北京市卫生委员会会议。[②]

[按:6月17日,北京市卫生委员会于十七日在市府召集京市各区长、公安分局长、卫生所长开会,布置夏季卫生运动工作。会议由吴晗副市长主持。吴副市长讲话时指出夏季卫生工作应贯彻“预防为主,医疗为辅”的方针,应学习旅大地区由于做好预防工作而消灭了大脑炎的经验,各单位应对夏季卫生工作给以应有的重视。会上决定夏季卫生运动中心工作是灭蝇灭蚊。全市普遍建立灭蝇、灭蚊小组,展开扑灭工作。并切实执行预防注射,改善环境卫生,加强饮食店业摊贩管理、饮水管理,号召建立卫生公约等项工作。会上决定各区及各机关应即时成立卫生委员会、分会、卫生小组等机构。]

6月19日 吴晗同聂荣臻市长和张友渔副市长一道颁发

---

① 本条引自北京市档案馆档案号为127-001-00001的档案。

② 本条引自1950年6月19日《人民日报》第三版。

(府秘字第七号)北京市人民政府布告。[①]

[按:府秘字第七号北京市人民政府布告的内容是颁布有关“买卖与制造有危险性物品之厂商特规定处理办法”。这个布告公布在1950年6月21日、22日和24日的《人民日报》第一版上。]

6月22日 《人民日报》公布了中央人民政府政务院第三十三次政务会议通过的任命名单,吴晗被任命为北京市人民政府人民监察委员会主任。[②]

[按:北京市人民政府人民监察委员会主任、副主任、委员名单:主任吴晗(兼),副主任王文斌(兼)。委员六人(依姓氏笔划为序):古奇踪 现任北京市学生联合会主席,徐楚波(兼),张晓梅(女)现任北京市民主妇女联合会主席,费青 现任中央人民政府法制委员会专门委员,萧明 现任北京市总工会第二副主席。韩诵裳(兼)。]

6月22日 《人民日报》刊登了吴晗同聂荣臻市长和张友渔副市长一道颁发府秘字第七号北京市人民政府布告。[③]

6月23日 《人民日报》再次刊登了吴晗同聂荣臻市长和

---

① 本条引自1950年6月21日《人民日报》第一版。
② 本条引自1950年6月22日《人民日报》第三版。
③ 本条引自1950年6月22日《人民日报》第一版。

张友渔副市长一道颁发府秘字第七号北京市人民政府布告。①

［按：府秘字第七号北京市人民政府布告的内容是颁布有关“买卖与制造有危险性物品之厂商特规定处理办法”。这个布告是6月19日吴晗同聂荣臻市长和张友渔副市长共同签发的。］

6月24日 《人民日报》刊登了吴晗同聂荣臻市长和张友渔副市长一道颁发府秘字第七号北京市人民政府布告。②

［按：府秘字第七号北京市人民政府布告的内容是颁布有关“买卖与制造有危险性物品之厂商特规定处理办法”。这个布告是6月19日吴晗同聂荣臻市长和张友渔副市长共同签发的。］

6月25日 《人民日报》刊登了吴晗同聂荣臻市长和张友渔副市长一道颁发府秘一字第三一八八号北京市人民政府令。③

［按：府秘一字第三一八八号北京市人民政府令的内容是颁布《北京市建筑管理暂行规则》。这个令是吴晗同聂荣臻市长和张友渔副市长6月12日共同签发的。］

6月26日 《人民日报》再次刊登了吴晗同聂荣臻市长和

---

① 本条引自1950年6月23日《人民日报》第一版。

② 本条引自1950年6月24日《人民日报》第一版。

③ 本条引自1950年6月25日《人民日报》第六版。

张友渔副市长一道颁发府秘一字第三一八八号北京市人民政府令。①

［按：府秘一字第三一八八号北京市人民政府令的内容是颁布《北京市建筑管理暂行规则》。这个令是吴晗同聂荣臻市长和张友渔副市长6月12日共同签发的。］

6月28日　吴晗和市长聂荣臻、副市长张友渔一道给北京市公共卫生局作出有关指示。②

［按：该指示文号为府秘一字3439号，该指示说："一、本年六月二十四日公卫二字第三四一号呈报第二妇幼保健所为照顾贫苦患者，拟比照第一妇幼保健所收费标准，略予减低，附收费价目表请核示一案已悉。二、准予照办。希即转知。存件。"］

6月28日　吴晗同市长聂荣臻、副市长张友渔一道签发《北京市人民政府关于市府及所属机关与人民团体房屋使用暂行办法的公布令》。③

6月28日下午　吴晗出席北京市第一区各界人民代表会议。④

---

① 本条引自1950年6月26日《人民日报》第五版。

② 本条引自北京市档案馆档案号为135－001－00068的档案。

③ 北京市档案馆等编：《北京市重要文献选编1950》，第275页。

④ 本条引自1950年6月29日《人民日报》第三版。

[按:6 月 28 日下午 2 点,北京市第一区各界人民代表会议开幕。北京市人民政府副市长张友渔、吴晗,北京市各界人民代表会议协商委员会副主席钱端升到会指导。来宾中还有中国共产党北京市委员会代表李乐光,北京市工商联合会筹委会代表凌其峻,市妇联代表刘俊英,他们都相继向会议致辞和祝贺。]

6 月 30 日 吴晗同市长聂荣臻、副市长张友渔一道签发《北京市人民政府及所属机关与人民团体房屋使用暂行办法试用期内注意事项》的文件。

7 月 1 日 吴晗同市长聂荣臻、副市长张友渔一道签发《北京市人民政府关于调整直接税部分的布告》。①

7 月 1 日 吴晗同市长聂荣臻、副市长张友渔一道签发《北京市人民政府关于调整地方税部分的布告》。②

7 月 7 日 吴晗出席北京市人民政府委员会第六次会议。③

[按:7 月 7 日,北京市人民政府委员会举行第六次会议,听取、讨论通过市府上半年度财经、土地改革、市政建

---

① 北京市档案馆等编:《北京市重要文献选编 1950》,第 281 页。

② 北京市档案馆等编:《北京市重要文献选编 1950》,第 283 页。

③ 本条引自 1950 年 7 月 8 日《人民日报》第三版。

设、文教卫生等各方面的工作报告，决定将这些报告在文字上修整后，提向即将召开的北京市第二届第三次各界人民代表会议报告。会议并听取了张友渔副市长关于精简编制问题，市监察委员会主任吴晗关于辅华矿药厂爆炸事件处理情形的两个报告，一致同意按照市府的处理意见，分别呈请中央人民政府政务院核示。此外，会议并通过任命及追认任命名单十一项，通过市府组织系统表，并追认市府行政会议上所通过的几项单行法令。出席会议的有北京市副市长张友渔、吴晗；政府委员薛子正、程宏毅、翁独健、牟泽衔、王文斌、严镜清、韩诵裳、徐楚波等十人。列席会议的有市府各局处负责人等约二十人。]

7月13日　吴晗出席并主持北京市人民政府召开的"扫盲座谈会"。①

[按：7月13日，北京市人民政府在市政府内召开"扫除文盲座谈会"。出席座谈会的有中央人民政府文化教育委员会、教育部、文化部，中国科学院语言研究所，全国总工会文教部，市总工会文教部，市文教局，教育工作者工会，业余教育工作委员会，团市工委，师范大学教育系、辅仁大学教育系等二十三个单位。会议由吴晗主持。]

[按：新中国成立之初，我国人民群众文化素养普遍低下，文盲率高达80%以上。文盲成为新中国发展道路上的

① 本条引自1950年7月15日《光明日报》第四版。

拦路虎。党中央和政府认为提高人民文化素质事关国家、民族的前途和命运,识字是社会和经济发展的先决条件,是最基本的人权。为了解决这一问题,一场轰轰烈烈的扫盲运动在全国展开。扫盲班遍布工厂、农村、部队、街道,人们以高涨的热情投入到文化学习中。]

7月19日 吴晗同聂荣臻市长和张友渔副市长一道颁发府秘字第二号北京市人民政府通告。①

[按:府秘字第二号北京市人民政府通告的内容是关于北京市"设置三马力电力以上工厂之地点问题"。这个通告公布在1950年7月19日的《人民日报》第一版上。]

7月22日 吴晗同聂荣臻市长和张友渔副市长一道颁发府秘一字第三八二二号北京市人民政府令。②

[按:府秘一字第三八二二号北京市人民政府令的内容是颁发《北京市一九五〇年预防霍乱紧急措施办法》。这个令公布在1950年7月23日的《人民日报》第六版、7月24日的《人民日报》第五版和1950年7月25日的《人民日报》第六版上。]

7月24日 清华大学校务委员会议决,批准吴晗辞去历史

---

① 本条引自1950年7月19日《人民日报》第一版。

② 本条引自1950年7月23日《人民日报》第六版及24日第五版。

系主任的职务。[1]

［按：同时聘任邵循正[2]为历史系主任。］

7月27日 吴晗出席并主持“大学与中学的联系问题座谈会”。[3]

［按：会议由中国民主同盟总部与北京市支部文教委员会联合举办。会议在清华大学工字厅举行。出席会议的有：李和林、沈一帆、周培源、周新民、茅以升、翁独健、张奚若、陈哲文、陈垣、曾昭抡、常任侠、叶企孙、闻家驷、关世雄、钱伟长等53人。］

7月29日 吴晗同聂荣臻市长和张友渔副市长一道颁发府秘一字第三九七四号北京市人民政府令。[4]

［按：府秘一字第三九七四号北京市人民政府令的内容是颁发《北京市私有林木保护暂行办法》。这令公布在1950年8月26日《人民日报》第六版上。］

---

① 清华大学校史研究室编：《清华大学一百年》，第185页。

② 邵循正（1908.11—1972.4）字心恒，福建福州市人。中国历史学家。在蒙古史研究方面有杰出贡献。曾先后任清华大学历史学系主任、北京大学历史系教授、中国近代史教研室主任、中国科学院第三历史研究所研究员、中国科学院第三历史研究所史料编辑室主任。

③ 本条引自1950年8月7日《光明日报》第三版。

④ 本条引自1950年8月26日《人民日报》第六版。

7月30日下午 吴晗出席北京市第二届各界人民代表会议协商委员会第七次全体会议。①

[按:会议在中山公园协商委员会会议室召开。会议听取了张友渔副市长关于北京市人民政府执行一九五〇年度工作计划的报告和吴晗关于北京市人民政府执行一九五〇年度业余教育、文化教育和卫生工作计划的报告等。]

7月31日 吴晗在中央人民政府教育部厅秘字第1321号文件上作出批示。②

[按:7月28日,中央人民政府教育部部长马叙伦,副部长钱俊瑞、韦慤(待考证该字)以厅秘字第1321号文联名致函北京市人民政府,商榷有关师大附中二部基建校舍用地一事,吴晗于31日在该文件上作出二条批示。一、"请提呈张副市长批。吴晗 七.卅一";二、"都市计划委员会核议。吴晗 七.卅一"。]

8月1日 吴晗同聂荣臻市长和张友渔副市长一道颁发府秘一字第四三〇九号北京市人民政府令。③

[按:府秘一字第四三〇九号北京市人民政府令的内容是颁发《北京市临时娱乐场所管理暂行办法》。这个令公布

① 本条引自北京市档案馆档案号为127-001-00005的档案。

② 本条引自北京市档案馆档案号为002-004-00208的档案。

③ 本条引自1950年8月6日《人民日报》第六版。

在1950年8月6日的《人民日报》第六版上。]

8月3日 吴晗在北京市都市计划委员会都划字第168号文上作出批示。①

[按:8月1日,北京市都市计划委员会副主任委员梁思成以都划字第168号文呈报聂荣臻市长,副市长张友渔、吴晗,汇报核议有关师大附中二部基建校舍用地一事,吴晗于8月3日在该文件上作出批示:"原则同意,请聂、张市长批示后复教部(即国家教育部——编者注)。吴晗 八.三"。]

8月3日下午 吴晗出席北京市第二届各界人民代表会议协商委员会第八次全体会议。②

[按:会议在中山公园协商委员会会议室召开。会议听取了张友渔副市长关于北京市一九五〇年上半年财政经济工作的报告和刘仁关于失业工人和失业知识分子救济工作的报告等。]

8月5日 吴晗同彭真、薛子正等一道前往卢沟桥巡视水情。③

---

① 本条引自北京市档案馆档案号为002－004－00208的档案。

② 本条引自北京市档案馆档案号为127－001－00005的档案。

③ 本条引自1950年8月6日《人民日报》第三版。

[按:连日阴雨,永定河河水猛涨,京郊卢沟桥一带河水,1950年8月4日下午2点半涨至64.2公尺后,开始漫过分水堤,流入小清河。8月5日上午10点,中共北京市委员会书记彭真,北京市人民政府副市长吴晗、秘书长薛子正等,前往卢沟桥巡视水情,并听取了防汛指挥部负责人关于防汛工作的报告。]

8月6日 《人民日报》刊登了吴晗同聂荣臻市长和张友渔副市长一道颁发府秘一字第四〇三九号北京市人民政府令。[①]

[按:府秘一字第四〇三九号北京市人民政府令的内容是颁发《北京市临时娱乐场所管理暂行办法》。这个令是1950年8月1日签发的。]

8月8日 北京市第二届第三次各界人民代表会议开幕,吴晗在会上作《关于执行1950年文教卫生工作计划的报告》。[②]

[按:8月8日上午,北京市第二届第三次各界人民代表会议在中山公园中山堂开幕。会议听取了聂荣臻市长的《关于执行一九五〇年度工作计划的报告》,张友渔副市长的《关于财经工作的报告》和吴晗副市长的《关于执行一九五〇年文教卫生工作计划的报告》等。]

---

① 本条引自1950年8月6日《人民日报》第六版。

② 本条引自1950年8月9日《人民日报》第一版。

8 月 10 日　北京市第二届第三次各界人民代表会议闭幕，吴晗任下午会议执行主席。[①]

［按：8 月 10 日，北京市第二届第三次各界人民代表会议继续举行大会，讨论并通过市政府与市协商委员会工作报告以及提案审查委员会审查结果报告。最后由市协商委员会彭真主席作总结，于下午六时半闭幕。下午的执行主席是聂荣臻、邓拓、张东荪、吴晗、陈铭德、萧明、田纶、王甫、罗旺。］

8 月 12 日　北京市人民政府委任朱学同志为北京市市立第八中学校长。委任状由市长聂荣臻，副市长张友渔、吴晗签署。

［按：北京市第八中学的前身是成立于 1921 年的四存中学。该中学以"存学、存性、存仁、存治"为校训，因此而得名。1949 年，四存中学与北平市立八中合并，成立北京市第八中学。中国科学院院士、两弹元勋邓稼先，中国科学院院士、物理学家林家翘，中国科学院院士、火箭科学家梁守磐，著名剧作家张天民，著名歌手老狼，央视著名主持人董倩等都是这个学校毕业生。］

8 月 17 日　吴晗在中央人民政府文化部（50）文秘字第 469 号致北京市人民政府的文件上作出批示。[②]

---

① 本条引自 1950 年 8 月 11 日《人民日报》第一版。

② 本条引自北京市档案馆档案号为 002－004－00107 的档案。

[按:8月15日,中央人民政府文化部以(50)文秘字第469号文就陆大(指军委陆军大学——编者注)筹委会拟选定圆明园为校址的事宜致函北京市人民政府,吴晗于8月17日在文件上作出批示:"告陆大筹委会。吴晗　八.十七"。]

8月18日　吴晗出席中华全国第一次自然科学工作者代表会议。①

[按:8月18日,中华全国第一次自然科学工作者代表会议在北京开幕。参加这次会议的有各大行政区的理、工、农、医各方面的科学工作者代表四百五十一人。这次会议主要内容是:初步了解国内工业、农业和保健方面存在着的科学技术问题,并研究解决的办法;讨论科学技术界各方面的意见与提案,并将讨论的结论分别提交政府有关部门作参考;促进科学技术专门学会的整理和设立,拟定专门学会联合会组织的方式,同时发起组织全国性科学技术知识普及协会。中央人民政府副主席朱德、李济深,中央人民政府政务院副总理黄炎培,中央人民政府政务院文化教育委员会副主任马叙伦,中央人民政府交通部长章伯钧,中央人民政府水利部长傅作义,北京市副市长吴晗等都出席指导。朱德副主席、李济深副主席、黄炎培副总理、马叙伦副主任、章伯钧部长、吴晗副市长等都发表了讲演。他们都一致希

① 本条引自1950年8月19日《人民日报》第一版。

望自然科学工作者团结起来，为广大人民服务，为新中国的建设事业服务。]

8月29日 吴晗同市长聂荣臻、副市长张友渔一道签发《北京市人民政府关于本市城区建立三个区人民法院的布告》。①

8月31日 吴晗出席并主持北京市一九五〇年体育大会筹备委员会成立大会，并任筹委会副主任。②

[按：8月31日，北京市一九五〇年体育大会筹备委员会在市人民政府成立。并举行第一次全体委员会。会议由吴晗副市长主持。会上决定体育大会于十月十四、十五、十六三日在先农坛体育场举行。会议并讨论通过了体育大会筹备委员会名单等事宜。体育大会筹备委员会主任委员聂荣臻，副主任委员吴晗、马约翰；常务委员：古奇踪、李凤楼、柏芝蔚、侯俊岩、高棠、晁锦文、翁独健、张大中、张致祥、刘仁、萧明等。]

9月1日 吴晗出席北京市人民政府委员会第七次会议。③

[按：9月1日，北京市人民政府委员会举行第七次会议。会议接受了北京市第二届第三次各界人民代表会议的

① 北京市档案馆等编：《北京市重要文献选编1950》，第424页。

② 本条引自1950年9月3日《人民日报》第三版。

③ 本条引自1950年9月3日《人民日报》第三版。

全部决议和提案。会议还讨论与通过了吴晗副市长关于作风纪律检查委员会的工作总结报告。会议还通过了几项人事任命名单,追认了市府行政会议所通过的五项单行法规等。出席会议的有:副市长张友渔、吴晗,政府委员罗瑞卿、薛子正、程宏毅、王文斌、严镜清、韩诵裳、徐楚波等七人。列席会议的有市府各会、局、处、院负责人等约二十人。]

9月1日 吴晗同市长聂荣臻、副市长张友渔一道签发《北京市人民政府关于对制造危险性物品厂商处理办法的布告》。①

9月7日 吴晗同聂荣臻市长和张友渔副市长一道颁发府公建字第三号北京市人民政府公告。②

[按:府公建字第三号北京市人民政府公告的内容是颁发《关于拆除崇文门瓮城工程整理该地附近交通秩序临时办法》。这个公告公布在1950年9月8日的《人民日报》第六版上。]

9月10日 《人民日报》报道:中国红十字会总会已实行改组。吴晗任中国红十字会总会理事。③

[按:9月10日的《人民日报》报道:中央卫生部和中国

---

① 北京市档案馆等编:《北京市重要文献选编1950》,第427页。

② 本条引自1950年9月8日《人民日报》第六版。

③ 本条引自1950年9月10日《人民日报》第一版。

人民救济总会根据中央人民政府政务院指示和中国人民救济代表会议决议，于日前邀集中央人民政府有关部、会和群众团体代表，召开改组中国红十字会的协商会议，成立了新的中国红十字会总会理事会。会议听取了原红十字会秘书长胡兰生关于红十字会会务的报告、卫生部李德全部长关于红十字会今后工作任务的报告、中国人民救济总会伍云甫秘书长关于调整中国红十字会若干原则问题的报告，讨论并通过了新中国红十字会总会会章草案。选出中国红十字会总会新理事会。中国红十字会总会会长：李德全，副会长：彭泽民、刘鸿生、熊瑾玎、胡兰生；理事：吴有训、徐国懋、王晓耒、朱子会、傅况鳞、徐寄庼、傅连暲、杨静仁、朱学范、曹孟君、吴晗、梅兰芳、康克清、周鲠生、谢雪红、邓裕志等十六人。]

9月12日　吴晗同聂荣臻市长和张友渔副市长一道颁发府秘一字第四七六九号北京市人民政府令。①

［按：府秘一字第四七六九号北京市人民政府令的内容是颁发《北京市会馆财产管理暂行办法》。这令公布在1950年10月4日的《人民日报》第六版和10月6日的《人民日报》第七版上。］

9月15日　吴晗与市长聂荣臻、副市长张友渔联名书呈周

① 本条引自1950年10月4日《人民日报》第六版。

恩来总理。[①]

［按:9 月 15 日,吴晗与市长聂荣臻、副市长张友渔就“拟定 1951 年度在天坛外坛地区建造师大附中二部(干部子女学校)校舍”一事,联名书呈中央人民政府政务院总理周恩来,请求批准。］

9 月 23 日　吴晗同市长聂荣臻、副市长张友渔一道签发《北京市人民政府关于照章缴纳养路费的令》。[②]

9 月 23 日　吴晗同市长聂荣臻、副市长张友渔一道签发《北京市人民政府关于清理各项滞纳税款办法的布告》。[③]

9 月 26 日上午　吴晗到车站欢迎参加国庆盛典的西南各民族代表团等。[④]

［按:9 月 26 日上午 10 点,来京参加国庆盛典的西南各民族代表团二十七位代表,暨各民族文艺工作队及随行人员共一百一十二人乘火车抵达北京东站。前往车站欢迎的有李维汉、乌兰夫、吴晗等和中央民族事务委员会等机关、中央民族学院、中央戏剧学院及北京市各学校团体代表四百余人。］

---

① 本条引自北京市档案馆档案号为 002－004－00208 的档案。

② 北京市档案馆等编:《北京市重要文献选编 1950》,第 451 页。

③ 北京市档案馆等编:《北京市重要文献选编 1950》,第 453 页。

④ 1950 年 9 月 27 日《人民日报》第四版。

9月27日 吴晗到车站欢迎为庆祝我国第一个国庆节而来首都的内蒙古代表团、东北区朝鲜族代表等。[①]

［按：9月27日，为庆祝中华人民共和国第一个国庆节而来首都的内蒙古代表团、东北区朝鲜族代表及华东区高山族和回族的代表、天津市回民代表先后到达北京。前往车站欢迎的有林伯渠、李维汉、乌兰夫、吴晗及民族事务委员会等机关和蒙藏学校的欢迎人员共二百四十余人。］

9月28日 吴晗等分赴机场和车站欢迎来京参加国庆大典的西北少数民族代表团中新疆驻军的各民族代表等。[②]

［按：9月28日，来京参加国庆大典的西北少数民族代表团中新疆驻军的各民族代表、中南区和华北区察哈尔省及山西省的各民族代表先后抵达北京。分赴机场和车站欢迎的有林伯渠、李维汉、乌兰夫、吴晗以及国立回民学院、民族学院等单位代表共四百余人。］

9月28日 吴晗同聂荣臻市长和张友渔副市长一道签发府秘一字第五一九四号文件。

［按：府秘一字第五一九四号文件的内容是：批准北京市文教局呈报的《关于一九五〇年郊区冬学计划草案》，并提出了一些修改指示。］

---

① 本条引自1950年9月28日《人民日报》第三版。

② 本条引自1950年9月29日《人民日报》第一版。

9月29日 吴晗等到车站欢迎来京参加国庆节的西北各民族代表团及其歌舞团、华北区绥远省的蒙古族代表等。[①]

[按:9月29日,来京参加国庆节的西北各民族代表团及其歌舞团、华北区绥远省的蒙古族代表到达北京。前往车站欢迎的有林伯渠、李维汉、乌兰夫、屈武、吴晗以及各机关、国立回民学院、民族学院等单位代表及腰鼓队六百余人。]

9月 吴晗参加北京市第十一中学建校的开学典礼,并亲笔为学生图书馆题名"五一堂"。

[按:北京市第十一中学建立于1950年9月,是新中国成立后,党和人民政府在北京建立的第一所公立学校,原为中央军委子弟学校,也是崇文区第一所中学。校址在南城药王庙内(即崇文区东晓市大街101号)。吴晗亲自参加建校的开学典礼并亲笔为学生图书馆题名"五一堂",老将军张爱萍同志亲自为学校题写校训:"团结、勤奋、求实、品高。"]

9月 吴晗参加清华大学的开学典礼并在会上讲话。[②]

① 本条引自1950年9月30日《人民日报》第一版。

② 王宏志、金若年著:《吴晗画传》,团结出版社,2004年版,第94页。

秋 吴晗和翁独健组织新成立了崇文区两所中学。[①]

［按：据袁鼎在他的《忆念父执吴晗先生二三事》一文中回忆说："吴晗1949年11月担任北京市副市长之后，和北京市教育局局长翁独健调查研究北京市中小学的分布……他俩于1950年秋组织新成立了崇文区两所中学：女中在广渠门附近，男中在龙须沟东面的药王庙东面，称第十一中学。］

10月4日 吴晗在中共北京市委教育委员会呈报的文件上作出批示。[②]

［按：中共北京市委教育委员会呈报给吴晗审阅的文件内容是："关于当前北京市中小学教育方针和教育思想的几个问题（初稿）。"吴晗于10月4日在该文件上作出批示："一、同意取消小组和□□评定。二、我认为单做到以上两条还不够，要提高教师政治业务水平，必须给他们以充足的时间，单是决心精简各种会议只是解决了部分问题，还必须做到不过分使用教师中的积极分子，从各校调□报告看，有些兼任了校内外十几种工作，每天要工作十几小时，这样，他们怎么会有时间来学习，来提高自己，来提高学生呢？不只是精简会议，而要精简工作！吴晗　十．四"。］

10月4日晚 吴晗出席招待来京参加全国战斗英雄代表会

① 王宏志、闻立树主编：《怀念吴晗：百年诞辰纪念》，第364页。

② 本条引自北京市档案馆档案号为011－001－00066的档案。

议与全国工农兵劳动模范代表会议的全体代表的宴会。[1]

[按:10月4日晚,中国人民解放军华北军区、中共中央华北局、北京市人民政府、中共北京市委会、北京市总工会等五单位设宴招待来京参加全国战斗英雄代表会议与全国工农兵劳动模范代表会议的全体代表。聂荣臻、刘澜涛、刘仁、张友渔、吴晗、萧明等都亲自出席招待。]

10月12日 吴晗在北京市公共卫生局公卫二字第602号文上作出批示。[2]

[按:10月11日,北京市公共卫生局就"中医刘仲迈呈请发给开业执照一案可否准予给照一事",以公卫二字第602号文呈报北京市人民政府,吴晗于10月12日作出批示:"办公厅提意见。吴晗 十.十二"。]

10月14日上午 吴晗出席北京市一九五〇年人民体育大会开幕式并致辞。[3]

[按:10月14日,北京市一九五〇年人民体育大会在先农坛体育场举行开幕式。吴晗致开幕词。]

10月14日 吴晗同聂荣臻市长和张友渔副市长一道颁发

---

① 本条引自1950年10月5日《人民日报》第一版。

② 本条引自北京市档案馆档案号为002-004-00211的档案。

③ 本条引自1950年10月15日《人民日报》第一版。

府秘一字第五四三六号北京市人民政府令。[①]

［按：府秘一字第五四六三号北京市人民政府令的内容是颁发《北京市私有房屋租赁暂行规则》。这令公布在1950年11月8日、11月9日和11月10日的《人民日报》第六版上。］

10月17日下午 吴晗出席北京市一九五〇年人民体育大会闭幕式。[②]

［按：10月17日下午，北京市一九五〇年人民体育大会在先农坛体育场举行闭幕式。体育大会进行了三天，各项成绩一般比去年提高，十四项打破北京市过去或去年的纪录。吴晗副市长出席了闭幕式并在会上给获奖的运动员发奖。］

10月18日 吴晗同市长聂荣臻、副市长张友渔一道签发《北京市人民政府关于核定本年度地产税每级每亩应缴纳税额的布告》。[③]

10月18日 吴晗签发北京市人民政府府秘字第5517号文件。

---

① 本条引自1950年11月8日《人民日报》第六版。

② 本条引自1950年10月21日《人民日报》第五版。

③ 北京市档案馆等编：《北京市重要文献选编1950》，第464页。

［按：10 月 14 日，北京市人民政府秘书厅就公共卫生局呈报的“中医刘仲迈、徐兴立等人请发开业执照及换发计照的请示”拟就了一份“指示”，吴晗于 10 月 18 日签发了这个“指示”。］

10 月 19 日 吴晗同市长聂荣臻、副市长张友渔一道签发《北京市人民政府关于市政建设使用郊区土地暂行办法的公布令》。[①]

10 月 20 日 吴晗在北京市人民政府《关于开展郊区农村冬学的指示》的拟稿上作出批示。[②]

［按：首页上的批示为：“可　吴晗　十．廿”，第三页页眉上的批示为：“村范是什么意思？要有说明才好。？否则人家不懂。吴晗　十．廿”。后，该稿上二处有“范”字处，被改为“庄”，应该为撰写人的笔误（繁体字，村“庄”的“庄”字形似“范”字）。］

［按：冬学，即农村在冬闲时开办的季节性学校。它始创于抗日战争时期。新中国成立初期，借鉴以往革命根据地的经验，党和政府在农村中继续广泛地开展了冬学教育运动。经过冬学教育运动，广大农民的思想政治觉悟和科学文化知识有了显著的提高。这既为新中国成立初期党和

① 北京市档案馆等编：《北京市重要文献选编 1950》，第 466 页。

② 本条引自北京市档案馆档案号为 152－001－00049 的档案。

政府改造农民、整合农村社会进而进行社会主义新农村建设奠定了有益的基础，也为我国现在进行的社会主义新农村建设提供了深刻的历史启示。]

10 月 24 日　吴晗同市长聂荣臻、副市长张友渔一道签发《北京市人民政府关于开展郊区农村冬学的指示》。[①]

10 月 27 日下午　吴晗出席北京市第二届各界人民代表会议协商委员会第九次全体会议。[②]

[按：10 月 27 日下午，北京市各界人民代表会议协商委员会举行第九次会议。会议由彭真主席主持，出席委员三十人。会议首先讨论关于北京市第三届各界人民代表会议代表的选举问题。经讨论，决定按期改选，并推定吴晗、刘仁、余心清、薛子正、李乐光、曹志麟、郭则沉、萧明、张致祥、张晓梅、古奇踪、李伯钊、董汝勤、崔月犁、傅华亭等十五人组成委员会，吴晗为主任委员。接着会议讨论关于镇压反革命活动问题，由北京市人民政府公安局罗瑞卿兼局长作报告。会议还听取与通过了市财政局赵子尚局长关于下半年事业费追加预算的报告，并决定定期欢送出席第二届保卫世界和平大会的中国代表团出国。]

① 北京市档案馆等编：《北京市重要文献选编 1950》，第 470 页。

② 本条引自 1950 年 10 月 28 日的《人民日报》第一版。

10月27日　梁思成给吴晗等写信。

［按：10月27日，时任北京市都市计划委员会副主任的著名建筑学家梁思成给时任市委书记彭真、市长聂荣臻，副市长张友渔、吴晗，秘书长薛子正写信。梁思成在这封信中对都市计划委员会的机构、任务、方针、人选及工作重点等方面提出了建议，要求健全机构设置，改组现有的委员会和常委会，要取得中央与市政府的双重领导，要成立一个设计委员会研讨重要建设问题，要明确任务方针，要使都市计划委员会成为有实权的决策机构等。］

10月28日　吴晗任任弼时同志治丧委员会委员。①

［按：中共中央政治局委员任弼时同志于10月27日因病逝世。10月28日，中国共产党中央委员会委员、中央政治局委员、中央书记处书记任弼时同志治丧委员会成立，毛泽东、朱德、刘少奇、周恩来、董必武、彭真、贺龙、陈毅、蔡畅、邓小平、陆定一、叶剑英、聂荣臻、林枫、廖承志、陈郁、罗瑞卿、习仲勋、李维汉、胡乔木、蒋光鼐、张澜、沈钧儒、章伯钧、罗隆基、史良、周新民、吴晗、黄炎培、章乃器、凌其峻、郭沫若、马寅初、陈叔通、张奚若、马叙伦、许广平、彭泽民、郭则沉、冯文彬、蒋南翔、钱俊瑞、李颉伯、李德全、康克清、李文宜、雷洁琼、沙千里、千家驹、沈体兰、李伯球、陈家康、区棠亮、钱伟长、谢邦定、萨空了、沈雁冰、周扬、丁玲、沙可夫、

① 本条引自1950年10月29日的《人民日报》第一版。

欧阳予倩、郑振铎、李伯钊等任治丧委员会委员。]

10月28日　吴晗等到车站欢送来京参加国庆盛典的各民族代表团暨各民族文工团。[①]

[按：10月28日，来京参加国庆盛典的各民族代表团暨各民族文工团相继乘火车离开北京。到车站欢送各民族代表暨民族文工团的，有中央人民政府政务院秘书长兼民族事务委员会主任委员李维汉、政务院政治法律委员会副主任彭泽民、北京市人民政府副市长吴晗、中央人民政府委员会办公厅副主任余心清、中央人民政府人民革命军事委员会办公厅副主任朱早观、民族事务委员会委员刘春、民族事务委员会办公厅主任杨静仁、政务院文化部文化艺术局副局长周巍峙及民族事务委员会、政务院招待各民族代表委员会、蒙藏学校、回民学院等机关学校代表共四百余人。]

11月7日　吴晗和北京市市长聂荣臻、副市长张友渔一起签发北京市人民政府秘书厅府秘一字5725号文件。[②]

[按：北京市人民政府秘书厅府秘一字5725号文件是对北京市公共卫生局呈报的"北京市政府所属各单位妇女干部打胎限制办法"，经过标题及文字的修改后，要求该局转知所属各医院掌握施行。]

① 本条引自1950年10月29日的《人民日报》第一版。

② 本条引自北京市档案馆档案号为135－001－00069的档案。

11月8日 吴晗同市长聂荣臻、副市长张友渔一道向中央人民政府政务院呈报《北京市人民政府关于北京郊区土地改革的总结报告》。①

［按：中央人民政府政务院于1950年11月21日批准了这个报告。1950年11月23日《人民日报》第二版上公布了这个报告。］

11月16日 吴晗同聂荣臻市长和张友渔副市长一道颁发府秘一字第五八六九号北京市人民政府令。②

［按：府秘一字第五八六九号北京市人民政府令的内容是颁发《北京市城区（关厢在内）家犬登记管理办法》。这令公布在1950年12月5日、12月7日和12月8日的《人民日报》第六版上。］

11月18日 吴晗和北京市市长聂荣臻、副市长张友渔一起签发北京市人民政府秘书厅府秘一字5881号文件上。③

［按：北京市人民政府秘书厅府秘一字5881号文件是对北京市公共卫生局抄发"北京市城区家犬登记管理办法"实施方案、事业费预算等文件。要求该局在主管范围内遵照办理。］

---

① 北京市档案馆等编：《北京市重要文献选编1950》，第485页。

② 本条引自1950年12月5日《人民日报》第六版。

③ 本条引自北京市档案馆档案号为135－001－00078的档案。

11 月 20 日　吴晗发表关于反对收听“美国之音”的书面发言。①

［按：11 月 16 日，清华大学外文系基层组开讨论会时，对于“美国之音”进行了热烈的讨论，一致认为：“美国之音”对全国人民的精神毒害，其严重性远胜于美帝用来吓唬人的原子弹。因为原子弹是有形的，“美国之音”是无形的；一颗原子弹爆炸的范围充其量不过五公里方圆，而“美国之音”的“放射性”却是无孔不钻，无远不达的；原子弹所装的面孔是一副吓人的面孔，而“美国之音”的那一套却是诱人的甜言蜜语。决议向工会提出一封公开信，要求工会号召每个会员都自觉自动地决不收听“美国之音”。生物系、航空系等基层组也都谈到这个问题，并向工会做了类似的建议。16 日晚工会墙报社就组织了一次访问，采访会员们关于这个问题的意见，在第二天的墙报上刊登出来。以后又在许多基层组的学习会上也都自然而然地讨论了这个问题。土木系基层组还贴出一张墙报，认为：不听“美国之音”是仇美的具体行动表现，表示要坚决支持外文系的建议。为了更广泛、更深入地进行讨论，壁报社发出征文启事，号召会员们针对这个问题写稿子。20 日该墙报已把这些稿子和其他几位会员的发言刊登出来。吴晗的书面发言也在其中。］

① 本条引自 1950 年 11 月 21 日《人民日报》第二版。

11月23日 《人民日报》公布了聂荣臻、张友渔和吴晗写的《北京市人民政府关于北京郊区土地改革的总结报告》。①

［按：该总结报告是聂荣臻、张友渔和吴晗1950年11月8日呈报给中央人民政府政务院的。中央人民政府政务院11月21日审核批准了这个总结报告。］

11月25日 吴晗同市长聂荣臻、副市长张友渔一道签发了《北京市人民政府关于健全预决算制度的指示》。②

11月27日 《光明日报》刊登了由彭真、张友渔、吴晗签发的北京市人民政府府税字第八号布告。③

［按：布告公布了有关房产税征收等事宜。］

11月30日 吴晗和市长聂荣臻、副市长张友渔一道签发《北京市人民政府关于北京植物园一案应暂缓办理给公园管理委员会的指示》。④

［按：该指示称："1950年11月20日京园计字第六七一号呈拟与植物分类研究所合作创建北京植物园一案暨附件均悉……限于明年预算，应暂缓办理。"］

---

① 本条引自1950年11月23日《人民日报》第二版。

② 北京市档案馆等编：《北京市重要文献选编1950》，第518页。

③ 本条引自1950年11月27日《光明日报》第三版。

④ 本条引自《北京档案史料》1999年第1期，第186页。

12月1日 吴晗致函张文松。[1]

［按：张文松时任北京市委政治秘书、市委政研室副主任。］

［按：信函的内容是将修改后的《北京市各界人民代表会议工人学生代表产生办法》及《北京市各界人民代表会议工人学生代表试行直接选举施行细则》寄送给张文松。］

12月5—6日 吴晗出席中国人民保卫世界和平反对美国侵略委员会举办的各民主党派来京开会的全体代表茶会。[2]

12月9日 吴晗任北京市军事干部学校招生委员会主任委员。[3]

［按：12月9日，北京市人民政府邀集市文教局、新民主主义青年团北京市委、市学联、市总工会、中央教育部等有关单位举行座谈会，讨论关于招收北京市青年学生、青年工人参加各类军事干部学校的问题。会议根据中央人民政府人民革命军事委员会和政务院的联合决定，成立"北京市军事干部学校招生委员会"，由吴晗副市长、中共市委会刘仁副书记、中央教育部高等教育司张宗麟司长、文教局侯俊岩副局长、公共卫生局严镜清局长、青年团市委张大中副书

① 本条引自北京市档案馆档案号为001－006－00131的档案。

② 本条引自1950年12月8日《人民日报》第一版。

③ 本条引自1950年12月10日《人民日报》《光明日报》第二版。

记、学联古奇踪主席、市总工会刘莱夫副主席、妇联胡一哉秘书长等人为委员,并推选吴晗为该会主任委员,张大中为秘书长,古奇踪为宣传部长,侯俊岩为审查登记部长。]

12 月 14 日上午 吴晗出席北京市工农速成中学开学典礼。[1]

[按:12 月 14 日上午,北京市工农速成中学本月十四日上午举行开学典礼。中央人民政府教育部马叙伦部长、韦悫副部长,市人民政府吴晗副市长,市文教局翁独健局长、侯俊岩副局长,市人民法院王斐然院长,北京实验工农速成中学胡朝芝校长,中共北京市第五区区委代表刘凤金均到会祝贺,并相继讲话。吴副市长在讲话中号召大家学习苏联先进的经验,培养专家、学者,巩固并提高人民国家的成就。]

12 月 19 日 吴晗同市长聂荣臻、副市长张友渔一道签发了《北京市人民政府关于取缔一贯道组织的布告》。[2]

[按:12 月 18 日,北京全市统一行动,130 名一贯道首要分子几乎同一时间内被逮捕。1950 年 12 月 19 日晨,北京市的大街小巷张贴了由北京市长聂荣臻,副市长张友渔、吴晗签署的北京市人民政府取缔一贯道的布告。《人民日报》

---

① 本条引自 1950 年 12 月 17 日《人民日报》第三版。

② 北京市档案馆等编:《北京市重要文献选编 1950》,第 540 页。

在当天的社论中指出："这是维护首都治安，保护生产，打击反革命破坏活动和反革命谣言的必要措施。"]

12月20日　吴晗同市长聂荣臻、副市长张友渔一道签发了《北京市人民政府关于市府编余人员处理情况向政务院的报告》。①

12月21日下午　吴晗出席北京市各界人民代表会议协商委员会与北京市人民政府委员会联席会议。②

[按：会议在中山公园中山堂后厅召开。会议讨论研究了北京市第二届第三次各界人民代表会议准备工作。出席会议的还有彭真、刘仁、钱端升、梁思成、王之相、冯基平、曾昭抡等105人。]

12月27日　吴晗在中央人民政府政务院秘书厅政秘申字第1257号文上作出批示。③

[按：12月26日，中央人民政府政务院秘书厅以政秘申字第1257号文《函送各级职工业余教育委员会组织条例及关于开展农民业余教育的指示请查收办理》抄送北京市人民政府，吴晗于27日在该文件上作出批示："转文教局、劳

---

① 中国档案馆著：《北京市重要文献选编1950》，第542页。

② 本条引自北京市档案馆档案号为127－001－00004的档案。

③ 本条引自北京市档案馆档案号为002－004－00207的档案。

动局、财委、郊委。吴晗”。]

12月28日下午 吴晗出席北京市第二届各界人民代表会议协商委员会第十次全体会议。①

[按:会议在中山公园协商委员会会议室召开。会议讨论了市政府在第二届第四次各界人民代表会议上的报告和第三届各界人民代表会议代表产生办法(草案),以及确定第四次会议的时间和议事日程等。]

12月29日 吴晗签发北京市人民政府府秘字第6444号通知。②

[按:12月29日,北京市人民政府为转发中央人民政府政务院秘书厅政秘申字第1257号文《函送各级职工业余教育委员会组织条例及关于开展农民业余教育的指示请查收办理》,以北京市人民政府府秘字第6444号通知北京市文教局、劳动局、市财经委员会和市郊委会遵照办理,吴晗在拟办的文稿上签字:“行。吴晗　十二. 二十九”。]

12月29日 吴晗在北京市第二届第四次各界人民代表会议上作题为《关于〈北京市第三届各界人民代表会议代表产生办

① 本条引自北京市档案馆档案号为127－001－00005的档案。

② 本条引自北京市档案馆档案号为002－004－00207的档案。

法草案〉的说明》报告。[①]

[按：12月29日下午，北京市第二届第四次各界人民代表会议开幕，出席代表三百〇八人。大会执行主席为：刘仁、钱端升、余心清、傅华亭、陈垣。会议听取了聂荣臻市长《关于时局问题的报告》，吴晗副市长《关于失业救济和普遍召开区各界人民代表会议两项工作的报告》，北京市公安局罗瑞卿局长《关于一年来镇压反革命分子破坏活动的报告》。最后，由吴晗副市长代表协商委员会在会上作了关于《北京市第三届各界人民代表会议代表产生办法草案》的说明。]

12月29日 吴晗在北京市第二届第四次各界人民代表会议上作题为《关于失业救济和普遍召开区各界人民代表会议两项工作的报告》。[②]

[按：吴晗在报告中介绍了北京市政府在就业以工代赈、专业训练、生产自救、还乡生产等几个方面开展的失业救济工作，并就第二届各区各界人民代表会议的三个中心议题作了安排。]

12月30日 北京市第二届第四次各界人民代表会议闭幕，

---

① 本条引自1950年12月30日《人民日报》第一版。

② 本条引自《吴晗全集》十卷版第十卷，第249页及12月30日第三版《人民日报》。

吴晗为大会执行主席。[1]

[按:12月30日,北京市第二届第四次各界人民代表会议上午进行分组讨论,在大会上发言的各界代表有:李长胜、管宗印、英永兴、魏萃一、郑芸、傅华亭、林葆骆、董渭川、连阔如、杨明德、乐松生、胡泉桂、李健、王玢、郭景岩、金魁三、汤晓芙等十七人。一致拥护聂荣臻市长的时事报告、吴晗副市长和罗瑞卿兼局长的政府工作报告,以及第三届各界人民代表会议代表产生办法,并纷纷表示在各自的岗位上,以实际行动来加强国防建设,坚持抗美援朝保家卫国运动。下午5点,大会圆满闭幕。大会执行主席为:吴晗、古奇踪、朱长江、柴泽民。]

年底 聂荣臻市长,张友渔、吴晗副市长给北京市每户烈、荣、军、工属送发贺年片。[2]

[按:北京市在新年及春节期间将展开拥政爱民和拥军优属运动。聂荣臻市长,张友渔、吴晗副市长印制了贺年片两万张,送发本市烈、荣、军、工属每户一张。贺年片上写着"庆贺新年,我们要以全力来击败美帝的侵略,巩固既得胜利,保卫祖国的安全,保卫世界和平,我们要在各方面以模范的行动支持正在开展着的抗美援朝运动,直到最后胜利"。]

---

① 本条引自1950年12月31日《人民日报》第三版。

② 本条引自1951年1月1日《人民日报》第三版。

一九五一年

1月2日 吴晗出席北京市人民政府第四十五次(临时)行政会议。[1]

[按:会议由张友渔副市长主持。会议讨论了关于本市第二届第四次各界人民代表会议进行情况的检讨等四个问题。出席会议的还有:薛子正、柴泽民、程宏毅、董汝勤、牟泽衔、武韵蘅、薛成业、刘仲华、张文奇等40多人。]

1月3日 吴晗同市长聂荣臻、副市长张友渔一道签发《北京市人民政府关于限期清理本市各项滞纳税款的布告》。[2]

1月3日下午 中央人民广播电台发表吴晗在欢送参加军事干部学校学生大会上的讲话。

[按:1月3日下午,中央人民广播电台的"学生节目",广播欢送参加军事干部学校学生大会的报道,内容有吴晗

---

① 本条引自北京市档案馆档案号为002－003－00250的档案。

② 北京市档案馆编:《北京市重要文献选编1951》,第1页。

副市长、余世光、古奇踪及参加军事干部学校学生家长讲话,师大女附中、市立二中、女四中等校演出花鼓、歌咏、朗诵等节目。]

1月4日 吴晗给北京市文教局教四字第7320号文作出批示。①

[按:12月28日,北京市文教局以教四字第7320号文向北京市人民政府呈报《北京市职工业余教育委员会成立并请批准公布北京市职工业余教育委员会组织条例》,北京市人民政府秘书厅对此文作出了拟办意见,吴晗于1951年1月4日作出批示:“如拟。吴晗 一月四日”。]

1月5日 吴晗出席北京市人民政府委员会第十次会议。②

[按:会议由聂荣臻市长主持。会议讨论了关于本市第二届第四次各界人民代表会议进行情况的报告等五个问题。出席会议的还有:张友渔、薛子正、程宏毅、牟泽衔、翁独健、严镜清、徐楚波、王文斌等30多人。]

1月5日 吴晗同市长聂荣臻、副市长张友渔一道签发《北京市人民政府转发政务院关于各机关买典租赁房屋问题的

---

① 本条引自北京市档案馆档案号为002－003－00235的档案。

② 本条引自北京市档案馆档案号为002－003－00249的档案。

令》。[①]

1月12日 吴晗出席北京市人民政府第四十六次行政会议。[②]

[按:会议由张友渔副市长主持。会议讨论了关于张副市长关于精简节约的报告等七个问题。出席会议的还有薛子正、柴泽民、程宏毅、董汝勤、牟泽衔、武韵蘅、翁独健、张锦城、刘仲华、沈勃等40多人。]

1月14日下午 吴晗出席北京市向毛泽东主席、朱德总司令暨中国人民解放军全体指战员献旗致敬典礼。[③]

[按:1月14日下午3点,北京市人民政府和各民主党派、人民团体等十七个单位在春节拥军优属运动中为了表示对毛主席、朱总司令所领导的中国人民解放军的崇高敬意,举行向中央人民政府毛泽东主席、中国人民解放军朱德总司令暨中国人民解放军全体指战员献旗致敬典礼。献旗典礼由吴晗代表首都各界人民献词致敬,萧华代表毛主席、朱总司令和人民解放军全体指战员接受锦旗,并表示谢意。]

---

① 北京市档案馆等编:《北京市重要文献选编1951》,第3页。

② 本条引自北京市档案馆档案号为002-003-00250的档案。

③ 本条引自1951年2月15日《人民日报》第一版。

1月25日上午 吴晗出席北京市第二届各界人民代表会议协商委员会第十一次全体会议。[①]

[按:会议在中山公园协商委员会会议室召开。会议听取了刘仁关于第三届各界人民代表会议代表选举工作的报告和讨论了北京市第三届各界人民代表会议代表名额分配(草案),以及北京市第三届各界人民代表会议代表选举委员会的组织方案等。]

1月25日 吴晗在北京市第二届各界人民代表会议协商委员会第十一次全体会议上被公推为选举委员会主任委员。[②]

[按:会议决定成立全市的选举委员会,统一领导各单位的代表选举工作。委员会由下列二十三人组成:吴晗(主任)、钱端升(副主任)、薛子正(副主任)、李乐光、廖沫沙、宁武、凌其峻、林健生、林汉达、薛愚、崔月犁、张致祥、张鸿舜、柴泽民、杨蕴玉、张大中、古奇踪、傅华亭、李伯钊、佘贻倜、徐楚波、董汝勤、马玉槐。]

1月31日 吴晗同市长聂荣臻、副市长张友渔一道签发《北京市人民政府重申政务院关于严格执行限制购房办法的令》。[③]

① 本条引自北京市档案馆档案号为127-001-00005的档案。

② 本条引自1951年1月27日《人民日报》第二版。

③ 北京市档案馆等编:《北京市重要文献选编1951》,中国档案出版社,2001年版,第17页。

2月中旬　吴晗以北京市人民政府的身份当选为北京市第三届各界人民代表会议代表。①

［按:出席北京市第三届各界人民代表会议的总共519名,北京市政府的代表15名。他们有张友渔、吴晗、罗瑞卿、薛子正、程宏毅等。］

2月16日　吴晗出席北京市人民政府第五十一次行政会议。②

［按:会议由张友渔副市长主持。会议讨论了吴晗副市长关于中央联合慰问团赴东北慰问情况的报告等六个问题。出席会议的还有:柴泽民、程宏毅、马玉槐、武韵蘅、侯俊岩、彭城、刘仲华、沈勃等30多人。］

2月21日下午　吴晗出席北京市各界人民代表会议协商委员会第十二次会议。③

［按:2月21日下午,北京市各界人民代表会议协商委员会举行第十二次会议。会议讨论召开北京市第三届各界人民代表会议的准备工作。会议听取了选举委员会主任吴晗关于代表选举工作的报告,对第三届第一次各界人民代表会议的主要议程交换了意见,并协商邀请代表的名单。］

---

① 本条引自《北京市人民代表大会文献资料汇编1949—1993》,第143页。

② 本条引自北京市档案馆档案号为002-003-00250的档案。

③ 本条引自1951年2月24日《人民日报》第二版。

2月23日　吴晗出席北京市人民政府委员会第十一次会议。①

［按：会议由张友渔副市长主持。会议讨论了吴晗关于中央联合慰问团赴东北慰问情况的报告等五个问题。出席会议的还有：张友渔、薛子正、程宏毅、牟泽衔、翁独健、严镜清、王文斌、徐楚波等30多人。］

2月26日　吴晗在北京市第三届各界人民代表会议上当选为主席团成员。②

［按：2月26日下午，北京市第三届第一次各界人民代表会议开幕，吴晗在会上当选为主席团成员，当选的主席团成员还有古奇踪、余心清、李国瑞、林汉达、马玉槐、梁思成、钱其峻等27人，秘书长薛子正，副秘书长张文松、李健生、孙孚凌、肖松。］

2月26日　吴晗在北京市第三届各界人民代表会议上作《关于北京市第三届各界人民代表会议代表选举工作报告》。③

［按：吴晗在报告中就第二届协商委员会第十一次会议推定吴晗、钱瑞升、薛子正等23人组成选举委员会，自1月26日起到2月16日止所开展的全部工作向大会作了

① 本条引自北京市档案馆档案号为002－003－00249的档案。

② 本条引自《北京市人民代表大会文献资料汇编1949—1993》，第142页。

③ 本条引自《吴晗全集》十卷版第十卷，第257页及2月27日《人民日报》第一版。

报告。]

2月27日 北京市市长聂荣臻、副市长张友渔、吴晗签署给政务院的关于兴建人民英雄纪念碑的报告。

[按:有关纪念碑兴建委员会的提法最早见于1951年2月27日北京市人民政府给政务院的报告。这一报告由北京市市长聂荣臻,副市长张友渔、吴晗签署(彭真于1951年3月8日就任北京市市长),其主要内容是拟于1951年春开始施工,并提出了组织机构的建立和工程预算。这一报告的第四条内容如下:"四、拟即成立纪念碑兴建委员会开始兴建,谨检附纪念碑图样四纸(关于图样与前呈阅草图略有更改)、模型一具(附模型说明)、造价概算表及纪念碑兴建委员会组织规程草案各一件,呈请核示。"]

2月28日 北京市第三届第一次各界人民代表会议闭幕。会议选举彭真任北京市市长,张友渔、吴晗任副市长。[①]

[按:2月28日,北京市第三届第一次各界人民代表会议圆满闭幕。中央人民政府刘少奇副主席曾亲临大会,并作重要指示。出席会议的代表共四百七十四名。会议选举彭真当选为市长,张友渔、吴晗当选为副市长;聂荣臻等二十六人当选为市政府委员。]

---

① 本条引自1951年3月1日《人民日报》第一版。

2 月 28 日 吴晗当选为北京市第三届各界人民代表会议协商委员会委员。①

[按:北京市第三届各界人民代表会议协商委员会主席为彭真,副主席刘仁、钱端升、梁思成、宁武,委员古奇踪、吴晗、余心清、李伯钊、侯俊岩、马玉槐、浦洁修、陈垣、张奚若、曹言行、梁思成、彭泽民、汤用彤、冯基平、曾昭抡、陆志韦、傅华亭、杨伯箴、董汝勤、费孝通、闻家驷、邓拓、叶企孙、钱端升、薛子正、聂荣臻、罗瑞卿等 63 人,秘书长薛子正,副秘书长廖沫沙、崔月犁、张文松、曹志麟、李健生、孙孚凌等 6 人。]

2 月 28 日 吴晗出席北京市文教局召开的北京市冬学奖模大会。②

[按:为了表扬冬学中学习成绩优异的学员,北京市人民政府文教局于 2 月 28 日举行北京市冬学模范大会。参加大会的有北京市郊区冬学模范学员、模范教师和模范工作者三百余人。北京市人民政府副市长吴晗、中共北京市委郊区工作委员会书记柴泽民、中央人民政府教育部社会教育司副司长李曙森等都到会向他们道贺。吴晗副市长并主持发奖典礼。吴晗副市长在会上指出,今年郊区冬学的成绩是值得表扬的。参加冬学的农民不仅学习了文化,并了

① 本条引自 1951 年 3 月 1 日《人民日报》第二版。

② 本条引自 1951 年 3 月 5 日《人民日报》第三版。

解了征收秋季农业税、反一贯道、拥军优属和组织生产等政策，帮助政府推动了工作，使冬学成为人民政府推进各种工作的有力助手。他号召模范教师、模范学员和模范工作者们，要动员和帮助还没有上冬学的农民和学得不好的学员，大家都努力学习。并要求大家把冬学转为常年民校，坚持学习。]

2月 吴晗在北京市第三届各界人民代表会议期间与市长彭真、副市长张友渔一起合影留念。①

3月1日 《人民日报》上刊登了吴晗等人的简历。②

[按:3月1日《人民日报》第二版上，刊登了一篇题为《北京市人民政府市长、副市长、政府委员会委员简历》的文章，其中包含了三位市长副市长彭真、张友渔、吴晗以及二十六位委员聂荣臻、萧明、舒舍予等的简历。]

3月1日 《人民日报》上刊登了吴晗等北京市第三届各界人民代表会议协商委员会名单。③

[按:3月1日《人民日报》第二版上，刊登了北京市第三届各界人民代表会议协商委员会名单，其中包扩了主席:彭

① 王宏志、闻立树主编:《怀念吴晗:百年诞辰纪念》，第276页。
② 本条引自1951年3月1日《人民日报》第二版。
③ 本条引自1951年3月1日《人民日报》第二版。

真；副主席：刘仁、钱端升、梁思成、宁武；委员：王之相、王宝初、毛鹤龄、古奇踪、田常青、申葆和、朱长江、吴晗等六十三人。]

3 月 2 日　吴晗出席北京市人民政府第五十二次行政会议。[①]

[按：会议由张友渔副市长主持。会议讨论了关于关于本市第三届第一次各界人民代表会议进行情况的检讨等三个问题。出席会议的还有：薛子正、柴泽民、董汝勤、牟泽衔、侯俊岩、刘仲华、严镜清等 30 多人。]

3 月 8 日　吴晗出席北京市人民政府委员会一九五一年第一次会议。[②]

[按：会议由彭真市长主持。会议讨论了关于接受本市第三届第一次各界人民代表会议决议案等五个问题。出席会议的还有：张友渔、聂荣臻、萧明、舒舍予、薛子正、王文斌、马玉槐等 60 多人。会议在北京市人民政府第一会议室召开。]

3 月 8 日下午　吴晗出席北京市人民政府市长、副市长和政

① 本条引自北京市档案馆档案号为 002 - 003 - 00250 的档案。

② 本条引自北京市档案馆档案号为 002 - 003 - 00246 的档案。

府委员就职典礼。[1]

[按：由北京市第三届各界人民代表会议选出的北京市人民政府市长、副市长和政府委员遵照中央人民政府政务院的批示先行到职视事，于1951年3月8日下午2点，在中山公园中山堂举行就职典礼。参加典礼的有彭真市长，张友渔、吴晗副市长，萧明、舒舍予、薛子正、王文斌、马玉槐、翁独健、刘仁、王斐然、柴泽民、徐楚波、梁思成、牟泽衔、程宏毅、李永禄、雷洁琼、严镜清、薛愚、李国瑞、乐松生、郑芸、焦寰五等人民委员及北京市人民政府所属各单位科长以上的干部八百余人。]

3月13日　吴晗出席北京市人民政府第五十三次行政会议。[2]

[按：会议由张友渔副市长主持。会议讨论了财政局关于各大城市财政局长会议情况的报告等二个问题。出席会议的还有：薛子正、柴泽民、石林、董汝勤、牟泽衔、张锦城、薛成业、刘仲华等40多人。]

3月15日　吴晗同市长彭真、副市长张友渔一道签发《北京市人民政府关于保护林木的布告》。[3]

---

① 本条引自1951年3月9日《人民日报》一版。

② 本条引自北京市档案馆档案号为002－003－00250的档案。

③ 北京市档案馆等编：《北京市重要文献选编1951》，第255页。

3月15日 吴晗同市长彭真、副市长张友渔一道签发《北京市人民政府关于取缔商标及招牌等使用外国文字的布告》。[①]

3月15日下午 吴晗出席北京市第三届各界人民代表会议协商委员会第一次全体会议。[②]

[按:会议在中山公园中山堂召开。会议听取了公安局副局长冯基平关于镇压反革命的报告等。朱镕基作为学校代表参加了这次会议。]

3月16日 吴晗出席北京市人民政府第五十四次行政会议。[③]

[按:会议由张友渔副市长主持。会议讨论了财政局关于周总理在财政会议上的报告的传达等五个问题。出席会议的还有:薛子正、柴泽民、程宏毅、马玉槐、董汝勤、牟泽衔、武韵蘼、翁独健、侯俊岩等40多人。]

3月20日 吴晗与市长彭真、副市长张友渔联名签署致中央人民政府的报告。[④]

[按:3月20日,吴晗与市长彭真、副市长张友渔就"调查本市僧尼道及少数民族等寺庙目前的情况并拟具北京市

---

① 北京市档案馆著等编:《北京市重要文献选编1951》,第257页。

② 本条引自北京市档案馆档案号为127-001-00009的档案。

③ 本条引自北京市档案馆档案号为002-003-00250的档案。

④ 本条引自北京市档案馆档案号为002-003-00021的档案。

人民政府寺庙管理暂行办法”联名报告中央人民政府政务院。]

3月23日 吴晗同市长彭真、副市长张友渔一道签发《北京市人民政府通告》。[①]

[按：这是一个关于北京市一九五一年春季清洁大扫除运动实施方案的通告。]

3月23日 吴晗出席北京市人民政府第五十五次行政会议。

[按：会议由张友渔副市长主持。会议讨论了外事处关于宗教会议的传达等五个问题。出席会议的还有：薛子正、柴泽民、马玉槐、董汝勤、武韵蘑、张锦城、刘仲华、沈勃等40多人。]

3月27日 吴晗出席北京市人民政府联合办公会议。[②]

[按：会议在市政府第二会议室举行，会议由张友渔副市长主持。会议主要讨论了北京市易燃性工厂的选址等六个问题，出席会议的还有：薛子正、程宏毅、牟泽衔、马健行、张景成、刘仲华、王明之等三十多人。]

---

① 北京市档案馆编：《北京档案史料2003.2》，新华出版社，2003年版，第40页。

② 本条引自北京市档案馆档案号为135－001－00082的档案。

3 月 28 日 吴晗同市长彭真、副市长张友渔一道签发《北京市人民政府抄发北京市各区各界人民代表会议决议案处理暂行办法的令》。[1]

3 月 29 日 吴晗同市长彭真、副市长张友渔一道签发《北京市人民政府关于郊区土地房产所有证颁发的布告》。[2]

3 月 30 日 吴晗出席北京市人民政府第五十六次行政会议。[3]

[按:会议由张友渔副市长主持。会议讨论了外事处关于宗教会议的传达等五个问题。出席会议的还有:薛子正、柴泽民、石林、马玉槐、牟泽衔、武韵蓭、翁独健、张锦城、刘仲华、沈勃等 40 多人。会议在市府第二会议室召开。]

4 月 3 日 吴晗出席并主持市郊汉墓发掘座谈会。[4]

[按:4 月 3 日,吴晗主持北京市人民政府市郊汉墓发掘座谈会,会议决定由北京市文物局负责发掘。]

4 月 6 日 吴晗出席北京市人民政府第五十七次行政

① 北京市档案馆等编:《北京市重要文献选编 1951》,第 288 页。

② 北京市档案馆等编:《北京市重要文献选编 1951》,第 291 页。

③ 本条引自北京市档案馆档案号为 002 - 003 - 00250 的档案。

④ 夏鼐著:《夏鼐日记》,华东师范大学出版社,第 372 页。

会议。[①]

［按：会议由张友渔副市长主持。会议讨论了外事处关于宗教会议的传达等七个问题。出席会议的还有：薛子正、柴泽民、石林、马玉槐、武韵蘅、侯俊岩、李伯钊、彭城、刘仲华等 40 多人。会议在市府第二会议室召开。］

4 月 7 日　吴晗同市长彭真、副市长张友渔一道签发《北京市人民政府关于开征工商业税附加的布告》。

4 月 7 日　吴晗在北京市公共卫生局公卫秘字第 76 号文件上作出批示。[②]

［按：4 月 6 日，北京市公共卫生局局长严镜清、副局长张文奇就“私立医院出倒、转移、收购问题提出的三点意见”联名签报市长彭真，副市长张友渔、吴晗。吴晗于 4 月 7 日在该文件上作出批示：“同意。吴晗　四．七”。］

4 月 7 日　吴晗同市长彭真、副市长张友渔一道签发《北京市人民政府关于郊区土地房产所有证颁发的布告》。[③]

4 月 9 日　吴晗致函张友渔。[④]

---

① 本条引自北京市档案馆档案号为 002－003－00250 的档案。

② 本条引自北京市档案馆档案号为 002－003－00231 的档案。

③ 北京市档案馆等编：《北京市重要文献选编 1951》，第 306 页。

④ 本条引自北京市档案馆档案号为 002－006－00274 的档案。

［按:4月9日,吴晗就建筑专科学校目前无人主持工作,拟请集体办公会议商议调配学校领导干部一事致函副市长张友渔,并提出了解决这一问题的三条意见。］

4月10日 吴晗出席并主持北京市人民政府联合办公会议。①

［按:会议在市政府第二会议室举行。会议讨论了关于北京市百货公司高贵商品商场场址的房屋等四个问题。出席会议的有薛子正、柴泽民、马玉槐、张金锡、王照祯等17人。］

4月10日 吴晗与彭真、张友渔联名向政务院和军委呈送报告。②

［按:4月10日,吴晗与彭真、张友渔就“关于颁发通令停止收购本市私立医院”事宜,以北京市人民政府府秘一字第1589号文,联名向中央人民政府政务院和中国人民军事委员会呈送报告。］

4月11日 吴晗与彭真、张友渔联名向北京市公共卫生局作了批复。③

---

① 本条引自北京市档案馆档案号为002－003－00255的档案。

② 本条引自北京市档案馆档案号为002－003－00255的档案。

③ 本条引自北京市档案馆档案号为002－003－00231的档案。

[按:4月6日,北京市公共卫生局局长严镜清、副局长张文奇就“私立医院出倒、转移、收购问题提出的三点意见”联名签报市长彭真,副市长张友渔、吴晗。4月11日,吴晗与彭真、张友渔联名向北京市公共卫生局作了批复:“你局所提防止机关团体收购私立医院的意见业经据转有关方面颁令制止。”]

4月11日 吴晗出席全市基督教各会、堂负责人会议并讲话。[①]

[按:4月11日,北京市人民政府文教局召集全市基督教各会、堂九十余位负责人开会。吴晗副市长在会上讲话,对目前北京市基督教的“三自”革新运动表示欢迎和支持,并且宣布:为了加强与教会的联系,市人民政府已决定由文教局负责管理宗教事务。]

4月12日 吴晗出席北京市人民政府委员会一九五一年第二次会议。[②]

[按:会议由彭真市长主持。会议讨论了关于本市修建房屋等四个问题。出席会议的还有:张友渔、舒舍予、薛子正、蒋光鼐、王文斌、马玉槐、翁独健等40多人。会议在北京市人民政府东大厅召开。]

---

① 本条引自1951年4月19日《人民日报》第一版。

② 本条引自北京市档案馆档案号为002－003－00246的档案。

4月13日 吴晗同市长彭真、副市长张友渔一道签发《北京市人民政府关于取缔房屋纤手的布告》。[①]

4月13日 吴晗出席北京市人民政府第五十八次行政会议。[②]

[按:会议由张友渔副市长主持。会议讨论了文教局关于全国第一次中等教育会议总结的传达等八个问题。出席会议的还有:薛子正、柴泽民、马玉槐、武韵蘼、侯俊岩、张锦城、沈勃等40多人。会议在市府第二会议室召开。]

4月16日 吴晗同市长彭真、副市长张友渔一道签发《北京市人民政府关于铺底权纠纷处理试行办法的布告》。[③]

4月17日 吴晗出席北京市人民政府联合办公会议。[④]

[按:会议由张友渔副市长主持。会议在市政府第二会议室举行。会议讨论了关于北京市城区民政干部的配备等八个问题。出席会议的有柴泽民、牟泽衡、武韵蘼、马光斗、沈勃等18人。]

---

① 中国档案馆著:《北京市重要文献选编1951》,第308页。

② 本条引自北京市档案馆档案号为002-003-00250的档案。

③ 中国档案馆著:《北京市重要文献选编1951》,第310页。

④ 本条引自北京市档案馆档案号为002-003-00255的档案。

4月20日 吴晗出席北京市人民政府第五十九次行政会议。①

［按：会议由张友渔副市长主持。会议讨论了文教局关于全国第一次中等教育会议总结的传达等八个问题。出席会议的还有：柴泽民、石林、马玉槐、牟泽衔、武韵蘼、翁独健、彭城、张锦城、刘仲华等40多人。会议在市府第二会议室召开。］

4月26日上午 到车站欢迎西藏地方当局谈判代表克买扎萨、堪仲土丹旦达等及随员一行。②

［按：4月26日上午，经印度、香港等地前来首都的西藏地方当局谈判代表克买扎萨、堪仲土丹旦达等及随员一行六人乘车抵达北京。前往车站欢迎的有中央人民政府政务院秘书长兼民族事务委员会主任委员李维汉、政务院副秘书长齐燕铭、政法委员会秘书长陶希晋、民族事务委员会副主任委员刘格平、公安部副部长杨奇清、内务部副部长陈其瑗、北京市副市长吴晗及有关部会首长、民族事务委员会机关干部、蒙藏学院学生等近三百人。4月22日经重庆来京的西藏谈判代表噶伦阿沛等亦赴车站迎接。］

---

① 本条引自北京市档案馆档案号为002－003－00250的档案。

② 本条引自1951年4月27日《人民日报》第一版。

4月27日　吴晗出席北京市人民政府第六十次行政会议。①

［按:会议由张友渔副市长主持。会议讨论了市监察委员会关于第一次全国监察会议情况的报告等四个问题。出席会议的还有:石林、霍清源、牟泽衔、武韵蘅、薛成业、彭城、刘仲华等40多人。会议在市府第二会议室召开。］

4月28日　吴晗出席并主持北京市中等技术教育委员会会议。②

［按:会议在北京市人民政府东大厅举行。会议讨论了北京市中等技术教育委员会组织规程、工业学校和财经学校暑期增班等五个问题。出席会议的有:翁独健、侯俊岩、徐旭、牟泽衔、陈明绍、万一以及市政府研究室代表袁震等26人。］

4月30日　吴晗给北京市职工业余教育发奖大会题词。③

［按:吴晗题词是:"带动并帮助广大职工学好文化。更有效地为新中国的生产建设服务。吴晗　四.卅"。给北京市职工业余教育发奖大会题词的还有:彭真、马叙伦、刘子久、钱俊瑞、张友渔、廖沫沙等。］

---

① 本条引自北京市档案馆档案号为002－003－00250的档案。

② 本条引自北京市档案馆档案号为002－003－00234的档案。

③ 本条引自北京市档案馆档案号为152－001－00105的档案。

5月3日下午　吴晗出席北京市人民政府委员会一九五一年第三次会议。[①]

［按：会议由彭真市长主持。会议讨论了关于本市一九五一年卫生工程工作计划的报告等六个问题。出席会议的还有：张友渔、舒舍予、薛子正、蒋光鼐、罗瑞卿、王文斌、翁独健等40多人。会议在北京市人民政府东大厅召开。］

5月4日上午　吴晗出席首都各界青年纪念五四青年节三十二周年大会。[②]

［按：5月4日上午，首都各界青年一万二千余人举行盛大集会，纪念五四青年节三十二周年，并庆祝国际学联执委会会议的胜利闭幕。中国新民主主义青年团中央委员会书记冯文彬、副书记蒋南翔、秘书长荣高棠，中华全国民主青年联合总会副主席钱三强，中华全国学生联合会主席谢邦定，北京市人民政府副市长吴晗，中国新民主主义青年团北京市委员会书记杨伯箴均到会。中国新民主主义青年团北京市委员会书记杨伯箴，北京市副市长吴晗，中国新民主主义青年团中央委员会秘书长荣高棠，中华全国学生联合会主席谢邦定，国际学联主席格罗曼，苏联代表叶尔硕娃，朝鲜代表朴铁福先后在会上讲话或致辞。］

---

① 本条引自北京市档案馆档案号为002－003－00246的档案。

② 本条引自1951年5月5日《人民日报》第一版。

5月4日　吴晗出席北京市人民政府第六十一次行政会议。[1]

[按:会议由张友渔副市长主持。会议讨论了外事处关于管制美国财产冻结美国公私款项工作总结的传达等三个问题。出席会议的还有:薛子正、程宏毅、霍清源、牟泽衔、侯俊岩、张锦城。刘仲华等40多人。会议在市府第二会议室召开。]

5月6日　吴晗同市长彭真、副市长张友渔一道签发《北京市人民政府关于使用本市城郊国有私有土地规定的通告》。[2]

5月8日　吴晗在中央人民政府政务院政秘李字第292号文件上作出批示。[3]

[按:4月10日,吴晗与彭真、张友渔就"关于颁发通令停止收购本市私立医院"事宜,以北京市人民政府府秘一字第1589号文,联名向中央人民政府政务院和中国人民军事委员会呈送报告。中央人民政府政务院5月5日以政秘李字第292号文件向中央军委、华北军区司令部、华北局、北京市人民政府、最高人民法院、最高人民检察署、全国总工会、全国妇联、新民主主义青年团发出命令,停止收购北京市私

① 本条引自北京市档案馆档案号为002-003-00250的档案。

② 北京市档案馆等编:《北京市重要文献选编1951》,第322页。

③ 本条引自北京市档案馆档案号为002-003-00231的档案。

立医院。吴晗5月8日在该文件上作出批示："送彭、张（指彭真、张友渔——编者注）市长阅，并转公共卫生局。吴晗五．八"。]

5月11日 吴晗出席北京市人民政府第六十二次行政会议。[①]

[按：会议由张友渔副市长主持。会议讨论了全国秘书长会议的报告的传达等七个问题。出席会议的还有：薛子正、柴泽民、程宏毅、王旭东、牟泽衔、武韵蘅、薛成业、张锦城、刘仲华等40多人。会议在市府第二会议室召开。]

5月14日 吴晗与彭真、张友渔联名签发北京市人民政府府秘一字第1354号"通知"。[②]

[按：通知的内容是转发中央人民政府政务院5月5日政秘李字第292号文件，关于停止收购私立医院的命令。]

5月15日 吴晗出席北京市人民政府联合办公会议。[③]

[按：会议由张友渔副市长主持。会议在市政府第二会议室举行。会议讨论了关于朝鲜驻华大使馆解雇工人的纠纷处理等五个问题。出席会议的有薛子正、牟泽衡、王明

① 本条引自北京市档案馆档案号为002－003－00250的档案。

② 本条引自北京市档案馆档案号为002－003－00255的档案。

③ 本条引自北京市档案馆档案号为002－003－00255的档案。

之、马光斗、佟铮等21人。]

5月18日上午 吴晗出席北京市第三届各界人民代表会议协商委员会第二次全体会议。①

[按:会议在协商委员会会议室召开。会议听取了公安局局长罗瑞卿关于处理反革命案件的报告等。]

5月22日 吴晗等致函周恩来。②

[按:信函的内容是向周恩来总理汇报有关召开纪念碑筹建座谈会的情况以及准备成立"首都人民英雄纪念碑兴建委员会"等事宜。这封信函是北京市人民政府市长彭真,副市长张友渔、吴晗联名上书的。]

6月1日上午 吴晗出席首都儿童庆祝六一国际儿童节的集会。③

[按:6月1日,首都儿童代表八百多人举行六一国际儿童节庆祝大会。大会儿童们自己主持。蔡畅、冯文彬、康克清、吴晗、杨伯箴以及中国人民志愿军战斗英雄刘桃顺、劳动模范李永、数学家华罗庚、音乐家贺渌汀、体育家马约翰等二十余人也应邀参加。大会由大会主席团执行主席鲍家

---

① 本条引自北京市档案馆档案号为127-001-00009的档案。

② 本条引《北京档案史料》1997年第1期,第35页。

③ 本条引自1951年6月2日《人民日报》《光明日报》第一版。

街小学学生齐家纯致开会词，北京市副市长吴晗和战斗英雄刘桃顺被邀向大会讲话。会后，由北京市六个学校的儿童表演他们自己创作的节目。北京市朝鲜人民小学的儿童也参加了表演。]

6月5日下午 吴晗出席并主持北京市中等技术教育委员会第二次会议。[①]

[按：6月5日下午，北京市中等技术教育委员会第二次会议在北京市人民政府东大厅举行。出席会议的有：主任委员吴晗，副主任委员程宏毅、翁独健，委员孙方山、程修武（工商局代表）、王明之、刘仲华、贾庭三等20人。]

6月6日下午 吴晗出席北京什刹海人民游泳场落成典礼。[②]

[按：6月6日下午，北京市什刹海人民游泳场揭幕了。参加揭幕典礼的，有中央人民政府人民革命军事委员会代总参谋长聂荣臻、北京市彭真市长、吴晗副市长、中国新民主主义青年团中央委员会书记冯文彬同志、中华全国民主青年联合总会主席廖承志同志、中华全国体育总会筹备委员会副主任荣高棠和作家舒舍予，以及政府、机关、人民团体的观礼来宾二千三百余人。

---

① 本条引自北京市档案馆档案号为004－001－00035的档案。

② 本条引自1951年6月7日《人民日报》第二版。

北京市什刹海人民游泳场建设工程开始于1950年8月,1951年5月底完工。北京市人民政府在完成龙须沟整修工程以后,即大力整理全市河湖水系,疏浚三海(中南海、北海、什刹海),并听取了广大市民的意见,利用天然水系,原来的地形,在前什刹海西小海修建了这个游泳场。]

6月11日 吴晗给市政府关于召开北京市文教委员会第一次全体会议的通知上作出批示。①

[按:6月11日,吴晗给市政府关于召开北京市文教委员会第一次全体会议的通知作出批示:"可。吴晗 六.十一"。]

6月13日下午 吴晗到车站欢送中央人民政府赴西藏代表张经武等离京。②

[按:6月13日下午6点45分,中央人民政府赴西藏代表张经武及西藏地方政府全权代表凯墨·索安旺堆、土丹旦达、桑颇·登增顿珠,以及随行工作人员等一行二十余人乘车离开北京,将经香港、印度等地到达西藏。到车站欢送的有中央人民政府副主席李济深,政务院副总理董必武、陈云、黄炎培,政务院秘书长兼民族事务委员会主任委员李维汉及中央人民政府各有关部门首长、北京市人民政府副市

① 本条引自北京市档案馆档案号为002-003-00234的档案。

② 本条引自1951年6月15日《人民日报》第一版。

长吴晗、班禅驻北京办事处处长计晋美等十余人，另有中央民族学院、蒙藏学校的学生四百多人。]

6月14日上午 吴晗出席并主持北京市文教委员会第一次全体会议。①

[按：会议在北京市政府第一会议室举行。会议首先由吴晗报告了文教委的性质和任务，然后讨论了中等学校学生健康问题和小学一二年级采用二部制的计划等五个问题。出席会议的有：廖沫沙、薛愚、郑芸、舒舍予、翁独健、侯俊岩、薛成业、严镜清、张文奇、马约翰、余贻倜、张大中、祖田工、徐乃明等。]

6月23—26日 北京市第三届第二次各界人民代表会议召开。吴晗在会上提交了《一九五一年卫生工程计划》《一九五一年卫生工作计划》《一九五一年文教工作计划》三个书面报告。②

[按：会上还有彭真市长报告北京市各项工作，张友渔副市长报告今年度财政收支情况，市公安局罗瑞卿兼局长报告镇压反革命的工作，薛子正秘书长报告市政建设工作，薛秘书长在报告中并说明了现在市政建设工程完成的情况。]

---

① 本条引自北京市档案馆档案号为002－003－00234的档案。

② 本条引自1951年6月26日《人民日报》第一版及《北京市人民代表大会文献汇编》，第154—158页。

6月26日 吴晗任北京市军事干部学校招生委员会主任委员。①

［按:6月26日上午,北京市人民政府邀集市文教局、青年团市委会、市卫生局、市学联、市妇联、中央人民政府教育部及在北京招生的各军事干部学校的代表等开会,讨论关于招收北京市青年学生参加各种军事干部学校问题。会上根据中央人民政府政务院的决定,成立了"北京市军事干部学校招生委员会",负责具体布置并迅速完成此次军事干部学校在京招生工作。该会由吴晗副市长、中央教育部高等教育司司长张宗麟、市文教局副局长侯俊岩、公共卫生局局长严镜清、青年团市委副书记张大中、市学联主席古奇踪、妇联副主席杨蕴玉、华北军区政治部和在北京市招生的各军事干部学校的代表等人为委员,并推选吴晗副市长为主任委员,张大中为秘书长,侯俊岩为审查登记部部长,严镜清为身体检查部部长。］

6月28日 吴晗出席北京市人民政府集体办公会议。②

［按:会议由张友渔副市长主持。会议讨论了关于财委会请示本市是否成立机关企业管理机构的问题等五个问题。出席会议的还有:柴泽民、程宏毅、牟泽衔、马应中、周凤鸣、李续纲。会议在市府第一会议室召开。］

---

① 本条引自1951年6月27日《人民日报》第一版。

② 本条引自北京市档案馆档案号为002－003－00253的档案。

7月1日 在吴晗的主持下,北京市成立文物调查组。①

[按:北京市文物调查组是当时北京市政府文化行政部门的专业机构,专门对北京市的文物古迹进行调查研究和保护。调查组由原北平历史博物馆负责人傅振伦任主任,金梁任顾问。调集了几位专家学者,如容肇祖、侯堮、萧军、朱欣陶、于树功等,网罗了一批人才,如于杰、赵迅、赵其昌、周耿等。文物调查组的办公地点就在北海里面。]

7月2日 吴晗主持召开文物保护工作座谈会。②

7月3日上午 吴晗出席北京市人民政府联合办公会议。③

[按:会议由张友渔副市长主持。会议在市政府东楼大客厅举行。会议讨论了关于南堂中学的房屋等八个问题。出席会议的有柴泽民、马玉槐、薛成业、佟铮、马应中、陈明绍等19人。]

7月4日 吴晗圈阅了由政务院总理周恩来签发的中央人民政府政务院命令。④

[按:6月25日,中央人民政府政务院以政秘字第427号文颁布命令,颁发《关于各种军事干部学校招收学生的决

---

① 本条引自北京档案馆编《北京档案史料2007.3》第224页。

② 李建盛著:《北京文化60年》,北京大学出版社,2010年版,第31—32页。

③ 本条引自北京市档案馆档案号为002-003-00254的档案。

④ 本条引自北京市档案馆档案号为002-003-00222的档案。

定》，北京市人民政府于7月4日收到该文件，吴晗于当日圈阅了该文件。]

7月5日下午 吴晗出席北京市人民政府集体办公会议。①

[按：会议由张友渔副市长主持。会议讨论了关于财委会请示本市是否成立机关企业管理机构的问题等五个问题。出席会议的还有：薛子正、柴泽民、程宏毅、牟泽衔、王明之、陈明绍、李续纲、马玉槐。会议在市府第一会议室召开。]

7月6日 吴晗出席北京市人民政府第六十九次行政会议。②

[按：会议由张友渔副市长主持。会议讨论了文教局王之平科长关于全国中等记述教育会议情况单位报告等七个问题。出席会议的还有：柴泽民、石林、马玉槐、牟泽衔、侯俊岩、彭城、张锦城、刘仲华等40多人。会议在市府东楼下大客厅召开。]

7月10日上午 吴晗出席北京市人民政府联合办公会议。③

[按：会议由张友渔副市长主持。会议在市政府东楼大

① 本条引自北京市档案馆档案号为002－003－00253的档案。

② 本条引自北京市档案馆档案号为002－003－00251的档案。

③ 本条引自北京市档案馆档案号为002－003－00254的档案。

客厅举行。会议讨论了关于南堂中学的房屋等八个问题。出席会议的还有薛子正、程宏毅、牟泽衔、武韵蓭、孙方山、李续纲、吴晟、何书谦、吴纪新、韩若适、尹希哲、谢朝照堂。]

7月11日 吴晗在北京市文教局教中字第70号签报上作出批示。[①]

[按:7月10日,北京市文教局局长翁独健就“拟将原市属永茂建筑公司技术干部训练班扩大为市立建筑专科学校”一事,以教中字第70号签报呈北京市人民政府市长彭真,副市长张友渔、吴晗,吴晗于7月11日作出批示:“同意,即转教育部备案。吴晗 七．十一”。]

7月12日 吴晗出席北京市人民政府委员会一九五一年第五次会议。[②]

[按:会议由彭真市长主持。会议讨论了关于北京市郊区工作委员会关于本市郊区村人民政府的选举问题的报告等五个问题。出席会议的还有:张友渔、薛子正、王文斌、马玉槐、、翁独健、刘仁、王斐然等30多人。会议在北京市人民政府东大厅召开。]

7月12日晚 吴晗出席北京市欢送参加军事干部学校青年

① 本条引自北京市档案馆档案号为002－006－00274的档案。

② 本条引自北京市档案馆档案号为002－003－00247的档案。

学生大会,并在会上致欢送词。[1]

［按:7 月 12 日晚,北京市在中山公园音乐堂举行欢送参加军事干部学校青年学生大会,参加大会的有军事干部学校的青年学生,学生的老师、家长和同学,解放军各兵种的代表以及北京市人民政府与各人民团体的代表共四千余人。北京市副市长、军事干部学校招生委员会主任吴晗致欢送词,祝贺同学们在毛泽东的旗帜下,发扬革命的英雄主义,为胜利完成祖国和人民的托付,稳步地向国防建设事业的辽阔前途迈进！中央人民革命军事委员会总政治部青年部部长王宗槐、青年团北京市委副书记张大中相继讲话。大会最后由军委文工团表演文艺节目欢送这些走向光荣岗位的同学们。］

7 月 14 日　北京市人民政府以(府秘字)第 1157 号文通知,吴晗任北京市人民政府文化教育委员会主任。[2]

［按:通知说:"接中央人民政府人事部一九五一年七月九日中人总字第三〇九号函以政务院第九十二次政务会议通过批准任命吴晗为北京市人民政府文化教育委员会主任,廖沫沙为副主任,余贻倜(依姓氏笔画为序)、李伯钊、侯俊岩、徐乃明、祖田工、翁独健、马约翰、张大中、张文奇、梁柯平、舒舍予、雷洁琼、闻家驷、郑芸、钱端升、薛成业、薛愚、

① 本条引自 1951 年 7 月 13 日《人民日报》第一版。

② 本条引自北京市档案馆档案号为 011－001－00001 的档案。

严镜清等十八人为委员。除任命通知书由政务院另发外，嘱即通知到职”。]

7 月 15 日 吴晗出席北京市第一届青年代表大会并讲话。①

[按：北京市第一届青年代表大会于 1951 年 7 月 15 日至 17 日举行。出席大会的有不同职业、民族及宗教信仰的青年代表八百五十二人。大会总结了北京市两年来的青年工作，制定了今后工作的方针任务，通过了北京市民主青年联合会会章，选举了北京市民主青年联合会执行委员，正式成立北京市民主青年联合会。中华全国民主青年联合总会主席廖承志、北京市人民政府副市长吴晗都出席大会讲话。]

7 月 17 日下午 吴晗约请有关人员协商兴建植物园的问题。②

[按：被吴晗约请的有中国科学院植物分类所、都市计划委员会、公园管理委员会等单位负责同志。协商的内容是就中国科学院植物分类所建议在圆明园原址建立植物园的问题。]

---

① 本条引自 1951 年 7 月 21 日《人民日报》第三版。

② 本条引自北京市档案馆档案号为 011 - 001 - 00136 的档案。

7月18日 吴晗致信彭真。①

［按：吴晗致信彭真的内容是向彭真汇报17日下午约请有关人员协商中国科学院植物分类所建议在圆明园原址建立植物园的结果。］

7月19日 吴晗同市长彭真、副市长张友渔一道签发《北京市人民政府关于劳动力统一调配暂行办法（草案）的公布令》。②

7月20日 吴晗主持召开由专家学者参加的文物保护工作座谈会。③

［按：7月20日，吴晗在北京市人民政府东大厅主持召开文物座谈会，到会的有清华大学的邵循正、刘致平、王逊；北京大学的罗常培（孙贯文代）、阎文儒、唐兰、王重民（陈绍业代）、魏建功、郑天挺、卢绳；燕京大学的侯仁之；辅仁大学的柴德庚、赵光贤、启功；文化部文物局的郑振铎；故宫博物院的马衡、常惠；历史博物馆的沈从文；北京图书馆的赵万里、万斯年以及科学院考古所的夏鼐、许道龄等各方面专家和负责人近四十人。］

7月20日下午 吴晗出席北京市人民政府集体办公会议。④

---

① 本条引自北京市档案馆档案号为011－001－00136的档案。

② 北京市档案馆等编：《北京市重要文献选编1951》，第409页。

③ 北京市档案馆编：《北京档案史料2007.3》，第224页。

④ 本条引自北京市档案馆档案号为002－003－00253的档案。

[按:会议由张友渔副市长主持。会议讨论了关于中央人民政府政务院政令齐字第七二号命令设立宗教事务处的问题等九个问题。出席会议的还有:薛子正、柴泽民、程宏毅、马振武、薛成业、曹言行、武韵蘼、贾庭三、李续纲、李葆真。会议在市府第一会议室召开。]

7月20日 吴晗同市长彭真、副市长张友渔一道签发《北京市人民政府关于区人民法院羁押案犯决定的令》。①

7月24日上午 吴晗出席北京市人民政府一九五一年第三十周联合办公会议。②

[按:会议由张友渔副市长主持。会议在市政府东楼大客厅举行。会议讨论了北京市人民政府审计委员会组织规程方案等七个问题。出席会议的还有薛子正、柴泽民、程宏毅、马玉槐、牟泽衔、彭城、刘仲华、李达时等21人。]

8月1日 吴晗与彭真、张友渔一起致函慰问北京市烈军属和革命残疾军人。③

[按:这封慰问函刊登在《光明日报》1951年8月1日的第二版上。]

---

① 北京市档案馆等编:《北京市重要文献选编1951》,第415页。

② 本条引自北京市档案馆档案号为002－003－00254的档案。

③ 本条引自1951年8月1日《光明日报》第二版。

8月6日 吴晗同市长彭真、副市长张友渔一道签发《北京市人民政府关于保障现有公私营造业工程顺利进行的布告》。[①]

8月7日 吴晗同市长彭真、副市长张友渔一道签发北京市人民政府(51)府字第2277号令。

[按:该政府令是公布《北京市营造业管理暂行条例》。]

8月13日 聂荣臻市长致信吴晗。[②]

[按:彭真市长就民政局电网电死人一事写信给吴晗。彭真在信中说:"近来因触电死亡的事件屡屡发生……我提议监察委员会认真处理一两案,以惩前毖后与保护人民生命的安全。"]

8月21日 吴晗同聂荣臻市长和张友渔副市长一道颁发北京市人民政府紧急通告。[③]

[按:这个北京市人民政府通告的内容是有关"动员全市人民消灭蚊子预防脑炎"。这通告公布在1951年8月21日的《人民日报》第一版上。]

9月7日 吴晗出席北京市人民政府第七十八次行政

---

① 北京市档案馆等编:《北京市重要文献选编1951》,第445页。

② 本条引自北京市档案馆档案号为027-001-00014的档案。

③ 本条引自1951年8月21日《人民日报》第一版。

会议。[①]

［按：会议由张友渔副市长主持。会议讨论了张副市长关于中央人民政府委员会外交与财政报告的传达等三个问题。出席会议的还有：柴泽民、李公侠、程宏毅、马玉槐、牟泽衔、武韵蘼、侯俊岩、彭城、张锦城、刘仲华、沈勃等 40 多人。会议在市府东大厅召开。］

9 月 13 日下午 吴晗出席北京市人民政府九月份第三周集体办公会议。[②]

［按：会议由张友渔副市长主持。会议讨论了关于教员流动和薪资问题等六个问题。出席会议的还有：薛子正、牟泽衔、武韵蘼、王明之、许京骐、马光斗、万一、曹言行、佟铮、李续纲、杨宪吾、翁独健、侯俊岩。会议在市府第一会议室召开。］

9 月 14 日 吴晗出席北京市人民政府第七十九次行政会议。[③]

［按：会议由张友渔副市长主持。会议讨论了市人民法院王院长关于人民法院暂行组织条例、最高人民检察署组织条例和各级地方人民检察署组织通则的传达等三个问题

---

① 本条引自北京市档案馆档案号为 002－003－00252 的档案。

② 本条引自北京市档案馆档案号为 002－003－00253 的档案。

③ 本条引自北京市档案馆档案号为 002－003－00252 的档案。

题。出席会议的还有：薛子正、柴泽民、马玉槐、武韵蘼、翁独健、彭城、刘仲华、王明之等40多人。会议在市府东大厅召开。]

9月16日下午 吴晗出席北京市天主教革新代表会议并接受大会向市人民政府的献旗。①

[按：9月16、17两日，北京市天主教革新代表会议在辅仁大学礼堂举行，成立了北京市天主教革新委员会。9月16日下午，吴晗副市长亲自到会讲话，并接受大会向市人民政府的献旗。他的讲话着重说明人民政府的宗教政策和教徒们应如何发扬爱国主义精神。他号召全体到会代表团结全体教友，在反对帝国主义的爱国旗帜下，在共同纲领的基础上，把天主教革新运动彻底完成，和全国人民一道把我们伟大祖国建设得更好。]

9月21日 吴晗出席北京市人民政府第八十次行政会议。②

[按：会议由张友渔副市长主持。会议讨论了市人民法院王院长关于人民法院暂行组织条例、最高人民检察署组织条例和各级地方人民检察署组织通则的传达等三个问题。出席会议的还有：薛子正、程宏毅、马玉槐、武韵蘼、翁独健、张锦城、刘仲华、王明之等40多人。会议在市府东大

① 本条引自1951年9月18日《人民日报》第一版。

② 本条引自北京市档案馆档案号为002－003－00252的档案。

厅召开。]

9月22日 吴晗出席北京市人民政府委员会一九五一年第七次会议。①

10月5日上午 吴晗出席华北区城乡物资交流展览会。②

[按:10月5日上午9点,华北区城乡物资交流展览会在天津开幕。中央人民政府华北事务部部长刘澜涛,农业部部长李书城、副部长张林池,贸易部副部长沙千里,交通部副部长季方,天津市市长黄敬,北京市副市长吴晗都出席大会。到会的还有华北各省市人民政府首长和华北五省的农民代表,北京、华北五省、内蒙古和各大行政区的贸易代表团和参观团万余人。苏联驻天津总领事马铁夫夫妇,波兰驻天津代理领事德烈夫梁卡、副领事普鲁尼斯基,苏联驻华商务代表团天津办事处主任浦洛柯菲耶夫夫妇等也应邀参加。]

10月7日下午 吴晗出席欢迎参加我国国庆节庆祝典礼的各国人民观礼代表团的青年代表的欢迎大会。③

[按:10月7日下午,中华全国民主青年联合总会和中

① 本条引自北京市档案馆档案号为002－003－00247的档案。

② 本条引自1951年10月6日《人民日报》第一版。

③ 本条引自1951年10月9日《人民日报》第一版。

国新民主主义青年团中央委员会联合举行欢迎大会，欢迎参加我国国庆节庆祝典礼的各国人民观礼代表团的青年代表。中华全国民主青年联合总会主席、中国新民主主义青年团中央委员会副书记廖承志，中华全国民主青年联合总会副主席钱三强、秘书长吴晗、副秘书长陈家康，中国新民主主义青年团中央委员会常务委员李昌、荣高棠，北京市民主青年联合会主席张大中、青年团北京市委书记杨伯箴都出席了欢迎会。参加欢迎会的有工厂、农村、学校、机关和部队的青年八百余人。]

10月11日下午 吴晗出席北京市人民政府十月份第二周集体办公会议。[①]

[按：会议由张友渔副市长主持。会议讨论了关于教员流动和薪资问题等六个问题。出席会议的还有：薛子正、牟泽衔、孙方山、马玉槐、石林、彭城、王之平。会议在市府第一会议室召开。]

10月12日 吴晗出席北京市人民政府第八十三次行政会议。[②]

[按：会议由张友渔副市长主持。会议讨论了柴副秘书长关于公文处理的检查报告等五个问题。出席会议的还

① 本条引自北京市档案馆档案号为002－003－00253的档案。

② 本条引自北京市档案馆档案号为002－003－00252的档案。

有：薛子正、柴泽民、石林、董汝勤、牟泽衔、侯俊岩、彭城、刘仲华、王明之等40多人。会议在市府东大厅召开。]

10月15日 王之平致函吴晗。①

[按：王之平，时任北京市人民政府中等技术教育委员会总干事。]

[按：10月15日，王之平致函时兼任北京市中等技术教育委员会主任的吴晗。王之平在信中说："关于工业、财经两校如何转移业务部门的领导问题，遵照指示业于十月八日召开了第二次干事会议，取得初步意见，兹抄附记录一份，迳请，鉴核！"]

10月19日 吴晗出席北京市人民政府第八十四次行政会议。②

[按：会议由张友渔副市长主持。会议讨论了公安局冯副局长关于公安工作会议情况的传达等六个问题。出席会议的还有：薛子正、柴泽民、程宏毅、马玉槐、牟泽衔、侯俊岩、彭城、刘仲华、沈勃、王明之、严镜清等40多人。会议在市府东大厅召开。]

10月23日下午 吴晗出席中国人民政治协商会议第三次

---

① 本条引自北京市档案馆档案号为004－001－00035的档案。

② 本条引自北京市档案馆档案号为002－003－00252的档案。

会议。①

[按:会议于下午三点开幕。出席会议的有全国政协委员一百四十三人,列席会议的有五百一十八人。会议由毛泽东主席致开幕词,政务院总理周恩来作政治报告。]

10月24日 吴晗继续出席中国人民政治协商会议第三次会议。②

[按:上午会议进行分组讨论周总理的政治报告,下午听取了政协副主席陈叔通所作的《关于政协常务委员会的工作的报告》和中国人民抗美援朝总会副主席彭真所作的《关于抗美援朝保家卫国运动的报告》。]

10月26日 吴晗出席北京市人民政府委员会一九五一年第八次会议。③

[按:会议由彭真市长主持。会议讨论了关于停止购租民房问题的报告等七个问题。出席会议的还有:张友渔、舒舍予、蒋光鼐、薛子正、王文斌、马玉槐、、翁独健、王斐然等40多人。会议在北京市人民政府东大厅召开。]

10月26日 吴晗在北京市文教委办公室汪芳名撰写的文

---

① 本条引自1951年10月24日《人民日报》《光明日报》第一版。

② 本条引自1951年10月24日《光明日报》第一版。

③ 本条引自北京市档案馆档案号为002-003-00248的档案。

件上作出批示。[①]

[按:10月25日,北京市文教委办公室的汪芳名撰写了一个题为《经核市科普协会一九五二年经费预算谨提出以下几点意见》的文件呈送给吴晗,吴晗于10月26日在该文件上作出批示:“同意,即由你约谈。吴晗　六．廿六”。]

10月27日　吴晗同市长彭真、副市长张友渔一道签发《北京市人民政府关于处理机关、团体、公营企业购租房屋问题决定的令》。[②]

10月31日　吴晗在中央人民政府文化部文物局抄送给北京市人民政府的抗字第2404号文件上作出批示。[③]

[按:10月29日,中央人民政府文化部文物局就“为复关于本市西郊黄带子坟掘出殉物并无重要文物价值,请迳函本市人民政府联系办理由”一事致函中国人民解放军华北军区后勤卫生部,并抄送北京市人民政府,办公厅汪芳名于10月30日作出拟办意见,吴晗于10月31日在该文件上作出批示:“可　吴晗　十．卅一”。]

11月3日　吴晗在北京市人民政府文教局教中字第493号

---

① 本条引自北京市档案馆档案号为011－002－00003的档案。

② 北京市档案馆等编:《北京市重要文献选编1951》,第496页。

③ 本条引自北京市档案馆档案号为011－001－00165的档案。

文件上作出批示。①

[按:11月2日,北京市文教局以教中字第493号文件,向北京市人民政府呈送有关“接办私立亚伟速记学校的请示”。吴晗于11月3日在该文件上作出批示:“我意(一)不必接办,我们没有这样专门人才,接办了办不好,反而不好。(二)可予以适当协助,使之巩固和发展,适合当前需要。当否,请张副市长批示　吴晗　十一月三日”。即日张友渔副市长亦签字圈阅。]

11月9日　吴晗出席北京市人民政府第八十六次行政会议。②

[按:会议由张友渔副市长主持。会议讨论了张副市长关于政务院第一百〇九次政务会议的传达等四个问题。出席会议的还有:薛子正、柴泽民、李公侠、石林、王栋岑、肖松、董汝勤、马玉槐40多人。会议在市府东大厅召开。]

11月上旬　吴晗任北京市教育工作者政治学习委员会主任委员。③

[按:11月上旬,为了具体领导一万〇四百余人的北京市中、小学教育工作者,组织了以改造思想、改革教育为目

① 本条引自北京市档案馆档案号为152－001－00166的档案。
② 本条引自北京市档案馆档案号为002－003－00252的档案。
③ 本条引自1951年12月18日《人民日报》第一版。

的的学习运动，北京市成立了北京市教育工作者政治学习委员会，由吴晗副市长担任主任委员，廖沫沙、翁独健、钱端升、侯俊岩担任副主任委员。各中学和各区也分别成立了学习委员会；各小学以工会基层组织为基础成立了“基层学习委员会”。校、区学习委员会受市学习委员会领导，基层学习委员会受区学习委员会领导。]

11月15日下午　吴晗出席北京市人民政府十一月份第二周集体办公会议。[①]

[按：会议由张友渔副市长主持。会议讨论了外事处关于读者来信建议本府收回东正教会土地的问题等九个问题。出席会议的还有：薛子正、柴泽民、曹言行、牟泽衔、孙方山、晁锦文、薛成业、周克平。会议在市府第一会议室召开。]

11月16日　吴晗出席北京市人民政府第八十七次行政会议。[②]

[按：会议由张友渔副市长主持。会议讨论了吴晗副市长关于学习中国人民政治协商会议第一届全国委员会第三次会议文件的计划的报告等八个问题。出席会议的还有：薛子正、柴泽民、董汝勤、牟泽衔、侯俊岩、彭城、刘仲华、王

① 本条引自北京市档案馆档案号为002－003－00253的档案。

② 本条引自北京市档案馆档案号为002－003－00252的档案。

明之、严镜清、贾庭三等 40 多人。会议在市府东大厅召开。]

11 月 17 日 吴晗在北京市人民政府全体干部大会上传达全国政协第一届第三次会议文件的精神。①

[按:11 月 17 日,召开了北京市人民政府所属各单位全体干部大会,由吴晗副市长传达了人民政协第一届全国委员会第三次会议各项文件的精神。会后,市人民政府所属各单位就根据市人民政府学习委员会的布置,结合各单位的实际工作情况,认真地领导干部进行了学习。]

11 月 19 日 吴晗在文物调查组主任傅振伦的报告上作出批示。②

[按:11 月 17 日,北京市文物调查组主任傅振伦向吴晗呈送了一个《关于文物工作组情况并请迅速解决人员和房屋困难的报告》,吴晗于 11 月 19 日作出批示:"请张副市长核示。吴晗　十一月十九日"。]

11 月 22 日 吴晗在文物调查组主任傅振伦的报告上再次作出批示。③

---

① 本条引自 1951 年 12 月 10 日《人民日报》第一版。

② 北京市档案馆编:《北京档案史料》,第 105 页。

③ 北京市档案馆编:《北京档案史料》,第 105 页。

［按：吴晗11月19日的批示转至张友渔副市长后，张友渔批示："（一）编制俟编制会议后决定。（二）房子请晁主任在大楼内调剂，与人事处、建筑管理处之房子问题同时解决。友渔。"吴晗收到后又批示："王（即文委办公室主任王之平。——编者注）催办。吴晗　十一月廿二"。］

11月27日　《人民日报》公布了中国人民保卫儿童全国委员会主席、副主席、秘书长及委员名单，吴晗任委员。①

［按：中国人民保卫儿童全国委员会主席为宋庆龄，副主席为邓颖超、李四光、李德全、廖承志、傅连璋、韦悫，秘书长为康克清，委员有张晓梅、刘清扬、廖梦醒、李文宜、朱学范、乌兰夫、冯文斌、吴晗等。］

11月28日　吴晗出席并主持北京市文教区建筑用地问题商讨会。②

［按：11月28日，为了有计划地建设西郊文教区，合理使用土地，北京市人民政府邀请政务院文化教育委员会、教育部、文化部、财政部、中国科学院及中国人民大学、清华大学等二十六个单位，就文教区建筑用地问题加以商讨。会议首先由吴晗副市长报告了文教区一年来发展的情况和目前存在的问题，最后决定：由都市计划委员会邀请政务院文

① 本条引自1951年11月27日《人民日报》第一版。

② 本条引自1951年12月2日《人民日报》第一版。

化教育委员会、财政经济委员会、建筑指导委员会和教育部、文化部等，组成一个关于文教区土地使用的小组，来研究文教区的建设问题。]

11月30日 吴晗出席北京市人民政府第八十九次行政会议。[①]

[按：会议由张友渔副市长主持。会议讨论了柴副秘书长关于学习中国人民政治协商会议第一届全国委员会第三次会议文件情况的报告等十个问题。出席会议的还有：柴泽民、程宏毅、马玉槐、曲日新、武韵蘼、马应中、王云、张锦城、马光斗、贾庭三等40多人。会议在市府东大厅召开。]

11月30日 吴晗在北京市人民政府的文稿上作出批示。[②]

[按：该文稿是北京市人民政府《关于普遍开展郊区冬学运动的指示》。吴晗的批示为："行　吴晗　十一月卅日"。]

11月30日 吴晗任北京市"反贪污指挥部"副主任。[③]

[按：11月30日，中共北京市委常委会议决定，"要号召党员、团员和市民起来检举；要组织一个大的委员会，法院、

① 本条引自北京市档案馆档案号为002－003－00252的档案。

② 本条引自北京市档案馆档案号为152－001－00101的档案。

③ 《彭真传》编写组编：《彭真年谱》第二卷，中央文献出版社，2012年版，第230页

纪委、监委、公安局和市委、市府的研究室共同参加，组成指挥部，由吴晗任副主任，在市府内设办事机构”。]

[按：反贪污指挥部，系指“三反五反”运动初期的一个中心运动组织机构。

“三反”“五反”运动是1951年底到1952年10月，我国在党政机关工作人员中开展的“反贪污、反浪费、反官僚主义”和在私营工商业者中开展的“反行贿、反偷税漏税、反盗骗国家财产、反偷工减料、反盗窃国家经济情报”的斗争的统称。]

12月5日 吴晗给北京市财经委和文教局的联合公文教中字第142号文“签报”作出批示。①

[按：12月5日，北京市财经委员会副主任程宏毅，北京市文教局局长翁独健，副局长李伯钊、侯俊岩、薛成业联合向北京市人民政府市长彭真，副市长张友渔、吴晗发出教中字第142号“签报”，请示是否可将北京市财经学校与财经干部学校合并的问题。吴晗于当日作出批示：“同意，请彭（指彭真——编者注）张（指张友渔——编者注）批示。吴晗十二月五日”。]

12月6日下午 吴晗出席北京市人民政府十二月份第一周

---

① 本条引自北京市档案馆档案号为002－003－00232的档案。

集体办公会议。[1]

［按：会议由张友渔副市长主持。会议讨论了关于学委、总结工作委员会和精简节约委员会工作结合等四个问题。出席会议的还有：薛子正、柴泽民、孙方山、肖松、李霄路。会议在市府第一会议室召开。］

12月7日 吴晗出席北京市人民政府第九十次行政会议。[2]

［按：会议由张友渔副市长主持。会议讨论了柴副秘书长关于学习中国人民政治协商会议第一届全国委员会第三次会议文件情况的报告等十个问题。出席会议的还有：薛子正、柴泽民、程宏毅、董汝勤、牟泽衔、马应中、王云、张锦城、马光斗、刘新、侯俊岩、严镜清、王明之等40多人。会议在市府东大厅召开。］

12月10日 吴晗出席并主持有关北大扩地会议。[3]

［按：由于北大急于要在燕大附近扩充地亩，所以要将原来拨给科学院之4500亩中划出北面一条1000亩左右与北大。此事由北京市副市长吴晗召集开会，要求各单位首长亲自到会。］

---

① 本条引自北京市档案馆档案号为002－003－00253的档案。

② 本条引自北京市档案馆档案号为002－003－00252的档案。

③ 竺可桢：《竺可桢日记》，科学出版社，1989年版，第238页。

12 月 10 日 吴晗同市长彭真、副市长张友渔一道签发《北京市人民政府关于严禁鸦片烟毒的布告》。[1]

12 月 11 日上午 吴晗出席北京市人民政府一九五一年第五十周联合办公会议。[2]

［按:会议由张友渔副市长主持。会议在市政府东楼大客厅举行。会议讨论了北京市财经学校与财经干部学校合并并由财委会和文教局双重领导等十个问题。出席会议的还有孙国楷、杨季川、崔烈、尹希哲、王新春、张锦城、姚敏等 26 人。］

12 月 13 日上午 吴晗出席北京市第一届保育工作者代表会议,并在会上讲话。[3]

［按:12 月 13 日至 14 日,北京市举行第一届保育工作者代表会议。北京市各托儿所、保育院、乳儿室的代表共一百八十四人参加了会议。分管文教卫生工作的北京市人民政府吴晗副市长出席了会议,并在会上讲话。他说:"政府是重视保育工作的。保育工作者必须对保育工作的意义有明确的认识,负起为国家培养后一代的光荣任务,使我们的孩子从小得到良好的教养。"他并指出保养事业今后的方针

① 北京市档案馆等编:《北京市重要文献选编 1951》,第 558 页。

② 本条引自北京市档案馆档案号为 002－003－00254 的档案。

③ 本条引自 1951 年 12 月 29 日《人民日报》第三版。

是"先普及,后提高;少花钱,多办事"。]

12 月 13 日下午 吴晗出席北京市人民政府十二月份第二周集体办公会议。[①]

[按:会议由张友渔副市长主持。会议讨论了关于一九五二年度教育工作计划等六个问题。出席会议的还有:薛子正、柴泽民、牟泽衔、贾庭三、翁独健、薛成业、马振武、李续纲、孙方山。会议在市府第一会议室召开。]

12 月 14 日 吴晗出席北京市人民政府第九十一次行政会议。[②]

[按:会议由张友渔副市长主持。会议讨论了柴副秘书长关于学习中国人民政治协商会议第一届全国委员会第三次会议文件情况的报告等十个问题。出席会议的还有:薛子正、柴泽民、程宏毅、马玉槐、刘涌、牟泽衔、马应中、张锦城、万一、贾庭三、王明之等 40 多人。会议在市府东大厅召开。]

12 月 14 日 吴晗给北京市文教局教初字第 5873 号文作出批示。[③]

---

① 本条引自北京市档案馆档案号为 002 - 003 - 00253 的档案。

② 本条引自北京市档案馆档案号为 002 - 003 - 00252 的档案。

③ 本条引自北京市档案馆档案号为 002 - 003 - 00232 的档案。

[按:12 月 13 日,北京市文教局局长翁独健,副局长李伯钊、侯俊岩、薛成业向北京市人民政府发出教初字第 5873 号文件,请示有关接管私立新我小学的问题。吴晗于 12 月 14 日作出批示:"拟同意,张(指张友渔——编者注)批。吴晗　十二月十四日"。]

12 月 18 日上午　吴晗出席北京市人民政府一九五一年第五十一周联合办公会议。[①]

[按:会议由张友渔副市长主持。会议在市政府东楼大客厅举行。会议讨论了关于第十一区大红门等村因建厂关系影响房租猛涨需设法解决等七个问题。出席会议的还有王智、马务本、石林、武韵蘼、李俊等 22 人。]

12 月 21 日　北京市协商委员会和北京市人民政府召开联席会议,组成以吴晗为首的北京市第四届各界人民代表会议代表选举委员会。[②]

[按:委员会的成员有吴晗、李乐光、薛愚、董汝勤、张鸿舜等 19 人。]

12 月 21 日　吴晗出席北京市人民政府第九十二次行政

① 本条引自北京市档案馆档案号为 002－003－00254 的档案。

② 本条引自《北京市人民代表大会文献资料汇编 1949—1993》,第 203 页。

会议。①

[按:会议由张友渔副市长主持。会议讨论了柴副秘书长关于学习中国人民政治协商会议第一届全国委员会第三次会议文件情况的报告等十个问题。出席会议的还有:薛子正、柴泽民、董汝勤、刘涌、武创辰、牟泽衔、武韵藿、马应中、彭城、张锦城等30多人。会议在市府东大厅召开。]

12月21日 北京市市长彭真,副市长张友渔、吴晗授予老舍"人民艺术家"的荣誉奖状。②

[按:12月21日,北京市人民政府,根据市人民政府第八次会议的决议,在二十一日市人民政府委员会和各界人民代表会议协商委员会的联席会议上,授给名剧"龙须沟"的作者舒舍予(即老舍)以"人民艺术家"的荣誉奖状。

奖状的原文是:

"老舍先生的名著'龙须沟'生动地表现了市政建设为全体人民、特别是劳动人民服务的方针和对劳动人民实际生活的深刻关系;对教育广大人民和政府干部,有光辉的贡献。特授予老舍先生以人民艺术家的荣誉奖状。

市　长　彭　真

副市长　张友渔　吴　晗

一九五一年十二月二十一日"。]

① 本条引自北京市档案馆档案号为002-003-00252的档案。

② 本条引自1951年12月23日《人民日报》第一版。

12月22日 吴晗任北京市人民政府节约检查委员会委员。①

［按：12月22日，《人民日报》第一版公布了“北京市人民政府节约检查委员会委员名单”，主任是刘仁，副主任是张友渔、蒋光鼐、张鸿舜、傅华亭，委员是王纯、王明之、吴晗、林汉达、凌其峻、梁思成、翁独健、柴泽民、曹言行、张锦城、张晓梅、程宏毅、舒舍予、贾星五、冯基平、彭泽民、杨伯箴、鲁文、薛愚、薛子正、严镜清（按姓名笔划为序）等。］

［按：节约检查委员会，这也是在“三反五反”运动中从中央到地方各级组织中设置的中心运动的组织机构。］

12月23日 吴晗出席北京市第四届各界人民代表会议代表选举委员会第一次会议。②

［按：12月23日，北京市第四届各界人民代表会议代表选举委员会召开了第一次会议，出席会议的有主任吴晗，副主任李乐光、薛愚、董汝勤、张鸿舜，委员杨蕴玉、王松声、钱端升、古奇踪、郑芸、田常青、贺翼张、顾德、傅华亭、马玉槐、苏民、崔月犁等。］

12月25日 吴晗签发北京市人民政府府秘吴字第2951号

---

① 本条引自1951年12月22日《人民日报》第一版。

② 本条引自1951年12月26日《人民日报》第一版。

文件。①

［按：12 月 25 日，吴晗签发了内容为批复“修正《北京市剧艺团社登记管理暂行规则》”北京市人民政府府秘吴字第 2951 号文件。］

12 月 25 日　吴晗出席北京市人民政府第九十三次行政会议。②

［按：会议由张友渔副市长主持。会议讨论了柴副秘书长关于学习中国人民政治协商会议第一届全国委员会第三次会议文件情况的报告等十个问题。出席会议的还有：薛子正、柴泽民、李公侠、石林、董汝勤、曲日新、武韵蘅、马应中、王云、彭城、张锦城等 40 多人。会议在市府东大厅召开。］

12 月 27 日下午　吴晗出席并主持北京市人民政府十二月份第四周集体办公会议。③

［按：会议由吴晗副市长主持。会议讨论了关于迁往隆福寺的摊贩、部分无力缴款统一安装设备等三个问题。出席会议的还有：柴泽民、丁铁峰、赵培之、武韵蘅、薛成业、王康久、邢兆瑞。会议在市府第一会议室召开。］

---

① 本条引自北京市档案馆档案号为 002－003－00220 的档案。

② 本条引自北京市档案馆档案号为 002－003－00252 的档案。

③ 本条引自北京市档案馆档案号为 002－003－00253 的档案。

12 月 28 日　吴晗在北京市第三届第三次各界人民代表会议上作《关于筹备北京市第四届各界人民代表会议代表选举工作的报告》。[1]

［按：吴晗在报告中介绍了自 12 月 21 日北京市协商委员会和北京市人民政府联席会议讨论本市各界人民代表会代表改选的工作以来，第四届各界人民代表会议代表选举工作的详细情况。］

本年　在吴晗的主持下，北京市发布了《北京市发现古迹古物暂行处理办法》。[2]

---

① 本条引自《吴晗全集》十卷版第十卷，第 267 页。

② 王宏志、闻立树主编：《怀念吴晗：百年诞辰纪念》，第 373 页。

一九五二年

2 月 6 日 北京市人民政府成立了以吴晗副市长、冯基平副局长为骨干的“三反”运动材料“处理委员会”。①

[按:处理委员会的职能,是根据有问必答的原则,处理群众检举的问题。]

2 月 18—19 日 吴晗代表市长在各区的群众大会上作关于“三反”运动的讲话。②

2 月 21 日 吴晗签发北京市人民政府府秘张字第 149 号文件。③

[按:该文件是给北京市公园管理委员会《关于团市委拟在北海阐福寺筹建“少年之家”改变古建筑问题的批复》。]

① 北京市档案馆等编:《北京市重要文献选编 1952》,中国档案出版社,2001 年版,第 90 页。

② 北京市档案馆等编:《北京市重要文献选编 1952》,第 91 页。

③ 本条引自北京市档案馆档案号为 002 - 006 - 00254 的档案。

2月25日 吴晗在北京市财政局财审文字第91号文件上作出批示。①

［按：2月23日，北京市财政局以财审字第91号文向北京市文化教育委员会发出“关于科学普及协会一、二月份事业费的审核意见”的急件文件，文委办公室2月25日，汪芳名作出拟办意见：“请科□拟稿具复，并检附最近五期科学□，报样本，并送本委转请财局审核。此件请同时退还。”吴晗即日作出批示：“如拟 吴晗 二月廿五日”。］

3月6日 吴晗在北京市财政局财审文字第117号文件上作出批示。②

［按：2月5日，北京市财政局以财审字第91号文向北京市文化教育委员会发出“关于科学普及协会出刊用费的答复”的文件，3月6日，文委办公室汪芳名作出拟办意见：“已阅告科普持单据前往恰领。”吴晗即日作出批示：“□告科普 吴晗 三．六”。］

3月7日 吴晗签发北京市人民政府(52)府秘吴字第135号文件。③

［按：该文件是发给北京市文教局、公共卫生局、新闻出

---

① 本条引自北京市档案馆档案号为011－002－00003的档案。

② 本条引自北京市档案馆档案号为011－002－00003的档案。

③ 本条引自北京市档案馆档案号为002－004－00086的档案。

版局以及抄报财政局的一个通知，内容为：《中央文教委员会、中央财政委员会更正其前发〈确定文教、卫生部门所属生产供销机构按企业经营原则管理及其执行办法的指示〉》。]

3月15日 吴晗给北京市公园管理委员会(52)园庭字第83号文作出批示。①

[按：3月12日，北京市公园管理委员会副主任王明之就"关于团市委拟在北海阐福寺筹建少年之家改变古建筑问题"一事，以(52)园庭字第83号文请示北京市人民政府，吴晗于3月15日作出批示："一、同意使用阐福寺(可查联办决定)。二、泥胎偶像应考虑另搬地方保存。三、文物组代复。吴晗 三．十五"。]

3月20日下午 吴晗出席北京市人民政府一九五二年第十二周集体办公会议。②

[按：会议在市政府第一会议室举行，会议由张友渔副市长主持，会议讨论了关于组织人民法庭和春季卫生防疫等四个问题。出席会议的还有：薛子正、柴泽民、王斐然、牟泽衔、曹言行、张文奇、孙方山、武创辰、王慎之等。]

---

① 本条引自北京市档案馆档案号为002－006－00254的档案。

② 本条引自北京市档案馆档案号为135－001－00130的档案。

4月8日 吴晗等到车站欢迎昌都地区藏族代表赴京参观队到达北京。[①]

[按:4月8日,西康省昌都喇嘛寺谢娃拉活佛、察雅宗(宗相当于县)康古活佛、起义藏军第九代本代理主官贡布及昌都各宗的喇嘛、头人等三十多人所组成的昌都地区藏族代表赴京参观队到达北京。前往车站欢迎的有中央人民政府民族事务委员会在京委员及北京市人民政府副市长吴晗等多人。]

4月23日下午 吴晗出席中央文委举行的“速成识字法”颁奖典礼。[②]

[按:4月23日下午,中央人民政府政务院文化教育委员会为了奖励人民解放军某部文化教员祁建华所创造的“速成识字法”在战士、工人、农民文盲中推行以来获得的显著成效,特举行颁奖典礼。出席颁奖典礼的有:郭沫若、陆定一、韦悫、曾昭抡、吴玉章、刘志坚、徐特立、柳亚子、陶孟和、胡愈之、叶圣陶、艾思奇、吴晗、舒舍予、罗常培、黎锦熙等一百二十多人。]

[按:速成识字法,在我国扫盲运动的初期,中国人民解放军西南军区文化教员祁建华创造了一种借助注音字母的辅助作用,利用汉字字形、字义、字音相同与相异的不同特

---

① 本条引自1952年4月9日《人民日报》第一版。

② 本条引自1952年4月25日《人民日报》第一版。

点，来提高识字速度的方法，时日《速成识字法》。

1951年11月29日，重庆《新华日报》介绍了祁建华的《速成识字法》。1952年1月11日，新华社发表了祁建华写的《“速成识字法”的创造经过》。4月23日，政务院文化教育委员会举行颁奖典礼，奖励发明者祁建华的杰出贡献。4月26日，《人民日报》发表社论，号召各地“普遍推行速成识字法”。]

5月10日 吴晗出席北京市劳模北戴河休养所开业揭幕仪式。①

[按：北京市劳模北戴河休养所是北京市总工会为北京市劳动模范、先进人物和广大职工服务的主要疗养、休养基地之一。1966年，“文化大革命”开始，休养所停业，人员撤离，由北京市市委代管，被并入干部休养所。1974年，北京市总工会恢复休养所，并把休养所名称改为北京市工人北戴河休养所。1981年3月，北京市总工会将北京市工人北戴河休养所改名为北京市工人北戴河疗养院。]

5月14日 李济深等致函吴晗等。②

[按：5月14日，李济深、柳亚子、叶恭绰、蔡廷锴四人就

---

① 边磊：《璀璨六十年　工会事业绽奇葩——市总工会直属企事业发展历程简述（上）》。

② 北京市档案局（馆）编：《北京档案珍藏展图录》，中国档案出版社，2008年版，第151页。

恳请北京市人民政府保护明末袁崇焕遗墓和祠堂一事联名致函彭真市长，张友渔、吴晗副市长。]

5月15日 吴晗出席北京市第四届各界人民代表会议代表选举委员会会议。[1]

[按：5月15日，北京市第四届各界人民代表会议代表选举委员会举行会议。出席会议的有：该会主任吴晗，副主任李乐光、张鸿舜、董汝勤及委员钱端升、傅华亭等十五人。会议听取了各界选举工作进行情况的汇报后，决定全市各界人民代表的选举工作自即日起广泛展开，预计在五月底选举完毕。]

5月16日 吴晗出席北京市第四届各界人民代表会议代表选举委员会选举干部会议。[2]

[按：5月16日，根据5月15日北京市第四届各界人民代表会议代表选举委员会会议的决定，为了加强干部对选举工作的认识，北京市第四届各界人民代表会议代表选举委员召开扩大的选举工作干部会议，由吴晗主任作有关选举工作的报告。]

5月20日 吴晗在北京市公共卫生局公卫医字第801号文

---

① 本条引自1952年5月16日《人民日报》第一版。

② 本条引自1952年5月16日《人民日报》第一版。

件上作出批示。[1]

[按:5月17日,北京市公共卫生局以公卫医字第801号文向北京市人民政府呈报"为万生医院最近情况,急需政府接办或合办,报请核示"的文件,5月20日,吴晗在该文件上作出批示:"我意应适予接办,(由董事会提出请求为妥)请张(即张友渔——编者)考虑　吴晗　五.廿"。]

5月20日下午　吴晗应邀在北京人民广播电台向全市人民作题为《关于北京市区各界人民代表会议的选举工作》的报告。[2]

[按:5月20日下午2点半,北京市第四届各界人民代表会议代表选举委员会主任吴晗应邀在北京人民广播电台向全市人民作题为《关于北京市区各界人民代表会议的选举工作》的报告。该台将用五个周率(八五〇,一〇八〇,九二〇,七五〇和一三二〇千周)同时联播。]

5月22日　吴晗写信给北京市市长彭真。[3]

[按:吴晗在信中根据北京市卫生局目前的工作状况,提出增添一个副局长专搞干部和全市医护人员思想教育工作并确定今后一两年内,将改造旧技术人员使之能更好地为人民服务,作为卫生局工作重点之一的建议。]

---

① 本条引自北京市档案馆档案号为135-001-00124的档案。

② 本条引自1952年5月20日《人民日报》第一版。

③ 本条引自《吴晗全集》十卷版第十卷,第270页。

5 月 22 日　翁独健等致函吴晗。[①]

［按:5 月 22 日,北京市教育局局长翁独健,副局长侯俊岩、薛成业就有关扫除首都工人中的文盲及报送《北京市职工识字学校实施办法大纲》一事联名写信给吴晗。该信函原件上只有年月,没有日期。吴晗在收到该信后,于 5 月 29 日作出批示:“同意试行,并予备案。”且该信函中有“五月廿一日暂先公布”的话,估计该信的撰写时间在 22 至 28 日之间,故编者将其定为 22 日。］

5 月 26 日上午　吴晗出席并主持北京市文委关于《二兰记》的讨论会。[②]

［按:5 月 26 日上午 9 时,北京市文委召开关于“二兰记”的讨论会。会议由副市长、文委主任吴晗主持。参加会议的还有:文委副主任廖沫沙,市文化处李□尧、罗扬,市文联的王松声,十六区政府的张阴德,郊区法院驻十六区审判庭的张本忠,市公安局的杨灏,市妇联的杨蕴玉、石梁,文委办公室主任王之平。］

［按:《二兰记》是一个以宣传新婚姻法为题材的剧目,由于剧作者过于强调要反映“真人真事”,而将一些人民群众中落后的封建的残余思想和语汇搬上了舞台。在这个座谈会上,与会人员肯定了该剧目的优点,指出了存在的问

---

① 本条引自北京市档案馆档案号为 152 - 001 - 00155 的档案。

② 本条引自北京市档案馆档案号为 011 - 002 - 00120 的档案。

题,提出了处理和改进的办法。]

5月29日 吴晗写信给北京市市长彭真。[1]

[按:吴晗这封信就北京市教育局关于改善中小学学生健康状况的事报告市长彭真和副市长张友渔。信中吴晗分析了影响学生健康的种种原因,并有针对性地提出了切实可行的建议。]

5月29日 吴晗在翁独健等写给他的公函上作出批示。[2]

[按:北京市文教局局长翁独健,副局长侯俊岩、薛成业于5月22日致信吴晗,呈送一份《北京市职工识字学校实施办法大纲》请吴晗审阅,吴晗收到该函后于5月29日在该信函上作出批示:"同意试行。并予备案。吴晗 五.廿九"。]

5月31日 吴晗在北京市新闻出版处□□办字第147号文件上作出批示。[3]

[按:5月31日,北京市人民政府新闻出版处以□□办字第147号文向北京市(人委)呈报有关原新闻出版处的"小公家务"填册的文件,王立平作出拟办意见请吴晗批示,

① 王宏志、闻立树主编:《怀念吴晗:百年诞辰纪念》,第284页。

② 本条引自北京市档案馆档案号为152-001-00155的档案。

③ 本条引自北京市档案馆档案号为011-002-00003的档案。

吴晗于当日在该文件上作出批示："可　吴晗　五．卅一"。]

6月1日　吴晗代表北京市人民政府接受诸福棠、吴瑞萍和邓金洗将他们合办的儿童医院献给国家。

[按:1951年秋,北京市市长彭真接见诸福棠,转达了政府要在首都创办一所儿童医院的决定,征询他的意见。事后,诸福棠与吴瑞萍、邓金洗商量,决定把他们合办的儿童医院献给国家。1952年"六一"儿童节,吴晗副市长代表政府接受了他们的献礼。]

[按:诸福棠(1899～1994),中国儿科学的奠基人,毕生致力于儿童保健、儿童营养和儿科医疗工作,培养了几代儿科医务人员。素以勤奋、刻苦、严谨、谦虚、大公无私著称。他最突出的学术成就是用胎盘球蛋白预防麻疹,又领头研究麻疹减毒活疫苗。他主编了中国第一部大型儿科教科书《实用儿科学》,这是儿科保健、医疗、教学、科研中的一本重要参考书。他与合伙人吴瑞萍、邓金鋈将他们建立的私立儿童医院献给国家。]

6月1日　吴晗等到公园和儿童们联欢。[①]

[按:6月1日,首都所有的名胜古迹,故宫、北海、天坛、劳动人民文化宫、中山公园、西郊公园、颐和园等地,都为儿

① 本条引自1952年6月2日《人民日报》第一版。

童和带着儿童的父母们免费开放。到各公园去和儿童们联欢的有:北京市人民政府市长彭真、副市长吴晗、中央人民政府最高人民法院院长沈钧儒、教育部副部长钱俊瑞、青年团中央书记处书记荣高棠、青年团北京市委员会书记杨伯箴、北京市民主妇女联合会主席张晓梅等以及人民解放军、人民志愿军的陆、海、空军战士和英雄,工人和劳动模范,作家、艺术家等数百人。]

6月4日 吴晗带领张文奇和冯景新到北京道济医院,正式宣布北京市卫生局接管道济医院。①

[按:6月4日,吴晗亲自带领北京市卫生局局长张文奇和冯景新来到北京道济医院,正式宣布接管道济医院,同时决定将北京道济医院改名为北京市第六医院,道济护校也改名为北京市第六医院护校。]

[按:北京道济医院是美国基督教长老会1885年在北京市区最早建立的一家"妇婴专科医院",1917年更名为"道济医院",该医院以妇产科见长。尽管建院的初衷是传教,客观上却起到了传播西方先进医疗技术,改善我国医疗状况的进步作用。在开创并推广新法接生、预防接种和培养中国医务人员等方面,做出了不可磨灭的贡献。]

① 本条引自《今日东城　总第553期》文:《第六医院:百年老院再创辉煌》。

6月11日　吴晗在文物调查组周耿写的报告上作出批示。[①]

［按:6月10日,北京市文物调查组周耿撰写了一个《文物调查组勘查第十五区辖境内庙宇情况的报告》,吴晗于6月11日在报告上作出批示:"同意。吴晗　六．十一"。］

6月12日　吴晗出席北京人民艺术剧院建院大会。[②]

［按:6月12日晚,北京人民艺术剧院建院大会在东城区史家胡同56号(今20号)院内举行。北京市副市长吴晗,中央戏剧学院院长欧阳予倩,副院长张庚、李伯钊,市委宣传部副部长廖沫沙,市文联主席老舍等出席大会。副院长欧阳山尊主持大会,副院长焦菊隐报告建院筹备经过。吴晗副市长代表北京市政府宣布北京人民艺术剧院成立,并宣布曹禺为北京人民艺术剧院院长,焦菊隐、欧阳山尊为副院长,赵起扬为秘书长。］

6月14日　北京市人民政府文化教育委员会成立,吴晗任主任。[③]

［按:廖沫沙任副主任。］

6月16日　周游致函吴晗等。[④]

---

① 北京市档案馆编:《北京档案史料》,第111页。

② 本条引自《北京人民艺术剧院大事记》。

③ 本条引自《北京档案史料1988.1》,第77页。

④ 方竟成:《吴晗与中国书店创立及北京华声电台收购》。

［按:6月16日,周游就有关收购北京华声广播电台及呈送《北京人民政府收购北京华声广播电台财产协议书》(草案)一事致函张友渔和吴晗副市长。］

6月20日 吴晗出席中华全国体育总会成立大会。[①]

［按:6月20日,中华全国体育总会成立大会在北京开幕。出席大会的有华北、华东、东北、西北、中南、西南各地区的代表,中国人民解放军代表,中央各有关机关、团体的代表和特邀的体育界与武术界著名人士、运动生理学家、战斗英雄、民兵英雄、劳动模范、女飞行员等代表共一百四十七人。参加二十日开幕式的还有来宾郭沫若、吴晗、傅连暲、康克清、张霞等二百多人。中华全国体育总会筹备委员会主任冯文彬致开幕词。中央人民政府政务院文化教育委员会主任郭沫若,中央人民政府教育部副部长韦悫,人民革命军事委员会总政治部文化部部长陈沂,中央人民政府卫生部副部长傅连暲,中华全国总工会文教部部长刘子久,中华全国民主妇女联合会儿童福利部部长康克清在会上讲话。］

6月30日 根据吴晗的批示精神,北京市政府收购北京华声私营广播电台。[②]

---

① 本条引自1952年6月22日《人民日报》第一版。

② 王宏志、闻立树主编:《怀念吴晗:百年诞辰纪念》,第408页。

［按：北平解放时，全市共有5座广播电台。其中由国民党直接控制的“北平广播电台”，在北平解放的当天，即由中国人民解放军北平市军事管制委员会实行军事接管，停止播音。另外有4座私营广播电台，即“中国广播电台”“民生广播电台”“军友广播电台”和“华声广播电台”，仍然继续播音。当时，北平市军管会对私营广播电台只要求他们按时转播新华广播电台的新闻节目，不多过问其娱乐性节目的内容。因此，有的私营广播电台仍然播送一些低级庸俗的娱乐节目，有害社会风气。对于这种情况，群众纷纷表示不满，向有关部门提出意见。军管会在对私营电台的审查中发现，4座私营广播电台都是1946年以后建立的。其中，除“华声广播电台”确系资本家张芷江出资兴办外，另外3座电台，都有一定的政治背景，情况复杂。据此，市军管会于1949年10月25日下令，对私营的“中国广播电台”“民－生广播电台”“军友广播电台”予以查封取缔。私营“华声广播电台”允许继续播音。直至1952年6月，在“华声广播电台”的申请下，北京市人民政府才批准其停止播音，对其设备合理作价，予以收购，并对该台人员进行了妥善安置。］

［按：根据吴晗批示精神，北京市人民政府新闻出版处处长周游代表北京市政府（甲方），华声广播电台经理张芷江代表华声广播电台（乙方），签署了《北京市政府收购北京华声广播电台财产协议书》，决定从1952年7月1日起由甲方独家经营，乙方将全部财产售予甲方，全部职工由甲方考

核后,量才调配。]

夏 吴晗致函李元。[①]

[按:据李元在他的《中国第一座天文馆的诞生》一文中叙述,“1952 年夏,我接到吴晗的一封亲笔信,大意说,建馆计划已经由科学院转来,他个人非常赞成,并且说将来可以把建国门旁的北京观象台上的天文仪器也并入北京天文馆开放展出。他还说把这个建馆计划将送有关会议讨论”。]

[按:李元,中国科学院紫金山天文台天文学家。1957 年 9 月,北京天文馆建成开幕时,李元担任了第一个讲解员,1987 年,被授予中国唯一的“天文馆事业的先驱者”称号。]

7 月 4 日 吴晗给北京市文教局教中字第 2293 号文作出批示。[②]

[按:6 月 27 日,北京市文教局局长翁独健,副局长侯俊岩、薛成业以教中字第 2293 号文《为拟具私立缝纫补习学校整顿意见缮呈核示遵行》呈报给北京市人民政府,北京市人民政府办公厅王立平于 7 月 2 日作出三条处理意见,吴晗于 7 月 4 日给这三条意见作出批示:“同意。吴晗 七.四”。]

---

① 崔振华主编:《北京天文馆文集》,北京科学技术出版社,1997 年版,第 27 页。

② 本条引自北京市档案馆档案号为 002 - 004 - 00105 的档案。

7月10日下午　吴晗出席北京市人民政府集体办公会议。①

［按：会议在市政府第一会议室举行，会议由张友渔副市长主持，会议讨论了关于第四届第一次各界人民代表会议准备的情况等八个问题。出席会议的还有：薛子正、柴泽民、牟泽衔、严镜清、王明之、孙方山、武韵蕃、佟铮、侯俊岩、李续纲等。会议还决定请吴晗副市长就中央卫生部贺、傅副部长函彭市长愿助本市建立门诊部的问题复函贺、傅俩副部长。］

7月12日　吴晗签发北京市人民政府府秘字第381号文件。②

［按：该文件的内容是“请调北京大学担任建筑课课程的教授来北京市建筑专科学校任教”一事致函中央人民政府教育部。］

7月18日　吴晗在北京市文教局致吴副市长的公函上作出批示。③

［按：7月×日，北京市文教局局长翁独健，副局长侯俊岩、薛成业就“今年市属技术学校与中央部门技术学校统一招生”事宜致函吴晗副市长，吴晗于7月18日在该公函上作

① 本条引自北京市档案馆档案号为135－001－00130的档案。

② 本条引自北京市档案馆档案号为002－006－00274的档案。

③ 本条引自北京市档案馆档案号为002－006－00274的档案。

出批示:“送张(指张友渔——编者注)阅。吴晗　七.十八”。]

7月18日　吴晗签发北京市人民政府(五二)府教字第三号文件。[①]

[按:北京市人民政府(五二)府教字第三号文件的内容是关于颁发“召集并成立北京市识字运动委员会的通知”。吴晗于7月18日在该通知上作出批示:“发　吴晗　七.十八”。]

7月19日　吴晗出席北京市识字运动委员会成立大会,并担任主任委员。[②]

[按:市委宣传部副部长廖沫沙、文教局局长翁独健为副主任委员,聘请有关方面的委员14名。办公室设在文教局,副局长薛成业为办公室主任。]

7月21日　吴晗在北京市文教局致吴副市长的公函上再次作出批示。[③]

[按:7月×日,北京市文教局局长翁独健,副局长侯俊岩、薛成业就“今年市属技术学校与中央部门技术学校统一

① 本条引自北京市档案馆档案号为152-001-00160的档案。

② 欧阳璋主编:《成人教育大事记》,第50页。

③ 本条引自北京市档案馆档案号为002-006-00274的档案。

招生”事宜致函吴晗副市长，吴晗于7月18日在该公函上作出批示：“送张（指张友渔——编者注）阅。”7月21日，吴晗在该文件上再次作出批示：“一、□与苏联□□□□□；二、秘书厅函教育部。吴晗　七．廿一”。]

7月21日　吴晗在北京市文委办公室呈报的《北京市第一文化馆的调查报告》上做出批示。①

[按：吴晗的批示是：“一、同意廖的意见，即照办。二、办公室所有文件均应先经王之平同志审阅，此点切实注意。吴晗　七．廿一”。]

7月23日　吴晗在文物调查组周耿写的报告上作出批示。②

[按：7月1日，北京市文物调查组周耿撰写了一个《文物调查组发掘先农坛后战国汉代及辽金墓葬情况报告》呈报文物调查组朱欣陶主任，朱欣陶将这个报告转呈市文委核阅，文委办公室王之平主任批转吴晗阅。吴晗于7月23日在报告上作出批示：“阅。吴晗　七．廿三”。]

7月25日　吴晗出席北京市先进生产经验展览会并在会上讲话。③

---

① 本条引自北京市档案馆档案号为011－001－00118的档案。

② 北京市档案馆编：《北京档案史料》，第116页。

③ 本条引自1952年7月26日《人民日报》第一版。

［按：北京市总工会主办的先进生产经验展览会，二十五日在劳动人民文化宫举行开幕典礼。到会的有各厂矿企业中的先进生产者以及各机关团体的干部和来宾等六百多人。中华全国总工会华北工作委员会主任康永和、北京市人民政府副市长吴晗均应邀讲话。他们在讲话中都强调指出：总结和推广先进经验是开展爱国增产节约运动的主要方法，必须广泛地深入地进行宣传；同时总结和推广先进经验是一个细致的工作，今后必须更有组织、有领导、有计划地进行。石景山发电厂工人、全国劳动模范刘德珍，京西门头沟煤矿工人、全国劳动模范李书和，北京电车公司工程师王子厚都讲了话，他们具体介绍了各自学习苏联先进经验的心得。］

7月30日　吴晗签发北京市人民政府给钱俊瑞副部长的公函。①

［按：该公函的内容有二个：一是"商请为北京市技术学校调派教员的问题"；二是"为加强北京市都市计划的领导工作，"请同意并指示清华大学解除梁思成教授兼营建系系主任的职务"。］

［按：钱俊瑞，时任教育部副部长。］

① 本条引自北京市档案馆档案号为002－006－00274的档案。

7 月 31 日　吴晗参加并主持中小学校长教师暑期座谈会。①

7 月　吴晗兼任北京建筑专科学校校长。

［按：北京市建筑专科学校，现北京建筑工程学院的前身。该校建校于 1936 年，当时叫北平市立高级工业职业学校，北京市副市长吴晗、赵鹏飞曾先后兼任该校前身北京建筑专科学校的校长。1952 年 7 月，北京工业学校（土木科）并入北京建筑专科学校（吴晗兼任校长，赵冬日任副校长，书记为刘小石，设有建筑、结构、暖通、电气等专业）；校址：西城南礼士路。下半年，北京建筑专科学校（中技部）改建为北京市土木建筑学校，大专部并入清华大学建工系。（至 1952 年 12 月）］

8 月 1 日　吴晗出席驻京公安部队庆祝“八一”二十五周年大会。②

［按：8 月 1 日，吴晗代表北京市人民委员会参加驻京公安部队庆祝“八一”二十五周年大会，并在会上讲话。］

8 月 6 日　吴晗在北京市公共卫生局公卫医字第 1565 号文件上作出批示。③

---

① 本条引自北京市档案馆档案号为 011－001－00071 的档案。

② 本条引自北京市档案馆档案号为 010－006－00036 的档案。

③ 本条引自北京市档案馆档案号为 135－001－00154 的档案。

［按:8月2日,北京市人民政府公共卫生局就“为简化现有市私立卫生学校校名及统一刊发各校印信”一事,以公卫医字第1565号文向北京市人民政府呈报报告。王立平作出拟办意见后请吴晗批示,吴晗于8月6日在该文件上作出批示:“同意　吴晗　八．六”。］

8月8日　吴晗出席市区两级政府系统和工农青妇各系统的文教干部大会并在会上讲话。[①]

［按:8月8日,北京市召开市区两级政府系统和工农青妇各系统的文教干部大会,吴晗出席了这个大会并在会上讲话。］

8月9日　吴晗出席和平中学的会议并在会上讲话。[②]

［按:8月9日,吴晗出席和平中学的会议并在会上讲话。］

8月上旬　吴晗以北京市人民政府的身份当选为北京市第四届第一次各界人民代表会议代表。[③]

［按:出席会议的代表总共555人,北京市人民政府的代表有张友渔、吴晗、罗瑞卿、薛子正、程宏毅等16人。］

---

① 本条引自北京市档案馆档案号为152－001－00149的档案。

② 本条引自北京市档案馆档案号为152－001－00149的档案。

③ 本条引自《北京市人民代表大会文献资料汇编1949—1993》,第210页。

8月11日 北京市第四届第一次各界人民代表会议开幕，吴晗当选为主席团成员。①

［按:8月11日，北京市第四届第一次各界人民代表会议开幕。会议首先由彭真市长致辞。接着听取了副市长张友渔、副市长吴晗、市财政经济委员会副主任刘仁、市文化教育委员会副主任廖沫沙分别作的关于本市财政收支、增产节约运动、卫生运动、速成识字运动的报告。大会选出的主席团成员主要有:吴晗、余心清、马玉槐、梁思成、柴泽民、张友渔、张奚若、张晓梅、许德珩、舒舍予、彭真、傅华亭、杨伯箴、杨蕴玉、闻家驷、刘仁、钱端升、蒋光鼐、薛子正、薛愚、聂荣臻等共三十一人。］

8月11日 吴晗在北京市第四届第一次各界人民代表会议上作《关于开展爱国卫生运动的报告》。②

［按:吴晗这个报告的摘要在1952年8月30日的《人民日报》第三版上发表，署名为北京市人民政府副市长吴晗。］

8月12日 吴晗签发北京市人民政府(52)府秘吴字第452号文件。③

［按:文件的内容是就"北京市建筑专科学校本年增设

① 本条引自1952年8月12日《人民日报》第一版。

② 本条引自《吴晗全集》十卷版第十卷，第272页。

③ 本条引自北京市档案馆档案号为002－006－00274的档案。

道路工程及卫生工程两科一事”向中央人民政府教育部备案。]

8月13日 吴晗在北京市第四届第一次各界人民代表会议上作《关于北京市第四届各界人民代表会议代表选举工作的报告》。①

8月14日 吴晗当选为北京市第四届各界人民代表会议协商委员会委员。②

[按:北京市第四届各界人民代表会议协商委员会主席彭真,副主席刘仁、钱端升、梁思成、蒋光鼐,委员吴晗、余心清、李伯钊、李乐光、林砺儒、马玉槐、凌其峻、浦洁修、陈垣、张奚若、曹言行、许德珩、彭泽民、汤用彤、程宏毅、冯基平、曾昭抡、傅华亭、费孝通、杨伯箴、叶企孙、董汝勤、闻家驷、薛子正、聂荣臻、罗瑞卿等。秘书长李乐光,副秘书长廖沫沙、崔月犁、陈铭德、李续纲、李健生、孙孚凌等。]

8月14日 吴晗在北京市第四届第一次各界人民代表会议上再次当选为副市长。③

[按:会议选举彭真为市长,张友渔、吴晗为副市长。选

---

① 本条引自《吴晗全集》十卷版第十卷,第278页。

② 本条引自1952年8月15日《人民日报》第一版。

③ 本条引自1952年8月15日《人民日报》第一版。

举刘仁、薛子正、张晓梅、聂荣臻、罗瑞卿、萧明、程宏毅、王文斌、雷洁琼、傅华、彭泽民、梁思成、舒舍予、王斐然、柴泽民、郭树德、安朝俊、徐楚波、蔡廷锴、牟泽衔、翁独健、马玉槐、李国瑞、严镜清、郑芸、黄润萍、隋经、乐松生、薛愚、朱兆雪为委员。]

8月19日 吴晗在北京市人民政府文物组和北京人民美术工作室联合给吴晗副市长的公函上作出批示。①

[按:8月18日,北京市人民政府文物组主任米欣陶和北京人民美术工作室主任胡蛮就"北海漪澜堂道宁斋文物艺术展览室和美工室办公用房不敷分配,拟将北海漪澜堂道宁斋连接之后山麓院内一系列的小型亭、台楼、阁辟作保管展览品及美工室办公之用"一事,致函吴晗副市长,吴晗于8月19日作出批示:"请园管会范主任考虑租用。吴晗八．十九"。]

8月19日 吴晗在中国协和医学院(52)秘字第199号"报告"上作出批示。②

[按:8月12日,中国协和医学院就拟将该学院公共卫生学系领导的第一卫生所交由北京市公共卫生局领导一事报告军委卫生部,并抄送北京市人民政府公共卫生局,北京

① 本条引自北京市档案馆档案号为002－006－00254的档案。

② 本条引自北京市档案馆档案号为002－004－00018的档案。

市公共卫生局副局长张文奇将该文件呈送给吴晗，吴晗于8月19日作出批示："请严张(指严镜清、张文奇——编者注)局长提意见。吴晗　八．一九"。]

8月23日　吴晗给北京市工商局关于《为报请新成立中国书店之组织机构及人员配备计划草案希速核示由》的报告作出批示。①

[按:8月18日，北京市工商局局长彭城和副局长张锦城共同签发《为报请新成立中国书店之组织机构及人员配备计划草案希速核示由》报告，送北京人民政府人事局。吴晗办公室8月23日收到此件，吴晗当天即用毛笔作出批示："一，同意所提出意见;二，编制太大，应大加减削。"]

8月24日　北京市人民广播电台播送吴晗在北京市第四届第一次各界人民代表会议上所作的《关于开展爱国卫生运动的报告报告》的录音。②

[按:报告的录音，在同一日上午和晚上分别播送两次，上午播送的时间是九点至十点十五分，晚上播送的时间是十九点四十五分至二十一点。]

8月25日　吴晗给北京市公共卫生局严镜清局长和张文奇

---

① 方竟成:《吴晗与中国书店的创立及北京华声电台的收购》。

② 本条引自1952年8月20日《人民日报》第一版。

副局长的“请示”作出批示。[①]

[按:8月21日,北京市公共卫生局局长严镜清、副局长张文奇就中国协和医学院拟将该学院公共卫生学系领导的第一卫生所交由北京市公共卫生局领导一事请示吴晗,吴晗于8月19日作出批示:

“我意目前无法新建第一卫生所房屋,应商请军委卫生部仍维持合署办公。

估计今后协和仍会提出这个问题,卫生局应将另建第一卫生所预算列在明年预算内。

请秘书厅据复军委卫生部,当否请张(指张友渔——编者注)批。

吴晗　八．廿五”。]

8月　吴晗任北京市爱国卫生运动委员会主任。[②]

[按:吴晗任北京市爱国卫生运动委员会主任的任期从1952年8月至1955年3月。1955年3月后由王昆仑继任。]

[按:历史记载,1952年春,美帝国主义在侵朝战争中发动了细菌战争。为了防止细菌战的影响,我国政府发动了群众性的卫生防疫运动。人民群众把这项伟大的运动称之为“爱国卫生运动”。肯定了这个名称并指示各级领导机

---

① 本条引自北京市档案馆档案号为002－004－00018的档案。

② 王康久主编:《北京卫生志》,第71页。

构，以后统称为“爱国卫生运动委员会”。与此同时，把“卫生工作与群众性卫生运动相结合”定为卫生工作的一项原则。毛泽东当时还号召：“动员起来，讲究卫生，减少疾病，提高健康水平，粉碎敌人的细菌战争。”爱国卫生运动不仅受到全国上下的一致拥护和参与，而且受到国际上的赞誉。在社会主义革命和社会主义建设的各个历史时期，显示出它的“移风易俗，改造国家”的伟大作用，取得了丰硕的成果。]

8月　吴晗出席北京市发展红十字会会员动员大会并作报告。[①]

[按：会议在中山公园音乐堂召开，到会6000多人，总会李德全会长及吴晗副市长在会上作了动员报告和发展会员的指示。]

9月3日　吴晗主持召开市文教委员会联合办公会议，决定建立中国书店。[②]

[按：市文委副主任廖沫沙、秘书长李续纲参加了这次会议。并决定调北京市公安局科长葛治安任中国书店第一任经理。]

[按：中国书店是经营古旧书刊、文献的国营商业企业，

---

① 王康久主编：《北京卫生大事记》，第14页。

② 王宏志、闻立树主编：《怀念吴晗：百年诞辰纪念》，第405页。

1952年11月4日成立于北京。主要业务范围是收售古旧书刊、碑帖拓片，经销新印古籍，复制出版中国古籍文献，并为读者补配残书和单年单卷的报刊。]

9月9日 吴晗在北京市公园管理委员会（52）园经字第695号签报上作出批示。①

［按：8月18日，北京市人民政府文物组主任米欣陶和北京人民美术工作室主任胡蛮就“北海漪澜堂道宁斋文物艺术展览室和美工室办公用房不敷分配，拟将北海漪澜堂道宁斋连接之后山麓院内一系列的小型亭、台楼、阁辟作保管展览品及美工室办公之用”一事，致函吴晗副市长，吴晗于8月19日作出批示：“请园管会范主任考虑租用”。后因游人对此“跌有意见”。8月25日，北京市公园管理委员会主任范栋申以（52）园经字695号签报吴晗副市长，对租用北海漪澜堂道宁斋连接之后山麓院内一系列的小型亭、台楼、阁辟作保管展览品及美工室办公之用一事，建议“应从长考虑”。吴晗于9月9日作出批示：“缓办。吴晗　九．九”。]

9月9日 王允桢致函吴晗。②

［按：王允桢，时任北京市东单区人民政府文教科副

---

① 本条引自北京市档案馆档案号为002－006－00254的档案。

② 本条引自北京市档案馆档案号为152－001－00146的档案。

科长。]

[按:9月9日,北京市东单区人民政府文教科副科长王允桢就他认为有关上级领导对职工教育工作及其职工教育工作者不够关心的问题,致函吴晗,向其反映一些具体情况,恳请为其解决。]

9月11日上午 吴晗给王允桢致吴晗的来函作出批示。[①]

[按:9月9日,北京市东单区文教科王允桢致函吴晗,反映了在职工业余学校目前存在的几个问题。吴晗看后作出批示:"请翁、薛局长:注意,研究解决办法。吴晗 九.十一"。]

9月17日 吴晗在北京市公共卫生局(52)公卫医字第2002号"报告"上作出批示。[②]

[按:9月15日,北京市公共卫生局就民升医院隶属空军后勤部后即不再为市民医疗一事以(52)卫医字第2002号文件报告北京市人民政府,吴晗于9月17日作出批示:"拟以府函转知空勤,仍担任一部分市民医疗,请张(指张友渔——编者注)批。吴晗 九.十七"。]

9月22日 吴晗在北京市教育局(教中字)第78号文上作

① 本条引自北京市档案馆档案号为152-001-00146的档案。

② 本条引自北京市档案馆档案号为002-004-00018的档案。

出批示。①

[按:9月20日,北京市教育局以(教中字)第78号文报彭真市长和张友渔、吴晗副市长阅,吴晗于9月22日作出批示:"备案。吴晗　九．廿三"。]

9月25日　吴晗在北京市教育局(教体字)第80号文上作出批示。②

[按:9月23日,北京市教育局以(教体字)第80号文报吴晗副市长阅,吴晗于9月23日作出批示:"一、同意新建儿童游戏场、成人体育场部分,经费应再精打细算;并与都委商洽地点。二、改建北海和先农坛体育场部分,经费过大,应从缓议。吴晗　九．廿五"。]

9月26日　吴晗在北京市文教局呈送的文件上作出批示。③

[按:北京市文教局呈送的文件是《领发识字证书暂行办法》文稿及识字证书样式,王立平拟办了该文件:"请吴副市长批。"吴晗即日在该文件上作出批示:"一、原则同意;二、可与教育部联系一下,与中央拟发的识字证书的格式,求得一致,免得以后更改。吴晗　九．廿六"。]

---

① 本条引自北京市档案馆档案号为002－004－00125的档案。

② 本条引自北京市档案馆档案号为002－004－00126的档案。

③ 本条引自北京市档案馆档案号为152－001－00146的档案。

9月29日 吴晗在北京市公共卫生局公卫医字第1299号文件上作出批示。①

[按:9月27日,北京市公共卫生局以公卫医字第1299号文向北京市人民政府呈报"我局拟接办北京防痨协会直属门诊部是否有当请核示由"的报告,9月29日,吴晗在该文件上作出批示:"同意接办 吴晗 九.廿九"。]

9月30日 薛成业致函吴晗。②

[按:薛成业,时任北京市文教局副局长。]

[按:9月30日,北京市文教局副局长薛成业就9月9日王允桢致函吴晗反映职工业余学校目前存在的几个问题,北京市文教局经过研究后提出处理意见向吴晗作出汇报,请求审阅。]

10月3日 吴晗在北京市文教局副局长薛成业呈送的公函上作出批示。③

[按:北京市教育局薛成业9月30日向吴晗呈送了一份公函,内容是:汇报"关于王允桢同志反映职工业余学校目前存在的几个问题的处理意见"。吴晗于10月3日在该信函上作出批示:"一、同意薛副局长的意见,即照办;二、并请

① 本条引自北京市档案馆档案号为135-001-00124的档案。
② 本条引自北京市档案馆档案号为152-001-00146的档案。
③ 本条引自北京市档案馆档案号为152-001-00146的档案。

函或面告王允桢。吴晗　十．三”。]

10月6日　吴晗出席第一届全国戏曲观摩演出大会开幕典礼并讲话。①

[按:10月6日,中央人民政府文化部主办的“第一届全国戏曲观摩演出大会”在北京隆重开幕。中央人民政府政务院副总理郭沫若,文化部部长沈雁冰,副部长周扬、丁西林,文化部艺术事业管理局局长田汉,中央和各大行政区、省、市文化行政机关的负责干部,和来京参加会演的京剧、评剧、越剧、豫剧、沪剧、秦腔、山西梆子、蒲州梆子、河北梆子、曲剧、江淮戏、川剧、粤剧、桂剧、湘剧、汉剧、楚剧、滇剧、江西采花剧、湖南花鼓戏、郿鄠戏等二十一个剧种的戏曲工作者等共三千多人。吴晗在会上致辞,代表首都二百五十万人民对参加这次观摩演出的全体人员表示热烈的欢迎。]

10月9日　吴晗出席北京市识字运动委员会办公室主任例会。②

[按:这次办公室主任例会,主要是把全市有关识字运动的各方面的问题以及当前的准备工作情况汇集上来,提出下一步工作的具体计划。会议由薛成业主持。吴晗出席了这次会议,并在会上讲话。]

---

① 本条引自1952年10月7日《人民日报》第三版。

② 本条引自北京市档案馆档案号为152－001－00161的档案。

10月14日 吴晗在北京市人民政府教育局呈报的教工字第五0四五号文件上作出批示。①

[按:10月10日,北京市人民政府教育局就“将本市成人补习学校改称劳动人民业余学校”一事以教工字第五〇五四号文件呈报北京市人民政府,吴晗于10月14日在该文件上作出批示:“可　吴晗　十.十四”。]

10月17日上午 吴晗出席塘沽新港开港典礼。②

[按:10月17日上午,塘沽新港开港典礼在新港第一号码头隆重举行。大会由天津市人民政府副市长吴德主持。参加典礼的有中央人民政府交通部部长章伯钧、副部长王首道,中央人民政府政务院财政经济委员会副秘书长杨放之,中国科学院副院长竺可桢,北京市人民政府副市长吴晗,中共天津市委员会代理书记黄火青,天津市人民政府副市长周叔弢,天津市工商界联合会主任李烛尘及中央人民政府交通部海运管理总局负责人,中国人民解放军司令部等单位代表,和参加建港工程的职工等四千六百多人。苏联专家巴希维奇等也应邀参加。]

[按:塘沽新港,即天津新港,旧称“塘沽新港”。在海河口外北岸,临渤海。天津港的主体。中国最大的人工港。津新港过去是华北地区的重要港口,是华北五省市门户,特

① 本条引自北京市档案馆档案号为152-001-00157的档案。

② 本条引自1952年10月18日《人民日报》第一版。

别是北京、内蒙古、山西的出海口，是华北地区进出口货物的集散港，是我国华北、西北和京津地区的重要水路交通枢纽，对外交通十分发达，已形成了颇具规模的立体交通集疏运体系。]

10月18日　吴晗在北京市教育局呈送的（教初字）第5206号文件上作出批示。①

[按：10月18日，北京市教育局以（教初字）第5206号文《拟具补助北京市朝鲜侨民小学经费数目报请核示由》呈北京市人民政府，吴晗当日作出批示："补助一千五百万元（老币——编者注），由私小补助费项下开支。吴晗　十．十八"。]

10月18日晚　吴晗出席全国政协招待西藏致敬团及各地区四十六个民族全体代表的招待会。②

[按：10月18日晚，中国人民政治协商会议全国委员会设宴招待西藏致敬团及各地区四十六个民族的全体代表。出席招待会的有李济深、沈钧儒、李维汉、王昆仑、蒋光鼐、章伯钧、章乃器、马叙伦、乌兰夫、邵力子、余心清、周新民、许德珩、萧华、史良、吴晗等四十余人。]

---

① 本条引自北京市档案馆档案号为002－004－00123的档案。

② 本条引自1952年10月19日《人民日报》第一版。

10 月 25 日下午 吴晗出席北京市少年之家开幕仪式并讲话。[①]

[按:出席会议的还有北京市秘书长薛子正、教育局副局长侯俊岩、共青团北京市委副书记张大中和各校少年儿童代表和教师。辅导员一千多人。]

[按:北京市少年之家,即现在的北京市少年宫的前身。北京市少年之家 1952 年建立,1956 年正式成立北京市少年宫,1957 年成立北京市青少年科技馆、北京教学植物园,2013 年重组时改名为北京市学生活动管理中心,保留北京市青少年宫、北京市青少年科技馆和北京市教学植物园的名称。]

10 月 28 日 吴晗参加北京市卫生领导机关召开的行政工作干部会,并在会上讲话。[②]

[按:10 月 28 日,北京市卫生领导机关召开行政工作干部会议,吴晗在肯定成绩的同时,着重指出了工作中存在着的一些问题。]

11 月 4 日 在吴晗和廖沫沙[③]等的直接主持下,中国书店正式开业。

---

① 北京市政协文史资料委员会编:《北京文史资料第 58 辑》,第 76 页。

② 宋连生著:《吴晗的最后二十年》,第 59 页。

③ 廖沫沙,时任北京市人民政府文委副主任。

［按：中国书店，是全国成立最早的集收购、发行、出版为一身的国有古籍专业书店。址位于北京市演乐胡同。］

11月8日　吴晗致函彭真。

［按：11月8日，吴晗就处理京剧《伊帕尔罕》（伊帕尔罕，即香妃——编者注）上演问题以及与吴素秋（著名京剧表演艺术家，旦角演员。时任北京京剧四团团长——编者注）谈话的经过向彭真报告。］

［按：《伊帕尔罕》，是一出揭露清朝统治者残害、掠夺少数民族的罪恶，歌颂少数民族反侵略、反压迫的英勇事迹的历史剧。］

11月8日　吴晗出席中央人民政府文化部举行的盛大宴会。①

［按：11月8日，中央人民政府文化部举行盛大宴会，欢宴各地来京参加第一届全国戏曲观摩演出大会的一千二百多位演员及其他戏曲工作者。出席宴会的还有：中央人民政府政务院文化教育委员会副主任马叙伦，中央人民政府委员会办公厅主任齐燕铭，中央人民政府委员会办公厅副主任余心清，北京市人民政府副市长吴晗，以及首都文化艺术界人士老舍、阳翰笙、欧阳予倩、艾青、洪深、张庚、吕骥等也出席了宴会。席间马叙伦、齐燕铭、余心清及吴晗都讲了

① 本条引自1952年11月13日《人民日报》第一版。

话，庆祝戏曲观摩会演的胜利，并勉励各地来京演员及戏曲工作者在这次会演胜利的基础上，进一步贯彻毛主席“百花齐放，推陈出新”的戏曲工作方针。代表团及到会的老艺人和著名演员梅兰芳、程砚秋、周信芳、袁雪芬、常香玉、盖叫天等也互致祝词，相互勉励。]

11月11日 吴晗出席北京市卫生领导机关召集的各区卫生办公室主任联席会议并作报告。①

[按：吴晗在会上对北京市第四阶段的爱国卫生运动的工作进行了检查和总结，对下一步的工作进行了安排。]

11月12日 吴晗在北京市教育局呈送的（教初字）第5925号文件上作出批示。②

[按：11月10日，北京市教育局以（教初字）第5925号文《今后补助北京朝鲜侨民小学经费的意见请核示》呈北京市人民政府，吴晗于11月12日作出批示：“同意。吴晗 十一月．十二日”。]

11月14日 吴晗在北京市公共卫生局（52）公卫医字第2545号“报告”上作出批示。③

---

① 本条引自1952年11月16日《北京日报》第一版。

② 本条引自北京市档案馆档案号为002－004－00123的档案。

③ 本条引自北京市档案馆档案号为002－004－00018的档案。

［按：11月12日，北京市公共卫生局就拟给资补助安康、海星、怀仁、红万字、东华等医院与之合作等事以（52）公卫医字第2545号文件报告北京市人民政府，吴晗于11月14日作出批示："我意可行，请张（指张友渔——编者注）批。吴晗　十一月．十四日"。］

11月16日　吴晗在北京市公共卫生局（52）公卫医字第2591号"报告"上作出批示。[①]

［按：11月15日，北京市公共卫生局就拟将郊区各人民诊所改为医疗站并直接受区卫生所、院领导一事以（52）公卫医字第2591号文件报告北京市人民政府，柴泽民秘书长批示：我意原则可行……请吴副市长批示"，吴晗于11月16日作出批示："同意柴（指柴泽民——编者注）批。吴晗　十一．十六"。］

11月18日　吴晗出席中华全国民主青年联合总会常务委员会议。[②]

［按：11月18日，中华全国民主青年联合总会在北京召开常务委员会议。出席会议的有廖承志、钱三强、沙千里、吴晗、陈家康、李庚、钱伟长、丁聪、董昕、区棠亮、梅龚彬、李伯球、千家驹等。］

---

① 本条引自北京市档案馆档案号为002－004－00018的档案。

② 本条引自1952年11月24日《人民日报》第一版。

11 月 19 日 吴晗出席北京市全市爱国卫生运动工作人员大会并讲话。[①]

[按:吴晗在会上安排了全市爱国卫生运动第五阶段的重点工作,还向提前完成每人捕鼠一只任务的丰台、南苑、石景山等区,奖给锦旗各一面。]

11 月 28 日 吴晗出席北京市全市戏曲界大会,为新成立的 5 个民间职业剧团颁发团旗和演出证。[②]

[按:11 月 28 日,北京市文化事业管理处在民主剧场召开北京市戏曲界大会,宣布成立 5 个民营公助性质的民间职业剧团,其中有 4 个是京剧团,即北京市京剧一团(原首都实验京剧团)、二团(原首都太平京剧团)、三团(原北京联谊京剧团)、四团(原人民京剧团和天津市京剧团)。副市长吴晗为他们颁发团旗和演出证。]

11 月 29 日下午 吴晗圈阅了北京市教育局呈送的一份文件。[③]

[按:公函是呈送《北京市人民政府一九五二年冬学运动的指示》的文稿,李续纲拟办了这个文件,拟"请吴副市长核批",吴晗即日圈阅了这个文件。]

---

① 本条引自 1952 年 11 月 23 日《北京日报》第一版。

② 宋传信:《首都京剧春秋六十年》,中国文联出版社,2010 年版及傅谨主编:《新中国北京文艺 60 年:1949—2009 戏剧卷》,第 337 页。

③ 本条引自北京市档案馆档案号为 152 - 001 - 145 号的档案。

11 月 30 日　吴晗在北京市人民政府文稿上作出批示。[①]

[按:11 月 27 日,北京市人民政府秘书厅拟就一份“关于机关工作人员文化学习的指示”的文稿,秘书长柴泽民于 12 月 29 日提出了拟办意见“吴副市长批”,吴晗于 12 月 30 日在该文稿上作出批示:“可　吴晗　十一月卅日”。]

12 月 1 日　吴晗出席北京市科联成立大会并讲话。

[按:12 月 1 日,北京市科联在中国科学院大礼堂召开成立大会。茅以升致开幕词,吴有训、侯德榜、吴晗等到会并讲话。会议推选 19 人为第一届执行委员会委员。茅以升为主任委员,赵进义为副主任委员,林榕为秘书长,陈占祥为副秘书长。]

12 月 3 日　王之平致函吴晗。[②]

[按:王之平,时任北京市人民政府文教委员会办公室主任。]

[按:12 月 3 日,北京市人民政府文教委员会办公室主任王之平就北京市文物调查组工作人员周耿报告姚家井发掘的唐墓残余壁画没有按计划取出的主要原因是后方工作配合的不好一事,向吴晗作具体情况的报告。]

---

① 本条引自北京市档案馆档案号为 152 - 001 - 00156 的档案。

② 本条引自《北京档案史料 2013. 1》,第 121 页。

12月4日 吴晗在周耿写的报告上作出批示。[1]

［按:11月29日,北京市文物调查组的周耿就姚家井唐墓残余壁画损毁及卫生工程局南八工区将墓坑填平的情况写了一个报告给文物调查组的主任朱欣陶,朱欣陶阅后转给了吴晗,吴晗在该报告上批示:"同意你的检讨,以后要引为教训。吴晗 十二月四日"。]

12月4日下午 吴晗出席北京市人民政府集体办公会议。[2]

［按:会议在市政府第一会议室举行,会议由张友渔副市长主持,会议讨论了关于缩小北京人民出版社的机构等六个问题。出席会议的还有:薛子正、柴泽民、严镜清、孙方山、李续纲、萧松、佟铮、王新春等。］

12月8日 吴晗出席第二届全国卫生会议。[3]

［按:12月8日,第二届全国卫生会议在北京隆重开幕。参加这次大会的有全国卫生模范单位代表及模范工作者一百五十二名,特邀全国知名的医药卫生专家代表四十七名,中国卫生工作者赴苏参观团全体团员十五名,苏联医药卫生专家十九名,中央人民政府卫生部、中央人民政府人民革命军事委员会总后方勤务部卫生部直属单位和各级卫生部

---

① 北京市档案馆编:《北京档案史料》,第120页。

② 本条引自北京市档案馆档案号为135-001-00130的档案。

③ 本条引自1952年12月9日《人民日报》第一版。

门的代表，以及中央人民政府有关机关和全国性人民团体等出席、列席人员共七百七十五名。中央人民政府卫生部副部长傅连暲致开幕词，中央人民政府政务院文化教育委员会副主任马叙伦、北京市人民政府副市长吴晗等先后在会上讲话。］

12 月 12 日　吴晗在北京市文教局呈送的文件上作出批示。[①]

［按：北京市文教局呈送的文件是《郊区政治教材讲授提纲》，李续纲拟办了这份文件："本件已经柴（即柴泽民，时任市政府副秘书长——编者注）阅后表示同意……请吴副市长核示"，吴晗即日在该文件上作出批示："同意　吴晗十二月十二日"。］

12 月 21 日　吴晗在中央人民政府政务院文化教育委员会（52）文教办字第 506 号函上作出批示。[②]

［按：12 月 20 日，中央人民政府政务院文化教育委员会就"关于天安门等建筑由谁负责管理的意见"复函政务院秘书处，并抄送北京市人民政府，北京市人民政府秘书厅作出拟办意见："张吴副市长阅，并转知文委。"吴晗于 12 月 21 日作出批示："应是文化处（即文化事业管理处——编者

---

① 本条引自北京市档案馆档案号为 152－001－00145 的档案。

② 本条引自北京市档案馆档案号为 002－006－00256 的档案。

注)。吴晗　十二月廿一日”。]

12 月 24 日　吴晗出席并主持北京市人民政府文教委员会全体会议。[①]

[按:会议听取了文化处副处长王松声、教育局长翁独健和卫生局副局长张文奇等的工作汇报,吴晗在会上作了重要指示。出席会议的还有李续纲、王之平、王学然、朱欣陶、吴华庆、辛莽、黄淑清等。]

12 月 24 日晚　吴晗出席全国政协常务委员会第四十三次扩大会议。[②]

[按:12 月 24 日晚,中国人民政治协商会议全国委员会常务委员会举行第四十三次扩大会议,就中国共产党提议由中国人民政治协商会议向中央人民政府委员会提出定期召开全国人民代表大会和地方各级人民代表大会的建议交换意见。会议由全国委员会李济深副主席主持。周恩来副主席代表中共中央说明中国共产党的提议。出席和列席这次会议的,有中国人民政治协商会议全国委员会副主席周恩来、李济深,常务委员李维汉、王昆仑、蒋光鼐、章乃器、马叙伦、张奚若、杨秀峰等,委员董必武、曾昭抡、沙千里、蒋南翔、张友渔、邓小平、沈兹九、吴晗、周扬、郑振铎、宦乡,中央

① 本条引自北京市档案馆档案号为 135－001－00131 的档案。

② 本条引自 1952 年 12 月 28 日《人民日报》第一版。

人民政府委员会委员彭泽民、龙云，以及中央人民政府各院、委、部、会、署、行的首长，人民革命军事委员会所属各部首长，各人民团体负责人等一百一十余人。]

12月25日　吴晗在北京人民艺术剧院设计小组给他呈送的报告上作出批示。①

[按：12月23日，北京人民艺术剧院设计小组的金紫光（时任北京人民艺术剧院副院长）、马绩（时任中央戏剧学院办公室主任）就有关北京人民艺术剧院筹建的进展工作情况向吴晗进行汇报。吴晗与12月25日在该报告上作出批示："文委存档　吴晗　十二月廿五日"。]

12月30日　吴晗在北京市人民政府公文用笺上作出批示。②

[按：12月29日，北京市秘书长李续纲在对《北京市扫除文盲计划（草案）》作出拟办意见，吴晗在这份拟办意见的公文用笺上作出批示："同意李秘书长意见　吴晗　十二卅"。]

本年　吴晗兼任北京市建筑专科学校校长。

---

① 本条引自北京市档案馆档案号为011－001－00119的档案。

② 本条引自北京市档案馆档案号为152－001－00135的档案。

一九五三年

1月2日 吴晗在北京市公共卫生局(52)公卫医字第3038号“报告”上作出批示。①

[按:1952年12月30日,北京市公共卫生局就报请拟即予安康、海星、怀仁、红万字、东华等私立医院建立合作关系一事以(52)公卫医字第3038号文件报告北京市人民政府,吴晗于1953年1月2日作出批示:“可。吴晗　一月二日”。]

1月5日 吴晗在北京市工农业余教育局印发的《简报》上作出批示。②

[按:1月5日,吴晗给北京市工农业余教育局印发的《简报》上刊载的“工农教育科干部全部投入扫盲工作,职工业余学校中学班没有人管”情形的报道作了批示:“教育局应提解决办法。”]

① 本条引自北京市档案馆档案号为002－004－00018的档案。

② 本条引自北京市档案馆档案号为152－001－00215的档案。

1月7日　吴晗在中共中央办公厅出字第4号致北京市人民政府的公函上作出批示。①

[按:1月3日,中共中央办公厅秘书室致函北京市人民政府:“送去主席批示转你处的信一件,请查收。”吴晗于1月7日在该公函上作出批示:“文委办公室研究。吴晗　一月七日”。]

1月7日　吴晗主持北京市文教委会议,研究解决中学教师忙乱问题的办法。②

[按:出席这次会议的有:市教育局局长翁独健、副局长侯俊岩、市教育工会主席钱端升、团市委代表、区团工委代表和区教育工会主席及一部分中学校长等。]

1月9日上午　吴晗出席北京市人民政府第一百四十三次行政会议。③

[按:会议由张友渔副市长主持,出席会议的有吴晗、张友渔、薛子正、柴泽民、李雷路等。会议在市政府东大厅举行。]

1月11日　吴晗参加北京市政府机关总俱乐部成立大会,

---

① 本条引自北京市档案馆档案号为002－005－00152的档案。

② 本条引自1953年1月12日《北京日报》第一版。

③ 本条引自北京市档案馆档案号为004－010－00820的档案。

并在会上作了题为《为广泛地开展市府机关文化娱乐、体育活动而努力》的报告。在这次会上吴晗当选总俱乐部主任。[①]

[按:1月11日,北京市人民政府机关总俱乐部成立大会在长安戏院举行。出席成立大会的有吴晗副市长、薛子正秘书长、市府各局处首长、各区区长、各单位俱乐部负责人和文娱活动积极分子等共一千三百多人。大会首先由吴晗副市长作了题为《为广泛地开展市府机关文化娱乐、体育活动而努力》的报告。吴晗副市长的报告以后,柴泽民副秘书长宣布了总俱乐部负责人名单:吴晗副市长任总俱乐部主任,柴泽民副秘书长和公安局冯基平副局长任副主任。柴副市长还布置了今年上半年文化娱乐和体育工作计划。会后,市府秘书厅、劳动局、公安局、工商局、卫生工程局、建设局、市人民银行、合作总社等八单位还演出了文艺节目。]

1月12日 吴晗出席政协常务委员会第四十四次会议举行的扩大会议。[②]

[按:1月12日,政协常务委员会第四十四次会议举行扩大会议。出席和列席会议的有周恩来、李济深、陈叔通、李维汉、王昆仑、蒋光鼐、黄炎培、章乃器、张奚若、杨秀峰、乌兰夫、邓颖超、邵力子、罗隆基、周新民、楚图南、曾昭抡、

① 宋连生著:《吴晗的后二十年》,第66页及1953年1月18日《北京日报》第二版。

② 本条引自1953年1月13日《人民日报》第一版。

沙千里、符定一、许广平、蒋南翔、张友渔、廖承志、吴晗、周扬、郑振铎、李四光以及全国委员会、中央人民政府的有关工作人员和人民团体的负责人等共八十余人。会议决定在本月份内召开人民政协第一届全国委员会第四次会议。]

1 月 12 日 吴晗给北京市文委印发的《简报》有关条文作出批示。①

1 月 13 日 曹禺、焦菊隐和欧阳山尊联合写信给吴晗。②

［按：1 月 13 日，北京人艺的奠基人曹禺、焦菊隐和欧阳山尊联合写信给当时的北京市市长吴晗，希望把大华电影院划拨给北京人艺作为演出的剧场。市政府决定，将位于王府井大街甲 73 号的生产教养院拆除为人艺兴建剧场，该剧场能容纳 900 人，耗资旧人民币 80 亿到 90 亿元，即相当于今天人民币 80 万到 90 元。这个剧场不光是为人艺而建，还将满足北京国际文化交流的需要，将为各种国际化演出提供场地。]

1 月 15 日 吴晗给北京市文委印发的第 167 号《简报》有关条文作出批示。③

---

① 本条引自北京市档案馆档案号为 011 – 001 – 00023 的档案。

② 王菲：《50 岁首都剧场秘密不少　第一个登上舞台的是前苏联团》。

③ 本条引自北京市档案馆档案号为 011 – 001 – 00023 的档案。

1月16日上午 吴晗出席北京市人民政府第一百四十四次行政会议。[①]

[按:会议由张友渔副市长主持,出席会议的有吴晗、张友渔、薛子正、柴泽民、李雷路、李续纲等。会议在市政府东大厅举行。]

1月17日 吴晗给北京市文委印发的《简报》有关条文作出批示。[②]

1月17日 吴晗与竺可桢等科学家参加天文馆筹建会议。[③]

[按:竺可桢,中国卓越的科学家和教育家,当代著名的地理学家和气象学家,时任中国科学院副院长。]

1月19日 吴晗出席并主持北京市第二届卫生行政会议。[④]

[按:1月19日至23日,北京市举行第二届卫生行政会议,全市各卫生部门代表、爱国卫生模范、卫生工作专家等三百多人出席了大会。吴晗在会上作了报告。]

1月20日 在北京第二届卫生行政会议上,吴晗副市长给

① 本条引自北京市档案馆档案号为004-010-00820的档案。

② 本条引自北京市档案馆档案号为011-001-00023的档案。

③ 刘光永著:《清官梦——吴晗传》,杭州出版社,2005年版,第270页。

④ 本条引自1953年1月26日《光明日报》第一版。

大会题词。[1]

［按：题词的内容是："做好卫生工作　建设人民首都。"］

1月21日　吴晗主持北京市文教委召开的有关部门和部分小学校长座谈会。[2]

［按：会议听取了与会者对解决小学教师忙乱问题的意见，一致同意市教育局提出的解决方案。］

1月21日　吴晗在北京市教育局教中字第257号文件上作出批示。[3]

［按：1月19日，北京市教育局就"关于中学生人民助学金情况的报告"一事，以教中□字第257号文件报告北京市人民政府，吴晗于1月21日在该文件上作出批示："一、拟转教育部请求解决。二、或请酌量增加数百名紧急助学金，由教育局掌握分配。吴晗　一月廿一日"。］

1月22日　吴晗签发北京市人民政府（53）府秘□字第42号文件。[4]

［按：1953年1月×日，北京市人民政府就"本市各中学

① 中国侨网万伯翱：《子规啼血——忆吴晗伯伯》。
② 本条引自1953年1月31日《北京日报》第一版。
③ 本条引自北京市档案馆档案号为002－006－00275的档案。
④ 本条引自北京市档案馆档案号为002－006－00275的档案。

现有人民助学金不够，请考虑增加"一事，拟就(53)府秘□字第42号文致函中央人民政府教育部，吴晗于1月22日签发了这个文件。]

1月23日上午 吴晗出席北京市人民政府第一百四十五次行政会议。①

[按：会议由张友渔副市长主持，出席会议的有吴晗、张友渔、薛子正、柴泽民、马玉槐、刘广钰等。会议在市政府东大厅举行。]

1月26日 吴晗给北京市文委印发的《简报》有关条文作出批示。②

1月27日 吴晗给北京市文委印发的第175号《简报》有关条文作出批示。③

1月28日 吴晗出席并主持北京市文委联合办公会议。④

[按：会议讨论了关于学校卫生方面的问题和卫生局请示解决中级卫生学校的教员问题。出席会议的有翁独健、周正、陈鸿儒、马健才、石梦梅、辛国忠、汪若琪、张镜、陈哲

---

① 本条引自北京市档案馆档案号为004－010－00820的档案。

② 本条引自北京市档案馆档案号为011－001－00023的档案。

③ 本条引自北京市档案馆档案号为011－001－00023的档案。

④ 本条引自北京市档案馆档案号为011－001－00019的档案。

文、张文奇、刘续、尹适、蒋荫山、李续纲、王之平。]

1月28日 周扬、张友渔、吴晗联名打报告给周恩来总理：申请建造话剧专用剧场。[1]

[按：1月28日 周扬、张友渔、吴晗联名报告周恩来总理：申请建造话剧专用剧场，由北京人民艺术剧院管理使用，同时解决以后国际性演出的剧场问题。剧场的大小初步设想为可容纳900位观众的小剧场，所需经费约旧币八九十亿元（折合现在的人民币八九十万元）。地址拟选在王府井大街北端路东的生产教养院旧址，这个位置实际上就是今天首都剧场的位置。18天之后，也就是1953年春节的大年初三（2月16日）下午，周总理在百忙之中将北京人艺的曹禺院长、焦菊隐和欧阳山尊两位副院长约到他的办公室，详谈关于建设剧场的问题。周总理认为900人的容量小了一点，应该建一个可容1200人的大剧场，同时建议剧场的灯光、音响等设备应向民主德国订购，经费先拨150亿元（折合现在的人民币150万元）。周总理对选定的场址也表示满意。]

1月29日 吴晗给北京市文委印发的第175号《简报》有关条文作出批示。[2]

---

① 本条引自《北京人民艺术剧院大事记》。

② 本条引自北京市档案馆档案号为011－001－00023的档案。

1月30日上午 吴晗出席北京市人民政府第一百四十六次行政会议。[①]

［按：会议由张友渔副市长主持，出席会议的有吴晗、张友渔、薛子正、柴泽民、李雷路、程宏毅、李续纲等。会议在在市政府东大厅举行。］

1月30日 吴晗给北京市文委印发的第178号、第179号《简报》有关条文作出批示。[②]

年初 吴晗、郑振铎创建首都博物馆的提议被中央批准。

［按：郑振铎　时任文化部副部长、国家文物局局长。］

［按：创建首都博物馆　吴晗和郑振铎提出参照“莫斯科历史与建设博物馆”的形式，建设一座展示老北京历史与北京建设成就的“北京历史与建设博物馆”。中央于1953年年初批准了这个提议，并于当年拨款26亿元（旧币）。］

2月1日 彭真致函吴晗等。[③]

［按：2月1日，彭真致函张友渔、吴晗、薛子正、程宏毅：“今年北京市政府工作计划要点，请你们拟定。各局工作计划要点和去年工作总结，望督促各局二月二十日前拟妥。”］

---

① 本条引自北京市档案馆档案号为004－010－00820的档案。

② 本条引自北京市档案馆档案号为011－001－00023的档案。

③ 本条引自《彭真年谱》第二卷，第333页。

2月3日 吴晗给北京市文委印发的《简报》有关条文作出批示。①

2月4日上午 吴晗出席并主持北京市文委联合办公会议。②

［按：会议讨论了卫生局张副局长几个问题的请示等十一个问题。出席会议的有张文奇、王康久、薛成业、王之平、王松声、张梦庚、李续纲。］

2月4日下午 吴晗出席全国政协第一届第四次会议。③

［按：2月4日下午，中国人民政治协商会议第一届全国委员会第四次会议在北京开幕。出席会议的有全国委员会委员一百四十五人。列席会议的有中央人民政府委员会委员，中央人民政府各院、委、署、会负责人，西藏致敬团人员等共四十九人。会上，中国人民政协全国委员会周恩来副主席作了政治报告，人民政协全国委员会陈叔通副主席作了关于会务的报告，中国人民保卫世界和平委员会主席、出席世界人民和平大会的中国代表团副团长郭沫若作了关于世界人民和平大会的经过和成就的报告。吴晗是以委员的身份参加会议的。］

---

① 本条引自北京市档案馆档案号为011－001－00023的档案。

② 本条引自北京市档案馆档案号为011－001－00019的档案。

③ 本条引自1953年2月5日《人民日报》第一版。

2月7日 吴晗在北京市教育局致北京市文委的公函上作出批示，给北京市文委印发的1953年2月5日第182号《简报》有关条文作出批示。①

[按：2月5日，北京市教育局在收到北京市文委办字第109号关于要求调查处理中共中央办公厅秘书室转毛主席批交北京市人民政府办理的人民来信一事的公函经研究后给北京市文委回复。吴晗于2月7日在这个回复的公函上作出批示："秘书厅印据报中共中央办公厅。吴晗 二.七"。]

2月9日 吴晗在北京市人民政府文化教育委员会办公室的公文批办通知单上作出批示。②

[按：1月5日，吴晗给《简报》上刊载的"工农教育科干部全部投入扫盲工作，职工业余学校中学班没有人管"情形的报道作了批示："教育局应提解决办法。"后该局于2月4日以题为《报告纠正我局工农教育科忙于扫盲工作，无人管理职工业余中学班的情况》向北京市人民政府文委呈送了教工字第六一七号文件，拟出解决办法三条。吴晗阅后于2月9日批示："照办 吴晗 二.九"。]

---

① 本条引自北京市档案馆档案号为002－005－00152和011－001－00023的档案。

② 本条引自北京市档案馆档案号为152－001－00215的档案。

2月10日晚 吴晗出席北京市文联在霞公府举办的“京音乐”演奏会。[1]

[按：为研究和发扬我国古典艺术遗产与民间艺术，1953年2月10日晚，北京市文学艺术工作者联合会主办了“京音乐”演奏会。出席演奏会的有丁西林、吴晗、老舍、叶恭绰、赵树理、瞿希贤、马可、金紫光、查夷平、巨赞法师等一百五十余人。由智化寺等九个寺庙的十六位僧人演奏。演出的节目共分三部分：第一部分是吹奏曲：“小华严”，第二部分是法器打击曲：“粉蝶儿出六条”，第三部分是吹打套曲：“垂丝钓”、“昼锦堂”、“锦堂月”、“醉翁子”、“金子经”、“五声佛”、“撼动山”。听完了演奏，大家一致认为这是我们祖国优秀的民族音乐遗产。演奏会由文联主席老舍主持。]

[按：霞公府15号，原北京市文联、《北京文艺》编辑部所在地，老舍一度也在此办公、居住。]

2月11日 吴晗给北京市文教委拟写的文件《关于建立文化局的拟议》作出批示。[2]

[按：2月9日北京市文教委拟写了一份《关于建立文化局的拟议》的文件上报给吴晗。吴晗于2月11日作出批示：“请彭、刘、张、范（即指彭真、刘仁、张友渔、范瑾——编者

---

① 本条引自1953年2月14日《光明日报》第三版及3月24日《人民日报》第三版。

② 本条引自北京市档案馆档案号为011－001－00027的档案。

注)考虑决定。”]

2月11日 吴晗给北京市文委印发的第187号《简报》有关条文作出批示。[①]

2月13日上午 吴晗出席北京市人民政府第一百四十八次行政会议。[②]

[按:会议由张友渔副市长主持,出席会议的有吴晗、张友渔、薛子正、柴泽民、李霄路、程宏毅等。会议在市政府东大厅举行。]

2月19日 吴晗给北京市文委印发的第191号《简报》有关条文上作出批示。[③]

2月20日 吴晗给北京市文委印发的第192号《简报》有关条文作出批示。[④]

2月21日 吴晗给北京市文委印发的《简报》有关条文作出批示。[⑤]

---

① 本条引自北京市档案馆档案号为011－001－00023的档案。

② 本条引自北京市档案馆档案号为004－010－00820的档案。

③ 本条引自北京市档案馆档案号为011－001－00023的档案。

④ 本条引自北京市档案馆档案号为011－001－00023的档案。

⑤ 本条引自北京市档案馆档案号为011－001－00023的档案。

2 月 25 日 吴晗出席并主持北京市文委联合办公会议。[①]

[按:会议讨论了关于美工室要求迁回观音庵十三号办公、关于文化处接收法文图书馆图书等五个问题。出席会议的有张文奇、王康久、薛成业、王之平、王松声、张梦庚、李续纲。]

2 月 26 日 吴晗给北京市文委印发的第 197 号《简报》有关条文作出批示。[②]

2 月 26 日 吴晗致函彭真、刘仁、张友渔。[③]

[按:2 月 26 日,吴晗就"中学学生是否立即全部改学俄文的问题",向彭真、刘仁、张友渔致函汇报了他提出的三条处理意见。]

2 月 27 日上午 吴晗出席北京市人民政府第一百五十次行政会议。[④]

[按:会议由张友渔副市长主持,出席会议的有吴晗、张友渔、李霄路、霍清源、刘广钰等。会议在市政府东大厅举行。]

---

① 本条引自北京市档案馆档案号为 011 - 001 - 00019 的档案。

② 本条引自北京市档案馆档案号为 011 - 001 - 00023 的档案。

③ 本条引自北京市档案馆档案号为 002 - 005 - 00160 的档案。

④ 本条引自北京市档案馆档案号为 004 - 010 - 00820 的档案。

2月27日 吴晗给北京市文委印发的第196号、第198号《简报》有关条文作出批示。[①]

3月2日下午 吴晗参加北京市爱卫会召开的“全市爱国卫生运动动员及发奖大会”。[②]

[按:到会的有,市公共卫生局局长严镜清、卫生工程局副局长贺翼张、基层卫生组织的干部和爱国卫生运动积极分子三千四百多人,吴晗作为市爱卫会主任在大会上作了讲话。]

3月3日 吴晗在北京市文教委办公室的“请示”上作出批示。[③]

[按:3月2日,北京市文教委办公室向吴晗请示:“吴副市长:关于编制一九五三年文教委计划工作总结事是否可在星期三文委联合办公会上讨论或布置,请指示。五三年三 二日。”吴晗于3月3日作出批示:“文委联办讨论。吴晗 三.三”。]

3月4日 吴晗等到三个区检查卫生工作。[④]

[按:吴晗、市公共卫生局局长严镜清、卫生工程局副局

① 本条引自北京市档案馆档案号为011－001－00023的档案。

② 宋连生著:《吴晗的后二十年》,第60页。

③ 本条引自北京市档案馆档案号为011－001－00029的档案。

④ 本条引自1953年3月5日《北京日报》第一版。

长贺翼张到东单、西单、石景山三个区进行卫生工作检查，一共检查了七个单位。]

3月6日 吴晗给北京市文委印发的第204号《简报》有关条文作出批示。①

3月10日 吴晗出席中华全国民主青年联合总会全国委员会第二次会议。②

[按:3月10日，中华全国民主青年联合总会在北京举行全国委员会第二次会议。会上讨论与通过了关于召开中华全国青年第二次代表大会的决定，并推举廖承志、钱三强、吴晗、钱伟长、丁聪、区棠亮、关世雄、孙孚凌等十七人为中华全国青年第二次代表大会筹备委员会委员。]

3月12日 吴晗给北京市识字运动委员会办公室拟就的《北京市扫盲运动评奖办法》上作出批示。③

[按:3月12日，王立平对北京市识字运动委员会办公室拟就的《北京市扫盲运动评奖办法》作出拟办意见请吴晗副市长批示，吴晗于当日批示:“可　吴晗　三．十二”。]

---

① 本条引自北京市档案馆档案号为011－001－00023的档案。

② 本条引自1953年4月21日《人民日报》第一版。

③ 本条引自北京市档案馆档案号为152－001－00185的档案。

3月13日上午 吴晗出席并主持北京市人民政府第一百五十一次行政会议。[①]

[按:会议由张友渔和吴晗副市长主持,出席会议的有吴晗、张友渔、薛子正、李霄路、贾星五、马玉槐等。会议在在市政府东大厅举行。]

3月17日 吴晗致信习副主任[②]、钱秘书长[③]。[④]

[按:吴晗就关于六一幼儿园新建校舍的跨年度问题和追加工程预算问题致信中央人民政府政务院文委习副主任和钱秘书长。中央人民政府政务院文委于3月25日给予了复函。]

3月18日 吴晗出席并主持北京市文委第八次联合办公会议。[⑤]

[按:会议讨论了关于干部理论教育室要求增加办公用房和增添设备等七个问题。出席会议的有宋匡我、王松声、翁独健、顾德、王之平。]

3月18日 吴晗给北京市教育局教中字第1184号文件作

---

① 本条引自北京市档案馆档案号为004－010－00820的档案。

② 习副主任,即中央人民政府政务院文委副主任习仲勋。

③ 钱秘书长,即中央人民政府政务院文委秘书长钱俊瑞。

④ 本条引自北京市档案馆档案号为011－001－00035的档案。

⑤ 本条引自北京市档案馆档案号为011－001－00018的档案。

出批示。[①]

［按:3 月 13 日,北京市教育局就“对本市中学领助学金学生因病休学后是否继续发给问题”,以教中字第 1184 号文请示北京市人民政府,北京市人民政府秘书厅于 3 月 16 日拟出了有关处理意见,吴晗于 3 月 18 日作出批示:“可。吴晗　三．十八”。］

3 月 20 日上午　吴晗出席并主持北京市人民政府第一百五十二次行政会议。[②]

［按:会议由吴晗副市长主持,出席会议的有吴晗、柴泽民、李霄路、程宏毅、马玉槐等。会议在市政府东大厅举行。］

3 月 22 日　吴晗致函贺诚、苏井观。[③]

［按:贺诚、苏井观,时任中央人民政府政务院卫生部副部长。］

［按:信函的内容是介绍北京市文委秘书长李续纲去中央人民政府卫生部面陈北京市本年卫生预算的问题。］

3 月 23 日　吴晗参加北京市爱国卫生运动委员会举行的各

① 本条引自北京市档案馆档案号为 002－006－00275 的档案。
② 本条引自北京市档案馆档案号为 004－010－00820 的档案。
③ 本条引自北京市档案馆档案号为 011－001－00032 的档案。

区爱国卫生运动委员会办公室主任联席会议并作了讲话。[①]

3月24日 吴晗等到市属三个区检查卫生工作。[②]

[按:陪同吴晗一起检查的有:市公共卫生局局长严镜清、卫生工程局副局长贺翼张等。吴晗这次检查的是崇文、西四、宣武三个区十个单位。]

3月25日 吴晗出席并主持北京市文委第九次联合办公会议。[③]

[按:会议讨论了教育局翁局长关于中学改学俄文的请示等四个问题。出席会议的有翁独健、周正、晋劲敏、张文奇、尹适、蒋荫山、李续纲、王之平。]

3月25日 吴晗给北京市文委印发的第218号《简报》有关条文作出批示。[④]

3月26日 吴晗对中央人民政府政务院文教委员会计划财务局给他的来函作出批示。[⑤]

[按:中央人民政府政务院文教委员会计划财务局给吴

---

① 宋连生著:《吴晗的后二十年》,第60页。

② 本条引自1953年3月25日《北京日报》第三版。

③ 本条引自北京市档案馆档案号为011-001-00019的档案。

④ 本条引自北京市档案馆档案号为011-001-00023的档案。

⑤ 本条引自北京市档案馆档案号为011-001-00035的档案。

晗的来函:“吴副市长:习副主任交办三月十七日函‘关于六一幼儿院新建校舍问题’一案,其中:(一)关于跨年度工程问题,我们已同意解决,并已函告中央财政部批核,请与华北行政委员会文委在一九五三年华北文教事业预算内统盘考虑为荷。此致　敬礼　政务院文化教育委员会计划财务局　三月廿五日。”吴晗三月廿六日作出批示:“请李秘书长即办。”]

3月27日上午　吴晗出席并主持北京市人民政府第一百五十三次行政会议。[①]

[按:会议由张友渔副市长主持,出席会议的有张友渔、吴晗、柴泽民、李霄路、贾星五、霍清源等。会议在市政府东大厅举行。]

3月30日上午　吴晗出席北京市人民政府一九五三年第十四周联合办公会议。[②]

[按:这次会议由张友渔副市长、吴晗副市长和柴泽民秘书长共同主持,主要讨论有关劳动局关于停止对无固定雇主工人的救济问题等事宜。参加会议的还有:柴泽民、马玉槐、王宗续、白生智、聂旭等40多人。]

---

① 本条引自北京市档案馆档案号为004－010－00820的档案。

② 本条引自北京市档案馆档案号为004－010－00820的档案。

3 月 30 日 吴晗致函彭真、刘仁、张友渔。[①]

［按:信函的内容是向彭真、刘仁和张友渔汇报北京市解决北京儿童医院拥挤现象的办法和反映北京市病床和医师十分缺乏的严重情况。建议这一问题应由中央卫生部按照首都的特殊情况和需要来设法解决。］

4 月 2 日下午 吴晗出席北京市人民政府集体办公会议。[②]

［按:4 月 2 日下午 2 点半,北京市人民政府在市府第一会议室召开集体办公会议。会议由副市长张友渔主持。会议讨论了有关市政建设费五千亿元(旧币——编者注)的分配、关于检查户内厕所改建工作等六个问题。出席会议的还有:程宏毅、柴泽民、李霄路、牟泽衔、翁独健、严镜清、彭城、许京骐、陈明绍、范离、沈勃、王之平、徐振戌等。］

4 月 4 日 吴晗给北京市文委当日印发的《简报》有关条文作出批示。[③]

4 月 6 日 吴晗给北京市公共卫生局公卫药字第 192 号文作出批示。[④]

［按:3 月 30 日,北京市公共卫生局就"材料库存有大量

---

① 本条引自北京市档案馆档案号为 011－001－00106 的档案。

② 本条引自北京市档案馆档案号为 135－001－00184 的档案。

③ 本条引自北京市档案馆档案号为 011－001－00023 的档案。

④ 本条引自北京市档案馆档案号为 002－005－00166 的档案。

滞残药品拟定整个处理办法报请核示”事宜以公卫药字第192号文呈报北京市人民政府，秘书厅于4月3日作出拟办意见，吴晗于4月6日作出批示：“如拟。吴晗　四．六”。]

4月7日　吴晗在北京市财政局和北京市教育局联合发出的教财字第1379号签报上作出批示。[1]

[按：4月5日，北京市财政局局长牟泽衔和北京市教育局局长翁独健就“关于降低育才等干部子弟小学和六一幼儿园公杂费等项现行标准的问题”一事，以教财字第1379号签报呈送北京市人民政府，吴晗于4月7日作出批示：“拟同意，请张(指张友渔——编者注)批。吴晗　四．七”。]

4月8日　吴晗出席并主持北京市文委第十次联合办公会议。[2]

[按：会议讨论了卫生局一九五三年工作计划要点等六个问题。出席会议的有梁丹、王松声、黄天平、薛成业、张文奇、王之平、李续纲。]

4月9日　吴晗给北京市文委印发的第228号《简报》有关条文作出批示。[3]

---

① 本条引自北京市档案馆档案号为002－005－00166的档案。

② 本条引自北京市档案馆档案号为011－001－00019的档案。

③ 本条引自北京市档案馆档案号为011－001－00023的档案。

4月10日上午 吴晗出席并主持北京市人民政府第一百五十四次行政会议。[①]

［按：会议由张友渔副市长主持，出席会议的有张友渔、吴晗、柴泽民、李霄路、贾星五、李续纲、王之平等。会议在在市政府东大厅举行。］

4月10日 吴晗给北京市文委印发的第230号《简报》有关条文作出批示。[②]

4月13日上午 吴晗出席北京市人民政府一九五三年第十六周联合办公会议。[③]

［按：这次会议由张友渔副市长、吴晗副市长、薛子正秘书长和柴泽民副秘书长共同主持，会议主要讨论有关补充修正京津两市区人民法院试行办法的意见等事宜。参加会议的还有：马玉槐、王允中、于宝臣等30多人。］

4月13日 吴晗出席北京市全市夏季爱国卫生运动动员大会并在会上讲话。[④]

［按：为了使北京市的爱国卫生运动能够持续地开展下去，1954年4月13日，北京市爱国卫生运动委员会在中山

---

① 本条引自北京市档案馆档案号为004－010－00820的档案。
② 本条引自北京市档案馆档案号为011－001－00023的档案。
③ 本条引自北京市档案馆档案号为004－010－00820的档案。
④ 宋连生著：《吴晗的后二十年》，第61页。

公园音乐堂举行全市夏季爱国卫生运动动员大会。来自中央、华北、军委、市级厂矿、机关学校、建筑工程部门、各同业公会以及各级爱国卫生运动委员会负责干部、代表，街道卫生委员等共4100多人参加了会议。吴晗在大会上作了重要讲话。]

4月16日 吴晗在北京市人民政府秘书厅公文处理便笺上作出批示。①

[按：北京市人民政府秘书厅公文处理便笺上拟办的内容是：对中央人民政府高等教育部关于停办建筑专科学校问题的函的处理建议。吴晗于4月16日作出批示："即送沈（指沈勃——编者注）阅办。吴晗 四．十六"。]

4月17日上午 吴晗出席北京市人民政府第一百五十五次行政会议。②

[按：会议由张友渔副市长主持，出席会议的有张友渔、吴晗、柴泽民、李霄路、李续纲、马玉槐、马光斗等。会议在在市政府东大厅举行。]

4月20日 吴晗主持召开北京市文化教育委员会扩大

---

① 本条引自北京市档案馆档案号为002－006－00274的档案。

② 本条引自北京市档案馆档案号为004－010－00820的档案。

会议。①

［按：参加这次会议的有：北京市文教委的全体委员及市、区级文教系统科长以上的干部七十多人。］

4月22日上午 吴晗出席北京市人民政府第一百五十六次行政会议。②

［按：会议由张友渔副市长主持，出席会议的有张友渔、吴晗、薛子正、柴泽民、李霄路、程宏毅、李续纲、霍清源、王慎之、孙方山、李同茂、杨益民、牟泽衡、马应中、杨子诤、崔德清、彭则放、武韵蘅、彭城、丁铁峰、张锐、刘真甫、许京骐、陈明绍、刘仲华、孙国樑、顾德、李正修、王森、肖松、郭炜、李仲英等。会议在市政府东大厅举行。］

4月23日 吴晗给北京市文委印发的第238号《简报》有关条文作出批示。③

4月25日 吴晗担任北京市属机关工作人员体育运动会筹委会主任。④

［按：北京市市属机关拟定于6月上旬举行体育运动会，参加单位除市委、市政府所属各机关外，还有市级各人

---

① 本条引自1953年4月22日《北京日报》第一版。

② 本条引自北京市档案馆档案号为004－010－00820的档案。

③ 本条引自北京市档案馆档案号为011－001－00023的档案。

④ 本条引自1953年5月21日《北京日报》第二版。

民团体。北京市属机关运动会筹委会主任由吴晗担任，副主任由市委副秘书长赵凡、市府副秘书长柴泽民担任。]

4月26日 吴晗出席并主持北京市人民政府文化教育委员会第三次全体会议。[①]

[按：4月26日，吴晗出席并主持北京市人民政府文教委员会第三次全体会议，并在会上讲话。会议讨论了八个方面的问题：一、小学生升学问题；二、超龄儿童问题；三、学生健康的问题；四、小学生课外读物的问题；五、博物馆地址问题；六、京剧场问题；七、医院调整问题；八、教师子弟入学问题。]

4月27日上午 吴晗和郑振铎在市政府东厅召开了一个关于建立"首都历史与建设博物馆"（即首都博物馆的前身）的座谈会。[②]

[按：出席会议的有罗哲文、叶恭绰、邢赞亭、常任侠、侯仁之、王松声、马衡、常惠、傅振伦、刘开渠、苏秉琦、启功、何达、萧军等20多位历史、文化、教育、艺术界知名人士。]

4月27日 吴晗在北京市人民政府文教委员会的文稿上作

① 本条引自北京市档案馆档案号为011－001－00016的档案。

② 刘冕：《首博营建记：吴晗、郑振铎提议创建首博》。

出批示。[①]

［按：北京市人民政府文教委员会的这份文稿是一封致魏局长的公函，其内容是：函告北京市人民政府集体办公会议对华北地区一九五三年财经学校调整、整顿方案的意见。吴晗于4月27日在该文稿上作出批示："同意　吴晗　四，廿七"。］

4月29日　吴晗出席并主持北京市文委第十三次联合办公会议。[②]

［按：会议讨论了建筑专科学校副校长沈勃报告关于该校教员分配及设备的处理等三个问题。出席会议的有沈勃、杨士珩、孙仲鸣、张思苞、张旭久、陈刚、李续纲、王之平。］

4月30日下午　吴晗出席北京市人民政府集体办公会议。[③]

［按：4月30日下午2点半，北京市人民政府在市府第一会议室召开集体办公会议。会议由副市长张友渔主持。会议讨论了北京市的有关运输、关于给第二儿童医院院长诸福棠荣誉奖等三个问题。出席会的还有：薛子正、柴泽民、李霄路、赵鹏飞、王振武、王叔文、张文奇、孙方山等。］

---

① 本条引自北京市档案馆档案号为011－001－00078的档案。

② 本条引自北京市档案馆档案号为011－001－00019的档案。

③ 本条引自北京市档案馆档案号为135－001－00184的档案。

4 月 30 日　吴晗给北京市文委印发的第 245 号《简报》有关条文作出批示。①

5 月 4 日　吴晗给北京市文委当日印发的《简报》有关条文作出批示。②

5 月 5 日　吴晗在北京市人民政府秘书厅致中央人民政府高等教育部(53)工黄字第 101 号文的复函作出批示。③

［按:4 月 16 日,中央人民政府高等教育部就“请与我部商研便笺建筑专科学校的具体调整办法”一事,以(53)工黄字第 101 号文致函北京市人民政府,北京市人民政府秘书厅拟出复函,吴晗于 5 月 5 日作出批示:“续刚(指李续纲——编者注)同志阅后送张(指张友渔——编者注)核发。吴晗五．五”。］

5 月 6 日　吴晗当选为北京市选举委员会委员。④

［按:5 月 6 日,北京市选举委员会举行了第一次会议,选举委员会由中共北京市委员会副书记刘仁任主席,蒋光鼐、吴晗、冯宾符、彭泽民、孙晓村、薛愚、李乐光、张大中、冯佩之、柴泽民、张晓梅、舒舍予、王纯、傅华亭、钱端升、佘涤

① 本条引自北京市档案馆档案号为 011 - 001 - 00023 的档案。

② 本条引自北京市档案馆档案号为 011 - 001 - 00023 的档案。

③ 本条引自北京市档案馆档案号为 002 - 006 - 00274 的档案。

④ 本条引自 1953 年 5 月 7 日《人民日报》第三版。

清、杜若、马玉槐、载涛、刘福二十人任委员。会上,北京市人民政府副秘书长柴泽民作了选举准备工作情况的报告,并研究了成立选举委员会办公室等事项。]

5月7日 吴晗在北京市人民政府秘书厅致中央人民政府高等教育部(53)工黄字第101号文的复函再次作出批示。①

[按:4月16日,中央人民政府高等教育部就“请与我部商研便笺建筑专科学校的具体调整办法”一事,以(53)工黄字第101号文致函北京市人民政府,北京市人民政府秘书厅拟出复函,吴晗于5月5日作出批示:“续刚(指李续纲——编者注)同志阅后送张(指张友渔——编者注)核发。”5月7日,吴晗用便笺对此再次作出批示:“一、秘书厅即据张(指张友渔——编者注)批修改文字。二、与□□建设二局再联系一下,□□同意后再发出。吴晗　五.七”。]

5月8日上午 吴晗出席市政府157次行政会议。②

[按:这次行政会议在政府东大厅举行,会议由张友渔副市长主持,主要讨论有关北京市免费医疗实施办法等事宜。参加会议的还有:柴泽民、李霄路、贾星五、李续纲、翁独健等30多人。]

---

① 本条引自北京市档案馆档案号为002-006-00274的档案。

② 北京市档案馆编:《北京档案史料2007.4》,第149页。

5月13日 吴晗出席并主持北京市文委第十五次联合办公会议。①

［按：会议讨论了关于农民和市民业余学校专任教师的整顿等三个问题。出席会议的有薛成业、劳动局代表、人事局代表、翁独健、施宗恕、尹适、李续纲、王之平。］

5月14日 吴晗给北京市文委印发的第254号《简报》作出批示。②

5月15日上午 吴晗出席市政府158次行政会议。③

［按：这次行政会议由张友渔副市长主持，主要讨论有关北京市建设局、卫生工程局工人工资调整的范围、制度、标准方案等事宜。参加会议的还有：薛子正、柴泽民、李霄路、赵鹏飞、李续纲等40多人。］

5月16日 吴晗出席北京市青年第二届代表大会并讲话。

［按：北京市青年第二届代表大会于1953年5月16日至17日召开。北京市人民政府副市长吴晗和全国民主青年联合会副秘书长于北辰到会祝贺并讲话。北京市民主青年联合会第一届执行委员会主席张大中作了"北京市两年来

---

① 本条引自北京市档案馆档案号为011－001－00019的档案。

② 本条引自北京市档案馆档案号为011－001－00023的档案。

③ 本条引自北京市档案馆档案号为004－010－00820的档案。

青年工作及当前任务”的报告。]

5月16日 吴晗给北京市文委印发的第255号《简报》作出批示。①

5月18日 吴晗在《北京市人民政府文化事业管理处基本建设计划任务书(电影院)》上作出批示。②

[按:5月7日,北京市人民政府文化事业管理处呈报了《北京市人民政府文化事业管理处基本建设计划任务书(电影院)》,吴晗于5月18日作出批示:“同意修建。吴晗 五.十八”。]

5月18日 吴晗在《北京市人民政府文化事业管理处基本建设计划任务书(剧场)》上作出批示。③

[按:5月7日,北京市人民政府文化事业管理处呈报了《北京市人民政府文化事业管理处基本建设计划任务书(剧场)》,吴晗于5月18日作出批示:“同意修建。吴晗 五.十八”。]

5月22日上午 吴晗出席市政府159次行政会议。④

---

① 本条引自北京市档案馆档案号为011-001-00023的档案。

② 本条引自北京市档案馆档案号为011-001-00034的档案。

③ 本条引自北京市档案馆档案号为011-001-00034的档案。

④ 本条引自北京市档案馆档案号为135-001-00180的档案。

［按：会议在市政府东大厅举行，会议由张友渔副市长主持，听取了建设局许副局长关于建设局几项主要工作执行情况和存在问题的报告以及关于建筑工人技术标准的方案的讨论。参加会议的还有薛子正、柴泽民、李霄路、赵鹏飞、李续纲、马玉槐、牟泽衔、薛成业等40多人。］

5月25日 吴晗给北京市文委印发的第262号《简报》有关条文作出批示。[①]

5月28日上午 吴晗出席并主持北京市工业学校土木建筑工程学校调整问题座谈会。[②]

［按：会议在北京市人民政府第一会议室举行。参加会议的还有：薛子正、翁独健、施宗恕、王叔文、孙仲鸣、许京骐、陈明绍、范离等。］

5月28日下午 吴晗出席北京市人民政府集体办公会议。[③]

［按：4月30日下午2点半，北京市人民政府在市府第一会议室召开集体办公会议。会议由副市长张友渔主持。会议讨论了关于召开北京市四届二次各界人民代表会议准备工作以及关于北京市医疗机构现状和改进意见等三个问

---

① 本条引自北京市档案馆档案号为011－001－00023的档案。

② 本条引自北京市档案馆档案号为011－001－00078的档案。

③ 本条引自北京市档案馆档案号为135－001－00184的档案。

题。出席会的还有：薛子正、柴泽民、李霄路、牟泽衔、李续纲、张文奇等。]

5月29日上午　吴晗出席市政府160次行政会议。[①]

[按：这次行政会议由张友渔副市长主持，主要讨论有关北京市基层选举工作和试点计划等事宜。参加会议的还有：薛子正、柴泽民、李霄路、程宏毅、李续纲、马玉槐、王慎之等50人。]

5月31日　吴晗出席首都儿童庆祝"六一"儿童节大会。[②]

[按：首都儿童三十一日举行庆祝"六一"国际儿童节大会。到会的有首都各中小学儿童代表六百多人，还有各国驻我国大使馆的小朋友一百多人。吴晗出席了大会并讲话。吴副市长热切希望小朋友们努力学习、锻炼身体、学习志愿军叔叔们的国际主义和爱国主义精神，准备将来为祖国服务。吴晗讲话后，少年儿童代表向吴晗献花。到会的朝鲜小朋友还向大会主席团献花，这时，主席团中的中国小朋友和朝鲜小朋友亲热地握着手，久久不放，引起全场长久的激动的掌声。]

---

① 本条引自北京市档案馆档案号为004－010－00820的档案。

② 本条引自1953年6月1日《人民日报》第四版。

6月3日 王叔文致函吴晗。[①]

［按:6月3日,北京地方工业局的王叔文就当时华北局想把北京市工业学校调整为单一的机械科学校一事,向吴晗汇报他们研究的意见。他们觉得可以调整,但如何调整,还须多方面考虑。］

6月5日上午 吴晗出席市政府161次行政会议。[②]

［按:这次行政会议由张友渔副市长主持,主要讨论有关北京市商业局一九五二年社会购买力调查情况的报告等事宜。参加会议的还有:柴泽民、李霄路、李续纲、陶杰、马务本等30多人。］

6月7日 北京市市属机关工作人员举行体育运动会,吴晗作为大会主席,在会上首先致辞。[③]

［按:北京市市属机关工作人员运动会于6月7日在先农坛体育场隆重举行。吴晗作为大会主席,在会上首先致辞,接着中央人民政府体委副主任蔡廷锴讲话。比赛项目结束后,由出国男子篮球代表队和公安总队代表队作表演赛。］

---

① 本条引自北京市档案馆档案号为011－001－00086的档案。

② 本条引自北京市档案馆档案号为004－010－00820的档案。

③ 本条引自1953年6月8日《北京日报》第一版。

6月7日 在北京市市属机关工作人员体育运动会上，吴晗报名参加了拔河比赛。①

[按：许多市属机关负责同志也报名参加了竞赛项目，如吴晗报名参加了拔河比赛，市府办公厅副主任报名参加了垒球掷远和篮球掷远等。]

6月10日 吴晗出席中华全国青年第二次代表大会开幕式。②

[按：6月10日，中华全国青年第二次代表大会在首都怀仁堂隆重开幕。出席大会的代表人数为五百五十一人，列席人数为一百一十七人。应邀参加大会的外宾有：世界民主青年联盟的代表和苏联、朝鲜、蒙古、越南、波兰、捷克斯洛伐克、保加利亚、澳大利亚、英国、印尼等国的青年组织的代表共二十一人。大会由中华全国民主青年联合总会秘书长吴晗致开幕词。]

6月10日 吴晗在中华全国青年第二次代表大会上当选为主席团成员。③

[按：中华全国青年第二次代表大会大会选出世界民主青年联盟书记皮埃罗·皮埃拉利、丁聪、吴晗、胡耀邦、孙孚

① 本条引自1953年6月7日《北京日报》第一版。
② 本条引自1953年6月11日《人民日报》第一版。
③ 本条引自1953年6月11日《人民日报》第一版。

凌、区棠亮、廖承志、钱伟长、关世雄等五十五人为大会主席团成员。]

6月10日晚　吴晗出席全国青联和青年团中央联合举行的欢迎前来参加中华全国青年第二次代表大会的各国代表的晚宴。①

[按:一起陪同出席晚宴的有:廖承志、胡耀邦、李昌、荣高棠、钱伟长、丁聪、关世雄等。]

6月12日上午　吴晗出席市政府162次行政会议。②

[按:这次行政会议由张友渔副市长主持,主要讨论有关外事处关于中央外事会议情况的传达等事宜。参加会议的还有:薛子正、柴泽民、李续纲、陶杰、马玉槐、孙方山、马光斗等60多人。]

6月15日　吴晗给北京市文委印发的第278号《简报》有关条文作出批示。③

6月16日　吴晗出席中华全国民主青年联合会第二届全国委员会第一次会议,当选为全国青联副主席。④

---

① 本条引自1953年6月11日《北京日报》第一版。

② 本条引自北京市档案馆档案号为004－010－00820的档案。

③ 本条引自北京市档案馆档案号为011－001－00023的档案。

④ 本条引自1953年6月17日《人民日报》第一版。

［按:6 月 16 日,中华全国民主青年联合会第二届全国委员会举行第一次会议,出席委员八十六人。根据中华全国青年第二次代表大会通过的中华全国民主青年联合会章程,推选中华全国民主青年联合会主席、副主席、常务委员和秘书长、副秘书长。选举廖承志当选为中华全国民主青年联合会主席,刘导生、钱三强、吴晗、区棠亮当选为中华全国民主青年联合会副主席,丁聪、王光英、孙孚凌、刘西元、钱伟长、关世雄等二十七人当选为中华全国民主青年联合会常务委员,于北辰当选为中华全国民主青年联合会秘书长,钱伟长、丁聪、孙孚凌、关世雄、钱李仁为中华全国民主青年联合会副秘书长。］

6 月 16 日　吴晗给“北京市公共卫生局关于儿童医院基本建设计划任务书的请示”作出批示。[①]

［按:6 月 16 日,吴晗在“北京市公共卫生局关于儿童医院基本建设任务书”上作出批示:“可”。］

6 月 17 日　吴晗出席并主持北京市文委第二十次联合办公会议。[②]

［按:会议讨论了关于盲艺人曲艺工作队请求补助等二个问题。出席会议的有张梦庚、王叔文、范离、张若年、施宗

① 本条引自北京市档案馆档案号为 011 －002 －00021 的档案。

② 本条引自北京市档案馆档案号为 011 －001 －00019 的档案。

恕、李续纲、王之平。]

6 月 18 日　吴晗在北京市文委给华北行政委员会的公函的文稿上作出批示。①

[按：北京市文委给华北行政委员会的公函的内容是：对关于调整与加强中等技术学校的事情提出的几点意见。李续纲的拟办意见是："请吴副市长核正后，交秘书厅缮发。"吴晗于 6 月 28 日在该文稿上作出批示："可　吴晗 六．十八"。]

6 月 22 日　吴晗给北京市文委印发的第 283 号《简报》有关条文作出批示。②

6 月 22 日　吴晗致函北京市委书记、市长彭真，市委副书记刘仁和常务副市长张友渔。③

[按：吴晗在该信中建议北京市历史与建设博物馆推迟到 1954 年动工，并对北京市历史与建设博物馆的性质、范围、陈列、目的、地点、经费、准备、馆长人选等八大问题作了汇报。]

① 本条引自北京市档案馆档案号为 011 - 001 - 00078 的档案。

② 本条引自北京市档案馆档案号为 011 - 001 - 00023 的档案。

③ 王宏志、闻立树主编：《怀念吴晗：百年诞辰纪念》，第 390 页。

6月23日上午 吴晗出席并主持北京市人民政府一九五三年第二十六周联合办公会议。①

[按:这次会议由张友渔副市长、吴晗副市长和薛子正秘书长共同主持,会议主要讨论有关修正自来水用户安装供水设备办法的问题等事宜。参加会议的还有:薛子正、万丹如、刘珍甫、许京骐等40多人。]

6月25日 吴晗给北京市文委印发的《简报》有关条文作出批示。②

6月26日上午 吴晗出席市政府163次行政会议。③

[按:这次行政会议由张友渔副市长主持,主要讨论有关国营企业、机关、部队、学校占用的土地征收租金或使用费的问题等事宜。参加会议的还有:柴泽民、李霄路、万丹如、王永清、马光斗、孙方山等30多人。]

6月27日 吴晗给北京市文委印发的第287号《简报》有关条文作出批示。④

6月30日上午 吴晗出席并主持北京市人民政府一九五三

① 本条引自北京市档案馆档案号为004－010－00820的档案。
② 本条引自北京市档案馆档案号为011－001－00023的档案。
③ 本条引自北京市档案馆档案号为004－010－00820的档案。
④ 本条引自北京市档案馆档案号为011－001－00124的档案。

年第二十七周联合办公会议。[1]

[按：这次会议由吴晗副市长、柴泽民副秘书长和李副主任共同主持，会议主要讨论民政局关于处理海淀区门头村“侮辱少数民族碑碣”的问题等事宜。参加会议的还有：万一、周凤鸣、严镜清、张鸿舜等20多人。]

7月1日　吴晗出席并主持北京市文委第二十一次联合办公会议。[2]

[按：会议讨论了关于接办温泉中、小学等六个问题。出席会议的有张梦庚、王叔文、范离、张若年、施宗恕、李续纲、王之平。]

7月3日　吴晗在北京市人民政府教育局的报告上作出批示。[3]

[按：7月1日，北京市人民政府教育局以教工字第3393号文件向北京市人民政府文教委紧急报告了“目前本市扫盲及工农业余教育工作中若干亟待解决的具体问题”，办公室王立平作出了拟办意见，李续纲秘书长也作出批示后，吴晗批示：“同意李批　吴晗　七．三”。]

---

① 本条引自北京市档案馆档案号为004－010－00820的档案。

② 本条引自北京市档案馆档案号为011－001－00020的档案。

③ 本条引自北京市档案馆档案号为152－001－00215的档案。

7月3日　吴晗在北京市人民政府文化事业管理处基本建设计划任务书上作出批示。[1]

[按:6月23日,北京市人民政府文化事业管理处负责人张梦庚呈报了《北京市人民政府文化事业管理处基本建设计划任务书》,吴晗于7月3日作出批示:“同意。吴晗 七.三”。]

7月3日上午　吴晗出席市政府164次行政会议。[2]

[按:这次行政会议由张友渔副市长主持,主要讨论有关教育局关于第二次全国教育工作会议情况的报告等事宜。参加会议的还有:薛子正、柴泽民、李霄路、陶杰、霍清源、王慎之、孙方山等40多人。]

7月6日　吴晗签发北京市人民政府府秘吴字第480号文件。[3]

[按:这个文件是给北京市公共卫生局呈报的《关于使用药物杀灭病昆虫暂行办法》的批复。]

7月7日上午　吴晗出席并主持北京市人民政府一九五三年第二十八周联合办公会议。[4]

---

① 本条引自北京市档案馆档案号为004－010－00820的档案。

② 本条引自北京市档案馆档案号为011－001－00034的档案。

③ 本条引自北京市档案馆档案号为002－005－00166的档案。

④ 本条引自北京市档案馆档案号为004－010－00820的档案。

［按：这次会议由张友渔副市长、吴晗副市长、薛子正秘书长共同主持，会议主要讨论外事处关于西郊卧佛寺、碧云寺的几个问题等事宜。参加会议的还有：李续纲、马光斗、牟泽衔、薛成业等 40 多人。］

7 月 8 日　吴晗出席并主持北京市文委第二十二次联合办公会议。①

［按：会议讨论了文化各部门一九五四年工作计划等四个问题。出席会议的有胡蛮、朱欣陶、刘景毅、张梦庚、李续纲、王之平。］

7 月 10 日上午　吴晗出席市政府 165 次行政会议。②

［按：这次行政会议由张友渔副市长主持，主要讨论有关继续开展爱国卫生运动的指示和有关人事任免事项等事宜。参加会议的还有：柴泽民、李霄路、李续纲、陶杰、霍清源、张毓祯、孙方山等 50 多人。］

7 月 11 日　吴晗在北京市文化处《关于成立高级私营公助曲艺团计划》上作出批示。③

---

① 本条引自北京市档案馆档案号为 011－001－00020 的档案。

② 本条引自北京市档案馆档案号为 004－010－00820 的档案。

③ 本条引自北京市档案馆档案号为 011－001－00124 的档案。

7月12日 吴晗致函北京市市长彭真和常务副市长张友渔。①

[按:吴晗在该信中建议"市文教委成立京郊文物调查组以外,拟建议以畅观楼为市博物馆筹备处,陈列本市的历史文物"。]

7月15日 吴晗出席并主持北京市文委第二十三次联合办公会议。②

[按:会议讨论了卫生局张副局长报告东单区卫生所与协和医院的人事问题等五个问题。出席会议的有张文奇、顾德、翁独健、李续纲、王之平。]

7月16日 吴晗致函文化部党组书记、副部长周扬。

[按:吴晗这封信函的内容主要是,因中央当年批准在北京市建立历史与建设博物馆,因受建筑力量限制,拟延至明年开工等。]

7月17日上午 吴晗出席市政府166次行政会议。③

[按:这次行政会议由张友渔副市长主持,主要讨论有关继续开展爱国卫生运动的指示和有关人事任免事项等事

---

① 王宏志、闻立树主编:《怀念吴晗:百年诞辰纪念》,第392页。

② 本条引自北京市档案馆档案号为011-001-00020的档案。

③ 本条引自北京市档案馆档案号为004-010-00820的档案。

宜。参加会议的还有：柴泽民、李霄路、贾星五、李续纲、马务本、刘振远、孙方山、马光斗等50多人。]

7月中旬 吴晗负责北京市厂矿、工地卫生安全运动办公室的领导。①

[按：为了健全组织，加强卫生工作的领导力量，北京市全市按系统设立四个卫生运动办公室，分别有关上级领导干部领导。吴晗负责北京市厂矿、工地卫生安全运动办公室的领导。]

7月20日 吴晗在北京市文委办公室第1361号文上作出批示。②

[按：7月17日，北京市文委办将第1361号文"呈报《公共卫生局、文化事业管理处基本建设计划任务书》给华北行政委员会文化教育委员会"给吴晗审批。吴晗于7月20日作出批示："可。吴晗　七．廿"。]

7月21日 吴晗在北京市人民政府秘书厅作的"情况反映"上作出批示。③

[按：7月21日，北京市人民政府秘书厅向吴晗副市长

---

① 本条引自1953年7月18日《北京日报》第一版。

② 本条引自北京市档案馆档案号为011－001－00034的档案。

③ 本条引自北京市档案馆档案号为002－005－00166的档案。

作出书面“情况反映”，报告了北京市公共卫生局工作人员，不按北京市人民政府批复的意见办事的无组织、无纪律的情况。建议责令其检查纠正。吴晗于当日作出批示：“同意，即告该局检查纠正。吴晗　七．廿一”。]

7月21日　吴晗在北京市夏秋季节爱国卫生运动厂矿工地系统动员大会上作报告。①

[按：7月21日，北京市厂矿、工地卫生安全运动周办公室召开全市厂矿、建筑工程、市政建设、厂矿基本建设等单位的党、行政、工会、青年团负责干部报告动员会。到会的有北京市各厂矿各建筑工程单位和中共北京市委员会以及北京市总工会和北京市政府有关各局共七百多单位的党、行政、工会、青年团负责干部一千九百多人。市人民政府副市长，北京市厂矿、工地卫生安全运动周主任吴晗和中共北京市委员会工业部部长、北京市厂矿、工地卫生安全运动周办公室副主任贾庭三相继作了动员报告。]

7月22日　吴晗出席并主持北京市文委第二十四次联合办公会议。②

[按：会议讨论了关于成立中学教师进修学院等五个问题。出席会议的有翁独健、施宗恕、王叔文、孙仲鸣、李仲

① 本条引自1953年7月21日《北京日报》第一版。

② 本条引自北京市档案馆档案号为011－001－00020的档案。

英、程嘉哲、薛汕、王济川、白夥勋、石天、李续纲、王之平。]

7 月 24 日上午　吴晗出席市政府 167 次行政会议。①

[按:这次行政会议由张友渔副市长主持,主要讨论有关建筑工程局关于一九五三年上半年工作情况和今后意见的报告等事宜。参加会议的还有:薛子正、柴泽民、李霄路、赵鹏飞、马玉槐、宋新波等 40 多人。]

7 月 27 日　程宏毅、赵鹏飞致函吴晗。②

[按:7 月 27 日,时任北京市政府财贸办公室副主任的程宏毅、北京市财经委副主任的赵鹏飞就北京市工业学校及土木建筑学校的调整问题致函吴晗,汇报他们研究意见,请吴晗核定。]

7 月 28 日上午　吴晗出席并主持北京市人民政府一九五三年第三十一周联合办公会议。③

[按:这次会议由张友渔副市长、吴晗副市长、薛秘书长和李副主任共同主持,会议主要讨论关于本市中等学校录取学生名单由北京日报印送不另收费所需印刷纸张费由北京日报报销的问题等事宜。参加会议的还有:孙方山、张鸿

① 本条引自北京市档案馆档案号为 004 - 010 - 00820 的档案。
② 本条引自北京市档案馆档案号为 011 - 001 - 00078 的档案。
③ 本条引自北京市档案馆档案号为 004 - 010 - 00820 的档案。

舜、孙国樑、周游、范栋申等30多人。]

7月29日　吴晗出席并主持北京市文委第二十五次联合办公会议。①

[按:会议讨论了联合诊所的情况及存在的问题等三个问题。出席会议的有张文奇、王康久、易济平、张元德、张体英、李续纲、王之平。]

7月30日　吴晗开始赴厂矿、工地检查各单位开展卫生安全运动的情况。②

[按:陪同吴晗检查的有,北京市厂矿、工地卫生安全运动周办公室副主任贾庭兰、赵凡、刘莱夫、马光斗等。]

7月30日　吴晗在北京市文化事业管理处文管庚字第38号文上作出批示。

[按:7月24日,北京市文化事业管理处就呈报《北京市私营公助剧团暂行办法》审批一事以北京市文化事业管理处文管庚字第38号文请示北京市人民政府。吴晗于7月30日作出批示:"可试行。吴晗　七.卅"。]

---

① 本条引自北京市档案馆档案号为011－001－00020的档案。

② 本条引自1953年8月4日《北京日报》第一版。

7月31日上午　吴晗出席市政府168次行政会议。[①]

［按：这次行政会议由张友渔副市长主持，主要讨论有关地方工业局质量检查运动初步总结的报告等事宜。参加会议的还有：薛子正、柴泽民、李霄路、赵鹏飞、马玉槐等40多人。］

7月31日　周扬亲笔复函吴晗。[②]

［按：收到吴晗7月16日的信函后，周扬采纳了吴晗的建议，于7月31日复函吴晗，表示很同意缓办“历史博物馆”的建议，认为“目前干部缺乏，条件也不够，不能做的还是不要勉强为好”。并建议“可先建一个文化展览厅，用来陈列文物、美术品等”。］

7月31日　李济深致函彭真、张友渔和吴晗。[③]

［按：李济深就有关建议北京市人民政府接办北京棋艺研究社等问题写信给北京市市长彭真、副市长张友渔和吴晗的。］

8月1日　吴晗出席北京同仁医院庆祝北京市人民政府正式接办大会并在大会上讲话。[④]

---

① 本条引自北京市档案馆档案号为004－010－00820的档案。

② 王宏志、闻立树主编：《怀念吴晗：百年诞辰纪念》，第393页。

③ 本条引自北京市档案馆档案号为011－001－00125的档案。

④ 本条引自1953年8月8日《北京日报》第二版。

［按:8月1日,北京市人民政府正式接办北京同仁医院,改名为北京市立同仁医院。该院全体职工在该日集会,热烈庆祝政府接办。陪同吴晗出席会议的有北京市公共卫生局局长严镜清。］

8月1日　吴晗出席北京卫生模范座谈会并在会上讲话。[①]

［按:8月1日,北京市爱国卫生运动委员会举行了一九五二年被评为全国、华北及北京市的卫生模范和各区的爱国卫生运动委员会的负责人的座谈会,吴晗作为北京市爱国卫生运动委员会主任委员出席了会议,并在会上作了讲话。］

8月3口　吴晗在北京市人民政府秘书厂文件摘要上作出批示。[②]

［按:8月3日,北京市人民政府秘书厅就“为减少派出所开小学学生免费介绍信产生的忙乱现象,特拟具小学申请免费手续试行办法,拟先在西四区试行”一事,作出处理意见,吴晗于当日作出批示:“如拟。吴晗　八.三”。］

8月5日　吴晗出席并主持北京市文委第二十六次联合办

① 本条引自1953年8月11日《光明日报》第二版。

② 本条引自北京市档案馆档案号为002－006－00275的档案。

公会议。①

［按：会议讨论了卫生局五年发展规划的编制情况等三个问题。出席会议的有张文奇、王康久、易济平、张元德、张体英、李续纲、王之平。］

8月6日下午 吴晗出席并主持北京市人民政府集体办公会议。②

8月7日上午 吴晗出席并主持市政府169次行政会议。③

［按：这次行政会议由吴晗副市长主持，主要讨论有关商业局冬煤供应准备工作情况的报告等事宜。参加会议的还有：薛子正、柴泽民、李霄路、贾星五、马务本等50多人。］

8月9日 吴晗在北京市公共卫生局公卫医字第1626号文件上作出批示。④

8月10日 吴晗出席北京市卫生模范和模范单位代表座谈会并在会上讲话。⑤

［按：出席这次座谈会的有北京市的全国卫生模范、华

---

① 本条引自北京市档案馆档案号为011－001－00020的档案。

② 本条引自北京市档案馆档案号为135－001－00184的档案。

③ 本条引自北京市档案馆档案号为004－010－00820的档案。

④ 本条引自北京市档案馆档案号为135－001－00124的档案。

⑤ 本条引自1953年8月12日《北京日报》第二版。

北区卫生模范、北京市卫生模范、各级卫生模范单位的代表及各区爱国卫生运动干部共四十多人。]

8月10日 吴晗出席中国人民解放军公安部队首届功臣模范代表会议开幕式。①

[按:8月10日,中国人民解放军公安部队首届功臣模范代表会议在北京隆重开幕。朱德总司令亲临大会作了指示。到会的有功臣模范代表一百五十九人和十个模范单位的代表。中国人民志愿军公安部队的功臣模范代表七人也应邀参加了大会。北京市副市长吴晗和中华全国总工会、中国新民主主义青年团中央委员会的代表致贺词,北京市的群众团体代表向大会致贺词与献花,中国人民解放军海军、炮兵、装甲兵和工兵等部队代表向大会致贺词,公安部队各部队代表向大会献旗。会议最后由功臣模范代表鲁英致答词。]

8月11日 吴晗给北京市人民政府关于拆除西交民巷牌楼的报告作出批示。②

[按:8月11日北京市人民政府秘书厅拟就了一封上报中央人民政府政务院的文件《报告拆除本市东西交民巷牌楼,并拟移建西四帝王庙门前牌楼》,吴晗就此作出批示:

---

① 本条引自1953年8月11日《人民日报》第一版。

② 本条引自北京市档案馆档案号为002-005-00150的档案。

“请薛（指薛子正——编者注）考虑，彭（指批准——编者注）意应先与各方协商酝酿成熟后，再作处理。此稿是否可缓发、退存。吴晗　八．十一”。]

8月11日　吴晗就李济深7月31日给彭真、张友渔、吴晗的信函作出批示。[①]

[按：7月31日，李济深就有关建议北京市人民政府接办北京棋艺研究社等问题写信给北京市市长彭真、副市长张友渔和吴晗。吴晗阅后批示：“一、群众团体政府不能亦不应接办；二、经费应以自筹为主，‘适当补助’，亦应由中央文化部考虑；三、李副主席以函周总理指示办理，此系后覆。吴晗　八．十一”。]

8月13日　吴晗率队观摩本市卫生工作有成绩的单位和地区。[②]

[按：8月13日，吴晗率队参观了崇文区白桥派出所管界和东单区西裱褙胡同一带卫生工作有成绩的单位。]

8月13日　北京市紫竹院还湖工程竣工，吴晗参加北京市卫生工程局举行的放水典礼。

[按：8月13日，由北京市卫生工程局实施的紫竹院还

① 本条引自北京市档案馆档案号为011－001－00125的档案。

② 本条引自1953年8月19日《北京日报》第二版。

湖工程完工，并在当日举行放水仪式。紫竹院公园的建立为当时北京西郊各高校师生和附近广大干部开辟了一个全新的风景区，并可发挥调节城内用水的作用。从1952年起，大规模的建园工程开始动工，废田还湖，挖湖造山，疏浚出三湖两岛的格局，并修建小桥多座，使湖水相通。为控制湖泊水位，疏挖进、退水渠，设立进、退水闸，使湖水与南长河相通。1953年建成紫竹院公园，正式对游人开放。]

8月14日上午　吴晗出席并主持市政府170次行政会议。①

[按：这次行政会议由吴晗副市长主持，主要讨论有关工商管理局一九五三年上半年工作情况和下半年工作要点的报告等事宜。参加会议的还有：薛子正、柴泽民、李霄路、贾星五、霍清源等40多人。]

8月18日上午　吴晗出席并主持北京市人民政府一九五三年第三十一周联合办公会议。②

[按：这次会议由吴晗副市长和薛秘书长主持，会议主要讨论公共卫生局一九五三年基本建设建筑工程请公安局工程处于本年内完成或指定其他单位代办施工的问题等事宜。参加会议的还有：万一、陈明绍、薛成业、严镜清、谷静波等30多人。]

---

① 本条引自北京市档案馆档案号为004－010－00820的档案。

② 本条引自北京市档案馆档案号为004－010－00820的档案。

8 月 19 日　吴晗出席并主持北京市文委第二十七次联合办公会议。①

［按：会议讨论了关于领袖像管理等四个问题。出席会议的有刘世成、苏辛群、王宪诠、张梦庚、顾德、王康久、李宝仁、李续纲、王之平。］

8 月 20 日上午　吴晗主持召开了“关于首都古文物建筑保护问题座谈会”，在会上提出了关于文物处理的三条原则。②

［按：会议在北京市政府第一会议室召开。出席这次会议的还有薛子正、梁思成、华南圭、郑振铎、罗哲文、马衡、俞同奎、叶恭绰、林徽因、朱兆雪、李续纲、朱欣陶、林是镇、任晖等。会议记录为杨清彪。吴晗在会上提出，关于古文物建筑的处理，大体要分为三类：一类是有艺术价值的应该保存；第二类是有艺术价值的应该保存，但必须迁移的；第三类是无历史价值应该拆除。这三条原则，得到了时任国家文物局局长郑振铎的赞同。］

8 月 20 日　吴晗致函习仲勋③。④

---

① 本条引自北京市档案馆档案号为 011 - 001 - 00020 的档案。

② 王宏志、闻立树主编：《怀念吴晗：百年诞辰纪念》，第 372 页及北京档案馆编：《北京档案史料 2007. 4》，第 31 页。

③ 习仲勋，时任中共中央宣传部部长兼政务院文教委员会副主任。1953 年 9 月任政务院（后为国务院）秘书长。

④ 本条引自北京市档案馆档案号为 011 - 001 - 00077 的档案。

[按:信函的内容是向中央人民政府政务院文教委汇报今年北京市小学生升学和上学问题十分严重的情况,并将拟定的解决方案报告中央。]

8月21日上午 吴晗出席并主持市政府171次行政会议。[①]

[按:这次行政会议由吴晗副市长主持,主要讨论有关财政局一九五三年上半年工作情况和下半年工作要点的报告等事宜。参加会议的还有:薛子正、柴泽民、李霄路、贾星五、霍清源等40多人。]

8月24日 北京市第四届第二次各界人民代表大会会议召开,吴晗当选为主席团成员。[②]

[按:北京市第四届第二次各界人民代表会议于二十四日在中山公园中山堂举行。会议选出的主席团成员有吴晗、余心清、浦洁修、陈垣、张友渔、张奚若等69人。]

8月24日 吴晗在北京市第四届第二次各界人民代表大会上作题为《继续开展首都的爱国卫生运动》的报告。[③]

8月24日 吴晗在北京市第四届第二次各界人民代表大会

---

① 本条引自北京市档案馆档案号为004－010－00820的档案。

② 本条引自《北京市人民代表大会文献资料汇编1949—1993》,第239页。

③ 本条引自北京市档案馆档案号为011－001－00100的档案。

上提交了题为《北京市人民政府关于一九五二年文教卫生工作的报告》的书面报告。[①]

8月25日上午 吴晗主持北京市第四届第二次各界人民代表大会主席团会议。[②]

[按:8月25日上午10时,北京市第四届第二次各界人民代表大会主席团会议在文化俱乐部召开。大会秘书长李乐光报告讨论的情况。张友渔副市长和彭真市长分别讲话。]

8月25日 吴晗等主持北京市第四届第二次各界人民代表大会会议。[③]

[按:8月25日,第四届第二次各界人民代表大会会议继续举行,这天的大会执行主席是吴晗、刘仁、钱端升、傅华亭、费孝通、薛子正、毛树多、邵宗汉、杨仲兰。]

8月28日上午 吴晗出席市政府172次行政会议。[④]

[按:这次行政会议由薛子正秘书长主持,主要讨论有关北京市第四届第二次各界人民代表会议工作的问题等事宜。参加会议的还有:薛子正、柴泽民、李霄路、贾星五、李

① 本条引自《北京市人民代表大会文献资料汇编》,第227—230页。

② 本条引自北京市档案馆档案号为002－005－00194的档案。

③ 本条引自北京市档案馆档案号为002－005－00194的档案。

④ 本条引自北京市档案馆档案号为004－010－00820的档案。

续纲、万丹如等50多人。]

8月29日 吴晗出席并主持召开北京市中学统一招生工作检查委员会第一次会议。①

[按:会议在北京市人民政府第一会议室举行。参加会议的有:李续纲、翁独健、孙国樑、张青季、徐楚波、梁慧颜、崔淑贞、刘立邦等,清华大学的钱伟长、陆士嘉、陈士骅、王森以及师范大学的董渭川等因故缺席。]

8月29日 吴晗致函彭真、刘仁、张友渔。②

[按:8月29日,吴晗致函彭真、刘仁、张友渔,汇报刚刚开过的北京市统一招生工作检查委员会第一次会议的情况。]

8月31日 吴晗在自己给彭真、刘仁、张友渔的信函上作出批示。③

[按:8月29日吴晗给彭真、刘仁、张友渔写的关于汇报检查中学招生工作会议的情况的信函经三位领导圈阅后,吴晗于8月31日用一张北京市人民政府便笺作出批示:"续刚同志阅 此件留作文委参考,请注意张批 吴晗 八.卅

① 本条引自北京市档案馆档案号为011-001-00077的档案。
② 本条引自北京市档案馆档案号为011-001-00077的档案。
③ 本条引自北京市档案馆档案号为011-001-00077的档案。

一”。在吴晗此封信的第二页，张友渔作了三处批示。]

8 月下旬　吴晗出席北京市教育局召集的部分小学校长座谈会。[1]

[按：中共北京市委和北京市人民政府对本市小学毕业生升学问题曾反复讨论研究多次。八月下旬，北京市教育局召集了部分小学校长座谈会，彭真市长、吴晗副市长等都到会作了具体指示，并责成市教育局提出解决的办法。]

9 月 23 日　吴晗出席并主持北京市文委第三十一次联合办公会议。[2]

[按：会议讨论了文化事业管理处关于曲艺团评薪问题的汇报等三个问题。出席会议的有李仲英、肖甲、石夫、李续纲、王之平。]

9 月 24 日　吴晗参加北京市工矿企业干部、劳动模范大会并在会上作了讲话。[3]

[按：9 月 24 日，中共北京市委工业部和北京市总工会联合召开了全市厂矿企业干部、劳动模范大会。会上，中共北京市委副书记刘仁就北京市增产节约竞赛的问题做了报

---

① 本条引自 1953 年 8 月 29 日《人民日报》第一版。

② 本条引自北京市档案馆档案号为 011－001－00020 的档案。

③ 本条引自 1953 年 9 月 29 日《人民日报》第一版。

告，吴晗副市长代表华北行政委员会向被选为华北区一九五二年工业劳动模范的北京市各单位和个人颁发奖品。他热情地祝贺了北京市职工在去年工业爱国增产节约运动中的光辉成就。]

9月25日 吴晗签发北京市人民政府文教委员会（办字）1851号通知。①

[按：北京市人民政府文教委员会（办字）1851号通知的事由为："建西四门诊部计划任务书。"]

9月26日下午 吴晗前往中央美术学院礼堂吊唁著名画家徐悲鸿先生。

[按：9月26日下午，著名画家徐悲鸿先生的灵柩移放在中央美术学院礼堂，前往吊唁的有李济深、黄炎培、彭真、刘芝明、丁西林、吴玉章、邵力子、陈劭先、许德珩、廖承志、许广平、张友渔、吴晗以及参加中国文学艺术工作者第二次代表大会的代表，北京市文化艺术界人士和徐先生生前友好等。]

9月29日 吴晗给北京市建设局（签报）建工王字第3572号文作出批示。②

---

① 本条引自北京市档案馆档案号为011－002－00021的档案。

② 本条引自北京市档案馆档案号为002－005－00150的档案。

［按:9月28日,北京市建设局以(签报)建工王字第3572号文《签报关于移建中南海云绘楼及清音阁问题,请核示》呈报北京市人民政府,吴晗于9月29日作出批示:“同意。经费问题由承办单位与文化部交涉为好。吴晗　三.二”。］

9月30日　吴晗出席并主持北京市文委第三十二次联合办公会议。[①]

［按:会议讨论了民政局关于托儿所五年发展计划等二个问题。出席会议的有严镜清、王绪贞、刘承蓝、何书谦、季凯、李续纲、王之平。］

10月2日　吴晗出席一九五三年全国田径、体操、自行车运动大会开幕式。[②]

［按:10月2日,一九五三年全国田径、体操、自行车运动大会,在北京先农坛体育场隆重开幕。出席大会开幕式的有:政务院副总理兼文化教育委员会主任郭沫若,中央人民政府体育运动委员会主任贺龙、副主任蔡廷锴,卫生部部长李德全,教育部副部长韦悫,中国新民主主义青年团中央书记处书记胡克实,中华全国总工会书记刘子久,中华全国民主青年联合会副主席钱三强,中华全国民主妇女联合会

---

① 本条引自北京市档案馆档案号为011－001－00020的档案。

② 本条引自1953年10月3日《人民日报》第三版。

副主席许广平，中华全国学生联合会副主席张文浩，中央人民政府人民革命军事委员会总政治部文化部部长陈沂，北京市人民政府副市长吴晗及首都各机关团体负责人。]

10月3日 吴晗出席并主持北京市中学统一招生工作检查委员会第二次会议。①

[按:10月3日，北京市中学统一招生工作检查委员会第二次会议在北京市人民政府第一会议室举行。出席会议的有:李续纲、翁独健、孙国樑、钱伟长、王森、徐楚波、梁慧颜、赵致德等。]

10月3日 吴晗给"北京市戏曲学校郝寿臣关于学校用地面积一事给吴晗的来信"作出批示。②

[按:10月3日，吴晗在南京市戏曲学院郝寿臣关于学校用地面积一事9月30日给吴晗的来信上作出批示:"请与薛(文化事业管理处薛成业——编者注)阅读。李秘书长商办。"]

10月4日至12月18日 吴晗随中国人民第三届赴朝慰问团赴朝慰问。

---

① 本条引自北京市档案馆档案号为011－001－00077的档案。

② 本条引自北京市档案馆档案号为011－002－00017的档案。

10月19日　董渭川致函吴晗。[①]

［按：董渭川（北京师范大学教授）此时是北京市中学统一招生检查委员会的委员。由于工作的原因，他没能参加北京市中学统一招生检查委员会的两次委员会议和检查。后，北京市中学统一招生检查委员会将两次委员会议的记录和检查情况报告分送给未到会的代表。这是董渭川在收到该会议记录及检查情况报告后，写给吴晗的信（他不知道吴晗此时正在朝鲜慰问）。］

10月29日　陆士嘉致函吴晗。[②]

［按：陆士嘉（清华大学教授）此时是北京市中学统一招生检查委员会的委员。由于工作的原因，他没能参加北京市中学统一招生检查委员会的两次委员会议和检查。后，北京市中学统一招生检查委员会将两次委员会议的记录和检查情况报告分送给未到会的代表。这是陆士嘉在收到该会议记录及检查情况报告后，写给吴晗的信。（他不知道吴晗此时正在朝鲜慰问）。］

12月23日　吴晗出席并主持北京市文委第四十一次联合办公会议。[③]

---

① 本条引自北京市档案馆档案号为011－001－00077的档案。

② 本条引自北京市档案馆档案号为011－001－00077的档案。

③ 本条引自北京市档案馆档案号为011－001－00020的档案。

[按:会议讨论了关于文教系统编制问题等二个问题。出席会议的有孙国樑、顾德、张梦庚、胡蛮、朱欣陶、马健行、刘景毅、梁丹、马迅、李续纲、王之平。]

12月25日 吴晗任北京市公债推销委员会主任委员。[①]

[按:12月25日,北京市人民政府委员会举行第十一次会议,讨论关于推销一九五四年国家经济建设公债的问题。会议通过成立了北京市公债推销委员会,并通过了四十九位委员的名单。主任委员为吴晗,副主任委员有李乐光、傅华亭、刘莱夫等。]

[按:国家经济建设公债　当时的中央人民政府为了加速国家经济建设,逐步提高人民物质和文化生活水平,从1954年起面向国内发行的公债。从1954年到1958年,中国连续五次发行"国家经济建设公债"。公债的计划发行额,除1958年为6.3亿元外,其余四次均为6亿元,都以人民币为计量单位,利息率均为年息四厘。公债的偿本,除1954年为8年期,分8次偿清外,其余四次都是10年,分10次偿清。偿本期内每年付息一次。至1968年止,该公债的本息全部偿清。]

12月28日上午 吴晗又一次主持召开"关于首都古文物建

① 本条引自1953年12月26日《人民日报》第一版。

筑处理问题座谈会”。[1]

［按：出席这次会议的有：薛子正、梁思成、郑振铎、王明之、林是镇、叶恭绰、朱欣陶、罗哲文、马衡、侯仁之、朱兆雪、李续纲、俞同奎、华南圭、萧军、侯埕、曾权等。会议记录为杨清彪。］

12月28日 吴晗给彭真、刘仁、张友渔及周恩来总理写了《关于首都古文物建筑处理问题座谈会的情况报告》。[2]

［按：报告汇报了这次会议一致同意的几点意见和梁思成、俞同奎主张保留东、西四牌楼等不同意见。但告知，梁思成表示如政府决定派他拆除，他一定坚决执行，但仍保留并主张他的反对意见。］

12月30日 吴晗出席并主持北京市文委第四十二次联合办公会议。[3]

［按：会议讨论了关于公共卫生局一九五四年第一季度各区卫生工作计划要点等五个问题。出席会议的有孙国樑、顾德、张梦庚、胡蛮、朱欣陶、马健行、刘景毅、梁丹、马迅、李续纲、王之平。］

---

① 王宏志、闻立树主编：《怀念吴晗：百年诞辰纪念》，第378页及北京档案馆编：《北京档案史料2007.4》，第31页。

② 本条引自《吴晗全集》十卷版第十卷，第294页。

③ 本条引自北京市档案馆档案号为011－001－00020的档案。

12月30日晚 吴晗出席北京市政府举办的新年联欢晚会。①

［按：出席晚会的市人委委员还有彭真、张友渔、刘仁、薛子正、聂荣臻、罗瑞卿、雷洁琼、柴泽民、梁思成、严镜清、舒舍予、彭泽民、翁独健、马玉槐、牟泽衔、乐松生等。晚会演出了京剧《三岔口》《铡美案》《定军山》和侯宝林主演的相声。］

12月31日 吴晗在北京市教育局教中字第6191号文件上作出批示。②

［按：12月25日，北京市教育局就"为汇报我局今年冬季补助中学贫寒学生棉衣情况备案"一事，以北京市教育局教中字第6191文向北京市人民政府备案。吴晗于12月31日作出批示："备案。吴晗　十二月卅一日"。］

12月31日 吴晗在北京市公共卫生局公卫药字第1044号文上作出批示。③

［按：12月23日，北京市公共卫生局就关于"收购合法登记麻醉药品问题"一事以北京市公共卫生局公卫药字第11044文请示北京市人民政府。吴晗于12月30日作出批示："同意。吴晗　十二月卅一日"。］

---

① 本条引自北京市档案馆档案号为002－020－00090的档案。

② 本条引自北京市档案馆档案号为002－006－00275的档案。

③ 本条引自北京市档案馆档案号为002－005－00166的档案。

一九五四年

1月6日　吴晗出席并主持北京市文委联合办公会议第一次会议。①

［按：1月6日，北京市文委联合办公会议第一次会议召开。会议由副市长吴晗主持。会议讨论了关于新建同仁医院中为局处长干部设置病床等二个问题。出席会议的有：严镜清、张文奇、戴士铭、朱欣陶、李续纲、王之平等人。］

1月8日上午　吴晗出席北京市人民政府第一百八十四次行政会议。②

［按：1月8日上午九点，北京市人民政府第一百八十四次行政会议在市府东大厅召开。会议由副市长张友渔主持。会议听取了北京市公债推销委员会常委李霄路关于北京市推销一九五四年国家经济建设公债工作情况以及劳动

① 本条引自北京市档案馆档案号为011－001－00335和135－001－00239的档案。

② 本条引自北京市档案馆档案号为135－001－00236的档案。

局马副局长关于处理劳动争议范围规定等二个报告。讨论了北京市架空电力与电讯杆线改建或新建暂行守则等三个事项。出席和列席会议的还有:薛子正、柴泽民、李公侠、李霄路、贾星五、佟铮、梁思成、李续纲等61人。]

1月12下午 吴晗出席北京市人民政府集体办公会议。[1]

[按:1月12日下午2点,北京市人民政府在市府第一会议室召开集体办公会议。会议由副市长张友渔主持。会议讨论了关于北京市中等技术学校领导关系和经费以及教育局彙报目前工作中的主要问题等八个问题。出席会议的还有:李公侠、李霄路、程宏毅、李续纲、戎占峡、孙方山、牟泽衔、孙国樑、张文奇等。]

1月13日 吴晗出席并主持北京市文委联合办公会议第二次会议。[2]

[按:1月13日,北京市文委联合办公会议第二次会议召开。会议由副市长吴晗主持。会议讨论了关于文化事业管理处一九五三年工作总结。出席会议的有:李续纲、王亚平、王之平等人。]

1月13日晚 吴晗作为北京市公债推销委员会主任委员在

---

① 本条引自北京市档案馆档案号为135-001-00237的档案。

② 本条引自北京市档案馆档案号为135-001-00239的档案。

北京人民广播电台向全市人民作关于推销一九五四年国家经济建设公债的讲话。①

［按：1月13日晚上7点，北京市公债推销委员会主任委员吴晗在北京人民广播电台向全市人民作关于推销一九五四年国家经济建设公债的讲话。他号召全市人民积极参加这一爱国行动，踊跃认购国家经济建设公债。］

1月15日上午 吴晗出席北京市人民政府第一百八十五次行政会议。②

［按：1月8日上午九点，北京市人民政府第一百八十五次行政会议在市府东大厅召开。会议由副市长张友渔主持。会议听取了柴副秘书长关于北京市郊区粮食统购统销后的工作任务以及公共卫生局张副局长关于第三届全国卫生行政会议情况等二个报告。讨论了北京市人民政府工作人员任命名单等事项。出席和列席会议的还有：薛子正、柴泽民、李公侠、李霄路、贾星五、梁思成、李续纲、戎占峡等50人。］

1月20日 吴晗出席并主持北京市文委联合办公会议第三次会议。③

---

① 本条引自1954年1月13日《北京日报》第一版。

② 本条引自北京市档案馆档案号为135－001－00236的档案。

③ 本条引自北京市档案馆档案号为135－001－00239的档案。

［按:1 月 20 日,北京市文委联合办公会议第三次会议召开。会议由副市长吴晗主持。会议讨论了关于卫生局一九五三年工作总结。出席会议的有:严镜清、朱欣陶、李续纲、王之平等人。］

1 月 22 日上午　吴晗出席北京市人民政府第一百八十六次行政会议。①

［按:1 月 22 日上午九点,北京市人民政府第一百八十六次行政会议在市府东大厅召开。会议由副市长张友渔主持。会议听取了农业局周局长关于全国农业会议总结报告的传达报告。讨论了北京市一九五四年春节拥军优属工作计划以及修正北京市人民政府处理城区无主房地暂行办法等三项事项。出席和列席会议的还有:薛子正、柴泽民、李公侠、李霄路、李续纲、戎占峡、梁思成、万丹如、王慎之、孙方山等 51 人。］

1 月 23 日晚　吴晗到北京人民艺术剧院观看话剧《非这样生活不可》彩排。②

［按:1 月 23 日《非这样生活不可》剧继续彩排。文化部部长沈雁冰、副部长刘芝明,北京市副市长张友渔、吴晗审看。一同观看的还有苏联专家列斯里。1 月 21 日晚,《非这

① 本条引自北京市档案馆档案号为 135 - 001 - 00236 的档案。

② 本条引自《北京人民艺术剧院大事记》。

样生活不可》曾进行彩排。周总理、习仲勋等中央领导也来院审看。]

[按:《非这样生活不可》,由北京人民艺术剧院演出的四幕七场话剧。该剧由苏联诗人、剧作家安·索洛诺夫编剧,中国戏剧的奠基人、北京人艺的创始人、著名导演欧阳山尊执导,著名演员叶子、英若诚、秦在平、狄辛等主演。该剧在苏联演出很受观众的欢迎,被公认为是优秀的剧作。这个剧本后曾被莫斯科用英文、法文、德文、西班牙文、波兰文出版发行。]

1月25日 北京市统一招生工作检查委员会致函吴晗等。①

[按:1月24日,北京市统一招生工作检查委员会就一九五三年中学招生工作检查委员会的工作经过及检查结果致函报告彭真市长和张友渔、吴晗副市长。]

1月26日 吴晗在中学统一招生工作检查委员会拟写的文稿上作出批示。②

[按:1月26日,北京市中学统一招生工作检查委员会拟写了一份写给彭真市长,张友渔、吴晗副市长的“关于一九五三年中学招生工作检查委员会的工作经过及检查结果的报告”,吴晗于1月26日在该文稿上的首页作出批示:

① 本条引自北京市档案馆档案号为011－001－00077的档案。

② 本条引自北京市档案馆档案号为011－001－00077的档案。

“可。呈送市协商委员会。吴晗　一．廿六”。在该信函的第二页，吴晗又批示：“报告应根据翁局长的意见改正。吴晗　一．廿六”。]

1月29日上午　吴晗出席北京市人民政府第一百八十七次行政会议。①

[按：1月29日上午九点，北京市人民政府第一百八十七次行政会议在市府东大厅召开。会议由副市长张友渔主持。会议听取了商业局彭局长关于一九五四年春节物资供应计划以及监委会萧松关于公共汽车公司第三保养厂发生中煤气毒死亡事故等二个报告。讨论了关于制定及审批调查统计表的补充办法等事项。出席和列席会议的还有：柴泽民、李霄路、贾星五、戎占峡、王栋岑、李榕、萧松、王森、万丹如、王慎之49人]

1月29日　吴晗在北京市人民政府文化事业管理处的（54）文建桢字第3号文件上作出批示。②

[按：1月10日，北京市政府文化事业管理处处长以（54）文建桢字第3号文件向北京市文委呈报了“请批准五五年新建东郊电影院计划任务书”的请示。文委办于1月19日作出拟办意见。吴晗于1月29日在该文件上作出批

① 本条引自北京市档案馆档案号为135－001－00236的档案。

② 本条引自北京市档案馆档案号为011－001－00138的档案。

示:“同意　吴晗　一．廿九”。]

2月9下午　吴晗出席北京市人民政府集体办公会议。[①]

[按:1月12日下午2点,北京市人民政府在市府第一会议室召开集体办公会议。会议由副市长张友渔主持。会议讨论了关于北京市文教系统、市政建设系统一九五四年预算以及关于成立电气安装公司等二个问题。出席会议的还有:薛子正、柴泽民、李公侠、薛成业、顾德、王照桢等。]

2月10日　吴晗出席并主持北京市文委联合办公会议第五次会议。[②]

[按:2月10日,北京市文委联合办公会议第五次会议召开。会议由副市长吴晗主持。会议讨论了关于文物组一九五三年工作总结。出席会议的有:朱欣陶、胡蛮、欧阳山尊、李续纲、王之平等人。]

2月15日　吴晗给北京市公共卫生局公卫药字第44号文件作出批示。[③]

[按:2月9日,北京市公共卫生局就“为拟定罂粟壳管理工作上的手续及职责四条”报请北京市人民政府批示,北

① 本条引自北京市档案馆档案号为135-001-00237的档案。
② 本条引自北京市档案馆档案号为135-001-00239的档案。
③ 本条引自北京市档案馆档案号为002-006-00038的档案。

京市人民政府秘书厅秘书长柴泽民2月15日作出拟办意见，吴晗于当日作出批示："同意柴（指柴泽民——编者注）批。吴晗　二．十五"。]

2月15日　吴晗圈阅了华北行政委员会发送的加急电文。[①]

[按:2月12日，华北行政委员会以加急电报的形式发送了"关于召开华北区第二次文教工作会议的通知"，张友渔副市长于15日在该电文上作出批示："请吴副市长商柴、李（续刚）办"，吴晗于当日圈阅了这个电文。]

2月20日　吴晗出席北京市人民政府委员会第三届第十二次会议。[②]

[按:会议通过了北京市公债推销委员会主任委员吴晗所作的关于推销一九五四年国家经济建设公债情况的报告。]

2月26日上午　吴晗出席北京市人民政府第一百八十八次行政会议。[③]

[按:2月26日上午九点，北京市人民政府第一百八十八次行政会议在市府东大厅召开。会议由副市长张友渔主

---

① 本条引自北京市档案馆档案号为002－020－00720的档案。

② 本条引自1954年2月24日《北京日报》第一版。

③ 本条引自北京市档案馆档案号为135－001－00236的档案。

持。会议听取了北京市，市政建设委员会副主任佟铮关于市政建设各单位增产节约以及卫生工程局陈副局长关于凉水河施工问题等二个报告。讨论了修正北京市人民政府寺庙管理办法以及关于人事任免等事项。出席和列席会议的还有：薛子正、柴泽民、李霄路、贾星五、佟铮、马玉槐、万丹如、王建斌、孙方山等57人。]

2月26日 吴晗给北京市教育局报送的《私立文化补习学校暂行管理办法（草案）》作出批示。①

［按：2月19日北京市教育局向北京市人民政府报送了《私立文化补习学校暂行管理办法（草案）》，吴晗于2月26日作出批示："文委办公室即研究，提意见。吴晗　二．廿六"。]

2月26日 吴晗致信彭真、刘仁、张友渔。②

［按：吴晗是就关于建立两个公营剧团（即一曲艺、一评剧）的事情致信彭真、刘仁、张友渔汇报请示工作的。]

2月 在吴晗的关心下，市政府批准正式成立"首都历史与建设博物馆"筹备处。③

---

① 本条引自北京市档案馆档案号为002－006－00277的档案。

② 本条引自北京市档案馆档案号为002－006－00215的档案。

③ 刘冕：《首博营建记：吴晗、郑振铎提议创建首博》。

[按:编制为8人的首博筹备处先是在北海公园的画舫斋,与北京市文物调查研究组合署办公,后又搬到北海天王殿。市政府还将天坛公园内的七十二长廊和宰牲亭划归筹备处作为展览地点。]

3月2日 吴晗给北京市建设局(签报)建养王字第51号文作出批示。①

[按:3月1日,北京市建设局以(签报)建养王字第51号文《关于东西交民巷的牌楼拆除问题报请批示》呈报吴晗副市长,吴晗于3月2日作出批示:"同意即拆除。吴晗三.二"。]

3月5日上午 吴晗出席北京市人民政府第一百八十九次行政会议。②

[按:3月5日上午九点,北京市人民政府第一百八十九次行政会议在市府东大厅召开。会议由副市长张友渔主持。会议听取了北京市人民政府市政建设委员会副主任佟铮关于北京市一九五四年市政工程计划以及柴副秘书长关于目前北京市机关、工厂的干部、职工身体健康状况及改进意见等二个报告。出席和列席会议的还有:薛子正、柴泽民、李霄路、李公侠、谷静波、佟铮、万丹如等61人。]

---

① 本条引自北京市档案馆档案号为002-005-00150的档案。

② 本条引自北京市档案馆档案号为135-001-00236的档案。

3月9日 吴晗在市文委沈予撰写的文件处理意见草案上作出批示。①

［按:1月5日,北京市政府文化事业管理处处长王亚平以(54)文社庚字第一号文件向北京市文委呈报了“呈请将识字教育工作交给各政府领导,原文化馆的识字教育干部名额仍旧归还文化馆由”的请示。文委办的沈予于2月8日作出文件处理意见草案,李续纲于2月28日作出拟办意见。吴晗于3月9日在沈予作出的文件处理意见草案上作出批示:“十日联办讨论　吴晗　三．九”。吴晗批示中的“联办”是指市文委联合办公会议。］

3月10日 吴晗给北京市教育局(54)教工字第786号文“请示”作出批示。②

［按:3月2日,北京市教育局以(54)教工字第786号文《请示关于适当提高职工业余学校中级教师工资问题》呈送北京市人民政府,吴晗于3月10日作出批示:“同意李(指文委李续纲秘书长——编者注)批。吴晗　三．十六”。］

3月10日 吴晗出席并主持北京市文委联合办公会议第六次会议。③

① 本条引自北京市档案馆档案号为011－001－00138的档案。

② 本条引自北京市档案馆档案号为002－006－00268的档案。

③ 本条引自北京市档案馆档案号为135－001－00239的档案。

[按:3月10日,北京市文委联合办公会议第六次会议召开。会议由副市长吴晗主持。会议讨论了关于文化馆、站机构及领导关系等六个问题。出席会议的有:翁独健、严镜清、王松声、李续纲、王之平等人。]

3月12日上午 吴晗出席北京市人民政府第一百九十次行政会议。①

[按:3月12日上午九点,北京市人民政府第一百九十次行政会议在市府东大厅召开。会议由副市长张友渔主持。会议听取了北京市人民政府市文教委员会秘书长李续纲关于北京市一九五四年文教卫生事业计划以及柴副秘书长传达政务院关于中监委检查中华全国科学技术普及协会印发参考图表泄露国家机密的通报等四个报告。出席和列席会议的还有:薛子正、柴泽民、李霄路、李公侠、梁思成、李续纲、谷静波、戎占峡、马玉槐等47人。]

3月12日下午 吴晗出席全国文化教育委员会第五次全体委员会议。②

[按:3月12日下午,全国文化教育委员会第五次全体委员会议在北京举行。会议由郭沫若主任主持,会议根据国家在过渡时期的总路线和第一个五年计划的基本任务,

---

① 本条引自北京市档案馆档案号为135-001-00236的档案。

② 本条引自1954年3月13日《人民日报》第一版。

讨论和确定一九五四年文教工作的方针和任务，以及一九五四年文教事业计划和五年计划的主要指标，使文教工作完全遵照总路线并有效地为总路线总任务服务。出席这次会议的有中央人民政府政务院文教委员会主任、副主任、委员、秘书长和副秘书长，以及所属各部、会、院、署负责人，北京、天津各大学校长，各大行政区文教委员会主任、秘书长暨所属各局负责人，各省、市文教委员会负责人共一百七十九人。]

3 月 15 日　吴晗致信李公侠[①]。[②]

［按：这是吴晗把标题为《建筑史家们关于首都建设和古代文物保护问题的看法和理论》的摘录材料送给李公侠参考时写的一封信。]

3 月 16 日　吴晗给北京市教育局(54)教工字第 1029 号“签报”作出批示。[③]

［按：3 月 16 日，北京市教育局以(54)教工字第 1029 号急件“签报”呈送北京市人民政府，吴晗于 3 月 16 日当日作出批示：“拟同意，请张(指张友渔副市长——编者注)批。吴晗　三．十六”。]

---

① 李公侠，时任北京市人民政府副秘书长。

② 本条引自北京市档案馆档案号为 002－006－00235 的档案。

③ 本条引自北京市档案馆档案号为 002－006－00268 的档案。

3月20日 吴晗给“北京人民广播电台关于一九五四年基本建设任务书”作出批示。[①]

[按:3月20日,吴晗在北京人民广播电台台长丁一岚呈报的“北京人民广播电台关于一九五四年基本建设任务书”上作出批示:“同意”。]

3月25日 吴晗出席中央文教委第六次全体会议。[②]

[按:中央人民政府政务院文化教育委员会3月25日举行第六次全体会议。会议根据全国文教工作会议的意见,同意补充和修改“一九五四年文化教育工作的方针和任务”的报告、“全国文教工作会议的总结”以及“一九五四年度全国文化教育事业计划草案”,并一致通过将上述报告和计划草案呈请中央人民政府政务院审核和批准。出席这次会议的有郭沫若主任,陆定一、沈雁冰、习仲勋副主任,委员钱俊瑞、韦悫、李德全、竺可桢、柳亚子、费孝通、吴晗、刘清扬、潘光旦、李达、符定一、沈志远、陈此生、蒋南翔、沈兹九、阳翰笙、钱三强、陈鹤琴、翦伯赞、侯外庐、钱端升、雷洁琼、沈体兰、任鸿隽、叶恭绰、吴有训等三十人。]

3月26日上午 吴晗出席北京市人民政府第一百九十二次行政会议。

① 本条引自北京市档案馆档案号为011－002－00044的档案。

② 本条引自1954年3月26日《人民日报》第一版。

［按：3 月 26 日上午九点，北京市人民政府第一百九十二次行政会议在市府东大厅召开。会议由副市长张友渔主持。会议听取了北京市人民政府副市长吴晗传达周总理在全国文教工作会议上的报告以及市文教委李续纲秘书长关于全国文教工作会议情况等二个报告。出席和列席会议的还有：薛子正、柴泽民、李霄路、李公侠、谷静波、李续纲、戎占峡、王慎之、马玉槐等 68 人。］

3 月 29 日 吴晗在北京市建筑工地爱国卫生运动动员大会上作了《为做好建筑工地卫生工作完成首都 1954 年基本建设任务而奋斗》的报告。[①]

［按：出席大会的还有北京市人民政府副秘书长柴泽民，中共北京市建筑工程委员会副书记刘拓，北京市总工会副主席刘莱夫，北京市公共卫生局局长严镜清及中央、华北、市、区所属各建筑工程公司、工地行政和工会负责干部等约一千人。吴晗的报告结束后，中共北京市建筑工程委员会副书记刘拓和北京市总工会副主席刘莱夫均先后在会上讲话。］

3 月 31 日 吴晗出席并主持北京市文教委联合办公会议第

① 本条引自《吴晗全集》十卷版第十卷，第 304 页。

七次会议。①

[按:3月31日,北京市文委联合办公会议第七次会议召开。会议由副市长吴晗主持。会议讨论了关于北京市一九五三年文教工作总结及一九五四年文教工作方针任务(草稿)等二个问题。出席会议的有:薛成业、张梦庚、王树功、梁丹、李榕、张学礼、李续纲、王之平等人。]

3月31日 吴晗给北京市教育局(54)教工字第621号"请示"作出批示。②

[按:2月19日,北京市教育局以(54)教工字第621号文《关于本市私立文化补习学校今后领导方针及管理办法报请核示》呈报北京市人民政府,文教委秘书长李续纲作了拟办意见,吴晗于3月31日作出批示:"同意李秘书长意见。吴晗 三.卅一"。]

春 在吴晗的亲自指导下,北京市出土文物展览在北海公园天王殿举办。③

[按:北京市出土文物展览 这是北京历史上的第一个出土文物的公开展览。这次展览,不仅进一步宣传了党的文物保护政策,而且通过出土文物,使观众对北京地区的古

① 本条引自北京市档案馆档案号为011-001-00335和135-001-00239的档案。

② 本条引自北京市档案馆档案号为002-006-00277的档案。

③ 王宏志、闻立树主编:《怀念吴晗:百年诞辰纪念》,第395页。

代文化也有了进一步的了解。]

4月2日上午 吴晗出席北京市人民政府第一百九十三次行政会议。①

[按:4月2日上午九点,北京市人民政府第一百九十三次行政会议在市府东大厅召开。会议由副市长张友渔主持。会议听取了北京市地方工业局宋局长关于地方工业局一九五三年工作基本情况总结和一九五四年工作计划纲要的报告。讨论了关于市府机关刊物整顿的意见等。出席和列席会议的还有:柴泽民、李霄路、赵鹏飞、王慎之、马玉槐、孙方山、牟泽衔等51人。]

4月2日 吴晗给北京市爱国卫生运动委员会呈送的“春夏季爱国卫生运动计划纲要(草案)”作出批示。②

[按:吴晗批示:“同意,送柴(即北京市政府副秘书长柴泽民——编者注)阅,应在府政会上布置,请考虑。”]

4月6日 吴晗和北京市公共卫生局局长严镜清赴中央重工业部直属工程公司北京钢铁学院工地检查卫生工作。③

[按:严镜清,公共卫生学家,时任北京市公共卫生局

---

① 本条引自北京市档案馆档案号为135－001－00236的档案。

② 本条引自北京市档案馆档案号为011－002－00118的档案。

③ 宋连生著:《吴晗的后二十年》,第61页。

局长。]

4月7日 吴晗在北京市财政局和北京市教育局联合发出的教财字第1379号签报上作出批示。[1]

4月8日 吴晗出席并主持北京市文委联合办公会议第八次会议。[2]

[按:4月8日,北京市文委联合办公会议第八次会议召开。会议由副市长吴晗主持。会议讨论了北京市公共卫生局严局长报告春夏季爱国卫生运动工作计划等五个问题。出席会议的有:严镜清、张文奇、张梦庚、薛成业、徐永仁。列席会议的有张大中、石夫等人。]

4月9日上午 吴晗出席北京市人民政府第一百九十四次行政会议。[3]

[按:4月9日上午九点,北京市人民政府第一百九十四次行政会议在市府东大厅召开。会议由副市长张友渔主持。会议听取了北京市地方工业局宋局长关于地方工业局一九五三年工作基本情况总结和一九五四年工作计划纲要的报告。讨论了关于市府机关刊物整顿的意见等。出席和

① 本条引自北京市档案馆档案号为002－006－00276的档案。

② 本条引自北京市档案馆档案号为135－001－00239的档案。

③ 本条引自北京市档案馆档案号为135－001－00236的档案。

列席会议的还有：柴泽民、李公侠、李霄路、贾星五、李续纲、梁思成、马玉槐、马光斗等52人。]

4月13日 吴晗出席并主持北京市人民政府第十一次联合办公会议。①

[按：4月13日，北京市人民政府在市府第一、二会议室召开第十一次联合办公会议，会议由副市长张友渔和吴晗联合主持。会议讨论了关于接办航空检疫所以及关于公安医院行政经费人事由公安局负责业务指导由公共卫生局负责等十一个问题。出席会议的还有：李霄路、李续纲、孙方山、牟泽衔、薛成业、严镜清、马振武、周奎正、王旭东等32人。]

4月13日 吴晗在中山公园音乐堂参加北京市爱国卫生运动委员会举行的全市夏季爱国卫生运动动员大会并作动员报告。②

[按：参加大会的有中央、华北、军委、市级厂矿、机关、学校、建筑施工部门、各同业工会以及各级爱国卫生运动委员会负责干部、代表等共四千一百多人。]

4月13日 吴晗给北京市文化事业管理处(54)文电庚字第

① 本条引自北京市档案馆档案号为011－001－00238的档案。

② 宋连生著：《吴晗的后二十年》，第61页。

18 号文指出批示。[1]

［按:3 月 5 日,北京市文化事业管理处处长王亚平为“影院调整票价”一事,以(54)文电庚字文件请示北京市人民政府文教委员会,文委办公室于 4 月 12 日作出拟办意见,吴晗于 4 月 13 日作出批示:“提市府联办讨论,并请市委宣传部参加。吴晗　四. 十三”。］

4 月 15 日　吴晗给北京市公共卫生局市防卫字第 48 号文作出批示。[2]

［按:4 月 14 日,北京市公共卫生局以市防卫字第 48 号文《呈送北京市基本建设工地卫生管理暂行办法草案提请行政会议讨论公布》给北京市人民政府。吴晗于 4 月 15 日作出批示:“提行政会议讨论。吴晗　四. 十五”。］

4 月 15 日　吴晗给北京市教育局呈报的(54)教基字第一四七六号公函作出批示。[3]

［按:4 月 13 日,北京市教育局局长翁独健签报(54)教基字一四七六号致张友渔和吴晗的公函。吴晗于 4 月 15 日作出批示:“请张(张友渔——编者注)批处”。］

---

① 本条引自北京市档案馆档案号为 002－006－00252 的档案。

② 本条引自北京市档案馆档案号为 002－006－00288 的档案。

③ 本条引自北京市档案馆档案号为 011－002－00049 的档案。

4月15日 吴晗出席并主持北京市文委联合办公会议第九次会议。[①]

［按:4月15日,北京市文委联合办公会议第九次会议召开。会议由副市长吴晗主持。会议讨论了关于中国书店人事及接办等三个问题。出席会议的有:张梦庚、胡蛮、苏辛群、晏振国、王之平等人。］

4月19日 吴晗的《关于教育工作的发言(草稿)》一文撰写完毕。[②]

［按:本文应该是吴晗为准备在即将召开的市人代会发言稿。经查史料,距1956年4月19日最近的北京市人代会,是1956年8月8日至15日召开的北京市第一届第四次人代会。但在这次人代会的议程上没有吴晗这个发言的记录,也没有书面发言的记录,估计吴晗这个准备的发言稿,最后并没有使用。

吴晗这个发言稿的草稿有好几稿,均没有标注写作日期,编者权且将吴副市长办公室在本文第一次打印稿上留言中标注的日期作为该发言稿的写作日期,估计时间相差不会太远。］

4月22日 吴晗出席并主持北京市文委联合办公会议第十

---

① 本条引自北京市档案馆档案号为135－001－00239的档案。

② 本条引自北京市档案馆档案号为152－001－00328的档案。

次会议。①

[按:4 月 22 日,北京市文委联合办公会议第十次会议召开。会议由副市长吴晗主持。会议讨论了关于文化站调整等二个问题。出席会议的有:王松声、薛成业、常自超、李续纲、王之平等人。]

4 月 23 日上午 吴晗出席北京市人民政府第一百九十五次行政会议。②

[按:4 月 23 日上午九点,北京市人民政府第一百九十五次行政会议在市府东大厅召开。会议由副市长张友渔主持。会议听取了北京市一九五四年第二季度卫生工作计划和一九五四年春季爱国卫生运动计划纲要以及关于一九五四年检查和动员修缮私有危险房屋工作计划等的报告和讨论了北京市、区人民法院建立一审陪审团制试行规则等三个事项。出席和列席会议的还有:薛子正、柴泽民、李霄路、佟铮、谷静波、李续纲、梁思成、万丹如等 69 人。]

4 月 24 日 吴晗给"北京市人民政府公共卫生局报送的综合医院基本建设任务书"作出批示。③

[按:4 月 24 日,吴晗在北京市人民政府公共卫生局报

---

① 本条引自北京市档案馆档案号为 135－001－00239 的档案。

② 本条引自北京市档案馆档案号为 135－001－00236 的档案。

③ 本条引自北京市档案馆档案号为 011－002－00049 的档案。

送的综合医院基本建设任务书”上作出批示:“同意”。]

4月26日 吴晗出席并主持讨论解决全市机关干部业余文化学校(班)教员经费的具体办法会议。[①]

[按:出席会议的单位有:中央文委、中央人事部、华北扫盲委员会、华北机关人事处、北京市人事局、北京市教育局、北京市财政局、北京市文委等。]

4月27日 吴晗出席并主持北京市人民政府第十二次联合办公会议。[②]

[按:4月27日,北京市人民政府在市府第一、二会议室召开第十二次联合办公会议,会议由副市长吴晗主持。会议讨论了关于北京市影院调整票价以及关于建筑失业人员转训校舍追加建筑费等十一个问题。出席会议的还有:薛子正、李续纲、马光斗、晁锦文、吴思行等34人。]

4月29日 吴晗出席并主持北京市文委联合办公会议第十一次会议。[③]

[按:4月29日,北京市文委联合办公会议第十一次会议召开。会议由副市长吴晗主持。会议讨论了《北京市机

---

① 本条引自北京市档案馆档案号为011－001－00095的档案。
② 本条引自北京市档案馆档案号为011－001－00238的档案。
③ 本条引自北京市档案馆档案号为135－001－00239的档案。

关工作人员体育锻炼标准试行条例(草案)》等四个问题。出席会议的有:严镜清、周游、马健行、李续纲、王之平等人。]

4月29日 吴晗给柴副秘书长的请示作出批示。[①]

[按:柴副秘书长(即柴泽民)4月27日就市卫生局拟召开第三届卫生行政工作会议的事宜请张、吴两位副市长核批,吴晗于4月29日作出批示:"照文委联办(即文委联合办公会——编者注)决定办理 吴晗 四.廿九"。]

4月30日上午 吴晗出席北京市人民政府第一百九十六次行政会议。[②]

[按:4月30日上午九点,北京市人民政府第一百九十六次行政会议在市府东大厅召开。会议由副市长张友渔主持。会议听取了北京市邮局成局长关于第三次全国省区市邮电局长会议简要情况的传达和民政局马局长关于本市第一次民政工作会议总结等三个报告。出席和列席会议的还有:薛子正、柴泽民、李霄路、马玉槐、万丹如、孙方山等42人。]

5月3日 吴晗在市文委办公室主任王之平给他的公函上

① 本条引自北京市档案馆档案号为011-001-00104的档案。

② 本条引自北京市档案馆档案号为135-001-00236的档案。

上作出批示。[1]

［按:4月27日，北京市文委办公室主任王之平因城区文化站的调整及整顿问题致函秘书厅并向吴晗汇报。吴晗于5月3日在王之平写的信函上作出批示:“提联办讨论　吴晗　五．三”。吴晗批示中的“联办”是指市文委联合办公会议。］

5月3日晚　吴晗出席首都各界青年“五四”三十五周年纪念大会。[2]

［按:5月3日晚，首都各界青年在怀仁堂举行“五四”三十五周年纪念大会。大会由中国新民主主义青年团中央委员会、中华全国民主青年联合会、中华全国学生联合会联合主持。中国共产党中央委员会政治局委员刘少奇、朱德、陈云、董必武、林伯渠、彭真和中共中央委员会秘书长邓小平、中共中央宣传部部长习仲勋等出席了这次纪念会。出席纪念会的还有中国新民主主义青年团中央委员会书记处书记胡耀邦、刘导生、罗毅、王宗槐、荣高棠、区棠亮、章泽、胡克实，中华全国民主青年联合会主席廖承志，副主席钱三强、吴晗，中华全国学生联合会主席田德民，青年团华北区工作委员会书记葛步海，青年团北京市委员书记张大中。应邀参加纪念会的有来我国访问的以谢列平为首的苏联青年代

① 本条引自北京市档案馆档案号为011－001－00138的档案。

② 本条引自1954年5月4日《人民日报》第一版。

表团、朝鲜人民访华代表团青年代表金辰泽等。参加这次纪念会的还有首都的青年劳动模范、战斗英雄和首都各界青年代表一千四百多人。]

5月4日 吴晗出席并主持北京市人民政府第十三次联合办公会议。①

[按:5月4日,北京市人民政府在市府第一、三会议室召开第十三次联合办公会议,会议由副市长张友渔和吴晗联合主持。会议讨论了关于北京市城区文化站的调整及整顿以及化工原料公司租用粮食店二十三号兴盛客店等四个问题。出席会议的还有:李霄路、李续纲、王松声、高守信、宋志安等19人。]

5月5日 吴晗给"北京市人民政府公共卫生局报送的结核病医院基本建设任务书"作出批示。②

[按:5月5日,吴晗在北京市人民政府公共卫生局报送的综合医院基本建设任务书"上作出批示:"同意即转"。]

5月6日 吴晗出席并主持北京市文委联合办公会议第十二次会议。③

---

① 本条引自北京市档案馆档案号为011-001-00238的档案。

② 本条引自北京市档案馆档案号为011-002-00045的档案。

③ 本条引自北京市档案馆档案号为135-001-00239的档案。

［按:5月6日,北京市文委联合办公会议第十二次会议召开。会议由副市长吴晗主持。会议讨论了教育局彙报出席华北召开关于全国中技教育会议准备会议等二个问题。出席会议的有:翁独健、李凤芝、傅玉如、吴如中、张洁琪、杜昆、张启凡、屈芸英、李续纲、王之平等人。］

5月7日上午 吴晗出席北京市人民政府第一百九十七次行政会议。①

［按:5月7日上午九点,北京市人民政府第一百八十七行政会议在市府东大厅召开。会议由副市长张友渔主持。会议听取了商业局关于本市养猪和开辟牧场计划报告。讨论了关于各区先选择一两个派出所建立小型居民委员会等三个事项。出席和列席会议的还有:柴泽民、李公侠、李霄路、贾星五、梁思成、王慎之、马玉槐、霍清源、马光斗等56人。］

5月8日上午 吴晗出席关于天安门广场、观礼台及人民英雄纪念碑碑顶设计问题座谈会。②

［按:会议由郑振铎主持。出席会议的还有:梁思成、朱兆雪、张缚、刘开渠、张开济、赵深、王明之、陈占祥、王东岑、华揽洪等。］

---

① 本条引自北京市档案馆档案号为135－001－00236的档案。

② 本条引自北京市档案馆档案号为002－006－00189的档案。

5月13日 吴晗出席并主持北京市文委联合办公会议第十三次会议。[①]

[按:5月13日,北京市文委联合办公会议第十三次会议召开。会议由副市长吴晗主持。会议讨论了关于师范学院的筹备工作的等二个问题。出席会议的有:翁独健、仓孝酥(进修学院)、李学信(团市委)、张世积(市委宣传部)、李续纲、王之平等人。]

5月17日 吴晗出席中央文化部举办的基本建设中清理保护历史文物的座谈会。[②]

[按:在"全国基本建设工程中出土文物展览会"开幕以前,中央文化部于5月17日召开了座谈会,讨论基本建设中清理保护历史文物的问题。参加座谈会的有王绍鏊、李范一、吴晗,以及各工业建设部门的代表;参加座谈的还有历史、考古、建筑、美术雕刻方面的学者翦伯赞、向达、刘大年、尹达、梁思成、刘开渠等共七十多人。在座谈会上,文化部社会文化事业管理局局长郑振铎指出最近三四年来配合基本建设保护文物的成绩,并强调指出了工程建筑部门和文化部门合作,在保护文物上的重要性。历史学家翦伯赞、向达等都认为,在基本建设工程中文物的大量被发掘,对他们的历史研究工作有很大帮助,使古代的某些历史事实得到

① 本条引自北京市档案馆档案号为135-001-00239的档案。

② 本条引自1954年5月20日《人民日报》第三版。

了物质的例证。建筑学家梁思成说，在进行建筑设计时，应该把保护文物的工作组织到都市建筑计划里来。雕刻家刘开渠认为，具有高度艺术价值的古代文物对雕刻家提供了许多宝贵资料。燃料工业部副部长李范一和吴晗副市长，都表示今后要更进一步和文化部门取得联系，教育建筑工程人员注意保护文物。发言者并都认为，古代文物是全体人民的财产，必须组织考古人员进行认真的研究，并广泛进行展览和宣传，以引起全国人民对于保护文物的重视。]

5 月 20 日　吴晗出席并主持北京市文委联合办公会议第十四次会议。①

[按:5 月 20 日，北京市文委联合办公会议第十四次会议召开。会议由副市长吴晗主持。会议听取了教师进修学院副院长仓孝酥关于该院目前工作情况的报告。出席会议的有:翁独健、仓孝酥、李续纲、王之平等人。]

5 月 21 日上午　吴晗出席北京市人民政府第一百九十八次行政会议。②

[按:5 月 7 日上午九点，北京市人民政府第一百九十八次行政会议在市府东大厅召开。会议由副市长张友渔主持。会议听取了市人民检察署王副检察长关于第二届全国

---

① 本条引自北京市档案馆档案号为 135 - 001 - 00239 的档案。

② 本条引自北京市档案馆档案号为 135 - 001 - 00236 的档案。

监察工作会议情况的传达等二个报告。讨论了北京市执行一九五四年财政收支预算的几项规定等三个事项。出席和列席会议的还有:李霄路、谷静波、王慎之、梁思成、霍清源、孙方山、宋新波、牟泽衔、马应中等51人。]

5月21日 吴晗给北京市文化事业管理处(54)文电庚字第18号文再次作出批示。[1]

[按:3月5日,北京市文化事业管理处处长王亚平为“影院调整票价”一事,以(54)文电庚字文件请示北京市人民政府文教委员会,文委办公室于4月12日作出拟办意见,吴晗于4月13日作出批示:“提市府联办讨论。”市府联办会议后,张友渔副市长作出了“按联办决定执行……”的批示。5月21日,吴晗作出批示:“即通知文化处按联办决定和张(指张友渔——编者注)批执行。吴晗　五.廿一”。]

5月27日 吴晗出席并主持北京市文委联合办公会议第十五次会议。[2]

[按:5月27日,北京市文委联合办公会议第十五次会议召开。会议由副市长吴晗主持。会议讨论了关于接管工农速成中学等五个问题。出席会议的有:薛成业、张梦庚、齐永康、白德懋、李续纲、王之平等人。]

---

① 本条引自北京市档案馆档案号为002-006-00252的档案。

② 本条引自北京市档案馆档案号为135-001-00239的档案。

5 月 27 日　吴晗圈阅了华北行政委员会教育局发送的加急电文。[①]

［按:5 月 25 日,华北行政委员会教育局以加急电报的形式发送了“关于召开招生工作座谈会的通知”,张友渔副市长于 15 日在该电文上作出批示:“吴副市长阅,即转教局并转告文委”,吴晗于当日圈阅了这个电文。］

5 月 28 日上午　吴晗出席北京市人民政府第一百九十九次行政会议。[②]

［按:5 月 7 日上午九点,北京市人民政府第一百九十九次行政会议在市府东大厅召开。会议由副市长张友渔主持。会议继续听取市人民检察署王副检察长关于第二届全国监察工作会议情况的传达报告。讨论了北京市人民政府工作人员福利费使用办法等事项。出席和列席会议的还有:薛子正、李公侠、李霄路、贾星五、王慎之、万丹如、孙方山、马光斗等 52 人。］

5 月 28 日下午　吴晗出席北京市百货大楼的建筑工程开工典礼并致辞。[③]

［按:5 月 28 日下午 4 点,北京市百货大楼的建筑工程

---

① 本条引自北京市档案馆档案号为 002－020－00720 的档案。

② 本条引自北京市档案馆档案号为 135－001－00236 的档案。

③ 本条引自 1954 年 5 月 29 日《人民日报》第二版。

破土动工。参加开工典礼的有北京市人民政府副市长吴晗、北京市人民政府商业局局长彭城、中央人民政府商业部代表、参加大楼建筑的全体建筑工人和中国百货公司北京市公司职工等七百多人。吴晗副市长在致辞中号召全体职工学习苏联先进经验，加强计划管理，建立健全的责任制，开展劳动竞赛，提高工程质量，使工程做到“好、快、省、安全”。典礼结束时由吴晗副市长破土。]

5 月 30 日　吴晗出席北京市科联第二次代表大会并讲话。

[按：5 月 30 日，市科联召开第二次代表大会。茅以升致开幕词，全国科联副主席陈康白、北京市副市长吴晗、文委秘书长李续纲到会并讲话。大会通过了工作报告，讨论修改了市科联会章，并推选出由 32 人组成的委员会。二届一次委员会议，推选茅以升为主任委员，江泽民、赵进义为副主任委员，许京骐为秘书长，陈方济为副秘书长。]

6 月 1 日　吴晗出席首都儿童庆祝“六一”国际儿童节大会。[1]

[按：6 月 1 日，首都儿童庆祝“六一”国际儿童节大会在天桥剧场举行。北京市人民政府副市长吴晗，中国人民保卫儿童全国委员会秘书长、中华全国民主妇女联合会妇女儿童福利部部长康克清，中国新民主主义青年团中央委员

---

① 本条引自 1954 年 6 月 2 日《人民日报》第一版。

会书记处书记区棠亮、胡克实，中华全国总工会副主席朱学范、女工部副部长杨之华，青年团华北工作委员会书记葛步海和北京市青年团、民主妇联、市教育局、市民政局负责人等都到会祝贺孩子们的节日。参加大会的儿童共有一千五百多人。吴晗在庆祝会上作了讲话。]

6月1日　吴晗任北京市宪法草案讨论委员会委员。①

[按:6月1日，为了在中华人民共和国宪法草案正式公布后，在首都各界人民群众中进行了一次广泛深入的宣传和讨论，北京市宪法草案讨论委员会成立，并举行了第一次全体委员会议，确定了目前的具体工作。北京市宪法草案讨论委员会的成员除原北京市各界讨论宪法草案初稿委员会委员十人以外，又增加了十五人，由北京市人民政府副市长张友渔任主任，吴晗、梁思成、钱端升、柴泽民、贾庭三等二十五人任委员。]

6月3日　吴晗出席北京市第二届保育工作者代表大会。②

[按:6月3日，北京市民主妇女联合会、北京市保育工作者代表会议第一届执行委员会召开北京市第二届保育工作者代表大会。到会的有各托儿组织选出的代表、优秀的保教工作者和来宾等共五百六十多人。中华全国民主妇女

① 本条引自1954年6月2日《人民日报》第一版。

② 本条引自1954年6月6日《人民日报》第三版。

联合会妇女儿童福利部部长康克清、北京市人民政府副市长吴晗都到会讲话。他们一致指出：在我国已进入有计划的经济建设时期，培养下一代有着重要的意义，并希望到会代表要做到：安心工作、树立专业思想；深钻业务，学习苏联先进经验；加强团结，开展批评与自我批评，为献身于保育事业而奋斗。]

6月4日上午 吴晗出席北京市人民政府第二百次行政会议。①

[按：6月4日上午九点，北京市人民政府第二百次行政会议在市府东大厅召开。会议由副市长张友渔主持。会议听取了市建筑工程局范副局长关于建筑工程局一九五四年度工作计划纲要和第一季度执行情况的报告。讨论了关于北京市各区劳动行政工作情况和今后的意见等二个事项。出席和列席会议的还有：薛子正、柴泽民、李霄路、赵鹏飞、万丹如、孙方山、马光斗、甑树德等52人。]

6月8日 吴晗在中央人民政府人民革命军事委员会总后方勤务部财务部财组发字第0045号函上作出批示。②

[按：6月4日，中央人民政府人民革命军事委员会总后方勤务部财务部以财组发字第0045号函，就“复通知办理

① 本条引自北京市档案馆档案号为135－001－00236的档案。

② 本条引自北京市档案馆档案号为152－001－00317的档案。

缴纳学杂费事”主送北京市人民政府。市人委办公厅于6月7日作出拟办意见“拟交教育局照办，请吴副市长阅”，吴晗于6月8日在该信函上作出批示：“如拟　吴晗　六．八”。]

6月9日　吴晗出席并主持北京市文委联合办公会议第十六次会议。[1]

[按：6月9日，北京市文委联合办公会议第十六次会议召开。会议由副市长吴晗主持。会议讨论了卫生局顾德副局长关于华北卫生局检查本市卫生工作问题的报告等二个问题。出席会议的有：严镜清、顾德、吴之汉、李续纲、王之平等人。]

6月11日上午　吴晗出席并主持北京市人民政府第二百〇一次行政会议。[2]

[按：6月11日上午九点，北京市人民政府第二百〇一次行政会议在市府东大厅召开。会议由副市长吴晗主持。会议听取了柴副秘书长关于召开区人民代表大会的准备工作的报告。讨论了北京市一九五四年夏季爱国卫生运动计划纲要等二个事项。出席和列席会议的还有：薛子正、柴泽民、李霄路、赵鹏飞、万丹如、孙方山、马光斗、甑树德等

① 本条引自北京市档案馆档案号为135－001－00239的档案。

② 本条引自北京市档案馆档案号为135－001－00236的档案。

52人。]

6月15下午 吴晗出席北京市人民政府集体办公会议。[①]

[按:6月15日下午3点,北京市人民政府在市府第一会议室召开集体办公会议。会议由副市长张友渔主持。会议讨论了关于北京市一九五四年度国民经济计划批准情况和下达意见以及等二个问题。出席会议的还有:薛子正、柴泽民、李公侠、袁永厚、丁铁峰、刘珍甫、许京骐、陈明绍、薛成业、顾德、荆聿玖、戎占峡、于揆一等。]

6月17日 吴晗出席并主持北京市文委联合办公会议第十七次会议。[②]

[按:6月17日,北京市文委联合办公会议第十七次会议召开。会议由副市长吴晗主持。会议讨论了新闻出版处苏辛群关于年画发行情况及其存在的问题等二个问题。出席会议的有:王亚平、卞慎吾、顾德、李续纲、苏辛群等人。]

6月18日上午 吴晗出席并主持北京市人民政府第二百〇二次行政会议。[③]

[按:6月18日上午九点,北京市人民政府第二百〇二

① 本条引自北京市档案馆档案号为135-001-00237的档案。
② 本条引自北京市档案馆档案号为135-001-00239的档案。
③ 本条引自北京市档案馆档案号为135-001-00236的档案。

次行政会议在市府东大厅召开。会议由副市长吴晗主持。会议听取了计划局杨副局长关于一九五四年度国民经济计划批准情况和下达意见的报告。讨论了北京市关于处理军队干部转业建设的具体计划等三个事项。出席和列席会议的还有：柴泽民、李霄路、李续纲、王慎之、万丹如、孙方山、宋新波、牟泽衔、马溪山等55人。]

6月18日　吴晗给北京市人民政府府秘张字第296号文件作出批示。[①]

[按：6月18日，北京市人民政府秘书厅拟就《关于大力开展夏、秋季爱国卫生运动的通告》，送于吴晗阅后，吴晗即时作出批示："送柴（指柴泽民——编者注）阅，并印交北京日报发表公布。吴晗　六．十八"。]

6月19日　吴晗批发北京市文委呈送给彭真、刘仁、张友渔等人的文件《关于教育局"研究编审室"撤销前后经过的报告》。[②]

[按：该报告还抄送给了杨述、杨伯箴、李续纲、孙国樑、市委办公厅、市府秘书厅。]

6月21日　吴晗给北京市文化事业管理处（54）文办英字第

① 本条引自北京市档案馆档案号为002－006－00279的档案。

② 本条引自北京市档案馆档案号为001－006－00960的档案。

15 号文件作出批示。①

[按:6 月 18 日,北京市文化教育管理处处长王亚平就“关于休整天桥剧场请求拨款”一事,以北京市文化教育管理处(54)文办英字第 15 号文呈报副市长张友渔、吴晗请示,吴晗于6 月 21 日作出批示:“一、是否可□二十三亿(旧币——编者注)范围内整修。二、提市府联办讨论,请张(指张友渔——编者注)批。吴晗　六．廿一”。]

6 月 21 日　吴晗在北京市文教委举行的扩大会议上作《北京市一九五三年文教工作总结》和《一九五四年文教工作的方针与任务》的报告。②

[按:这次会议着重讨论如何提高中小学教育质量的问题。]

6 月 22 日　吴晗出席并主持北京市文委讨论明年计划及第一个五年计划的会议。③

[按:出席会议的有严镜清、张文奇、顾德、王康久、胡蛮、欧阳山尊、刘景毅、马迅、宋匡我、梁丹、丁一岚、朱欣陶、王之平、李续纲、张梦庚、孙国樑等。]

① 本条引自北京市档案馆档案号为 002－006－00197 的档案。
② 本条引自北京市档案馆档案号为 011－001－00038 的档案。
③ 本条引自北京市档案馆档案号为 011－001－00095 的档案。

6月26日上午　吴晗出席北京市第四届各界人民代表会议。①

［按:6月26日,北京市第四届第四次各界人民代表会议开幕。会议在中山公园中山堂人大会议厅举行。代表们听取了北京市人民政府彭真市长和教育局局长翁独健关于提高中、小学教育质量的报告。报告分析了北京市中、小学教育质量很差的情况和原因,提出了解决这一问题的方针和办法。下午进行了小组讨论。］

6月26日上午　吴晗在北京市第四届第四次各界人民代表会议上担任《关于提高中小学教育质量的决议》的起草人。②

［按:6月26日上午九点,北京市第四届第四次各界人民代表会议在中山公园召开。在这天上午的会议上,通过了由吴晗、杨伯箴、汤用彤、杨仲兰、徐乃明等担任《关于提高中小学教育质量的决议》的起草人的决议。］

6月27日　吴晗以北京市第四届各界人民代表会议第四次会议执行主席身份主持会议。③

［按:6月27日上午11时前,代表们继续分组讨论,接着就进入大会发言。今天的执行主席还有:许德珩、侯俊

---

① 本条引自北京市档案馆档案号为127－001－00042的档案。

② 本条引自北京市档案馆档案号为127－001－00042的档案。

③ 本条引自北京市档案馆档案号为002－006－00331的档案。

岩、林其峻、梁思成、马玉槐、周致远。]

6月27日下午 吴晗在北京市第四届各界人民代表会议第四次会议上作大会发言。①

[按:这天下午的大会首先是彭真同志发言,接着是吴晗发言。]

6月30日 吴晗在北京市教育局(54)教财字第二七六号签报上作出批示。②

[按:6月29日,北京市教育局发出(54)教财字第276号签报呈张友渔和吴晗副市长,签报的内容是:关于寒暑假期间中学人民助学金发放问题及走读生放假期间不发助学金等问题。6月30日,吴晗在该签报上作出批示:"我意可请张批　吴晗　六.卅"。]

暑假 吴晗组织抽调一批优秀教师集中编写各种教学参考资料。③

[按:据时任北京市一中历史课教师的刘宗华回忆说,为了解决课堂教学的燃眉之急,吴晗在1954年暑假组织抽调一批优秀教师集中编写各种教学参考资料,准备暑假后

① 本条引自北京市档案馆档案号为002-006-00331的档案。

② 本条引自北京市档案馆档案号为002-006-00264的档案。

③ 王宏志、闻立树主编:《怀念吴晗:百年诞辰纪念》,第448页。

开学使用。后来这些资料由北京出版社出版，名为《北京市初级中学试用课本　中国历史教学参考资料》，由北京市教育局中小学教材编审处编。]

7月1日　吴晗出席并主持北京市文委第十八次联合办公会议。①

[按：7月1日，北京市文委联合办公会议第十八次会议召开。会议由副市长吴晗主持。会议讨论了关于训练教师等三个问题。出席会议的有：李续纲、翁独健、孙国樑、卞慎吾、周正、仓孝酥，列席会议的有杨伯箴等人。]

7月2日上午　吴晗出席北京市人民政府第二百〇三次行政会议。②

[按：7月2日上午九点，北京市人民政府第二百〇三次行政会议在市府东大厅召开。会议由副市长张友渔主持。会议讨论了关于执行市第四届第四次各界人民代表会议决议的问题等二个事项。出席和列席会议的还有：薛子正、柴泽民、李霄路、贾星五、李续纲、王慎之、马玉槐、万丹如、孙方山、宋新波、甑树德等59人。]

---

① 本条引自北京市档案馆档案号为011－001－00041和135－001－00239的档案。

② 本条引自北京市档案馆档案号为135－001－00236的档案。

7月6下午 吴晗出席并主持北京市人民政府集体办公会议。①

[按:6月15日下午3点,北京市人民政府在市府第一会议室召开集体办公会议。会议由副市长吴晗主持。会议讨论了关于北京市文教系统各单位一九五五年计划建议数字等问题。出席会议的还有:薛子正、柴泽民、李霄路、李续纲、王纯、杨子静、甄树德、翁独健、顾德等。]

7月7日 吴晗致信彭真。②

[按:吴晗就中小学教学指导参考材料编辑委员会的筹备工作向彭真写汇报信。此信同时还抄送给刘仁、张友渔和杨述同志阅。]

7月7日 吴晗在北京地质学院地院便字第621号文件上作出批示。③

[按:7月2日,北京地质学院就"请保留周口店石灰岩山洞由",以地院字第621号文件,致函北京市人民政府,薛子正秘书长已作出拟办意见,吴晗于7月7日在该函件上作出批示:"同意薛批,请地方工业局办,并复地质学院请协助提出保留方案。吴晗　七.七"。]

---

① 本条引自北京市档案馆档案号为135-001-00237的档案。

② 本条引自北京市档案馆档案号为001-006-00960的档案。

③ 本条引自北京市档案馆档案号为002-006-00259的档案。

7月8日 吴晗出席并主持北京市文委联合办公会议第十九次会议。①

[按:7月8日,北京市文委联合办公会议第十九次会议召开。会议由副市长吴晗主持。会议听取了公共卫生局严镜清局长关于目前爱国卫生运动的情况及其存在的问题等二报告。出席会议的有:严镜清、薛成业、李续纲、王之平等人。]

7月9日上午 吴晗出席北京市人民政府第二百〇四次行政会议。②

[按:7月9日上午九点,北京市人民政府第二百〇四次行政会议在市府东大厅召开。会议由副市长张友渔主持。会议听取了柴副秘书长关于本市各区第一届第一次人民代表大会的总结等二个报告。讨论了北京市加工订货管理暂行办法等事项。出席和列席会议的还有:薛子正、柴泽民、李公侠、李霄路、李续纲、马玉槐、霍清源、齐岩、马光斗、甑树德等58人。]

7月10日 吴晗签发北京市人民政府文委第765号函。③

[按:函件事由为:"函送拆建第二医院及新建消毒总

① 本条引自北京市档案馆档案号为011－001－00041和135－001－00239的档案。

② 本条引自北京市档案馆档案号为135－001－00236的档案。

③ 本条引自北京市档案馆档案号为011－002－00045的档案。

站、门诊部等九项工程计划任务书至市财委、财政局、都委会、交通银行等。”]

7月10日 吴晗签发北京市人民政府文委第766号报告。①

[按:报告事由为:“向华北文委报送本市公共卫生局九项丁类基本建设任务书备案。”]

7月13日 吴晗出席并主持北京市人民政府第二十一次联合办公会议。②

[按:7月13日,北京市人民政府在市府第一会议室召开第十三次联合办公会议,会议由副市长张友渔和吴晗联合主持。会议讨论了关于北京市小学教员见习费的处理以及关于东四、西四、崇文、宣武、京西矿区修建淋浴室水暖部分的设计施工等五个问题。出席会议的还有:薛子正、李霄路、万丹如、王旭东、王宗旭、莫平等36人。]

7月15日 吴晗出席并主持北京市文委联合办公会议第二十次会议。③

[按:7月15日,北京市文委联合办公会议第二十次会议召开。会议由副市长吴晗主持。会议听取了教育局翁独

---

① 本条引自北京市档案馆档案号为011－002－00045的档案。

② 本条引自北京市档案馆档案号为011－001－00238的档案。

③ 本条引自北京市档案馆档案号为135－001－00239的档案。

健局长关于成立体育卫生科的问题等四报告。出席会议的有：李续纲、翁独健、顾德、萧甲、王之平等人。]

7月16日上午 吴晗出席北京市人民政府第二百〇五次行政会议。①

[按：7月16日上午九点，北京市人民政府第二百〇五次行政会议在市府东大厅召开。会议由副市长张友渔主持。会议听取了农林局杨副局长关于一九五四年郊区春耕生产情况等二个报告。讨论修正了北京市掘路规则（草案）等二个事项。出席和列席会议的还有：薛子正、柴泽民、李霄路、谷静波、王慎之、万丹如、齐岩、马光斗、马溪山等46人。]

7月16日 吴晗出席市爱国卫生运动委员会举行的动员大会并在会上作报告。②

[按：北京市爱国卫生运动委员会7月16日举行全市夏秋季爱国卫生运动大会，动员全市各界人民群众进一步搞好卫生工作。出席会议的有全市各厂矿、工地、机关、学校、工商业、饮食行业的负责人或代表等共二千多人。]

7月17日 吴晗出席并主持中小学教学指导参考材料编辑

---

① 本条引自北京市档案馆档案号为135－001－00236的档案。

② 本条引自1954年7月17日《北京日报》第一版。

委员会顾问座谈会。①

［按：出席座谈会的有：叶圣陶、吕叔湘、翦伯赞、杨人缏、王均衡、傅种孙、钱伟长、侯仁之、王淦昌、韩作黎、向达、孙敬之、祁开智、彭真、吴晗、翁独健、李续纲、孙国樑、卞慎吾等。］

7月中旬 吴晗抽调干部组成联合卫生检查组，对全市53个市级机关、团体的卫生情况进行了检查评比。②

［按：检查的结果是，有15个单位的卫生状况好；有26个单位的卫生状况基本好，但工作开展得不够充分；有12个单位的卫生状况比较差。市税务局的卫生工作搞得好，受到了表扬；北京日报最差，受到批评。北京日报社为此在8月1日的报纸上做了公开检讨。］

7月22日 吴晗出席并主持北京市文委联合办公会议第二十一次会议。③

［按：7月22日，北京市文委联合办公会议第二十一次会议召开。会议由副市长吴晗主持。会议听取了市体委马健行关于开展工矿、学校体育活动情况和暑期工作计划并建议教育局设立体育卫生科的报告。讨论了文化事业管理

① 本条引自北京市档案馆档案号为011－001－00088的档案。
② 宋连生著：《吴晗的后二十年》，第61页。
③ 本条引自北京市档案馆档案号为011－001－00041的档案。

处副处长王松声提出的市图书馆接收二十七中图书馆等二个问题。出席会议的有：严镜清、翁独健、王松声、马健行、萧松、张锦成、宋乃煊、王孝祖、苟悉国、胡为善、黄真、王之平等人。]

7月23日上午 吴晗出席并主持北京市人民政府第二百〇六次行政会议。①

[按：7月23日上午九点，北京市人民政府第二百〇六次行政会议在市府东大厅召开。会议由副市长吴晗主持。会议听取了监委会王副主任关于本市监察工作会议情况等二个报告。出席和列席会议的还有：薛子正、柴泽民、李霄路、马玉槐、孙方山、宋新波、甑树德等47人。]

7月23日 吴晗致信彭真。②

[按：吴晗的这封致彭真的信函仍然是就关于教材的编辑工作、卫生工作以及植物园的等具体问题向彭真作个汇报。]

7月29日 吴晗出席并主持北京市文委联合办公会议第二十二次会议。③

---

① 本条引自北京市档案馆档案号为135－001－00236的档案。

② 本条引自北京市档案馆档案号为001－006－00960的档案。

③ 本条引自北京市档案馆档案号为011－001－00041的档案。

[按:7月29日,北京市文委联合办公会议第二十二次会议召开。会议由副市长吴晗主持。会议讨论了公费医疗管理委员会王德和提出的关于公费医疗经费超支的情况等三个问题。出席会议的有:严镜清、王德和、翁独健、仓孝酥、谭元堃、李续纲、王之平等人。]

7月29日 吴晗在中央人民政府文化部办公厅(54)文部郑字第5010－86号文件上作出批示。①

[按:7月17日,中央人民政府文化部办公厅就"请通知石灰总厂注意保护周口店石灰石洞"一事,以文化部办公厅(54)文部郑字第5010－86号文函告北京市人民政府,并抄送河北省文化事业管理处和中国科学院古脊椎动物研究室,吴晗于7月29日在该文件上作出批示:"请地方工业局研究并提出保护具体措施。吴晗　七.廿九"。]

7月30日上午 吴晗出席北京市人民政府第二百〇五次行政会议。②

[按:7月30日上午九点,北京市人民政府第二百〇七次行政会议在市府东大厅召开。会议由副市长张友渔主持。会议听取了手工业生产合作社黎主任关于本市手工业生产合作社的情况等三个报告。讨论关于召开本市第一届

---

① 本条引自北京市档案馆档案号为002－006－00259的档案。

② 本条引自北京市档案馆档案号为135－001－00236的档案。

人民代表大会第一次会议的问题等事项。出席和列席会议的还有：薛子正、柴泽民、李公侠、李续纲、谷静波、梁思成、王慎之、马玉槐、齐岩、马光斗等58人。]

7月 吴晗任北京市中小学教学指导参考材料编辑委员会主任。①

[按：副主任是翁独健，委员有戴白韬、杨伯箴、李续纲、孙国樑、卞慎吾等人。]

8月4日 吴晗给中央人民政府政务院秘书厅(54)政秘习字第77号文件作出批示。②

[按：7月28日，中央人民政府秘书厅就"通知中央级政府各机关配合北京市做好一九五四年夏秋季爱国卫生工作"一事，以(54)政秘习字第77号文件通知政务院所属各委、部、会、院、署、行等有关单位，并抄送北京市人民政府，吴晗于8月4日作出批示："抄发市级各机关、各区政府、团体、党派及各有关单位。吴晗　八．四"。]

8月5日 吴晗出席并主持北京市文委联合办公会议第二十三次会议。③

---

① 本条引自北京市档案馆档案号为002－006－00270的档案。

② 本条引自北京市档案馆档案号为002－006－00279的档案。

③ 本条引自北京市档案馆档案号为011－001－00041的档案。

［按:8 月 5 日,北京市文委联合办公会议第二十三次会议召开。会议由副市长吴晗主持。会议听取了卫生局顾德副局长说明贯彻中央关于中医工作指示的报告。讨论了新闻出版处周游处长关于调查及处理市场上旧反动书刊的情况等问题。出席会议的有:顾德、周游、余贻倜、梁志贞、谢淑贤、哈玉民、侯寓初、倪文彦、王文瑞、刘云起、李续纲、王之平等人。］

8 月上旬 吴晗以北京市东四区的身份当选为北京市第一届人民代表大会代表。

［按:出席北京市第一届人民代表大会的代表总共564 人。］

8 月 11 日 吴晗列席中央人民政府委员会第三十三次会议。[①]

［按:8 月 11 日下午扩大举行。中央人民政府政务院总理兼外交部部长周恩来在会上作了外交报告。出席这次会议的有中央人民政府主席毛泽东,副主席朱德、刘少奇、李济深,委员彭真、聂荣臻、周恩来、董必武、蔡畅、马寅初、郭沫若、邓小平、沈雁冰、习仲勋、彭泽民、李烛尘、章伯钧、张奚若等共三十二人。列席这次会议的有中国人民政协全国委员会常务委员李维汉、蒋光鼐、章乃器、刘宁一、邓颖超、

① 本条引自 1954 年 8 月 14 日《人民日报》第一版。

罗隆基、许德珩、李四光，政务院政务委员罗瑞卿、李富春以及其他有关人士齐燕铭、屈武、孙起孟、周建人、吴晗、赖若愚等共四十余人。]

8月13日上午 吴晗出席北京市人民政府第二百〇八次行政会议。[①]

[按：8月13日上午九点，北京市人民政府第二百〇八次行政会议在市府东大厅召开。会议由副市长张友渔主持。会议听取了柴副秘书长关于召开市第一届第一次人民代表会议准备工作的报告。讨论关于在雨季中防涝、防汛、防止触电、排泄积水等工作情况和存在的问题等事项。出席和列席会议的还有：薛子正、柴泽民、李霄路、梁思成、王慎之、马玉槐、孙方山、齐岩、马光斗等58人。]

8月13日 吴晗给北京市市政建设委员会(54)建委办字第256号文件作出批示。[②]

[按：8月3日，北京市市政建设委员会就"西郊八宝山日寇所建忠灵塔拟于拆除"一事请示北京市人民政府，吴晗于8月13日作出批示："我同意。吴晗　八．十三"。]

8月15日 吴晗出席同仁医院新病房大楼剪彩典礼并为之

① 本条引自北京市档案馆档案号为135－001－00236的档案。

② 本条引自北京市档案馆档案号为002－006－00193的档案。

剪彩。[①]

[按:8月15日,北京市立同仁医院新病房大楼落成,北京市吴晗副市长亲临剪彩,宣布同仁医院新病房大楼开幕,并和市医务界代表参观新病房和医疗设施。]

8月17日 吴晗出席北京市第一届人民代表大会第一次会议并任主席团成员。[②]

[按:北京市第一届人民代表大会第一次会议于8月17日在中山公园中山堂隆重开幕。吴晗、余心清、张友渔、梁思成、蒋南翔等49人任主席团成员。

这次代表大会共有代表五百六十四人。其中,五百五十四人是由各区人民代表大会会议选举的,十人是由人民解放军驻京部队选举的。这次会议的重要议程是选举出席全国人民代表大会会议的代表,讨论中华人民共和国宪法草案,会议还将听取和审查北京市人民政府的工作报告,确定今后的工作任务,并审查和批准市人民政府一九五三年度财政收支决算和一九五四年度财政收支预算的报告。]

8月17日 吴晗在北京市第一届人民代表大会第一次会议上作《关于北京市宣传、讨论〈中华人民共和国宪法〉(草案)工

---

① 京报网朱殿荣:《由手工作坊到大型洗衣厂》。

② 本条引自《北京市人民代表大会文献资料汇编1949—1993》,第295页。

作的报告》。[1]

8 月 17 日 吴晗在北京市第一届人民代表大会第一次会议上提交了题为《北京市人民政府关于一九五三年度文教卫生工作的报告》和《北京市人民政府关于一九五四年度文教卫生工作计划和上半年执行情况的报告》的书面报告。[2]

8 月 吴晗在北京市第一届人民代表大会第一次会议上担任“关于拥护和进一步宣传、讨论中华人民共和国宪法草案的决议起草委员会”委员。

[按:北京市第一届人民代表大会第一次会议决定成立“关于拥护和进一步宣传、讨论中华人民共和国宪法草案的决议起草委员会”,这次会议的召集人为冯宾符、范瑾,委员为王辉邱、王敬先、李恕、吴晗、陈文润、张还吾、贾庭三。]

8 月 18 日 吴晗致信彭真、刘仁、张友渔。[3]

[按:吴晗就周总理当面指示的有关中山堂应挂孙中山巨型画像、音乐堂应加顶棚以及孔庙、国子监修缮等几件事向彭真、刘仁、张友渔写信报告。]

---

① 本条引自《吴晗全集》十卷版第十卷,第 310 页。

② 本条引自《北京市人民代表大会文献资料汇编》,第 278—283 页。

③ 本条引自北京市档案馆档案号为 002－006－00202 的档案。

8月21日 吴晗在北京市第一届人民代表大会第一次会议上被选举为全国人民代表大会的代表。①

[按:北京市第一届人民代表大会第一次会议选举北京市参加全国人民代表大会的代表有毛泽东、周恩来、刘少奇、李永、马玉槐、张友渔、张晓梅、彭真、诸福棠、李树森、林巧稚、殷维臣、郭树德、梁思成、梅兰芳、黄润萍、华罗庚、舒舍予、刘世梅、刘英源、刘德珍、蒋南翔、范瑾、浦洁修、张奚若、吴晗、载涛、乐松生等28人。]

8月22日 吴晗出席全国政协常委会第五十八次扩大会议并在会上发言。②

[按:8月22日,在中国人民政治协商会议全国委员会常务委员会第五十八次扩大会议上,中国国民党革命委员会主席李济深、中国民主建国会总会主任委员黄炎培、中国人民政协无党派民主人士郭沫若、中国民主促进会副主席王绍鏊、中国人民政协全国委员会委员卢汉、中国人民政协全国委员会委员傅作义、中华全国总工会副主席朱学范、中国文学艺术界联合会副主席沈雁冰、中华全国民主青年联合会副主席吴晗等就解放台湾、消灭蒋介石卖国集团的问题发言。]

---

① 本条引自1954年8月22日《人民日报》第一版。

② 本条引自1954年8月23日《人民日报》第一版。

8月25日 吴晗等北京市各民主党派、人民团体负责人在《北京日报》上发表书面讲话。[①]

8月25日 吴晗批复北京市教育局关于师范专修班等问题的请示。[②]

[按：吴晗批复全文如下："一，同意名义用北京师范学院专修班。经费（招生路费）由财政局暂借。二，筹备委员会人选请早日确定。请张（友渔副市长）批。吴晗 八．廿五"。]

8月26日 吴晗给北京市教育局（54）教人字第3240号文"请示"作出批示。[③]

[按：8月14日北京市教育局以（54）教人字第3240号文"请示"呈报北京市人民政府，吴晗于8月26日作出批示："文委即研提意见。吴晗 八．廿六"。]

8月26日 吴晗出席并主持北京市文委联合办公会议第二十四次会议。[④]

[按：8月26日，北京市文委联合办公会议第二十四次会议召开。会议由副市长吴晗主持。会议讨论了关沫然提

① 本条引自1954年8月25日《人民日报》第一版。

② 王宏志、闻立树主编：《怀念吴晗：百年诞辰纪念》，第420页。

③ 本条引自北京市档案馆档案号为002－006－00018的档案。

④ 本条引自北京市档案馆档案号为011－001－00041的档案。

出的关于各校定制提高教育质量计划等三个问题。出席会议的有:翁独健、卞慎吾、关沫然、辛代高、仓孝酥等人。]

8月26日 吴晗主持召开关于北京市兴建植物园的座谈会。[①]

[按:出席这次会议的有市政府的李续纲、王之平,北大生物系的冯午、郝天和,师大生物系的范宝荣、乔曾鉴、人民教育出版社的王以诚,中国科学院的夏武平、吴征镒,河北师专的王恩多,科联的许京骐,北京市园林处的范栋申、李嘉乐等。]

8月27日上午 吴晗出席北京市人民政府第二百〇九次行政会议。[②]

[按:8月27日上午九点,北京市人民政府第二百〇九次行政会议在市府东大厅召开。会议由副市长张友渔主持。会议听取了柴副秘书长关于京郊永定河防汛工作的检查报告。讨论本市第一届人民代表大会第一次会议的工作总结等事项。出席和列席会议的还有:薛子正、柴泽民、李霄路、佟铮、王慎之、马玉槐、霍清源、孙方山、马光斗、牟泽衔等61人。]

---

① 本条引自北京市档案馆档案号为011－001－00136的档案。

② 本条引自北京市档案馆档案号为135－001－00236的档案。

8 月 30 日　吴晗给北京市教育局(54)教计字第 3227 号文作出批示。①

[按:8 月 13 日,北京市教育局以(54)教计字第 3227 号文《拟具归国华侨学生生活福利补助暂行办法报请核示由》呈报北京市人民政府,吴晗于 8 月 30 日作出批示:“文委研提意见。吴晗　八．卅”。]

8 月 31 日　吴晗在北京市财政局和教育局联合发出的(54)教计字第 334 号签报上作出批示。②

[按:8 月 23 日,北京市财政局局长牟泽衔和北京市教育局局长翁独健就“小学公杂费标准”一事,联名以(54)教计字第 334 号签报呈报北京市人民政府,吴晗于 8 月 31 日作出批示:“文委即研提意见。吴晗　八．卅一”。]

9 月 3 日　吴晗在北京市文委办公室公文签注意见单上作出批示。③

[按:8 月 31 日,北京市文委办公室就“有关降低小学公杂费标准”一事拟就公文签注意见,吴晗于 9 月 3 日作出批示:“同意,请张(指张友渔——编者注)批。吴晗　九．三”。]

---

① 本条引自北京市档案馆档案号为 002－006－00264 的档案。

② 本条引自北京市档案馆档案号为 002－006－00276 的档案。

③ 本条引自北京市档案馆档案号为 002－006－00276 的档案。

9月4日 吴晗在中央人民政府文化部(54)文部厅字第5288-44号文件上作出阅示意见。①

[按:8月24日,中央人民政府文化部办公厅就"提供关于伐除孔庙国子监已死古柏的意见请考虑处理"一事致函北京市人民政府园林处,并抄送北京市文物组、文整会,吴晗于9月4日在该文件上作出阅示意见:"阅 吴晗 九.四"。]

9月4日 《人民日报》《北京日报》《光明日报》公布了中华人民共和国第一届全国人民代表大会代表名单。②

[按:中华人民共和国第一届全国人民代表大会代表名单中,北京市的代表28人,这28人的名单是:毛泽东、吴晗、李永、李树森、周恩来、林巧稚、范瑾、殷维臣、浦洁修、马玉槐、张友渔、张奚若、张晓梅、梁思成、梅兰芳、郭树德、彭真、舒舍予、华罗庚、黄润萍、载涛、刘少奇、刘世梅、刘英源、刘德珍、乐松生、蒋南翔、诸福棠。]

9月4日下午 吴晗等到北京车站欢迎来京出席全国人民代表大会会议的达赖喇嘛和班禅额尔德尼。③

[按:出席全国人民代表大会会议的西藏地区代表达赖

① 本条引自北京市档案馆档案号为011-001-00162的档案。

② 本条引自1954年9月4日《人民日报》《北京日报》第二版及《光明日报》第三版。

③ 本条引自1954年9月5日《人民日报》第一版。

喇嘛·阿旺洛桑丹增嘉措，班禅额尔德尼·罗桑慈勒伦珠却吉坚赞，九月四日下午到达北京。中央人民政府副主席朱德，政务院总理周恩来、中央人民政府委员会秘书长林伯渠，政务院副总理郭沫若、邓小平，人民革命军事委员会副主席贺龙，政务院秘书长习仲勋，民族事务委员会主任委员李维汉，副主任委员乌兰夫、刘格平、张执一，政治法律委员会副主任彭泽民和公安部部长罗瑞卿、交通部部长章伯钧、卫生部部长李德全、商业部副部长姚依林、铁道部副部长吕正操、文化部副部长郑振铎、教育部副部长韦悫、中央人民政府办公厅副主任余心清，中央民族事务委员会在京委员以及北京市人民政府副市长吴晗等到车站欢迎。]

9月5日下午　吴晗等出席欢迎达赖喇嘛和班禅额尔德尼的宴会。[①]

[按：中央人民政府副主席朱德9月5日下午在中南海紫光阁举行宴会，欢迎全国人民代表大会代表达赖喇嘛和班禅额尔德尼。出席宴会的有中央人民政府政务院总理周恩来，中央人民政府委员会秘书长林伯渠，政务院副总理郭沫若、邓小平，人民革命军事委员会副主席贺龙，副总参谋长黄克诚，总政治部副主任甘泗淇，政务院秘书长习仲勋，民族事务委员会主任委员李维汉，副主任委员乌兰夫、刘格平、汪锋、张执一，政务院政治法律委员会副主任彭泽民，公

① 本条引自1954年9月6日《人民日报》第一版。

安部部长罗瑞卿，交通部部长章伯钧，卫生部部长李德全，内务部副部长陈其瑗，铁道部副部长吕正操，教育部副部长韦悫，中国人民银行副行长曹菊如，中央人民政府办公厅主任齐燕铭、副主任余心清，人民革命军事委员会办公厅主任萧向荣、副主任朱早观，政务院副秘书长孙志远，中央民族事务委员会在京委员以及北京市人民政府副市长吴晗等。宴会结束后，举行了歌舞晚会。]

9月7日 吴晗在中央人民政府文化部(54)文部厅字第5010－98号文件上作出批示。①

[按:7月17日，中央人民政府文化部办公厅就“请通知石灰总厂注意保护周口店石灰石洞”一事，曾以文化部办公厅(54)文部郑字第5010－86号函告北京市人民政府，7月31日，中央人民政府文化部办公厅又以(54)文部厅字第5010－98号文转送《人民日报》转来的北京地质学院黄占秋等六位同学关于保护石灰岩洞的来函，吴晗于9月7日在该函件上作出批示:“送李□□同志阅处。吴晗　九．七”。]

9月13日 吴晗出席北京市爱国卫生运动委员会举行的会议并在会上作报告。②

[按:吴晗在会上号召全市人民做好清洁扫除工作，迎

① 本条引自北京市档案馆档案号为002－006－00259的档案。

② 本条引自1954年9月15日《北京日报》第二版。

接全国人民代表大会会议的召开和国庆节。]

9 月 15 日　吴晗出席第一届全国人民代表大会。[①]

[按:第一届全国人民代表大会 9 月 15 日下午三点在北京中南海怀仁堂召开,参加会议的代表共一千二百一十一人,代表着六万万人民的伟大意志,会议将要通过中华人民共和国宪法,并根据宪法选举中华人民共和国主席和全国人民代表大会常务委员会,组织国务院,选举最高人民法院院长和最高人民检察院检察长。]

第一届全国人民代表大会期间　吴晗与毛泽东、周恩来等在中南海怀仁堂一起看戏。[②]

[按:《吴晗全集》十卷本第 7 卷插页 4 和《吴晗画传》第 108 页都刊载了这张照片。]

9 月 21 日　吴晗批复全国科普协会就筹建北京天象馆一事致北京市人民政府的函。[③]

[按:9 月 21 日,全国科普协会就筹建北京天象馆一事致函北京市人民政府,请予科学院直接联系并着手进行。9 月 20 日北京市政府文委秘书长李续纲在此函件上签署意

① 本条引自 1954 年 9 月 15 日《北京日报》第一版。

② 王宏志、闻立树主编:《怀念吴晗:百年诞辰纪念》,第 677 页。

③ 王宏志、闻立树主编:《怀念吴晗:百年诞辰纪念》,第 452 页。

见:“请设计院沈勃副院长等负责设计,由建筑公司施工。”接着,吴晗副市长在9月21日的批复是:“请范副局长、沈院长设法迅速设计施工,争取今年开工,并请李秘书长办。”]

[按:北京天象馆即现在的北京天文馆。]

9月23日 吴晗出席并主持北京市文委联合办公会议第二十八次会议。①

[按:9月23日,北京市文委联合办公会议第二十八次会议召开。会议由副市长吴晗主持。会议讨论了关于电影放映队及俱乐部性质反映单位登记管理等四个问题。出席会议的有:严镜清、王松声、刘克凡、李续纲、王之平,列席的有石世奇等人。]

9月25日 吴晗出席国营北京第一棉纺织厂开工生产典礼并讲话。②

[按:9月25日上午,国营北京第一棉织厂举行开工生产典礼。参加典礼的有全厂职工,中央纺织工业部部长蒋光鼐、副部长钱之光、陈维稷、张琴秋,中华全国总工会副主席邵井蛙,北京市人民政府副市长吴晗,中共北京市委工业部部长贾庭三,北京市总工会副主席刘莱夫。参加典礼的还有德意志民主共和国驻我国大使柯尼希、郊区农民代表

① 本条引自北京市档案馆档案号为011-001-00041的档案。

② 本条引自1954年9月26日《人民日报》第一版。

等共二千多人。杨慧洁厂长致开幕词后，柯尼希大使、蒋光鼐部长、吴晗副市长、贾庭三部长、刘莱夫副主席、郊区农民代表都先后在会上讲了话。他们一致为第一棉纺织厂的开工生产庆贺。]

9月27日 吴晗参加北京师范学院专修班开学典礼并为学校题词。①

9月29日 吴晗在北京市文化教育委员会文物组的公函上作出批示。②

9月29日 《人民日报》公布了第一届全国人民代表大会预算委员会主任委员和委员名单，吴晗任委员。③

[按：第一届全国人民代表大会预算委员会主任委员：刘澜涛，委员：（按姓名笔划排列）王芸生、王绍鏊、吴晗、李明灏、李承灏、李范五、周叔弢、周纯全、屈武、邱及、侯连瀛、姚依林、盛丕华、许之桢、许广平、陈绍宽、汤桂芬、曾昭抡、程子华、甯武、邓宝珊、刘文辉、刘景范、刘导生、潘震亚、鲍尔汉。]

---

① 王宏志、闻立树主编：《怀念吴晗：百年诞辰纪念》，第422页。

② 本条引自北京市档案馆档案号为002－006－000210的档案。

③ 本条引自1954年9月29日《人民日报》第二版。

9月30日上午 吴晗出席北京市人民政府第二百一十次行政会议。[①]

[按:9月30日上午九点,北京市人民政府第二百一十次行政会议在市府东大厅召开。会议由副市长张友渔主持。会议听取了商业局彭局长关于中秋节、国庆节物资供应情况等二个报告。出席和列席会议的还有:柴泽民、李霄路、贾星五、王慎之、万丹如、孙方山、马光斗、马溪山、崔德清等43人。]

9月30日 吴晗出席北京市文委联合办公会议第二十九次会议。[②]

[按:9月30日,北京市文委联合办公会议第二十九次会议召开。会议由秘书长李续纲主持。会议讨论了一九五五文教卫生事业计划的安排等二个问题。出席会议的还有:顾德、吴之汉、薛成业、王松声、刘克凡、季立予、徐同尊、李续纲、王之平等人。]

10月5日 吴晗出席并主持北京市人民政府第三十次联合办公会议。[③]

[按:10月5日,北京市人民政府在市府第一会议室召

① 本条引自北京市档案馆档案号为135-001-00236的档案。

② 本条引自北京市档案馆档案号为011-001-00041的档案。

③ 本条引自北京市档案馆档案号为011-001-00238的档案。

开第三十次联合办公会议，会议由副市长张友渔、吴晗和秘书长薛子正联合主持。会议讨论了关于恰办收购前北平市证券交易所禄长街二条八号二分之一产权以及房地产管理局举办管理员训练班和长期开设训练班等八个问题。出席会议的还有：薛子正、李续纲、万丹如、孙方山、甑树德、薛成业等28人。]

10月5日 吴晗在北京市文化教育委员会文物组的公函上再次作出批示。①

[按：9月28日，北京市文化教育委员会文物组就"钟鼓二楼修缮"问题致函文委办公室和吴晗副市长，吴晗于9月29日已作出批示："提市府联办商议"，10月5日，吴晗在这份公函上再次作出批示："一、钟鼓楼修缮按张副市长批示精神，进行安全修缮（包括拔□勾抹工程）。二、由建工局施工，经费由云绘楼迁移余款内解决。吴晗　十．五"。]

10月7日 吴晗出席并主持北京市文委第三十次联合办公会议。②

[按：10月7日，北京市文委联合办公会议第三十次会议召开。会议由副市长吴晗主持。会议讨论了关于街道群众业余剧团的管理等二个问题。出席会议的有：王松声、顾

① 本条引自北京市档案馆档案号为002－006－00210的档案。

② 本条引自北京市档案馆档案号为011－001－00041的档案。

德、李续纲、王之平，列席的有：殷汝棠等人。]

10月8日上午 吴晗出席北京市人民政府第二百一十三次行政会议。①

[按：10月8日上午九点，北京市人民政府第二百一十三次行政会议在市府东大厅召开。会议由副市长张友渔主持。会议听取了农林局杨副局长关于参观全苏联农业展览会情况的报告。讨论关于城内各区建立街道办事处和逐步建立居民委员会的问题等事项。出席和列席会议的还有：薛子正、柴泽民、李霄路、王慎之、霍清源、孙方山、万一、马溪山等61人。]

10月9日 吴晗在北京市文委办公室公文签注意见单上作出批示。②

[按：9月20日，北京市文化事业管理处处长王亚平就"呈送街道群众业余剧团情况调查报告和今后管理意见"一事，以(54)文社声字第76号文请示北京市人民政府文教委员会，文委办公室于10月8日作出拟办意见，吴晗于10月9日作出批示："可。吴晗　十．八"。]

---

① 本条引自北京市档案馆档案号为135－001－00236的档案。

② 本条引自北京市档案馆档案号为002－006－00252的档案。

10 月 9 日　吴晗给北京市人民政府教育局的请示上作出批示。[①]

［按:10 月 8 日,北京市人民政府教育局以(54)教基薛字 3776 号文向北京市人委呈报了《关于设置“顽童学校”的请示》,吴晗于 10 月 9 日在该请示上作出批示:“①原则同意。②校名即按数字排列。③应选拔优秀教师任教。”］

10 月 12 日下午　吴晗出席北京市人民政府第二百一十四次行政会议扩大会议。[②]

［按:10 月 12 日下午二点,北京市人民政府第二百一十四次行政会议扩大会议在市府东大厅召开。会议由副市长张友渔主持。会议听取了计划局汪局长传达国家计划委员会李富春主任在全国计划工作会议上讲话的报告。出席和列席会议的还有:薛子正、柴泽民、程宏毅、佟铮、王慎之、万丹如、狄飞、孙方山、齐岩等 88 人。］

10 月 14 日　吴晗出席并主持北京市文委第三十一次联合办公会议。[③]

［按:10 月 14 日,北京市文委联合办公会议第三十一次会议召开。会议由副市长吴晗主持。会议讨论了关于天文

① 本条引自北京市档案馆档案号为 153－004－01306 的档案及《北京教育档案文萃(下册)》,第 2271 页。

② 本条引自北京市档案馆档案号为 135－001－00236 的档案。

③ 本条引自北京市档案馆档案号为 011－001－00041 的档案。

馆设计等五个问题。出席会议的有：梁思成、华揽洪、朱兆雪、陈宗器、李杭、张开济、邓禄会、朱兆祥、赵起扬、薛成业、左珊、李续纲、王之平，列席的有殷汝棠等人。]

10月16日 吴晗在北京市文委拟就的文件稿上作出批示。[1]

[按：10月9日，北京市文委拟就了一份向中央人民政府政务院文化教育委员会和北京市人民政府呈报的"关于北京市文教系统基本建设工作的简要情况的报告"，文委办公室于10月15日作出拟办意见"请吴副市长批"，吴晗于10月16日作出批示："发　吴晗　十．十六"。]

10月18日 吴晗给北京市人民政府秘书厅(54)府厅文字第470号函作出批示。[2]

[按：9月24日，北京市人民政府秘书厅就"修缮钟鼓二楼"一事，以(54)府厅文字第470号文致函市文教委员会，并抄送建设局和东四区人民政府，办公室于10月12日作出拟办意见，吴晗于10月18日作出批示："请建工局即办。吴晗　十．十八"。]

10月21日 吴晗出席并主持北京市文委第三十二次联合

---

① 本条引自北京市档案馆档案号为011－001－00057的档案。

② 本条引自北京市档案馆档案号为002－006－00210的档案。

办公会议。①

[按:10 月 21 日,北京市文委联合办公会议第三十二次会议召开。会议由副市长吴晗主持。会议讨论了文教各单位彙报检查法令等三个问题。出席会议的有:翁独健、严镜清、孙国樑、朱欣陶、王宪铨、孟光辉、李续纲、王之平等人。]

10 月 22 日上午 吴晗出席北京市人民政府第二百一十五次行政会议。②

[按:10 月 22 日上午九点,北京市人民政府第二百一十五次行政会议在市府东大厅召开。会议由副市长张友渔主持。会议听取了教育局翁局长关于执行提高中小学教育质量的决定的情况等二个报告。讨论有关任命事项。出席和列席会议的还有:薛子正、柴泽民、李霄路、贾星五、李续纲、王慎之、梁思成、霍清源、孙方山、宋新波等 51 人。]

10 月 23 日 吴晗致信彭真。③

[按:吴晗的这封信函是在北京市人民政府教育局向他递呈了《关于编写中小学各科教学资料工作的报告》后,针对有关教材编辑工作、卫生工作以及植物园问题等工作给彭真市长的请示。]

① 本条引自北京市档案馆档案号为 011 - 001 - 00041 的档案。
② 本条引自北京市档案馆档案号为 135 - 001 - 00236 的档案。
③ 本条引自北京市档案馆档案号为 001 - 006 - 00960 的档案。

10 月 29 日上午 吴晗出席北京市人民政府第二百一十六次行政会议。[①]

[按:10 月 22 日上午九点,北京市人民政府第二百一十六次行政会议在市府东大厅召开。会议由副市长张友渔主持。会议听取了监委会王副主任关于一九五四年上半年市属各机关团体干部犯错误的情况等二个报告。讨论北京市联合医疗机构组织管理办法(草案)等二个事项。出席和列席会议的还有:薛子正、柴泽民、李霄路、李公侠、贾星五、李续纲、王慎之、霍清源、孙方山、马光斗等 58 人。]

11 月 3 日 吴晗出席并主持北京市文委第三十三次联合办公会议。[②]

[按:会议讨论了关于北京市医疗工作的检查和改进方案等二个问题。]

12 月 4 日下午 全国政协第一届常委会第六十四次会议讨论通过了全国政协第二届委员名单,吴晗名列其中。[③]

[按:12 月 4 日下午,中国人民政治协商会议第一届全国委员会常务委员会第六十二次会议举行扩大会议。会议讨论了召开中国人民政治协商会议第二届全国委员会第一

---

① 本条引自北京市档案馆档案号为 135－001－00236 的档案。

② 本条引自北京市档案馆档案号为 011－001－00041 的档案。

③ 本条引自 1954 年 12 月 11 日《人民日报》第一版、第二版。

次全体会议的筹备问题。会议讨论和通过了中国人民政治协商会议第二届全国委员会委员名单。这个委员会是由二十九个单位的五百五十九人组成。吴晗以中华全国民主青年联合会代表的身份名列其中。]

12 月 14 日 吴晗在北京市人民政府秘书厅拟办意见的便签上作出批示。[①]

[按:10 月 25 日,市人民政府文物组就“本市城郊地区满汉文石碑的保护、管理问题”致函郑副部长(指郑振铎——编者注),并抄致吴晗副市长及社管局(即中央社会管理局——编者注)王冶秋副局长,1954 年 12 月 8 日,北京市人民政府秘书厅对该公函作出拟办意见,吴晗于 12 月 14 日作出批示:“可有本府通知,不必再找文化部。吴晗 十二月十四日”。]

12 月 14 日 吴晗给中央人民政府文化部(54)文社物字第 85 号函作出批示。[②]

[按:8 月 3 日,北京市人民政府以府产字第 6 号文报中央人民政府文化部,请求在文化部古建筑保养费内解决东岳庙、崇效寺、玄武门外城隍庙戏楼等古建筑的修缮费用问题。中央人民政府文化部于 1954 年 12 月 10 日致函北京市

---

① 本条引自北京市档案馆档案号为 002－006－00258 的档案。

② 本条引自北京市档案馆档案号为 002－006－00210 的档案。

人民政府，表示“无法解决。希你府报请国务院解决”。吴晗于12月14日作出批示：“一、这些古建筑究竟应该修缮否，请文物组再研究。二、如有必须修缮之古建筑，专案报国务院解决。吴晗　十二月十四日”。]

12月14下午　吴晗出席并主持北京市人民政府集体办公会议。①

[按：12月14日下午2点半，北京市人民政府在市府第一会议室召开集体办公会议。会议由副市长吴晗主持。会议讨论了关于北京市第一届人民代表大会第二次会议的内容等问题。出席会议的还有：薛子正、柴泽民、李霄路、赵鹏飞、佟铮、李续纲、严镜清、顾德等。]

12月21日下午　吴晗出席中国人民政治协商会议第二届全国委员会第一次全体会议并当选为主席团成员。②

[按：12月21日下午三点，中国人民政治协商会议第二届全国委员会第一次全体会议在北京开幕，出席会议的有全国委员会委员四百九十三人。会议选出了吴晗、宋庆龄、李德全、李济深、李烛尘、沈雁冰、沈钧儒、周恩来、胡耀邦、马叙伦、马寅初、张奚若、张澜、梁希、章乃器、章伯钧、许广平、许德珩、郭沫若、陈叔通、陈郁、陈毅、彭真、彭泽民、黄炎

① 本条引自北京市档案馆档案号为135－001－00237的档案。

② 本条引自1954年12月22日《人民日报》第一版。

培、楚图南、董必武、邓小平、鲍尔汉等五十七人为主席团成员。]

12月25日上午 吴晗在政协第二届全国委员会第一次全体会议上发言。①

[按:12月25日上午,在政协第二届全国委员会第一次全体会议上发言的有:傅作义、吴晗、王葆真、承澹龠、张修竹、冀朝鼎、叶雨田、查干葛根、陶述曾。]

12月25日 吴晗当选全国政协常务委员会委员。②

[按:12月25日,政协第二届全国委员会会议闭幕。会议选出名誉主席毛泽东;主席周恩来;副主席宋庆龄、董必武等十六人;常务委员王芸生、王宗槐、王首道、吴晗等六十五人。]

12月25日 李济深致函彭真、张友渔、吴晗。③

[按:12月25日,李济深就保护崇文门外的明代袁崇焕将军墓地及其墓堂一事致函彭真、张友渔、吴晗。李济深在信中说:"袁墓前经两广旅京人士请准你府保存,并承你府加以修葺,此中经过事实,记忆犹新。至于袁将军确系历史

① 本条引自1954年12月26日《人民日报》第一版。

② 本条引自1954年12月26日《人民日报》《光明日报》第一版。

③ 北京市档案局(馆)编:《北京档案珍藏展图录》,第150页。

上有名人物，而其墓基和墓堂，占地不广，拟请转致该局特予划出，俾乃保存历史古迹，用慰两广旅京群众的共同愿望如何?”]

12月28日 吴晗给北京市教育局致张友渔、吴晗副市长的公函作出批示。[1]

[按:12月22日，北京市教育局就关于升学未录取的本市本届初中毕业生中，尚未得到安置的问题致函张友渔、吴晗副市长，吴晗于12月28日作出批示:“我同意，请张(指张友渔——编者注)批。吴晗十二月廿八日”。]

12月30日 吴晗出席并主持北京市文委第三十九次联合办公会议。[2]

[按:12月30日，北京市文委联合办公会议第三十九次会议召开。会议由副市长吴晗主持。会议讨论了关于筹备公园文化服务社等二个问题。出席会议的有:王松声、范栋申、梁丹、厂琳、何春林、赵有任、王之平，列席会议的有:石世奇、李淑世、力达等人。]

12月下旬 顾颉刚就全国政协第二届全国委员会第一次会

① 本条引自北京市档案馆档案号为002－006－00263的档案。

② 本条引自北京市档案馆档案号为011－001－00041的档案。

议的发言稿曾找吴晗征求修改意见。[1]

［按：顾颉刚同时征求修改意见的人员还有：辛树帜、李平心、姚绍华、侯外庐、尹达等十人。］

本年　吴晗支持过问首都图书馆的藏书工作。[2]

［按：吴晗副市长和翁独健局长对图书馆发展非常关注，在他们的支持、过问下，自1954年起，从市图书馆（现首都图书馆），二十八中、三十七中等藏书丰富的中学，调入包括《四部丛刊》初、二、三编；《丛书集成》，《四库珍本》，《四部备要》等有重要参考价值的大套丛书，以及一些旧线装、平装书和外文书。］

本年　吴晗召集北京市工会、妇联、民政、卫生等部门开会，研究为中小学教师办托儿所的方案。[3]

---

① 顾潮编著：《顾颉刚年谱（增订本）》，中华书局出版社，2011年版，第413—414页。

② 本条引自《首都师范大学图书馆大事记》。

③ 薛成业：《吴晗纪念文集〈忠于党的教育事业的坚强战士〉》，第196页。

一九五五年

1月1日晚　吴晗出席北京市人民政府庆祝一九五五年元旦会餐宴会。①

[按:出席会餐宴会的还有:彭真、张友渔、聂荣臻、罗瑞卿、张晓梅、刘仁、薛子正、王文斌、柴泽民、雷洁琼、严镜清、梁思成等148人。]

1月5日　吴晗在北京市新闻出版处(54)新发字第395号文件上作出批示。②

[按:1954年12月31日,北京市新闻出版处就“报告处理旧反动政治书刊及介绍旧北京书刊工作已结束”一事,以(54)新发字第395号文呈送北京市人民政府,并抄送市委宣传部、市文教委、市公安局等单位,吴晗于1955年1月5日在该文件上作出批示:“阅,存。吴晗　一.五”。]

---

① 本条引自北京市档案馆档案号为002-020-00091的档案。

② 本条引自北京市档案馆档案号为002-006-00261的档案。

1月6日 吴晗出席并主持市文委联合办公会议。①

［按:会议讨论一九五五年第一季度文教卫生工作计划纲要。出席会议的有:吴晗、李续纲、翁独健、孙国樑、顾德、王松声、朱欣陶、王宪诠、马健行、孙冶、王之平等。］

1月8日 吴晗出席并主持关于在首都各公园内设立劳动模范及战斗英雄事迹图片会议。②

［按:1月8日上午9点半,北京市关于在首都各公园内设立劳动模范及战斗英雄事迹图片会议在市府第一会议室召开。会议由副市长吴晗主持。出席会议的还有:李续纲、周游、王之平、范栋申、李肖白、李文芳、宋文成、胡蛮、董入盾、王灿星、孙世愷、赵学勤、徐谦、窦文伟等15人。］

1月12日 吴晗在北京人民广播电台向全市人民作关于推销一九五五年国家经济建设公债的讲话。③

［按:吴晗在讲话中号召全市人民踊跃购买经济建设公债,完成北京市一千七百亿元(老币)的任务。］

1月13日 吴晗出席并主持市文委联合办公会议。④

［按:会议讨论关于保护学生视力改善学校物质条件等

---

① 本条引自北京市档案馆档案号为135－001－00304的档案。

② 本条引自北京市档案馆档案号为135－001－00146的档案。

③ 本条引自1955年1月13日《北京日报》第一版。

④ 本条引自北京市档案馆档案号为135－001－00304的档案。

问题。出席会议的有：吴晗、廖沫沙、李续纲、王之平、严镜清、薛成业、尹适、杨毓珉等。]

1 月 20 日 吴晗出席并主持市文委联合办公会议。①

[按：会议听取文化事业管理处王亚平处长关于本市戏曲观摩演出情况的汇报和听取文化事业管理处王松声副处长关于筹备人民艺术馆的报告等。出席会议的有：吴晗、李续纲、王之平、王亚平、王松声等。]

1 月 21 日 吴晗在北京地质学院地院教字第 61 号文件上作出批示。②

[按：1 月 18 日，北京地质学院就“为对周口店石灰岩洞划归你府管理我院所提建议由”，以地院教字第 61 号文致函北京市人民政府，薛秘书长于 1 月 20 日在该文件上作出了拟办意见，吴晗于 1 月 21 日在该文件上作出批示：“照薛批办。吴晗 一．廿一”。]

1 月×日晚 吴晗出席北京市人民政府一九五五年春节联欢宴会。③

[按：出席联欢宴会的还有：刘仁、薛子正、柴泽民、严镜

---

① 本条引自北京市档案馆档案号为 135－001－00304 的档案。

② 本条引自北京市档案馆档案号为 002－006－00259 的档案。

③ 本条引自北京市档案馆档案号为 002－020－00091 的档案。

清、杨述、崔月犁、李公侠等140人。]

[按：史料上没有北京市人民政府一九五五年春节联欢宴会的时间，但民盟北京市支部举办的联欢大会是在1月25日（初二）下午至晚上举行的。估计，北京市人民政府一九五五年春节联欢宴会的时间应该是在1月23日（除夕）至26日（初三）之间的某一日。]

1月31日 吴晗给北京市人民政府文化事业管理处关于批准在一九五五年东郊电影院计划任务书的函作出批示。[①]

[按：该电影院总投资为二十五亿元（老币），不足部分由文化事业管理处特种资金项下开支。吴晗批示："同意"。]

2月3日 吴晗出席并主持市文委联合办公会议。[②]

[按：会议听取北京市卫生防疫站徐诵光一九五五年爱国卫生运动工作计划纲要草案的报告和解决关于三十六中和第二医院用房纠纷问题等。出席会议的有：吴晗、王之平、严镜清、吴之汉、薛成业、徐诵光、张象贤、丁塞、石英等。]

2月8日 吴晗在北京市第一届人民代表大会第二次会议

---

① 本条引自北京市档案馆档案号为011－001－00058的档案。

② 本条引自北京市档案馆档案号为135－001－00304的档案。

上当选为主席团成员。[1]

[按:当选为主席团成员的还有王昆仑、王纯、林巧稚、雷洁琼、乐松生、薛子正等45人。]

2月8日上午 吴晗以北京市第一届人民代表大会第二次会议执行主席的身份主持上午的会议。[2]

[按:今天上午担任执行主席的还有:彭真、张奚若、傅种孙、薛子正、浦洁修、殷维臣。]

2月11日 吴晗在北京市第一届人民代表大会第二次会议上再次当选为副市长。[3]

[按:北京市第一届人民代表大会第二次会议历时四天,于2月11日闭幕。这次会议选出了北京市人民委员会的组成人员。彭真当选为市长,张友渔、吴晗、王昆仑、薛子正、冯基平、程宏毅、贾庭三、乐松生等八人为副市长。]

2月17日 吴晗出席并主持市文委联合办公会议。[4]

[按:会议听取文化事业管理处王松声副处长关于建立人民艺术馆的问题、各单位汇报五年事业计划和听取教育局薛副局长一九五五年工农医院教育计划的报告等。出席

① 本条引自《北京市人民代表大会文献资料汇编1949—1993》,第309页。
② 本条引自北京市档案馆档案号为002-007-00170的档案。
③ 本条引自1955年2月13日《人民日报》第一版。
④ 本条引自北京市档案馆档案号为135-001-00304的档案。

会议的有：吴晗、李续纲、曹禺、王松声、王纯、吴之汉、薛成业、王之平等。]

2月18日下午 吴晗出席北京市人民委员会第一次会议。[1]

[按：2月18日下午，北京市人民委员会举行了第一次会议。会议首先讨论了贯彻执行北京市第一届人民代表大会第二次会议的决议问题，决定做下列几项工作：一、改进北京市卫生工作；二、关于发展郊区农业生产和开展互助合作运动的工作；三、第一届人民代表大会第二次会议收到的代表提案工作。彭真、舒舍予、郑芸、傅种孙、徐楚波、李克佐、吴晗、李国瑞、薛子正等都在会上讲了话。]

2月24日 吴晗在北京市教育局2名干部写给张友渔副市长的信函上作出批示。[2]

[按：2月17日，北京市教育局2名干部就"中学人员超编"问题，联名上书北京市副市长张友渔，张友渔于2月22日作出批示，请吴副市长主持约有关部门研究解决。吴晗于24日作出批示："办公厅通知教育局、财政局、计会人事局准备材料意见，联办讨论。吴晗　二．廿四"。]

2月24日下午 吴晗出席达赖喇嘛和班禅额尔德尼为庆祝

---

① 本条引自1955年2月22日《人民日报》第一版。

② 本条引自北京市档案馆档案号为002－006－00020的档案。

藏历木羊年新年佳节举行的盛大宴会。①

[按:1955年2月24日下午,为庆祝藏历木羊年新年佳节,达赖喇嘛·丹增嘉措和班禅额尔德尼·确吉坚赞在北京中南海举行盛大宴会。出席宴会的有毛泽东主席,刘少奇委员长,周恩来总理,全国人大会副委员长李济深、沈钧儒、黄炎培、李维汉、陈叔通和在京委员,民族委员会主任委员刘格平,国务院副总理邓小平、秘书长习仲勋,民族事务委员会副主任萨空了,最高人民法院院长董必武,北京市副市长张友渔、吴晗、王昆仑,中国佛教协会代理会长喜饶嘉措以及其他宗教团体负责人和中央民族学院负责人。]

3月4日 吴晗出席并主持北京市第五次文教委员会扩大会议。②

[按:会议由吴晗对文教委员会成立三年来历次会议所解决的重要问题作了简要说明,由李续纲对一九五四年文教卫生工作作总结等。出席会议的有:吴晗、李续纲、余贻倜、马约翰、胡一声、翁独健、雷洁琼、郑芸、钱端升、薛愚、费孝通,列席会议的有张季纯、顾德、李健生等。]

3月5日 吴晗给北京市教育局局长薛成业的公函作出二

---

① 本条引自1955年2月25日《人民日报》第一版。

② 本条引自北京市档案馆档案号为135－001－00304的档案。

条批示。①

［按:3月3日,北京市教育局局长薛成业给北京市副市长张友渔和吴晗写信请示有关在1955年建立北京师范学院以及北京师范学院校址的问题,吴晗于3月5日作出二条批示,其一:“拟召集有关方面开会商决,请张(指张友渔——编者注)阅示。吴晗　三．五。”其二:“办公厅即□(原稿字迹不辨——编者注)拟稿报习秘书长,拟就后送我看后发。吴晗　三．五”。］

3月5日　吴晗给北京市教育局局长薛成业的另一公函作出批示。②

3月10日下午　吴晗等出席欢送达赖喇嘛和班禅额尔德尼宴会。③

［按:国务院总理周恩来3月10日下午在北京中南海举行盛大宴会,欢送行将离京返藏的达赖喇嘛和班禅额尔德尼。出席宴会的有:国务院副总理彭德怀、邓小平、陈毅,秘书长习仲勋,各部部长、副部长,各委员会主任、副主任,民族事务委员会副主任汪锋、刘春、萨空了、杨静仁,中央人民政府驻西藏代表张经武,北京市副市长吴晗、王昆仑。宴会

① 本条引自北京市档案馆档案号为002－005－00269的档案。

② 本条引自北京市档案馆档案号为002－005－00269的档案。

③ 本条引自1955年3月11日《人民日报》第一版。

后，举行了京剧晚会。]

3月12日下午 吴晗到车站欢送达赖喇嘛·丹增嘉措。[1]

[按:3月12日下午4点25分，达赖喇嘛·丹增嘉措和随行人员及家属乘火车离开北京。前往车站欢送的有：国务院副总理彭德怀、邓小平、陈毅、乌兰夫，秘书长习仲勋，各部部长、副部长，各委员会主任、副主任，民族事务委员会副主任汪锋、萨空了、杨静仁，中央人民政府驻西藏代表张经武，北京市副市长张友渔、吴晗、王昆仑。]

4月6日上午 吴晗出席关于处理教育局减轻学生课业负担措施的问题会议。[2]

[按:会议由张友渔副市长主持，出席会议的有：吴晗、廖沫沙、李续纲、翁独健、孙国梁、薛成业、卞慎吾、吴晟、王之平等。]

4月26日 政协北京市第一届委员会第一次全体会议召开，吴晗当选为主席团成员。[3]

[按:会议选出主席团成员余心清、吴晗、崔月犁、张友渔、梁思成、刘仁、钱端升等共一十七名。]

---

① 本条引自1955年3月13日《人民日报》第一版。

② 北京市档案馆等编:《北京市重要文献选编1955》，第279页。

③ 本条引自1955年4月27日《北京日报》第一版。

4月27日 政协北京市第一届委员会第一次全体会议闭幕，吴晗等8人当选为副主席。①

［按：会议选举刘仁为政协主席，张友渔、蒋光鼐、吴晗、萧明、钱端升、梁思成、余心清、凌其峻为副主席，崔月犁为秘书长。］

4月29日晚 吴晗到御河桥二号出席彭真市长举行的欢庆一九五五年国际劳动节宴会。②

［按：御河桥二号　即北京市人民委员会交际处。］

［按：4月29日晚6点半，彭真市长在御河桥二号举行宴会，邀请了苏联红十字医院的苏联专家、工作人员及其家属、市政工程设计专家74人出席。出席作陪的有张友渔、薛子正、冯基平、陈毅、贾庭三、乐松生、王子如、王文斌、王明之、牟泽衔等共计171人。］

5月3日 吴晗出席并主持北京市人委联合办公会议。③

［按：5月3日上午9点，北京市人委联合办公会议在市府二楼大客厅召开。会议由副市长吴晗主持。会议讨论了关于成立精神病患者收容机构等四个问题。出席会议的还有：李霄路、马玉槐、邓季惺、李健生、巩廓如、谭元堃、关世

① 《当代中国的北京》编辑部编：《当代北京大事记》，当代中国出版社，2003年版，第80页。

② 本条引自北京市档案馆档案号为002－020－00091的档案。

③ 本条引自北京市档案馆档案号为135－001－00302的档案。

雄等 16 人。]

5 月 3 日　吴晗出席并主持北京市西四区分级分工医疗试点工作座谈会。①

[按:5 月 3 日上午 9 点,北京市人委联合办公会议在市府二楼大客厅召开。会议由副市长吴晗主持。会议对西四区的分级分工医疗试点工作做出了十个有关规定。出席会议的还有:李续纲、顾德、吴朝仁、赵增谋、陈本真、李宝珍、刘文彬、赵汝澄、殷汝棠、翟振声、张一华等 11 人。]

[按:以上两条谱文显示吴晗在同一个时间同一个地点,出席并主持两个不同内容和不同的出席的人员的会议。前一条史料引自北京市档案馆档案号为 135 - 001 - 00302 的档案;后一条史料引自北京市档案馆档案号为 135 - 001 - 00303 的档案。前一条史料是吴晗副市长办公室整理的该会议的会议记录;后一条史料是王昆仑副市长办公室整理的该会议的会议记录。其真实性不容置疑。事情原委待以后有资料证明时,再作考证。]

5 月 4 日　吴晗和某中学初中班学生一起在中山公园来今雨轩欢度五四青年节。②

[按:有一年,吴晗接到一所中学初中班学生的来信,提

---

① 本条引自北京市档案馆档案号为 135 - 001 - 00323 的档案。

② 王宏志、闻立树主编:《怀念吴晗:百年诞辰纪念》,第 286 页。

出同学们希望同吴副市长一起欢度五四青年节，活动安排在中山公园来今雨轩举行。当天上午，吴晗和少年朋友们进行了愉快的座谈，并在会后招待大家共进西餐。这次用餐的费用还是吴晗用自己的工资开支的。]

[按：这条史料来自曾经担任吴晗秘书的闻立树先生的纪念文章《无尽的怀念和思考——纪念吴晗副市长》，文章中没有标注事件发生的时间。编者经考证，闻立树先生担任吴晗秘书的时间，是在 1952 年 5 月至 1956 年 8 月，便推断为这件事发生在 1955 年。]

5 月 12 日　吴晗出席并主持北京市人委联合办公会议。[①]

[按：5 月 12 日上午 9 点，北京市人委联合办公会议在市府第一会议室召开。会议由副市长吴晗主持。会议讨论了关于组织高小和初中毕业生参加劳动生产工作及华侨学生参加劳动生产工作中存在的问题等三个问题。出席会议的还有：范栋申、孙国樑、卞慎吾、吴之汉等 12 人。]

5 月 31 日　吴晗出席并主持首都各界纪念“六一”保卫儿童大会。[②]

[按：5 月 31 日，首都各界纪念“六一”保卫儿童大会在北京天桥剧场召开，出席大会的有北京市中、小学校长、教

① 本条引自北京市档案馆档案号为 135 - 001 - 00302 的档案。

② 本条引自 1955 年 6 月 1 日《人民日报》第一版。

师，少年先锋队辅导员，保育工作者，文学艺术工作者，机关干部，街道妇女以及中央和北京市各民主党派、各人民团体的负责人和代表等共一千六百多人。大会由北京市副市长吴晗主持。中华人民共和国教育部部长张奚若在会上讲话。中国新民主主义青年团中央委员会书记处书记胡克实，中华全国总工会书记处书记董昕，中华全国民主妇女联合会副主席章蕴，中国人民保卫儿童全国委员会副主席、中华医学会理事长傅连暲等也先后在会上讲话，他们分别代表民主妇女联合会、工会及青年团等组织，表示热烈支持教育和保卫儿童的事业，希望全国妇女、职工、青年和医务工作者们在各自的工作岗位上，为这一光荣的事业贡献力量。]

6月1日　吴晗出席首都儿童庆祝“六一”儿童节集会。①

[按:6月1日，首都一千二百多名儿童在北京饭店集会，热烈庆祝自己的节日。在京的二百多个外国小朋友也应邀参加了庆祝会。中华全国民主妇女联合会主席蔡畅、中国人民保卫儿童全国委员会副主席李德全、北京市副市长吴晗等都到会向孩子们祝贺节日。]

6月1日　吴晗等出席北京市儿童医院开幕典礼。②

---

① 本条引自1955年6月2日《人民日报》第一版。

② 本条引自1955年6月2日《北京日报》第二版。

［按：出席开幕典礼的有：彭真、崔义田、傅连暲、康克清、方石珊、吴晗、薛子正、严镜清等共一百五十多人。］

6月4日 吴晗在北京市工农业余教育局(55)工农谭教字第二十五号请示的文件上作出批示。[①]

［按：5月21日，北京市工农业余教育局以(55)工农谭教字第二十五号文件向吴晗副市长呈报关于《下达各校试行"北京市干部、职工、劳动人民业余学校试行校历"》的请示，吴晗于6月4日作出批示："可　吴晗　六．四"。］

6月18日 吴晗在北京市工农业余教育局(55)工农谭教字第三十一号请示的文件上作出批示。[②]

［按：1955年6月6日，北京市工农业余教育局以(55)工农谭教字第三十一号文件向吴晗副市长呈报关于《召开北京市第一次职工业余文化教育会议》的请示，吴晗于6月18日作出批示："同意。请巩局长仔细研究，本次全国文教工作会议关于工农业余教育的精神，有无改变之处。所提办法，如系中央规定即可。吴晗　六．十八"。］

6月24日 吴晗出席北京市第一次职工业余文化教育

① 本条引自北京市档案馆档案号为152－001－00278的档案。

② 本条引自北京市档案馆档案号为152－001－00288的档案。

会议。[①]

[按:这次会议是北京市工农业余教育局和北京市工会联合会联合召开的。出席会议的有各区文教科长、各厂矿企业行政教育科长、各区工会宣传科长、各厂矿工会宣传委员和各职工业余学校的教务主任共200余人。吴晗和中共北京市委工业部陆禹副部长到会并讲话。]

7月1日　在吴晗的关心下,在北京西郊温泉开办了一所对犯罪的青少年进行挽救教育的工读学校。[②]

[按:吴晗对犯罪的青少年,尤为关心。他多次亲自调阅青少年犯罪的材料,还多次和公安局、教育局的同志一起研究挽救措施,并在1955年于西郊温泉开办了一所工读学校。吴晗每年都要往这个学校跑几趟,亲自过问学校的教学计划、劳动安排,以及校长、教员的配备。这所工读学校办得很有成绩。老画家齐白石为此极为感动,画了一幅题为《草木神仙》的画送给学校。北京人民艺术剧院还演出了话剧《草木神仙》,演的就是这个学校的故事。]

7月1日晚　吴晗出席彭真市长举行的庆祝中国共产党成立三十四周年纪念游园大会。[③]

---

① 欧阳璋主编:《成人教育大事记》,第104页。

② 王宏志、闻立树主编:《怀念吴晗:百年诞辰纪念》,第277页。

③ 本条引自北京市档案馆档案号为002－020－00091的档案。

［按：游园大会于7月1日晚8点在中山公园举行。出席游园大会的有刘仁、陈鹏、张友渔、郑天翔、薛子正、冯基平、程宏毅、蒋南翔、廖沫沙、赵凡、贾庭三等。］

7月14日　吴晗在北京市工农业余教育局(55)工农谭教字第四十四号请示的文件上作出批示。[①]

［按：7月6日，北京市工农业余教育局以(55)工农谭教字第四十四号文件向吴晗副市长呈报关于《广播识字教学停止实验》的请示，吴晗于7月14日作出批示："同意。吴晗　七．十四"。］

7月15日　关世雄致函吴晗。[②]

［按：7月15日，关世雄就"石景山区民校工作中存在问题"一事致函吴晗。］

7月16日　吴晗在北京市工农业余教育局(55)工农谭教字第四十号请示的文件上作出批示。[③]

［按：6月29日，北京市工农业余教育局以(55)工农谭教字第四十号文件向吴晗副市长呈报关于《北京市一九五四年冬学教师训练》的请示，吴晗于7月16日作出批示：

① 本条引自北京市档案馆档案号为152－001－00300的档案。

② 本条引自北京市档案馆档案号为152－001－00311的档案。

③ 本条引自北京市档案馆档案号为152－001－00288的档案。

“同意　吴晗　七．十六”。]

8月11日　吴晗批复北京市工农教育局《关于职工业余文化教育组织领导问题的请示》。[1]

[按：这个请示是要改原由市工会联合会领导的较大厂矿企业职工业余学校交市工农教育局统一领导。]

8月29日　对外文化联络局局长洪深逝世，吴晗任洪深同志治丧委员会委员。[2]

[按：洪深同志治丧委员会委员有郭沫若、习仲勋、沈雁冰、周扬、钱俊瑞、丁西林、夏衍、章汉夫、范长江、楚图南、阳翰笙、罗隆基、吴晗、田汉、欧阳予倩、梅兰芳、周信芳、老舍、曹禺、袁牧之、于伶、赵丹等四十二人。]

9月15日　吴晗列席中共北京市委常委会议。[3]

[按：列席会议的还有副市长王昆仑。会议由彭真主持，邀请吴晗和王昆仑两位副市长列席常委会的原因是这次常委会讨论的内容与两位副市长分工分管的工作有关。]

9月19日上午　吴晗出席北京市第一届人民代表大会第三

---

① 欧阳璋主编：《成人教育大事记》，第106页。

② 本条引自1955年8月30日《人民日报》第一版。

③ 本条引自《彭真年谱》第三卷，第59页。

次会议并当选为主席团成员。[1]

［按：主席团成员有：王昆仑、余心清、吴晗、林巧稚、范瑾、柴泽民、张友渔、贾庭三、彭真、刘仁、钱端升、薛子正等47人。］

9月19日上午 吴晗出席北京市第一届人民代表大会第三次会议主席团第一次会议。[2]

［按：会议由彭真市长主持。会议通过了北京市第一届人民代表大会第三次会议议程、主席团分组名单、提案审查委员会名单、预决算审查委员会名单、副秘书长名单等事项。］

9月19日 吴晗在北京市第一届人民代表大会第三次会议上作了题为《关于进一步提高教育质量工作》的发言。[3]

9月20日下午 吴晗以北京市第一届人民代表大会第三次会议执行主席的身份主持下午的大会。[4]

［按：这天下午的执行主席还有：蒋光鼐、钱端升、舒舍予、冯基平、雷洁琼、王斐然、王光伟、巨赞、郑芸、王梓中。］

---

① 本条引自《北京市人民代表大会文献资料汇编1949—1993》，第331页。

② 本条引自北京市档案馆档案号为002－007－00171的档案。

③ 本条引自《吴晗全集》十卷版第十卷，第315页。

④ 本条引自北京市档案馆档案号为002－007－00171的档案。

9月20日　吴晗给北京市工农业余教育局的请示作出批示。[1]

［按:9月6日,北京市工农业余教育局向吴晗呈送一份《关于成立工农业余教师进修学校的计划》的请示,吴晗是就这份请示作出的批示。］

9月21日　吴晗在北京市第一届人民代表大会第三次会议会上担任提案审查委员文化教育组召集人。[2]

［按:提案审查委员会文化教育组的召集人还有钱伟长、王照华。成员还有孙国樑、冯亦代、朱国华、田常青、林泰、尹赞勋等。］

9月21日下午　吴晗出席北京市第一届人民代表大会第三次会议主席团第二次会议。[3]

［按:会议通过了北京市一九五四年财政收支决算和一九五五年财政收支预算的决议(草案)、提案审查报告并决定提交大会讨论,听取了刘仁关于彭真市长的大会发言提纲的说明。下午,北京市第一届人民代表大会第三次会议闭幕。］

---

① 本条引自北京市档案馆档案号为152－001－00277的档案。

② 本条引自北京市档案馆档案号为002－020－01610的档案。

③ 本条引自北京市档案馆档案号为002－007－00171的档案。

秋　负责筹建北京天文馆的陈遵妫[1]到北京市人民政府找吴晗汇报工作。[2]

[按:据陈遵妫回忆说,“1955 年秋,我为了基本建设方面的问题,特别到北京市人民政府找吴晗。他聚精会神地听我谈天文馆的发展方向,不时点头微笑。当听到我说到打算逐渐发展成天文专科学校时,他打断我的话,让我停一下,然后拿起电话将教育局长叫来,三人一起共同研究。当我说到地皮太小,很难发展时,他又将规划局长叫来,不到一小时,问题都解决了。”]

10 月 10 日　吴晗积极主张筹建的北京师范学院[3]正式建成。在成立大会暨开学典礼上,吴晗发表了热情洋溢的讲话。[4]

10 月 10 日　吴晗给北京市工农业余教育局的请示作出批示。[5]

[按:9 月 27 日,北京市工农业余教育局向吴晗呈送一份《关于扩大乡干部文化学习班为北京市郊区乡干部文化补习学校及所拟具体计划》的请示,吴晗是就这份请示作出的批示。]

---

① 陈遵妫,中国现代天文学家,后任北京天文馆馆长。

② 王宏志、闻立树主编:《怀念吴晗:百年诞辰纪念》,第 453 页。

③ 北京师范学院,就是今天首都师范大学。

④ 刘光永著:《清官梦——吴晗传》,第 264 页。

⑤ 本条引自北京市档案馆档案号为 152－001－00277 的档案。

10 月 18 日晚 吴晗出席陈毅举行的招待西藏地区参观团和西藏青年参观团全体人员宴会。[①]

[按:10 月 18 日晚 7 点半,陈毅举行宴会,招待西藏地区参观团和西藏青年参观团全体人员。出席作陪的有:国务院副总理兼民族事务委员会主任乌兰夫,全国人民代表大会常务委员会副委员长赛福鼎,中国人民政治协商会议全国委员会副主席章伯钧,国务院秘书长习仲勋,全国人民代表大会民族委员会主任委员刘格平,中央人民政府驻西藏代表张经武,民族事务委员会副主任萨空了,各部部长和副部长章乃器、沙千里、李德全、陈其瑗,北京市副市长吴晗,各人民团体和首都宗教界人士廖承志、达浦生、马玉槐、白寿彝等。]

11 月 13 日上午 吴晗出席首都少年儿童向祖国献向日葵大会。[②]

[按:11 月 13 日上午,首都一千五百多名少年儿童在中国人民政治协商会议全国委员会大礼堂,举行向祖国献向日葵大会。吴晗代表国家在会上接受了首都少年儿童们今年为国家种植收获的两万六千三百八十八斤葵花子。]

---

① 本条引自 1955 年 10 月 20 日《人民日报》第一版。

② 本条引自 1955 年 11 月 16 日《人民日报》第三版。

11月16日 吴晗致信张友渔、刘仁。[1]

［按：11月16日，吴晗就关于建立北京植物园的事致信张友渔、刘仁。谈了五个问题：一、建议和科学院一起报请国务院拨专款修建；二、北京市和科学院的分工；三、经费问题；四、筹备机构问题；五、建议先建立小型植物园问题。］

11月18日下午 吴晗在全国人民代表大会代表和中国人民政治协商会议全国委员会委员在京视察工作座谈会上作《关于北京市街道工作的情况》的讲话。[2]

11月22日 吴晗出席并主持北京市人委联合办公会议。[3]

［按：11月22日上午9点，北京市人委联合办公会议在市府二楼东客厅召开。会议由副市长吴晗主持。会议讨论了北京市托儿组织调查和规划工作计划草案等二个问题。出席会议的还有：翁独健、汪通祺、邓季惺、吕静平、钱玲娟、刘克凡、左珊、徐涣兹等18人。］

11月27日 吴晗出席著名中医孔伯华先生公祭。[4]

［按：11月27日上午，孔伯华先生治丧委员会在北京嘉兴寺举行孔伯华先生公祭。参加公祭的有中国人民政治协

---

① 本条引自北京市档案馆档案号为002－009－00160的档案。

② 本条引自《吴晗全集》十卷版第十卷，第325页。

③ 本条引自北京市档案馆档案号为135－001－00302的档案。

④ 本条引自1955年11月28日《人民日报》第一版。

商会议全国委员会副主席彭真，秘书长邢西萍，常务委员马叙伦、彭泽民、吴晗、卢汉、陈其尤和部分在京委员，卫生部副部长傅连暲，北京市副市长王昆仑，医务界人士施今墨、袁鹤侪以及孔伯华先生生前好友二百余人。]

11 月 29 日　吴晗给北京市人民委员会办公厅市厅字第694 号函作出批示。[①]

[按:11 月 28 日，北京市人民委员会办公厅拟就市厅字第 694 号函《同意修建北京市植物园请科学院拟稿联合报请国务院拨款办理》致中国科学院植物研究所，吴晗在函稿上作出批示:“发。吴晗　十一月廿九日”。]

12 月 8 日　吴晗出席首都纪念“一二·九”运动二十周年和“一二·一”运动十周年大会。[②]

[按:12 月 8 日，首都二千多个学生在怀仁堂隆重举行纪念“一二·九”运动二十周年和“一二·一”运动十周年大会。出席大会的有中国共产党中央政治局委员、中共北京市委员会书记彭真，中国新民主主义青年团中央委员会书记处书记胡耀邦，中华全国民主青年联合会副主席吴晗，中华人民共和国高等教育部副部长曾昭抡以及首都各大学校长、教授和青年团北京市委员会的负责人。]

---

① 本条引自北京市档案馆档案号为 002－009－00160 的档案。

② 本条引自 1955 年 12 月 9 日《人民日报》第一版。

12 月 9 日　吴晗出席北京市农村青年文化学习动员大会。[①]

［按：这次会议是北京市工农业余教育局、北京市团委联合召开的。吴晗副市长、市委农村工作部部长赵凡、团市委副书记张进霖、市工农业余教育局副局长关世雄作了报告。］

① 本条引自北京市档案馆档案号为 002－009－00160 的档案。

一九五六年

1月1日　吴晗参加北京市少年宫开幕仪式并讲话。①

［按：元旦这天，北京市少年宫开幕。上午9点，500名红领巾聚集在少年厅里，北京市副市长吴晗出席开幕式并在会上讲话。］

1月4日　吴晗出席北京市公债推销委员会1956年第一次会议并在会上讲话。②

［按：1月4日，北京市公债推销委员会举行第一次会议，决定开始推销1956年国家经济建设公债。北京市副市长、市公债推销委员会主任委员吴晗出席了会议并在会上作了讲话。在这个会议上，职工、部队、医务界、工商界等分会的负责人，都表示一定要发动各阶层人民踊跃认购公债，为社会主义建设积累更多的资金，争取提早完成和超额完成五年计划。］

① 本条引自中华网：《北京少年宫建成始末》。

② 本条引自1956年1月5日《北京日报》第二版。

1月6日 吴晗主持召开农村扫盲工作会议。[①]

[按:会议在市人民委员会吴晗副市长办公室召开。参加会议的有中共北京市委教育部部长廖沫沙、市委农村工作部部长赵凡、市工农业余教育局副局长谭元堃、团市委副书记张进霖等。]

1月10日至3月10日 吴晗率中印友好协会文化代表团访问印度。[②]

2月11日 北京市扫盲协会成立,会议选举吴晗担任协会会长。[③]

[按:会议在市人民委员会三楼第一会议室召开。会议选举吴晗副市长为协会会长,选举市委教育部部长廖沫沙、市委农村工作部部长赵凡、市工农业余教育局局长巩廓如、市工会联合会主席王炯、团市委书记王照华、市妇联副主席王子如、市手工业联合总社主任黎晓为副会长。]

3月10日 吴晗等担任全国先进生产者代表会议筹委会委员。[④]

[按:3月10日全国先进生产者代表会议筹备委员会在

---

① 本条引自1956年1月5日《北京日报》第二版。

② 欧阳璋主编:《成人教育大事记》,第119页。

③ 欧阳璋主编:《成人教育大事记》,第122页。

④ 本条引自1956年3月11日《人民日报》第一版。

北京成立。国务院副总理李富春担任主任委员，薄一波、林枫、王首道、李四光、贾拓夫、曾山、赖若愚、刘宁一、朱学范、吴玉章、蔡畅、胡耀邦等12人担任副主任委员，王志杰、王炯、王鹤寿、叶季壮、刘子久、刘仁、刘达潮、刘秀峰、刘澜波、安力夫、沙千里、李景韩、李聚奎、李德全、李颉伯、沈雁冰、吴晗等57人担任委员，董昕担任秘书长。]

3月21日 吴晗致信彭真、刘仁和张友渔。[①]

[按：吴晗于3月10日访问印度返京，12日到府工作。这是吴晗将代表团工作总结送给三位而写的信。]

3月22日 吴晗给北京市教育局(56)教计薛字第443号文件作出批示。[②]

[按：3月15日，北京市教育局就"关于接办经济部门举办职工子女小学收费标准及办法"一事，以(56)教计薛字第443号文件请示吴晗副市长，秘书厅于3月22日作出拟办意见，吴晗于当日作出批示："同意，请张(指张友渔——编者注)批。吴晗　三．廿二"。]

3月26日 吴晗给北京市教育局呈报给吴晗副市长的(56)

---

① 本条引自北京市档案馆档案号为002－008－00068的档案。

② 本条引自北京市档案馆档案号为002－008－00195的档案。

教小薛字第481号文件作出批示。[①]

［按：3月20日，北京市教育局就“关于淘汰私立穆安等十二个小学”一事，以(56)教小薛字第481号文件请示吴晗副市长，吴晗于3月26日作出批示：“同意，请张（指张友渔——编者注）批。吴晗　三月廿六日”。］

3月　吴晗致信北京市市长彭真、副市长张友渔。[②]

［按：吴晗在信中提出“今后的工作，我希望能重做安排。市代表大会，下次议程将要选举市人委，我恳求不要列名”。“现在我提出撤除市委和民盟的工作，请予考虑”。吴晗再次要求让他去“钻故纸堆”，即研究历史。他说：“在故纸堆里做些研究工作，我向你们保证，一定可以做出对下一代有贡献的成绩来。”］

4月3日下午　吴晗出席并主持北京师范学院一九五六年招生任务及解决本市今后师资缺额问题的会议。[③]

［按：会议在市人民政府二楼东客厅举行。出席会议的有廖沫沙、孙国梁、汪通祺、仓孝和、王明、王之平等。］

4月7日　吴晗在北京市文化局(56)文社字第442号文件

---

① 本条引自北京市档案馆档案号为002－008－00197的档案。

② 王宏志、闻立树主编：《怀念吴晗：百年诞辰纪念》，第529页。

③ 本条引自北京市档案馆档案号为002－008－00238的档案。

上作出批示。[①]

[按:4月3日,北京市文化局就“关于接管广东省会馆财产管理委员会所属在京财产具有历史意义的故居、遗迹和文物处理办法”一事,以(56)文社字第442号文件请示王昆仑副市长,并抄送吴副市长办公室,吴晗于4月7日在该文件上作出批示:“李笠翁假山园亭,如可容纳在新建筑之内,作为风景点缀,是否可以,请王(指王昆仑——编者注)考虑。吴晗　四.七”。]

4月12日　吴晗致函彭真。[②]

[按:4月12日,吴晗副市长根据彭真市长的提议和市人代会提案要求,致函彭真,提出“建立一个服务于中、小学,按中小学植物教科书教学进行布置的植物园”的报告,彭真市长、张友渔副市长、市委郑天翔副书记作了批示,表示赞同和支持。]

4月16日　吴晗出席北京市教养员经验交流会并在会上讲话。[③]

[按:4月19日,北京市继去年召开的全市幼儿园经验交流会后,召开了北京市教养员经验交流会。吴晗副市长、

① 本条引自北京市档案馆档案号为002-008-00170的档案。

② 本条引自科技百科:《北京教学植物园》及本条引自北京市档案馆档案号为002-009-00160的档案。

③ 本条引自北京市档案馆档案号为152-004-02486号的档案。

梁部长、苏联专家及全市幼儿园的教养员代表出席了这个会议。有23个教养员在会议上作了经验介绍。吴晗在会上作了重要指示。河北、郑州、海南岛以及内蒙古等外省市的代表也出席了这次会议。]

4月19日 吴晗关于教育工作的发言(草稿)撰写完毕。[①]

[按:吴晗的这个关于教育工作的发言(草稿)有好几次稿,上面均没有标注写作日期,但有一份原打印稿的页眉上有一用钢笔写的文字“巩谭关局长:送上代表大会发言一份,请你们阅。吴副市长办公室24/4”。本文的另一打印稿的页眉上有一用钢笔写的文字“此系草稿,请你一阅。吴副市长办公室19/4”。从这些文字看,本文应该是吴晗为准备在即将召开的市人代会发言稿。经查史料,距1956年4月19日最近的北京市人代会,是1956年8月8日至15日召开的北京市第一届第四次人代会。但在这次人代会的议程上没有吴晗这个发言的记录,也没有书面发言的记录,估计吴晗这个准备的发言稿,最后并没有使用。编者权且将吴副市长办公室在本文第一次打印稿上留言中标注的日期作为该发言稿的写作日期,估计时间相差不会太远。]

4月26日 吴晗在北京市公用局(56)公用技字第413号文

---

① 本条引自北京市档案馆档案号为152－001－00328的档案。

件上作出批示。[①]

[按:4 月 11 日,北京市公用局就“关于建设朝阳门至十里堡的无轨电车线路须拆除朝阳门城门箭楼”一事,以(56)公用技字第 413 号文件请示薛副市长,北京市人民政府秘书厅将该文转柴泽民秘书长和张友渔、吴晗、王昆仑副市长阅,吴晗于 4 月 26 日作出批示:“同意。吴晗 四.廿六”。]

4 月 29 日下午 吴晗出席全国先进生产者代表会预备会议,并当选为主席团成员。[②]

[按:4 月 29 日下午,全国先进生产者代表会举行预备会议。到会的全体代表举行了预备会议。在预备会议上,代表们听取了全国先进生产者代表会议筹备委员会副主任委员、中华全国总工会主席赖若愚关于代表报到情况的说明,并且一致通过了大会主席团名单。]

4 月 30 日下午 吴晗出席全国先进生产者代表会议。[③]

[按:全国先进生产者代表会议于 4 月 30 日下午在北京体育馆开幕。到会的正式代表和特邀代表共六千一百五十六人。这些代表都是全国各产业、各地区和各方面的最优

① 本条引自北京市档案馆档案号为 002 - 008 - 00178 的档案。
② 本条引自 1956 年 4 月 30 日《人民日报》《光明日报》第一版。
③ 本条引自 1956 年 4 月 30 日《北京日报》《光明日报》第一版。

秀的先进人物。毛泽东、刘少奇、周恩来、朱德、彭真、董必武等中央领导出席会议。三十七个国家的二百五十位工会代表也出席了会议的开幕式。]

5月9日 吴晗给北京市人民政府秘书厅拟写的发文市张字第266号文作出批示。①

[按:5月×日,北京市人民政府秘书厅拟写了发送中央人民政府国务院的《关于接办各经济部门职工子女中、小学校的请示》,秘书厅拟请张、吴副市长批示,吴晗于5月9日作出批示:“同意,请张(指张友渔——编者注)签发。吴晗五．九”。]

5月10日 吴晗出席并主持北京市人委联合办公会议。②

[按:5月10日上午9点,北京市人委联合办公会议在市府二楼东客厅召开。会议由副市长吴晗、薛子正主持。会议讨论了关于八宝山殡仪馆和火葬场的修建等二个问题。出席会议的还有:邓季惺、陈文珍、凌莎、刘克凡、苏兆林、冯克军、樊书培、王金瀚、张天泳、石文博、南志豪、王之平等14人。]

---

① 本条引自北京市档案馆档案号为002－008－00019的档案。

② 本条引自北京市档案馆档案号为135－001－00302的档案。

5月16日 吴晗出席并主持北京市人民委员会联合办公会议。①

[按:这次会议的内容是讨论中学行政干部评奖问题和本市1956年暑假中学招生办法问题。参加会议的有:廖沫沙、翁独健、王之平。会议是在市人民委员会东客厅召开的。]

5月18日 在吴晗的热情关心下,历时6年的北京植物园筹建一事终于敲定。②

[按:吴晗曾指示:"北京植物园欲建成全国性的植物园,科技方面由中科院负责,事务管理由北京市负责。"时任国务院秘书长习仲勋批文,由财政部拨专款563万元,作为第一期建园经费。从此,来自华北、西北、东北等地的1000多种植物,不再东搬西迁,在北京西山卧佛寺、樱桃沟一带安营扎寨。]

5月21日 吴晗担任首都庆祝"六一"儿童节筹委会主任。③

[按:由北京市团委、北京市工会、北京市妇联、北京市教育局等二十一个单位组成的首都庆祝"六一"儿童节筹备

① 本条引自北京市档案馆档案号为002-008-00238的档案。

② 曹顺妮:《1956:北京植物园的枯与荣》。

③ 本条引自1956年5月22日《北京日报》第一版。

委员会5月21日正式成立。筹备委员会主任由吴晗副市长担任。]

5月25日上午 吴晗出席并主持北京市人民委员会联合办公会议。[①]

[按:这次会议的内容是有关设立幼儿教育研究室、幼儿园的规划问题等七个问题。参加会议的有汪通祺、陈剑戈、王之平等。会议是在市人民委员会东客厅召开的。]

5月26日 吴晗给国务院(56)国秘习字第98号文“批复”作出批示。[②]

[按:5月18日,国务院以(56)国秘习字第98号文《国务院关于筹建北京植物园的批复》发送给中国科学院和北京市人民委员会,批准设立北京植物园。吴晗于5月26日作出批示:“送张(指张友渔——编者注)阅,并抄告园林局。吴晗 五．廿六”。]

5月29日 吴晗给北京市教育局(56)教小薛字第849号文作出批示。[③]

[按:5月26日,北京市教育局就“关于接办中直育英、

① 本条引自北京市档案馆档案号为002-008-00238的档案。

② 本条引自北京市档案馆档案号为002-009-00160的档案。

③ 本条引自北京市档案馆档案号为002-008-00195的档案。

西苑小学”一事，以(56)教小薛字第849号文件请示吴晗副市长，吴晗于5月29日作出批示：“一、同意接办；二、明年以后的及经费应□清楚，仍由中央划拨，市里无款可拨。请张(指张友渔——编者注)批。吴晗　五.廿九”。]

5月31日晚　吴晗出席首都“六一”国际儿童节筹备委员会举行的盛大招待会。[①]

[按：5月31日晚，首都庆祝六一国际儿童节筹备委员会在北京饭店举行了儿童工作者招待会。北京市一千三百多名优秀的儿童教师、辅导员、保育工作者、医务工作者和文艺工作者会聚在一起，度过了这个欢乐的夜晚。晚会上，北京市副市长、首都庆祝六一国际儿童节筹备委员会主任吴晗向到会的儿童工作者表示敬意和慰问，感谢他们日夜地为社会主义、共产主义接班人的健康成长所作的努力。卫生部长、中华全国民主妇女联合会副主席李德全也出席了晚会。]

5月　吴晗为新华书店总店举办古旧书籍发行人员学习班讲课。[②]

[按：据《新华书店五十年(1937—1987)》一文介绍，1956年5月，新华书店总店举办古旧书籍发行人员学习班，

① 本条引自1956年6月1日《人民日报》《北京日报》第一版。
② 郑士德编著：《新华书店五十年春秋(1937—1987)》。

聘请了吴晗、齐燕铭、郑振铎、贺昌群、容肇祖、吴晓玲、赵万里等专家到学习班为学员们讲课。]

5月 吴晗与竺可桢联合报告国务院申请筹建北京植物园。①

6月1日上午 吴晗出席北京市欢庆“六一”国际儿童节活动。②

[按:6月1日上午8点,一千六百多个中外儿童在北京饭店新大厅里欢庆“六一”国际儿童节。吴晗到会向孩子们祝贺节日。和孩子们在一起玩的还有郭沫若、蔡畅、董昕、胡克实、傅连暲、陈曾固、叶圣陶,以及许多作家、音乐家和北京市各部门的负责人。]

6月1日下午 吴晗出席北京少年先锋队水电站动工典礼大会。③

[按:6月1日下午4点,在北海公园举行了北京少年先锋队水电站动工典礼大会。北京市副市长吴晗、电力工业部副部长王林和孩子们一起动了土。建筑官厅和模式口水电站的五十多名优秀工人、青年突击队员举着他们得到的

---

① 本条引自《中国科学院植物研究所纪事(1949—1980)》。

② 本条引自1956年6月2日《人民日报》第一版。

③ 本条引自1956年6月2日《人民日报》第三版。

奖旗也来参加了开工典礼。他们宣读了如期完成少年先锋队水电站建筑工程的保证书。这座水电站计划在今年十月一日建成。]

6月2日 成立以吴晗为主任的北京市龙潭植物园“建园筹备委员会”。

[按:龙潭湖位于崇文区南部。原为明代修建外城后留下的一片窑坑。西部为龙须沟污水排泄处。1952年整修成东、中、西3个人工湖,因与龙须沟呈首尾之势,由此梁思成起名为龙潭湖。]

[按:6月2日,成立以吴晗副市长为主任的“建园筹备委员会”。筹备工作在吴晗副市长亲自主持下进行,确定了市教育局、市园林局共同负责,由市教育局拨付建园经费、园林局协助建园,两局共同管理的原则,定名“北京市龙潭植物园”。1963年2月25日,北京市教育局将北京市龙潭植物园更名为“北京教学植物园”。“文革”期间被撤销,1987年恢复重建,被列为首批全国科普教育基地,直属北京市教育委员会。]

6月5日 吴晗在北京市人民委员会收文处理单上作出批示。①

[按:6月2日,北京市工农业余教育局,向吴办呈送了

① 本条引自北京市档案馆档案号为152－001－00362的档案。

《目前本市扫除文盲运动中的问题和工作意见》的文件，吴晗于6月5日在该文件处理单上作出批示："一、情况、问题不具体；二、提的办法一般化，已说过多次了；三、立平同志即告业余局，如必须召开会议，这个文件应重写。吴晗　六．五"。]

6月7日上午　吴晗出席并主持北京市人民委员会联合办公会议。①

［按：这次会议的内容是有关实施基本生产技术教育问题。参加会议的有廖沫沙、卞慎吾、王之平等。会议是在市人民委员会吴晗副市长办公室召开的。]

6月10日　吴晗出席北京市文化联谊社首次开放日活动。②

［按：6月10日，北京市文化联谊社首次开放，接待了四十多个文学艺术和戏曲工作者。文化联谊社设在北海公园的悦心殿和庆霄楼，是北京市文化局和园林局为满足首都文化、教育、科学、医务、建筑等部门高级知识分子文化活动和交谊的需要创办的。在这天的活动中，吴晗、王昆仑同著名京剧演员马连良由昆曲"十五贯"谈到戏曲改革。马连良还当场给人们演唱了两曲京剧。]

---

① 本条引自北京市档案馆档案号为002－008－00238的档案。

② 本条引自1956年6月11日《光明日报》第一版。

6 月 10 日　吴晗出席庆祝中国儿童剧院成立大会。[①]

［按:6 月 10 日,首都各界人士和少年儿童一千三百多人,在首都剧场庆祝儿童剧院的诞生。文化部部长沈雁冰在会上要求剧院培养出大量的儿童戏剧人才,完成一个示范性的儿童剧院的任务,并且勉励从事儿童戏剧的工作者努力提高政治水平和艺术修养,创造出令人难忘的艺术形象。他希望剧院和少年儿童、作家们广泛地交朋友,共同合作演出更多更好的儿童剧。青年团中央委员会书记胡克实、教育部副部长林砺儒、中华全国民主妇女联合会书记沈兹九和北京市副市长吴晗都对儿童剧院的成立表示热烈祝贺。北京的少年先锋队队员代表也在会上讲述了少年儿童们热爱戏剧的心情,希望作家们多写些儿童剧。中国儿童剧院院长任虹报告了剧院的成长和今后的任务,表示剧院今后将更多更好地为儿童演出。会后演出了童话剧“马兰花”。］

6 月 13 日晚　吴晗出席并主持北京市人民委员会联合办公会议。[②]

［按:这次会议的内容是有关调整教育局机构问题、有关接管北京艺术师范学院的问题、关于成立北京市教育行政学院的问题和关于高小毕业生统考等问题。参加会议的

---

① 本条引自 1956 年 6 月 12 日《人民日报》第三版。

② 本条引自北京市档案馆档案号为 002－008－00238 的档案。

有廖沫沙、翁独健、薛成业、王之平等。会议是在吴晗副市长宿舍召开的。]

6月23日 吴晗给北京市教育局呈报给吴晗副市长的(56)教小薛字第990号文件作出批示。①

[按:6月21日,北京市教育局就“关于接办36个停办4个私立学校”一事,以(56)教小薛字第990号文件请示吴晗副市长,吴晗于6月23日作出批示:“请张(指张友渔——编者注)批。吴晗 六．廿三”。]

6月25日 吴晗给北京市教育局(56)教小翁字第999号文件作出批示。②

[按:6月23日,北京市教育局就“关于我市六个干部子弟小学贯彻中央方针的具体计划和增资问题”一事,以(56)教小翁字第999号文件向吴晗副市长请示,吴晗于6月25日作出批示:“:一、中央正在考虑取消干部子弟小学,中央五校的改变,应俟中央决定后再办。二、请与人事局商量,提出改变北京小学为一般小学的具体方案报核。请张(指张友渔——编者注)批 吴晗 六．廿五”。]

6月27日下午 吴晗在第一届全国人民代表大会第三次会

① 本条引自北京市档案馆档案号为002-008-00197的档案。

② 本条引自北京市档案馆档案号为002-008-00195的档案。

议发言。[①]

［按：6月27日下午3点，第一届全国人民代表大会第三次会议举行全体会议。在会议上继续发言的人民代表和国家机关各部门的负责人共有二十人。他们是：地质部部长李四光，湖南省省长程潜，北京市副市长吴晗，黄绍竑，从西藏来的代表计晋美，青海省副省长喜饶嘉措，来自云南怒江傈僳族自治区的代表裴阿欠，来自内蒙古自治区的代表胡和勒泰，从吉林延边朝鲜族自治州来的代表金时龙，陕西省省长赵寿山，从缅甸回国的华侨徐四民，文教工作者王祝晨，音乐家贺绿汀，山东吕剧演员郎咸芬，工程技术人员胡兆森，工商业者李国伟、熊应栋，农业劳动模范殷维臣，政协河北省委员会副主席王葆真，出版工作者舒新城。］

7月3日　吴晗出席并主持北京市人民委员会联合办公会议。[②]

［按：会议在西郊畅观楼（当时，畅观楼所处位置还是属北京的西郊——编者注）举行。会议讨论的事项是统一考试问题、关于暑假中各科教师学习的问题、教育局的机构改变和设区教育局的问题、关于师范学院人员补充问题等。参加会议的有廖沫沙、翁独健、王之平等。］

① 本条引自1956年6月28日《人民日报》第一版。

② 本条引自北京市档案馆档案号为002－008－00238的档案。

7月5日下午 吴晗出席并主持北京市人民委员会联合办公会议。①

[按:会议在市人民政府二楼会议室东客厅举行。会议讨论的事项是,关于干部子弟小学改为普通小学的问题。参加会议的还有:中央教育部的谢亦平,国务院人事局的章夷为、赵之人,中共中央办公厅的晓岚、沈根鋆,市人事局的赵彬等。]

7月7日 吴晗对7月5日北京市人民委员会联合办公会议作出指示。②

[按:吴晗指示的全文如下:

"办公厅即根据会议记录拟稿报彭市长、习秘书长并周总理。

吴　晗

七．七"。]

7月7日 吴晗给北京市教育局(56)教计薛字第1080号文件作出批示。③

[按:7月4日,北京市教育局就"第一机械工业部职工子弟小学我局拟不接办"一事,以(56)教计薛字第1080号

① 本条引自北京市档案馆档案号为001－023－00238的档案。

② 本条引自北京市档案馆档案号为001－023－00037的档案。

③ 本条引自北京市档案馆档案号为002－008－00195的档案。

文件请示吴晗副市长，北京市人民政府秘书厅于7月5日作出拟办意见，吴晗于7月7日作出批示：“如拟。吴晗　七.七”。]

7月12日　吴晗出席并主持关于中学教师进修和北京师范学院干部的调配问题会议。[①]

[按：会议在畅观楼举行。出席会议的有凌莎、翁独健、仓孝和、王之平等。]

7月12日　吴晗给北京市工农业余教育局《关于职工业余文化教育经费的几个问题的请示》作出批示。[②]

[按：7月5日北京市工农业余教育局局长巩廓如给吴晗写《关于职工业余吴晗教育经费的几个问题的请示》，吴晗于7月12日作出批示：“一、第一项请速与工会联合会协商解决；二、其余几项由之平同志与有关各方面商处。”]

7月13日　吴晗签发了《北京市人民委员会关于将干部子弟小学逐步改为普通小学问题的报告》的文件。[③]

[按：吴晗的签字是：

“请彭（即彭真——编者注）张（即张友渔——编者注）

---

① 本条引自北京市档案馆档案号为001－023－00238的档案。

② 本条引自北京市档案馆档案号为002－008－00198的档案。

③ 本条引自北京市档案馆档案号为001－023－00037的档案。

批发

吴　晗

七．十三”。]

7 月 14 日　高等教育部致信吴晗等。[①]

[按:7 月 14 日,国家高等教育部就吴晗曾同意他们长期租用西苑大旅社西山服务部卧佛寺的房舍,但在具体接洽时,西山服务社所提的条件较为苛刻,使他们深感难以处理,特此函述情况,希望协助他们解决。这封信是寄送李续纲副秘书长转呈吴晗的。]

7 月 14 日　吴晗签发北京市政府(市工教)第 4 号文件。[②]

[按:文件的事由为:关于退回原拨交我市中央机关干部业余文化教育经费的函。]

7 月 17 日上午　吴晗出席并主持北京市人民委员会联合办公会议。[③]

[按:会议在市人民政府二楼会议室东客厅举行。会议讨论的事项是关于中、小学教师福利问题,关于中小、学教师的健康问题和关于教师的住房问题等。参加会议的有廖

① 本条引自北京市档案馆档案号为 052 - 001 - 00007 的档案。

② 本条引自北京市档案馆档案号为 002 - 008 - 00198 的档案。

③ 本条引自北京市档案馆档案号为 001 - 023 - 00238 的档案。

沫沙、薛成业、殷汝棠、王一民、何书谦、王之平等。]

7月19日 吴晗给北京市教育局呈报给吴晗副市长的(56)教人翁字第1115号文件作出批示。①

[按:7月12日,北京市教育局就“为解决私立学校教职员工年老退职请拨专款”一事,以(56)教人翁字第1115号文件呈报吴晗副市长,北京市人民委员会秘书厅于7月17日作出拟办意见,吴晗于7月19日作出批示:“如拟。吴晗 七.十九”。]

7月19日 吴晗给北京市教育局呈报张友渔、吴晗副市长的(56)教小翁字第1136号文件作出批示。②

[按:7月17日,北京市教育局就“关于提高私立小学员工工资”一事,以(56)教小翁字第1136号文件请示张友渔、吴晗副市长,吴晗于7月19日对该文件作出批示:“学生收费和市小一致,教师工资又按市小标准提高,事实上等于接办。是否应考虑全部接办。请张(指张友渔——编者注)批示。吴晗 七.十九”。]

7月31日 吴晗签发北京市人民政府市民字第6号文件。③

---

① 本条引自北京市档案馆档案号为002-008-00197的档案。

② 本条引自北京市档案馆档案号为002-008-00197的档案。

③ 本条引自北京市档案馆档案号为002-008-00025的档案。

［按:7月16日,北京市人民政府就“关于白云观整修方案及工程概算”一事,准备以市民字第6号文件向国务院请示,吴晗于7月31日签发了这个文件。］

8月6日 吴晗给中华人民共和国教育部致北京市人民委员会的(56)小行董字第113号文件作出批示。①

［按:8月2日,中华人民共和国教育部就“关于全部接办私立学校”一事,以(56)小行董字文件复函北京市人民委员会,张友渔副市长已在该文件上作出批示,吴晗于8月6日作出批示:“教育局即张(指张友渔——编者注)批速办。吴晗　八．六”。］

8月7日 吴晗给北京市工农业余教育局呈报吴晗副市长的(56)工农教巩字第145号文件作出批示。②

［按:8月4日,北京市工农业余教育局就“关于1956年郊区农村扫盲专职干部训练班”一事,以(56)工农巩字第145号文件请示吴晗副市长,吴晗对该文件作出批示:“可。所需经费由财政局核支。”］

8月8日 吴晗出席北京市第一届人民代表大会第四次会

① 本条引自北京市档案馆档案号为002－008－00197的档案。

② 本条引自北京市档案馆档案号为002－008－00197的档案。

议并担任主席团成员。[①]

［按:8月8日下午2点半,北京市第一届人民代表大会第四次会议在中山公园中山堂开幕,到会代表共三百八十九人,吴晗、王昆仑、梁思成、华罗庚、雷洁琼、蒋光鼐等四十五人任主席团成员,薛子正任秘书长。］

8月8日 吴晗出席并主持北京市第一届人民代表大会第四次会议主席团第一次会议。[②]

［按:8月8日下午2点45分至3点,北京市第一届人民代表大会第四次会议主席团会议在中山公园文化俱乐部召开。会议通过大会的议事日程和代表资格审查委员会、提案审查委员会、预决算审查委员会和政府工作报告审查委员会委员名单并通过李续纲、李(雪)路为大会副秘书长。］

8月10日 吴晗出席并主持北京市第一届人民代表大会第四次会议主席团第二次会议。[③]

［按:会议于8月10日上午8点30分至9点在中山公园文化俱乐部召开。］

① 本条引自《北京市人民代表大会文献资料汇编1949—1993》,第353页。
② 本条引自北京市档案馆档案号为002-008-00239的档案。
③ 本条引自北京市档案馆档案号为002-008-00239的档案。

8 月 11 日　吴晗出席并主持北京市第一届人民代表大会第四次会议主席团第三次会议。①

［按:会议于 8 月 11 日上午 8 点 30 分至 8 点 45 分在中山公园文化俱乐部召开。］

8 月 13 日　吴晗出席并主持北京市第一届人民代表大会第四次会议主席团第四次会议。②

［按:会议于 8 月 13 日上午 8 点 30 分至 9 点在中山公园文化俱乐部召开。］

8 月 14 日　吴晗出席并主持北京市第一届人民代表大会第四次会议主席团第五次会议。③

［按:会议于 8 月 14 日上午 8 点至 9 点在中山公园文化俱乐部召开。］

8 月 22 日　吴晗签发北京市人民委员会呈报给国务院的北京市人民委员会市教字第 8 号文件。④

［按:8 月 × 日,北京市人民委员会秘书厅就“关于接办私立学校”一事,拟写好一份市教字第 8 号文件呈报国务院的请示,吴晗于 8 月 22 日签发了这个文件。］

---

① 本条引自北京市档案馆档案号为 002 – 008 – 00239 的档案。

② 本条引自北京市档案馆档案号为 002 – 008 – 00239 的档案。

③ 本条引自北京市档案馆档案号为 002 – 008 – 00239 的档案。

④ 本条引自北京市档案馆档案号为 002 – 008 – 00197 的档案。

8月22日 巩廓如致函吴晗。[①]

［按:8月22日,时任北京市工农业余教育局局长巩廓如就厂矿企业业余文化教育经费问题致函吴晗。将"北京市工农业余教育局与北京市工会联合会决定,自今年三月起,本市各厂矿企业自办职工业余学校的,由基层工会将工会经费的37.5%拨交厂矿企业行政管理,作为业余文化教育经费,不足时由厂矿企业行政补助;各区职工业余学校的经费,因参加学习单位零散,行政无法补助的,仍由各区工会自工会经费中统一拨付并负责管理"的情况报告晗。］

8月28日 吴晗给中华人民共和国教育部发给北京市人民委员会的(56)工农李字第327号文件作出批示。[②]

［按:8月20日,中华人民共和国教育部就"请接管中央一级机关在北京所办的干部离职文化学校的教学业务指导工作"一事,以(56)工农李字第327号文件发送给北京市人民委员会,北京市人民政府秘书厅于8月24日作出拟办意见,吴晗于8月26日作出批示:"可。吴晗 八.廿八"。］

8月28日 吴晗给工农业余教育局《关于职工业余教育经费问题的请示》作出批示。[③]

① 本条引自北京市档案馆档案号为152－001－00379的档案。

② 本条引自北京市档案馆档案号为002－008－00195的档案。

③ 本条引自北京市档案馆档案号为002－008－00198的档案。

［按：北京工农业余教育局局长巩廓如1956年8月22日给吴晗写了有关北京市职工业余教育经费问题的请示。吴晗于8月23日作出批示："巩、吴局长：请你们先约财局、工会洽商，取得一致意见后再报府。吴晗　八．廿八"。］

8月30日　关世雄致函吴晗等。[①]

［按：8月30日，时任北京市工农教育局局长的关世雄就北京市工农业余教育行政干部会议已决定在九月四日召开一事致函通知吴晗，将拟作为会议的报告提纲——《努力提高工农业余教育的教学质量》一文呈送给吴晗审阅。并提出有关上述文件和这次会议的准备工作，希望邀定一个时间前去汇报并当面请示。］

9月30日　关世雄致函吴晗等。[②]

［按：9月30日，时任北京市工农教育局局长的关世雄就北京市人民委员会发布有关冬学工作的指示一事致函吴晗，并呈送《关于一九五六年冬季进一步开展郊区农村扫除文盲运动的指示》（草稿）一件，请吴晗审阅。］

10月5日　吴晗在国务院发送给北京市人民委员会的(56)

---

① 本条引自北京市档案馆档案号为152－001－00332号的档案。

② 本条引自北京市档案馆档案号为152－001－00332号的档案。

国直人习字第71号文件上作出批示。[①]

[按:9月14日,国务院向北京市人民委员会发送了(56)国直习字第71号文件《国务院关于处理高等学校调干学生和国内速成中学学生退学问题的通知》,吴晗于10月5日在该文件上作出批示:“抄发各有关单位。吴晗　十.五”。]

10月8日　吴晗出席并主持北京市人民委员会联合办公会议。[②]

[按:会议在市人民政府第一会议室举行。会议讨论的事项是关于分配中央追加教育经费140万元的问题等。参加会议的有薛成业、李壮、左珊、王之平等。]

10月12日　吴晗在北京市工农业余教育局致吴晗副市长的公函上作出批示。[③]

[按:10月4日,北京市工农业余教育局局长关世雄就“请以市人民委员会的名义颁发《关于一九五六年冬季进一步开展郊区农村扫除文盲运动的指示》”一事致函吴晗副市长,吴晗于10月12日在公函上作出批示:“发。吴晗　十.十二”。]

---

① 本条引自北京市档案馆档案号为002－009－00164的档案。

② 本条引自北京市档案馆档案号为002－008－00238的档案。

③ 本条引自北京市档案馆档案号为002－008－00199的档案。

10月17日上午 吴晗出席并主持北京市人民委员会联合办公会议。[①]

[按:会议在市人民政府二楼东客厅举行。会议讨论的事项是关于各区新建的少年之家的工作问题等。参加会议的有廖沫沙、汪通祺、陈哲文、汪家镠、李学信、范有生、徐永江、邱健、王之平等。]

10月20日上午 吴晗出席并主持北京市人民委员会联合办公会议。[②]

[按:会议在市人民政府二楼西客厅举行。会议讨论的事项是关于景山少年宫的工作问题、关于北海少年之家的工作问题等。参加会议的有汪通祺、范有生、胡谦益、郑德山、徐永江、陈治、王之平等。]

10月22日上午 吴晗出席彭泽民[③]追悼大会,同周恩来、章伯钧等一起向彭泽民遗体告别。[④]

[按:10月22日上午,北京各界人民在中山公园中山堂公祭全国人民代表大会常务委员会委员、中国人民政治协商会议全国委员会常务委员、中国农工民主党副主席、中国

① 本条引自北京市档案馆档案号为002－008－00238的档案。

② 本条引自北京市档案馆档案号为002－008－00238的档案。

③ 彭泽民,生前任农工民主党副主席。

④ 王宏志、金若年著:《吴晗画传》,第109页及《人民日报》10月23日第二版。

民主同盟中央常务委员、中华全国归国华侨联合会副主席、中国红十字会副会长、中医研究院名誉院长彭泽民。公祭大会由中国共产党中央委员会副主席、国务院总理、中国人民政治协商会议全国委员会主席周恩来，中国人民政治协商会议全国委员会副主席、中国农工民主党主席章伯钧，全国人民代表大会常务委员会副委员长、中国国民党革命委员会主席李济深，全国人民代表大会常务委员会副委员长、中国民主同盟主席沈钧儒，全国人民代表大会常务委员会副委员长郭沫若，全国人民代表大会常务委员会副委员长、中国民主建国会主任委员黄炎培，全国人民代表大会常务委员会副委员长彭真、李维汉，全国人民代表大会常务委员会副委员长、中华全国工商业联合会主任委员陈叔通，中国农工民主党秘书长黄琪翔主祭。参加公祭大会的有国务院副总理乌兰夫、秘书长习仲勋，全国人民代表大会常务委员会部分委员，中国人民政治协商会议全国委员会副主席何香凝和部分常务委员，最高人民法院副院长，最高人民检察院副检察长，各民主党派和各人民团体负责人，中国农工民主党在京中央委员，华侨事务委员会、中国红十字会和中医研究院的代表以及彭泽民委员的亲戚和生前友好共九百人。]

10月22日上午　吴晗出席并主持北京市人民委员会联合

办公会议。[1]

［按：会议在市人民政府二楼东客厅举行。会议讨论的事项是关于工读学校的工作问题等。参加会的有廖沫沙、翁独健、韩作黎、金信、张宪民（公安局）、赵敬堂、熊伟光、王胜川（工读学校）、王之平等。］

10月26日　在吴晗的主持和关怀下，北京少先队水电站在北海公园建成。[2]

［按：少年队水电站，位置就在北海东岸的画舫斋西侧，是20世纪50年代由前苏联政府援助的，并通过电力工业部赠送给首都少年儿童。水电站苏式的大厅正中安装了一台由前东德设计的10千瓦反击式水轮发电机组，完全是按照大型水轮发电机制造，水轮机还安装了只有大型发电站才有的自动进水导叶。还设有非常正规的操作控制台及输变电站。当打开放水闸门，发电机达到额定转速的时候，戴着红领巾的“小工程师”马上启动“KT”闸，发出的电便通过变电站与园内主电网并网。每天都有不少中小学生甚至大学生到这里观摩学习水电知识，而且还可以到地下厂房透过玻璃窗观看水轮机的工作状态。后来，由于来水量的减少，这个水电站就无法正常发电了。］

---

① 本条引自北京市档案馆档案号为002－008－00238的档案。

② 王宏志、闻立树主编：《怀念吴晗：百年诞辰纪念》，第277页。

10 月 29 日　吴晗给北京市民政局民族(56)字第 1091 号文件作出批示。①

[按:10 月 26 日,北京市民政局就“关于补助本市清真寺修缮款”一事,以民族(56)字第 1091 号文件请示吴晗副市长,吴晗于 10 月 29 日作出批示:“同意。吴晗　十. 廿九”。]

10 月 × 日　吴晗给北京市教育局(56)教幼翁字第 1780 号文件作出批示。②

[按:10 月 22 日,北京市教育局就“请批示《组织街道幼儿园参考办法》”一事,以(56)教幼翁字第 1780 号文件请示吴晗副市长,吴晗对该文件作出批示:“同意作为内部参考用。”]

10 月　吴晗主持市人委会议,决定将北海少年之家改建为北京市少年科学技术馆。③

11 月 3 日上午　吴晗出席并主持北京市人民委员会联合办公会议。④

[按:会议在市人民政府二楼中客厅举行。会议讨论的

---

① 本条引自北京市档案馆档案号为 002 – 008 – 00057 的档案。

② 本条引自北京市档案馆档案号为 002 – 008 – 00194 的档案。

③ 徐永江:《回忆全民科普的日子——那时候的北京市少年科学技术馆》。

④ 本条引自北京市档案馆档案号为 002 – 008 – 00238 的档案。

事项是关于修建教师之家的问题和关于郊区教师进城住宿问题等。参加会的有薛成业、王一民、郑怀之、苏兆林、王之平等。]

11 月 4 日下午 吴晗出席北京市少年先锋水电站开幕式并亲自为水电站剪彩。①

[按：出席开幕式的还有：中国人民保卫儿童全国委员会秘书长康克清、电力工业部部长刘澜波以及有关方面领导、专家、建设水电站的工人和少年儿童代表四百多人。]

11 月 11 日下午 吴晗出席孙中山先生诞辰九十周年纪念大会，并任主席团成员。②

[按：1956 年 11 月 12 日下午，首都各界在中国人民政协礼堂隆重举行孙中山先生诞辰九十周年纪念大会。党和国家领导人毛泽东、刘少奇、周恩来等出席了大会。出席大会的有一千六百多人。中国人民政治协商会议全国委员会主席、国务院总理周恩来，中共中央政治局委员林伯渠，中国国民党革命委员会主席李济深、副主席何香凝和十三个外国来宾先后在大会上讲话。会后放映了影片《伟大的孙中山》。]

---

① 北京市政协文史资料委员会编：《北京文史资料第 58 辑》，第 84 页。

② 本条引自 1956 年 11 月 12 日《人民日报》第一版。

11 月 22 日 吴晗给北京市工农业余教育局(56)工农教办关字第 219 号文作出批示。[①]

[按:11 月 17 日,北京市工农业余教育局向吴晗呈送了《关于业余学校办公费不敷应用,需要变更标准的意见》文件,吴晗于 11 月 22 日作出批示:"(一)二项一00 班以上以下是什么意思?(二)同意变更标准。吴晗　十一.廿二"。]

11 月 22 日 吴晗致信廖沫沙[②]。[③]

[按:吴晗在信中和廖沫沙具体商谈有关教育系统机构、编制和校外教育机构等问题。]

11 月 22 日 吴晗给卫生局呈报的《北京市私立中医学习班管理暂行办法》作出批示。[④]

[按:吴晗的批示:"同意。吴晗　十一.廿二"。冯基平的批示:"同意,冯基平　22/11"。]

11 月 22 日 吴晗给北京市工农业余教育局(56)工农教办

---

① 本条引自北京市档案馆档案号为 002－008－00198 的档案。

② 廖沫沙,著名作家,杂文家,笔名繁星,"文革"初期,被错误地定为"三家村"成员之一。时任中共北京市委教育部部长。

③ 本条引自《吴晗全集》十卷版第十卷,第 198 页。

④ 本条引自北京市档案馆档案号为 002－008－00025 的档案。

关字第221号文件作出批示。①

[按:11月19日,北京市工农业余教育局就“关于各区设置扫盲事业干部的几项规定”一事,以(56)工农教办关字第221号文件请示吴晗副市长,吴晗于11月22日对该文件作出批示:“编委会研提意见。吴晗 十一.廿二”。]

12月4日 吴晗出席北京市人民委员会第四十八次行政会议。②

[按:12月4日下午,北京市人民委员会召开了第四十八次行政会议,会议讨论进一步克服官僚主义作风,解决目前工作中存在的问题;并且着重研究了目前商品供应问题。副市长程宏毅、贾庭三、吴晗以及秘书长、副秘书长,分别报告了解决目前存在的问题的办法,特别是改善商品供应工作的办法。]

12月6日下午 吴晗出席并主持北京市人民委员会联合办公会议。③

[按:会议在市人民政府二楼东客厅举行。会议讨论的事项是关于中、小学教师进修负担过重问题等。参加会议的有廖沫沙、杨伯箴、薛成业、胡朝芝、仓孝和、张印斗(进修

① 本条引自北京市档案馆档案号为002-008-00199的档案。

② 本条引自1956年12月7《人民日报》第三版。

③ 本条引自北京市档案馆档案号为002-008-00238的档案。

学院)、刘锐(进修学院)、张镜(26 中)、杨佩珩(64 中)、乔士仁(海淀区马神庙中心小学)、士光(市委教育部)、王之平等。]

12 月 10 日 吴晗在北京市人事局编制委员会办公室给吴晗副市长的公函上作出批示。[1]

[按:12 月 5 日,北京市人事局编制委员会办公室就“同意北京市工农业余教育局关于精简扫盲专职教师的意见”一事,致函吴晗副市长,办公室(程润)于 12 月 7 日作出拟办意见,吴晗于 12 月 10 日在该公函上作出批示:“同意。吴晗 十二.十”。]

12 月 25 日 吴晗在中国人民政治协商会议北京市第一届委员会第二次全体会议作工作报告。[2]

[按:北京市政协副主席吴晗在报告中汇报了一年半时间以来常务委员会主要进行的五项工作,提出了为了适应今后的工作需要,市政协应该加强的三个方面的工作。]

12 月 28 日 吴晗致函刘仁、张友渔和廖沫沙。[3]

[按:12 月 28 日,吴晗就“本市几个干部子弟小学将在

① 本条引自北京市档案馆档案号为 002－008－00199 的档案。

② 本条引自《吴晗全集》十卷版第十卷,第 341 页。

③ 本条引自北京市档案馆档案号为 002－009－00169 的档案。

1957年全部改为住宿制小学”一事，致函刘仁、张友渔和廖沫沙。提出三条意见，建议他们阅后如同意，拟提交行政会议讨论。］

12月28日 廖沫沙致函吴晗。①

［按：12月28日，吴晗就有关干部子弟小学改为普通制小学以及学校精简编制和招生等问题致函刘仁、张友渔和廖沫沙。这是廖沫沙当日收到吴晗信函后的复函。］

12月30日 《北京日报》公布了北京市第二届人民代表大会代表名单。吴晗名列其中。②

［按：北京市第二届人民代表大会代表共六百一十九人。吴晗被选为东单区的人民代表。］

本年 吴晗得知园林局修整西山八大处，便提议将第六处交给教育局修整做教师休养所。③

［按：位于北京市西郊西山风景区南麓的八大处公园内有八座古寺（灵光寺、长安寺、三山庵、大悲寺、龙泉庙、香界寺、宝珠洞、证果寺），“八大处”由此得名。八座古刹最早建于隋末唐初，历经宋、元、明、清历代修建而成。其中灵光、

① 本条引自北京市档案馆档案号为002－009－00169的档案。

② 本条引自1956年12月30日《北京日报》第一版。

③ 薛成业：《吴晗纪念文集》，第412页。

长安、大悲、香界、证果五寺均为皇帝敕建。灵光寺辽招仙塔中曾供奉释迦牟尼佛牙舍利，1900年毁于八国联军炮火，新中国成立后经周恩来总理批准新建佛牙舍利塔。]

[按：第六处，即香界寺。香界寺位于北京西山余脉平坡山龙王堂西北，是八大处中面积最大的一座寺院，因这里山势平缓，又名“平坡寺”。该寺创建于唐乾元初年(758年)，明洪熙元年(1425年)重建，改称“大圆通寺”。清康熙十七年(1678年)再次重建，改称“圣感寺”。乾隆十三年(1748年)经重修改名为“香界寺”，意为“香林法界”。]

本年　吴晗参加了赴西藏慰问团。①

1956—1957年　吴晗每个月都在市府大楼召开一次中学教师座谈会，征求大家对提高教育质量的意见。②

[按：据闻立树在《无尽的怀念和思考》一文中回忆说，“为了广交朋友，活跃气氛，座谈会采取先座谈后会餐的形式进行，用餐地点就近选在市府大楼斜对面的鸿宾楼饭庄。每次用餐都不花公款，是吴晗用自己的稿费支付的。吴晗的这种廉洁自律的作风，在机关干部中反映是十分好的。”]

① 王宏志、闻立树主编：《怀念吴晗：百年诞辰纪念》，第215页。

② 王宏志、闻立树主编：《怀念吴晗：百年诞辰纪念》，第286页。

一九五七年

1月9日 吴晗出席北京市第二届人民代表大会第一次会议,并当选为主席团成员。①

［按:1月9日,北京市第二届人民代表大会第一次会议开幕。会议选出四十七人的主席团。会议的议题是发动全市人民广泛开展增产节约运动的问题。］

1月9日 吴晗在北京市第二届人民代表大会第一次会议担任提案审查委员会教育组成员。②

［按:教育组的成员还有:王照华、田常青、翁独健、苏从周、徐英超、关世雄、张继德、贺淑蓉、钟敬文等。］

1月9日下午 吴晗出席北京市第二届人民代表大会第一次会议第一次主席团会议。③

---

① 本条引自《北京市人民代表大会文献资料汇编 1949—1993》,第361页。

② 本条引自北京市档案馆档案号为002－020－01620的档案。

③ 本条引自北京市档案馆档案号为002－009－00221的档案。

［按：北京市第二届人民代表大会第一次会议第一次主席团会议于1月9日下午2点15分至2点35分在中山公园文化俱乐部召开。会议由张友渔副市长主持，会议一致推选刘仁、张友渔、吴晗为主席团会议主持人。］

1月10日上午　吴晗出席北京市第二届人民代表大会第一次会议第二次主席团会议。[①]

［按：北京市第二届人民代表大会第一次会议第二次主席团会议于1月10日上午10点至11点在北京饭店贵宾休息室第二室召开。］

1月11日上午　吴晗出席北京市第二届人民代表大会第一次会议第三次主席团会议。[②]

［按：北京市第二届人民代表大会第一次会议第三次主席团会议于1月11日上午8点40分至9点在中山公园文化俱乐部召开。］

1月12日上午　吴晗出席北京市第二届人民代表大会第一次会议第四次主席团会议。[③]

［按：北京市第二届人民代表大会第一次会议第四次主

① 本条引自北京市档案馆档案号为002－009－00221的档案。

② 本条引自北京市档案馆档案号为002－009－00221的档案。

③ 本条引自北京市档案馆档案号为002－009－00221的档案。

席团会议于1月12日上午8点30分至9点45分在中山公园文化俱乐部召开。]

1月29日 吴晗在北京市教育局呈报给吴副市长的(57)教计字第133号文件上作出批示。[①]

[按:1月25日,北京市教育局就“关于增收干小干幼寄宿学生费用工作”一事,以(57)教计字第133号文件报告吴晗副市长,吴晗于1月29日在该文件上作出批示:“送张(指张友渔——编者注)阅。吴晗 一．廿九”。]

1月31日 吴晗偕夫人袁震出席北京市各界人民、中国人民解放军驻京部队拥军优属、拥政爱民春节联欢大会并在主席台上就坐。[②]

[按:1月31日晚上7点,北京市各界人民和中国人民解放军驻京部队在赵登禹路政协全国礼堂举办拥军优属、拥政爱民春节联欢大会。出席大会的还有:谢觉哉、刘仁、张友渔、陈鹏、钱端升、王炯、王照华、张晓梅、孙孚凌、万泰和、甘泗淇、朱良才、李雪三等。]

2月4日 程润致函吴晗等。[③]

---

① 本条引自北京市档案馆档案号为002－009－00169的档案。

② 本条引自北京市档案馆档案号为002－0020－00098的档案。

③ 本条引自北京市档案馆档案号为152－001－00420的档案。

［按：2月4日，北京市人民政府办公厅工作人员程润，就职工业余教育经费的比例、收费办法和收费标准等相关事宜写信报告副市长张友渔、吴晗。程润在信中说："关于职工业余教育经费的比例、收费办法和收费标准等，工农业余教育局、财政局、市工会已根据行政会议讨论通过的原则，会办了联合通知。他们为了慎重，特送请您核示。"］

2月4日 吴晗在程润给副市长张友渔、吴晗的公函上作出批示。[1]

［按：2月4日，程润就职工业余教育经费的比例、收费办法和收费标准等相关事宜写信报告副市长张友渔、吴晗。吴晗当日在本信函原稿的下方空白处批示："同意，请张阅 吴晗 二，四。"在本信函原稿的上方空白处有副市长张友渔的批示："可 友渔"。］

2月24日 吴晗在北京市劳动局呈报北京市人民委员会的劳配字第57号文件上作出批示。[2]

［按：1月18日，北京市劳动局就"关于执行《国务院关于处理高等学校调干学生和国内速成中学学生退学问题的通知》所发生问题"一事，以劳配字第57号文件请示北京市人民委员会，吴晗于2月24日在该文件上作出批示："同意

① 本条引自北京市档案馆档案号为152－001－00420的档案。

② 本条引自北京市档案馆档案号为002－009－00164的档案。

劳动局的意见，请张（指张友渔——编者注）批。吴晗　二．廿四”。］

春　陈遵妫特邀吴晗到天文台浏览并汇报工作。[①]

5月26日　在吴晗的主持和关怀下，北京少年科技馆在北海公园建成。[②]

［按：北京少年科技馆，1957年由北海少年之家改建，在五龙亭以北的“阐福寺”院内。北京少年科技馆是一所综合性的少年科技活动场所，门前挂着郭沫若同志题写的牌匾。当时的中央和北京市领导都非常关心科技馆的发展，周恩来总理、康克清同志、彭真市长，刘仁、吴晗副市长等都来此视察过。］

6月21日　北京市工农业余教育局致函吴晗。[③]

［按：6月21日，北京市工农业余教育局就“解决本市私立补习学校的管理问题”致函吴晗，信函中说：“我们拟了《关于加强对本市私立补习学校领导的意见》，报请批示。如果批准，我们即按此精神召开私立补习学校专业会议，向下布置。同时这项工作牵涉较广，希望能在各有关部门和

---

① 王宏志、闻立树主编：《怀念吴晗：百年诞辰纪念》，第454页。

② 王宏志、闻立树主编：《怀念吴晗：百年诞辰纪念》，第277页及徐永江：《回忆全民科普的日子——那时候的北京市少年科学技术馆》。

③ 本条引自北京市档案馆档案号为152－001－00428的档案。

各区区长参加的行政会议上讨论，贯彻。”]

6月25日 北京市工农业余教育局致函吴晗。①

[按：6月25日，北京市工农业余教育局就“各区职工文化教育经费和本学期收费工作中的问题”等二个问题致函吴晗，信中提出了解决这两个问题的具体意见，特报告吴晗，请求提出指示。]

7月6日 吴晗在第一届全国人民代表大会第四次会议大会讨论中发言。②

[按：7月6日，第一届全国人民代表大会第四次会议继续进行大会讨论。在这天大会上发言的代表有周谷城、荣毅仁、吴晗、吴通明等，书面发言的代表有马叙伦、叶圣陶等共二十人。]

7月16日晚 吴晗出席并主持北京市高等学校毕业生报告会。③

[按：7月16日晚，北京市人民委员会、共青团北京市委员会、北京市学生联合会在北京市劳动人民文化宫联合举行北京市高等学校毕业生报告会，周恩来总理和彭真市长

① 本条引自北京市档案馆档案号为152－001－00420的档案。

② 本条引自1957年7月7日《人民日报》第一版。

③ 本条引自1957年7月18日《人民日报》第一版。

到会向北京市二十九所高等学校本届毕业生一万二千多人作了报告。报告会是吴晗主持的，北京各高等院校的负责人也出席了报告会。]

7月23日上午　吴晗出席北京市第二届人民代表大会第二次会议，并当选为主席团成员。[①]

[按：7月23日上午，北京市第二届人民代表大会二次会议在北京中山公园中山堂开幕。出席会议的代表共有五百二十四人。会议选出吴晗等四十七人为主席团成员。这天的会议执行主席是彭真、吴晗、梁思成、梅兰芳等。]

7月23日上午　吴晗出席北京市第二届人民代表大会第二次会议主席团第一次会议。[②]

[按：北京市第二届人民代表大会第二次会议第一次主席团会议于7月23日上午在中山公园文化俱乐部召开。会议由彭真主持。会议推举刘仁为主席团召集人，确定了各次会议执行主席的名单，决定柴泽民为大会秘书长，贾星五、李续纲、殷玉昆和崔月犁为大会副秘书长，通过了各代表小组召集人等事项。]

7月23日　吴晗以北京市第二届人民代表大会第二次会议

① 本条引自《北京市人民代表大会文献资料汇编 1949—1993》。

② 本条引自《北京市人民代表大会文献资料汇编 1949—1993》。

执行主席的身份主持会议。[①]

[按:今天的执行主席还有:彭真、梁思成、梅兰芳、张晓梅、王辉球、安朝俊、郭荣。]

7月24日 吴晗在北京市第二届人民代表大会二次会议上作《关于教育、卫生、文化工作的报告》。[②]

[按:吴晗在报告中分别汇报了北京市的教育、卫生、文化三个方面目前发展的基本情况,指出了目前还存在的问题和差距。]

7月26日中午 吴晗出席北京市第二届人民代表大会第二次会议主席团第二次会议。[③]

[按:北京市第二届人民代表大会第二次会议第二次主席团会议于7月26日中午在北京饭店新七楼大厅召开。会议由刘仁主持。]

7月27日 吴晗在北京市第二届人民代表大会第二次会议大会讨论上发言。[④]

[按:今天的大会讨论有19位代表和列席人员发言。他们中有:沈一帆、浦洁修、万一等。]

---

① 本条引自北京市档案馆档案号为002－009－00224的档案。

② 本条引自《吴晗全集》十卷版第十卷,第347页。

③ 本条引自北京市档案馆档案号为002－009－00224的档案。

④ 本条引自北京市档案馆档案号为002－020－00188的档案。

7月29日中午 吴晗出席北京市第二届人民代表大会第二次会议主席团第三次会议。①

［按：北京市第二届人民代表大会第二次会议第一次主席团会议于7月29日中午在北京饭店新七楼大厅召开。会议由刘仁主持。］

7月29日下午 吴晗出席北京市第二届人民代表大会第二次会议主席团第四次（扩大）会议。②

［按：北京市第二届人民代表大会第二次会议第四次主席团（扩大）会议于7月29日晚7点30分在北京饭店新七楼大厅召开。会议由刘仁主持。］

7月31日中午 吴晗出席北京市第二届人民代表大会第二次会议主席团第五次（扩大）会议。③

［按：北京市第二届人民代表大会第二次会议第五次主席团（扩大）会议于7月31日中午在北京饭店新七楼大厅召开。会议由刘仁主持。］

8月1日上午 吴晗出席北京市第二届人民代表大会第二次会议并在会上致欢迎词。④

---

① 本条引自北京市档案馆档案号为002－009－00224的档案。

② 本条引自北京市档案馆档案号为002－009－00224的档案。

③ 本条引自北京市档案馆档案号为002－009－00224的档案。

④ 本条引自北京市档案馆档案号为002－009－00223的档案。

［按:8月1日上午9点55分,应彭真市长邀请来我国访问的以锡兰科伦坡市长苏加塔达萨为首的锡兰科伦坡市政议会访华友好代表团到大会来看一看,届时全体代表起立鼓掌欢迎,吴晗致欢迎词。］

8月3日上午 吴晗出席北京市第二届人民代表大会第二次会议主席团第七次会议。①

［按:北京市第二届人民代表大会第二次会议第七次主席团会议于8月3日上午在全国政协礼堂第一会议室召开。会议由刘仁主持。］

8月4日上午 吴晗以北京市第二届人民代表大会第二次会议执行主席的身份主持会议。②

［按:今天上午的执行主席还有:彭真、梁思成、梅兰芳、张晓梅、王辉球、安朝俊、郭荣。］

8月4日 北京市第二届人大二次会议闭幕,吴晗等7人当选为副市长。③

［按:8月4日,北京市第二届人民代表大会第二次会议闭幕。在这次会议上,选出了新的北京市人民委员会组成

---

① 本条引自北京市档案馆档案号为002－009－00224的档案。

② 本条引自北京市档案馆档案号为002－020－00188的档案。

③ 本条引自1957年8月5日《人民日报》第一版。

人员。上届市长彭真仍当选为北京市市长，上届副市长张友渔、吴晗、王昆仑、冯基平、程宏毅、贾庭三、乐松生仍当选为副市长。八名市长和副市长中有五名是共产党员，民盟、民革、民建各占一名。三十九名市人民委员会委员中包括各界及各个方面的代表，其中民主党派及非党人士占二十名，共产党员占十九名。]

8月5日　吴晗签发北京市人民委员会(57)市吴字第388号文件。①

［按：北京市人民委员会拟以北京市人民委员会(57)市吴字第388号文件转发国务院总念字第47号文件《国务院关于1957年度中等专业学校及工人技术学校招生工作的通知》，吴晗于8月5日签发了这个文件。]

8月6日　吴晗给北京市教育局(57)教办翁字第406号文“请示”作出批示。②

［按：4月8日，北京市教育局以(57)教办翁字第406号文《关于增加编制加强小学卫生工作的请示》呈报吴晗，吴晗于8月6日作出批示：“一、不同意增加编制。二、加强学生卫生工作，应该是学校全面发展教育内容的一部分，不是增加个别卫生人员所能解决。吴晗　八．六”。]

---

① 本条引自北京市档案馆档案号为002－009－00166的档案。

② 本条引自北京市档案馆档案号为002－005－00173的档案。

8月6日 吴晗给北京市教育局(57)教计翁字第773号“请示”作出批示。①

[按:7月18日,北京市教育局以(57)教计翁字第773号文《关于整顿中小学收杂费办法的请示》呈报吴晗副市长,北京市人委办公厅于8月5日拟办给吴晗,吴晗于8月6日作出批示:“一、这个办法并不能解决问题;二、用暂停上课的办法也不妥当。三、应规定制度,但不应用暂停上课的办法。吴晗 八.六”。]

8月9日 吴晗在中华人民共和国教育部发给北京市人民委员会的(57)中行林字第106号文件上作出批示。②

[按:7月30日,中华人民共和国教育部就“关于拟将北京实验中学划归北京市教育局领导”一事,以中行林字第106号文件发给北京市人民委员会,吴晗于8月9日在该文件上作出批示:“教育局研提意见。吴晗 八.九”。]

8月15日 吴晗给北京市教育局(57)教计翁字第864号“请示”作出批示。③

[按:8月10日,北京市教育局以(57)教计翁字第864号文《关于高小毕业生补习班收费标准问题的请示》呈报吴

---

① 本条引自北京市档案馆档案号为002-009-00167的档案。

② 本条引自北京市档案馆档案号为002-009-00171的档案。

③ 本条引自北京市档案馆档案号为002-009-00167的档案。

晗副市长，吴晗于8月15日作出批示："一、按九元收费。二、系群众自办性质，不能减免。三、可分月交费。吴晗　八．十五"。]

8月24日　吴晗在中华人民共和国教育部发给北京市人民委员会的(57)中行林字第106号文件上再次作出批示。①

[按：7月30日，中华人民共和国教育部就"关于拟将北京实验中学划归北京市教育局领导"一事，以中行林字第106号文件发给北京市人民委员会，吴晗于8月9日在该文件上作出批示："教育局研提意见。"8月24日，吴晗在该文件上再次作出批示："同意接，即复，并告教局。吴晗　八．廿四"。]

8月28日　吴晗给北京市教育局(57)教计翁字第930号"请示"作出批示。②

[按：8月26日，北京市教育局以(57)教计翁字第930号文《关于对中学生治病酌收药费及取消中学员工食堂用煤补助请核示》呈报吴晗副市长，吴晗于8月28日作出批示："同意。吴晗　八．廿八"。]

8月28日　吴晗给国务院发送给北京市人民委员会的直齐

① 本条引自北京市档案馆档案号为002－009－00171的档案。

② 本条引自北京市档案馆档案号为002－009－00167的档案。

字第45号文件作出批示。[①]

[按:8月20日,国务院就"关于指定专人负责推动争取还在资本主义国家留学生回国工作"一事,以直齐字第45号文件通知各省、自治区、直辖市人民委员会,秘书厅给吴晗作出拟办意见:"吴副市长:本市其他问题已解决,仅编制问题需加确定。"吴晗于8月28日对此作出批示:"我意这项工作有人兼管即可,不必增设专职干部。请张考虑。吴晗　八.廿八"。]

8月　吴晗出席北京出版界反右派斗争座谈会。[②]

9月2日上午　吴晗出席北京市第一批下放干部欢送会。[③]

[按:9月2日上午,北京市人民委员会办公厅等单位举行欢送会,欢送第一批由机关走到劳动生产和基层工作岗位去的伙伴们。会上,张友渔、吴晗、贾庭三副市长和市人委机关党委副书记薛飞都讲了话。]

9月5日　吴晗给北京市教育局呈报吴晗副市长的(57)教人韩字第953号文件作出批示。[④]

[按:8月30日,北京市教育局就"关于小学教职员工临

---

① 本条引自北京市档案馆档案号为002-010-00076的档案。

② 本条引自1957年9月2日《人民日报》第三版。

③ 本条引自1957年9月3日《人民日报》第四版。

④ 本条引自北京市档案馆档案号为002-009-00174的档案。

时代课工资的规定"一事，以(57)教人韩字第953号文件请示吴晗副市长，吴晗于9月5日对该文件作出批示："同意。吴晗　九．五"。]

9月10日　吴晗给北京市教育局呈报吴晗副市长的(57)教人韩字第985号文件作出批示。①

[按：9月6日，北京市教育局就"请批准我局拟定的'关于中初等学校工作人员调动中各项待遇问题的规定(草案)'"一事，以(57)教人韩字第985号文件请示吴晗副市长，吴晗于9月10日对该文件作出批示："同意。吴晗　九．十"。]

9月18日　北京师范学院凌莎致信吴晗。②

[按：9月18日，北京师范学院院长凌莎将该院精简编制的方案呈送北京市人民政府副市长张友渔和吴晗审核。另外，凌莎又专门书函一封，详细补充说明精减的人员处理办法，请副市长张友渔、吴晗作出批示。]

9月29日　吴晗参加我国第一座大型专业天文馆——北京天文馆开馆典礼并在典礼会上致辞。③

---

① 本条引自北京市档案馆档案号为002－009－00174的档案。

② 本条引自北京市档案馆档案号为147－001－00235的档案。

③ 王宏志、闻立树主编：《怀念吴晗：百年诞辰纪念》，第456页及《北京天文馆文集(1957—1997)》，第2页及1957年9月30日《人民日报》第四版。

［按:9月29日上午,我国第一座天文馆——北京天文馆正式开幕。参加今天开幕典礼的有国务院副总理陈毅、中共中央宣传部部长陆定一、著名天文学家程茂兰和科学家高士其等六百多人。中华全国科学技术普及协会主席梁希致开幕词,北京市副市长吴晗和民主德国来宾致贺词。开幕式当天,天文馆天象厅进行了首场招待演出。开幕式结束后,陈毅、郭沫若等国家领导人还参观了北京天文馆的圆廊展览。］

10月4日 吴晗等对北京师范学院的精简编制的方案作出批示。[①]

［按:9月18日,北京师范学院给张友渔和吴晗呈送该院精简编制的方案后,又于9月20日再次将其中有些"数字改变"及其说明呈送给人委办。10月4日,市人委以(57)秘字第23号文通知北京师范学院,告知张、吴副市长批示。］

10月28日 在吴晗的主持下,北京市人委公布《北京市第一批古建文物保护单位和保护办法》。[②]

［按:北京市第一批古建文物保护单位包括故宫、劳动人民文化宫、国子监、孔庙、雍和宫、天坛、颐和园、十三陵、潭柘寺等39处。］

---

① 本条引自北京市档案馆档案号为147-001-00235的档案。

② 本条引自《当代北京大事记》,第113页。

11 月 4 日 吴晗在北京市教育局教幼翁字第 1139 号文件上作出批示。[①]

[按:10 月 19 日,北京市教育局就"关于北海第一等七个市属幼儿园拟移交所在区教育科领导"一事以(57)教幼翁字第 1139 号文件向北京市人民政府递呈请示。吴晗于 11 月 4 日在该文件上作出批示:"暂缓。吴晗 十一.四"。]

11 月 25 日 吴晗致信嵇直[②]。[③]

[按:吴晗在信中与嵇直商谈有关研究结果材料整理汇总等事宜。]

[按:史料的原件上没有标注写信的时间,编者估计大体是 1957 年左右,故将此谱条安排至此。]

11 月 26 日 吴晗出席北京市政协第一届第三次全体会议。[④]

[按:会议在中山公园中山堂后殿召开。会议讨论一九五六年到一九六七年全国农业发展纲要(修正草案)。]

---

① 本条引自北京市档案馆档案号为 153－001－00762 的档案。

② 嵇直,时任国务院内务部副司长、文字改革委员会地名审查修改小组组员。

③ 本条引自《吴晗全集》十卷版第十卷,第 220 页。

④ 本条引自北京市档案馆档案号为 127－001－00097 的档案。

一九五八年

1月21日　吴晗任北京市选举委员会委员。[①]

［按：这个任命是在北京市人民委员会第六次会议上通过的。委员会主任委员是刘仁，委员有蒋光鼐、吴晗、浦洁修、雷洁琼等20人。］

2月7日　吴晗给北京市教育局（57）教办孙字第1365号文“请示”作出批示。[②]

［按：1957年12月28日，北京市教育局以（57）教办孙字第1365号文《关于教师进修学校京西矿区分校请由京西矿区人民委员会直接领导的请示》呈报北京市人民政府，秘书厅郭星华于2月4日提出了拟办意见，并请吴晗批示。吴晗于2月7日作出批示：“如拟。吴晗　二．七”。］

① 本条引自北京市档案馆档案号为002－010－00049和002－010－00065的档案。

② 本条引自北京市档案馆档案号为002－010－00220的档案。

2月7日 吴晗给北京市教育局(58)教计翁字第83号文“请示”作出批示。[①]

［按:1月25日,北京市教育局以(58)教计翁字第83号文《关于市立幼儿园目前存在问题的请示》呈报北京市人民政府,吴晗于2月7日作出批示:“我意:(一)市立幼儿园整日收取费三元,半日的减半。(二)民政局的暂不变。(三)编制问题具体研究后再考虑。请张(指张友渔——编者注)批。吴晗吴晗　二．七”。］

2月7日 吴晗给北京市教育局(58)教计翁字第84号文“请示”作出批示。[②]

［按:1月25日,北京市教育局以(58)教计翁字第84号文《关于直属幼儿园寒假增班的请示》呈报北京市人民政府,吴晗于2月7日作出批示:“同意。吴晗　二．七”。］

2月10日下午 吴晗在第一届全国人民代表大会第五次会议上发言。[③]

2月11日 吴晗参加第一届全国人民代表大会第五次会议并发表了讲话。[④]

---

① 本条引自北京市档案馆档案号为002－010－00221的档案。

② 本条引自北京市档案馆档案号为002－010－00227的档案。

③ 本条引自1958年2月11日《人民日报》第一版。

④ 本条引自《吴晗全集》十卷版第九卷,第228页。

［按：吴晗报告了北京市开展以除“四害”为中心的爱国卫生运动的情况。］

2月14日 吴晗等到北京大学和北京医学院检查春节前除“四害”、讲卫生大突击的情况。①

［按：2月14日，由中央和北京市的党、政、军负责人组成的联合检查队重点抽查了首都人民从2月1日开始的春节前除“四害”、讲卫生大突击的情况。高等教育部副部长刘皑风、北京市副市长吴晗和中共北京市委高校党委副书记宋硕等检查了北京大学和北京医学院。过去因“四害”俱全受到批评的北京医学院室内室外都很整齐清洁，但北京大学的除“四害”、讲卫生工作做得却不够彻底。吴晗希望北京大学向北京医学院学习。］

2月16日 文化部致函北京市人民委员会，拟请吴晗副市长担任赴西欧艺术团团长。②

［按：2月16日国家文化部以(58)文夏联三字第159号致函北京市人民委员会，拟请吴晗副市长担任赴西欧艺术团团长。该函全文如下：

“我国应1958年5月间在法国巴黎举行的国际戏剧节的邀请，将派出一大型的，包括京剧、歌舞的艺术团前往参

① 本条引自1958年2月15日《人民日报》第三版。

② 本条引自北京市档案馆档案号为002－010－00070的档案。

加，现正积极筹组，全团80至90人。艺术团在法国演出后，将赴比利时参加在布鲁塞尔举行的国际博览会，并赴瑞士访问演出。

兹为加强艺术团的领导力量，我部考虑拟请你市吴晗副市长担任艺术团团长，请大力协助，予以同意，并函复。

中华人民共和国文化部

1958年2月16日”。]

2月22日 吴晗给北京市工农业余教育局(57)工农教办巩字第143号文“请示”作出批示。[①]

[按：1957年12月11日，北京市工农业余教育局以(57)工农教办巩字第143号文《关于将北京地区高等学校各中等技术学校所办的职工业余文化学校的教学业务工作交区领导的请示》呈报北京市人民政府，吴晗于2月22日作出批示：“一、原则同意交区。二、具体办法工农局应和工会、各有关区区长商量解决。吴晗　二．廿二”。]

2月24日 吴晗给北京市教育局(58)教办翁字第161号、园林局园业甲(58)字第87号文“请示”作出批示。[②]

[按：2月14日，北京市教育局以(58)教办翁字第161号文、北京市园林局以园业甲(58)字第87号联合发文《关

① 本条引自北京市档案馆档案号为002－010－00220的档案。

② 本条引自北京市档案馆档案号为002－010－00227的档案。

于调在公园内开展二部制学生校外活动问题的请示》呈报北京市人民政府，吴晗于当日作出批示："一、同意这个计划。二、注意应尽量节约，由王立平同志会同□(原字迹不辨——编者注)办审核。吴晗　二．廿四"。]

3月13日　吴晗给铁道部新建铁路工程总局丰台桥梁工厂丰桥校(58)字第106号公函作出批示。①

[按：3月7日，铁道部新建铁路工程总局丰台桥梁工厂以丰桥校(58)字第106号公函《为将我厂子弟小学移交地方领导由》呈送北京市人民政府，北京市人民政府秘书厅王立平作出拟办意见："拟先请教育局研提意见。请吴副市长批。"吴晗于3月13日作出批示："如拟。吴晗　三．十三"。]

3月14日　吴晗任国务院科学规划委员会委员。②

[按：1956年3月14日，国务院成立科学规划委员会，开始制定1956年至1967年全国自然科学和社会科学十二年长期规划。国务院科学规划委员会主任是聂荣臻，副主任是郭沫若、林枫、李四光、黄敬，秘书长是范长江。]

3月19日　吴晗在中华人民共和国教育部发给北京市人民

---

① 本条引自北京市档案馆档案号为002-010-00220的档案。

② 刘光永著：《清官梦——吴晗传》，第406页。

委员会的高计计(13)字第74号文件上作出批示。①

[按:3月14日,中华人民共和国教育部就“为适应生产和文化上大跃进的需要,今年高等学校招生任务应有所增加”一事,以高计计(13)字第74号文件发送各省市人民委员会,吴晗于3月19日在该文件上作出批示:“除北京师院外,北京医学院传阅,□□旧□市领导,拟分抄教育、卫生两局研提意见。请张(指张友渔——编者注)批。吴晗　三．十九”。]

3月27日　吴晗给北京市教育局(58)教小翁字第252号文“请示”作出批示。②

[按:3月15日,北京市教育局以(58)教小翁字第252号文《关于调整北京市儿童教养院的请示》呈报北京市人民政府,吴晗于3月27日作出批示:“十六、七岁的顽童应否入教养院(事实是青少年了,不能说是儿童),请教局再研究。吴晗　三．廿七”。]

3月31日　吴晗再次给北京市教育局(58)教计翁字第83号文“请示”作出批示。③

[按:1月25日,北京市教育局以(58)教计翁字第83号

① 本条引自北京市档案馆档案号为002－010－00224的档案。

② 本条引自北京市档案馆档案号为002－010－00227的档案。

③ 本条引自北京市档案馆档案号为002－010－00221的档案。

文《关于市立幼儿园目前存在问题的请示》呈报北京市人民政府，吴晗于2月7日作出了批示。3月31日，吴晗再次作出批示“郭星华同志再了解一下，研提意见。吴晗　三．卅一”。]

4月2日　《人民日报》报道：中国戏曲歌舞团已经组成，吴晗任团长。①

[按：4月2日，《人民日报》报道：一个包括八十多人的色彩丰富、风格突出的中国戏曲歌舞团已经组成，准备4月间往法国参加目前正在巴黎举行的盛大的国际戏剧节。这个艺术团是由上海京剧院、中央实验歌剧院舞剧团和其他单位的一些有名的表演艺术家组成的。中国戏曲歌舞团将由北京市副市长吴晗率领。副团长是著名文化界人士张东川、王一达。]

4月12日上午　吴晗出席北京市人民委员会第二十八次行政会议。②

[按：会议由张友渔副市长主持。会议讨论了关于争取还在资本主义国家留学生归国工作进行情况和今后工作的意见等五个问题。出席（包括列席）会议的还有：贾庭三、李续纲、施叔谋、沙平等32人。]

---

① 本条引自1958年4月2日《人民日报》第七版。

② 本条引自北京市档案馆档案号为002－010－00219的档案。

4月16日　吴晗给北京市工农业余教育局(58)工农教办巩字第23号文“请示”作出批示。①

［按：4月10日，北京市工农业余教育局以(58)工农教办巩字第23号文《关于举办厂矿干部文化补习班的请示》呈报北京市人民政府，吴晗于4月16日作出批示：“一、同意即办。二、要注意教学效果，学多少，就会多少。吴晗　四．十六”。］

1958年4月19日—1958年7月中旬　吴晗率中国戏曲歌舞团参加巴黎国际戏曲节、布鲁塞尔世博会艺术演出以及其他一些西欧国家访问演出。

7月26日上午　吴晗出席并主持“关于实验九年一贯制问题”座谈会。②

［按：会议在市人民委员会二楼东客厅召开。出席会议的还有：廖沫沙、薛成业、孙国樑、林砺儒、齐淑容、吴宗华、周正等19人。］

7月28日　吴晗给郭星华、王立平写的“调查报告”作出批示。③

---

① 本条引自北京市档案馆档案号为002－010－00227的档案。

② 本条引自北京市档案馆档案号为002－010－00218的档案。

③ 本条引自北京市档案馆档案号为002－010－00227的档案。

［按:1 月 25 日,北京市教育局以(58)教计翁字第 83 号文《关于市立幼儿园目前存在问题的请示》呈报北京市人民政府,吴晗于 2 月 7 日作出了批示。3 月 31 日,吴晗再次作出批示“郭星华同志再了解一下,研提意见。吴晗　三．卅一”。7 月 28 日,郭星华、王立平将调查后写的报告呈送给吴晗,吴晗当日作出批示:“同意:(一)市立幼儿园从九月一日起改为每月收费三元(半日一元五角)。(二)原民政局幼儿园改为每月三元(半日一元五角)。请张(指张友渔——编者注)批。吴晗　七．廿八”。］

8 月 8 日　吴晗给北京市教育局(58)教计谭字第 578 号文“请示”作出批示。①

［按:8 月 6 日,北京市教育局以(58)教计谭字第 578 号文《关于调整通州等四个区中小学杂费标准的请示》呈报北京市人民政府,吴晗于 8 月 8 日作出批示:“一、同意。请张(指张友渔——编者注)批。吴晗　八．八”。］

8 月 9 日　《北京日报》刊登了北京市第三届人民代表大会代表名单。吴晗作为东城区的代表名列其中。②

［按:8 月 9 日,《北京日报》刊登了北京市第三届人民代表大会代表名单,共六百八十一人。］

---

① 本条引自北京市档案馆档案号为 002 – 010 – 00227 的档案。

② 本条引自 1958 年 8 月 9 日《北京日报》第二版。

8月12日 北京市第三届人民代表大会第一次会议开幕。吴晗当选为主席团成员。[①]

［按:8月12日上午8时半,北京市第三届人民代表大会第一次会议在全国人民政协礼堂隆重开幕。会议选出四十七人的主席团,吴晗名列其中。］

8月12日上午 吴晗出席北京市第三届人民代表大会第一次会议主席团第一次会议。[②]

［按:北京市第三届人民代表大会第一次会议第一次主席团会议于8月12日上午在全国政协礼堂第一会议室召开。会议由彭真主持。会议推举刘仁为主席团召集人,决定李续纲、殷玉昆为大会副秘书长,通过了大会议程,通过了执行主席分组名单和各小组召集人名单。］

8月13日上午 吴晗出席北京市第三届人民代表大会第一次会议主席团第二次会议。[③]

［按:北京市第三届人民代表大会第一次会议第二次主席团会议于8月13日上午在全国政协礼堂第一会议室召开。会议由刘仁主持。］

---

① 本条引自《北京市人民代表大会文献资料汇编 1949—1993》,第433页。

② 本条引自北京市档案馆档案号为002－010－00267的档案。

③ 本条引自北京市档案馆档案号为002－010－00267的档案。

8月13日下午 吴晗出席北京市第三届人民代表大会第一次会议主席团第三次(扩大)会议。①

[按:北京市第三届人民代表大会第一次会议第三次(扩大)主席团会议于8月13日下午在全国政协礼堂第一会议室召开。会议由刘仁主持。]

8月13日 吴晗作为北京市第三届人民代表大会第一次会议执行主席主持大会。②

[按:这天上午大会通过四个名单:一、代表资格审查委员会委员名单;二、政府工作报告审查委员会委员名单;三、预决算审查委员会委员名单;四、提案审查委员会委员名单。]

8月15日上午 吴晗出席北京市第三届人民代表大会第一次会议主席团第四次会议。③

[按:北京市第三届人民代表大会第一次会议第四次主席团会议于8月14日上午在全国政协礼堂第一会议室召开。会议由刘仁主持。会议决定,由于刘仁同志外出开会,主席团会议主持由郑天翔接替。]

---

① 本条引自北京市档案馆档案号为002-010-00267的档案。

② 本条引自北京市档案馆档案号为002-011-00260的档案。

③ 本条引自北京市档案馆档案号为002-010-00267的档案。

8月15日下午 吴晗出席北京市第三届人民代表大会第一次会议主席团第五次(扩大)会议。①

[按:北京市第三届人民代表大会第一次会议第五次主席团(扩大)会议于8月15日下午在全国政协礼堂第一会议室召开。会议由郑天翔主持。]

8月18日上午 吴晗出席北京市第三届人民代表大会第一次会议主席团第六次会议。②

[按:北京市第三届人民代表大会第一次会议第六次主席团会议于8月18日上午在全国政协礼堂第一会议室召开。会议由郑天翔主持。]

8月19日 吴晗作为北京市第三届人民代表大会第一次会议执行主席主持大会。③

[按:这天上午大会仍然进行大会发言。发言的有:张琪、高振德、马适安、郭华、李文清等。]

8月19日下午 吴晗出席北京市第三届人民代表大会第一次会议主席团第七次会议。④

[按:北京市第三届人民代表大会第一次会议第七次主

① 本条引自北京市档案馆档案号为002-010-00267的档案。

② 本条引自北京市档案馆档案号为002-010-00267的档案。

③ 本条引自北京市档案馆档案号为002-011-00261的档案。

④ 本条引自北京市档案馆档案号为002-010-00267的档案。

席团会议于8月19日上午在全国政协礼堂第一会议室召开。会议由郑天翔主持。]

8月20日上午 吴晗出席北京市第三届人民代表大会第一次会议主席团第九次会议。

[按:北京市第三届人民代表大会第一次会议第九次主席团会议于8月22日上午在全国政协礼堂第一会议室召开。会议由郑天翔主持。]

8月22日上午 吴晗出席北京市第三届人民代表大会第一次会议主席团第八次(扩大)会议。[①]

[按:北京市第三届人民代表大会第一次会议第八次主席团(扩大)会议于8月20日上午在全国政协礼堂第一会议室召开。会议由郑天翔主持。]

8月22日 北京市第三届人民代表大会第一次会议闭幕,吴晗等7人当选为副市长。[②]

[按:8月22日,北京市第三届人民代表大会第一次会议闭幕。彭真当选为北京市市长,张友渔、冯基平、吴晗、王昆仑、程宏毅、贾庭三、乐松生当选为副市长,刘仁、侯仁之、梁思成等39人当选为委员。]

---

① 本条引自北京市档案馆档案号为002-010-00267的档案。

② 本条引自《当代北京大事记》,第127页。

8 月 22 日 吴晗在北京市第三届人民代表大会第一次会议上当选为第二届全国人民代表大会代表。①

［按：在这次会上当选为第二届全国人民代表大会代表的还有毛泽东、刘少奇、周恩来、万里、王昆仑、乐松生、林巧稚、范瑾、浦洁修、张友渔、张百发、张奚若、张晓梅、梁思成、梅兰芳、彭真、舒舍予、蒋南翔、诸福棠等。］

8 月 23 日 吴晗在中华人民共和国教育部和中华人民共和国交通部联合发给北京市人民委员会的(58)计计(15)刘字第 915 号文件上作出批示。②

［按：8 月 14 日，中华人民共和国教育部和中华人民共和国交通部就“为民航培养高等专门人才保送学生”一事，以(58)计计(15)刘字第 915 号文件联合行文发送各有关省市人民委员会，吴晗于 8 月 23 日在该文件上作出批示：“教育局研办。吴晗　八．廿三”。］

8 月 25 日 吴晗出席北京市财贸系统评比跃进誓师大会。③

［按：8 月 25 日，北京市举行财贸系统评比跃进誓师大会，大会在天坛公园举行。会议由北京市副市长万里、吴晗、程宏毅、乐松生代表市人民委员会给二十八个先进单位

① 本条引自 1958 年 8 月 23 日《人民日报》第一版。

② 本条引自北京市档案馆档案号为 002 - 010 - 00224 的档案。

③ 本条引自 1958 年 8 月 26 日《人民日报》第二版。

授旗，受奖单位有商业、服务业、财政、税收和银行等方面跃进的尖兵。其中有上山下乡为农业生产服务的门头沟区上岸供销合作社，积极支援郊区蔬菜生产的天桥菜站等。中共北京市委书记处书记、北京市副市长万里和中共北京市委常委、北京市副市长程宏毅先后在会上讲了话。]

9月5日 吴晗出席第十五次最高国务会议。①

[按:9月5日，毛泽东主席召集第十五次最高国务会议。会议上，毛泽东主席首先讲话，对目前国内外形势问题作了精辟的分析。接着，中共中央政治局委员、书记处书记谭震林就我国今年农业生产发展的情况、今冬明春农业生产的安排、人民公社问题、民兵问题和以除“四害”为中心的爱国卫生运动等问题作了报告。参加会议的有：刘少奇、周恩来、陈云、邓小平、彭德怀、彭真、李济深、蔡廷锴、张治中、朱学范、邵力子、蒋光鼐、沈钧儒、史良、高崇民、吴晗、胡愈之等。吴晗是以中国民主同盟中央常务委员会委员的身份出席这次最高国务会议的。]

9月6日 吴晗给国务院致北京市人民委员会的直秘齐字226号批复作出批示。②

[按:9月5日，国务院以直秘齐字226号文《国务院关

① 本条引自1958年9月6日《人民日报》第一版。

② 本条引自北京市档案馆档案号为002-010-00029的档案。

于定陵博物馆和长陵发掘工作的领导及建馆经费问题的批复》致函北京市人民委员会，吴晗9月6日作出批示："送王副市长阅，并抄送文化局、原长陵发掘委员会各委员。吴晗九．六"。]

秋 吴晗在中学历史教师大会上，正式提出编写《中国历史小丛书》的计划。随即组成编委会，吴晗担任主编，展开实施。[①]

[按：主编：吴晗；编委有：尹达、白寿彝、刘桂五、任继愈、何兹全、金灿然、邵循正、陈哲文、侯仁之、郑天挺、翁独健、戴逸等。由李侃负责小丛书的具体编辑和出版。]

中学历史教师大会后，吴晗又先后召开北京市五十所中学校长会议和文科教师会议，动员各校教师参加编写工作。[②]

[按：作为该丛书的主编，吴晗并非挂挂名而已，而是实打实地参与编委会的工作。他常常召集编委会议，亲自拟定选题，还亲自组稿。凡送给他审阅的书稿，他都一丝不苟，认真修改润色。工作再忙，也从不拖延、积压——全靠牺牲休息时间赶拼。他常在坐车途中，一路颠簸，一路看书的清样。小丛书的二校样，他都亲自过目，作最后的审改，严加把关。认定确无问题了，才签字付印。]

① 刘光永著：《清官梦——吴晗传》，第406页。

② 刘光永著：《清官梦——吴晗传》，第286页。

10 月 15 日 吴晗出席北京市第一届小学生运动会开幕式并讲话。[①]

［按:10 月 15 日,北京市第一届小学生运动会在北京先农坛体育场开幕。吴晗副市长、老体育家马约翰、市体委主任张青季参观了比赛和表演。吴晗和马约翰在开幕式上还对小学生们讲了话。］

10 月 31 日 吴晗参加了郑振铎[②]的追悼大会。[③]

［按:10 月 17 日,郑振铎率领我国文化代表团出访阿联、阿富汗等国,因飞机失事而不幸遇难。郑振铎等 16 位遇难烈士追悼大会,于 10 月 31 日上午 9 时在首都剧场隆重举行。吴晗在《忆西谛先生》一文中回忆说,我参加了他的追悼大会,也参加了送葬行列,送到墓地,眼看他骨灰下葬。］

12 月 30 日下午 吴晗出席北京市人民委员会扩大会议并在会上作报告。[④]

［按:12 月 30 日下午,北京市人民委员会举行扩大会议。会议共有二千二百人参加,其中包括市、区党政各单位负责干部、城市街道、农村人民公社、工矿企业、文教卫生等

---

① 本条引自 1958 年 10 月 16 日《北京日报》第四版。

② 郑振铎,字西谛。曾任文化部副部长、国家文物局局长。

③ 王莲芬、王锡荣主编:《郑振铎纪念集》,上海社会科学院出版社,2008 年版。

④ 本条引自《彭真年谱》第三卷,第 365 页。

部门的党政负责干部，还有民主党派、各人民团体的负责干部。万里、吴晗、程宏毅、贾庭三和赵凡在会上分别就一九五八年本市工业、基本建设、农业、城市供应和教育等方面的工作作了报告。]

12 月 31 日晚　吴晗出席中共北京市委和北京市人委联合举行的新年联欢晚会。[①]

[按：12 月 31 日晚 8 点，中共北京市委和北京市人委在天桥剧场联合举行新年联欢晚会。出席晚会的还有：彭真、刘仁、郑天翔、陈鹏、范儒生、陈克寒、邓拓、万里、冯基平、王昆仑、程宏毅、贾庭三、乐松生、梁思成、侯仁之、孙孚凌等一千四百多人。]

本年　吴晗亲自踏遍北京西山八大处，为教师寻找合适的地方作休养所。当第一批教师在香界寺休养时，吴晗还亲自前往探望。[②]

① 本条引自北京市档案馆档案号为 002－020－00111 的档案。

② 王宏志、金若年著：《吴晗画传》，第 97 页。

一九五九年

1 月 8 日　吴晗给北京市教育局(59)教计孙字第 3 号文作出批示。[1]

［按:1 月 5 日,北京市教育局向北京市人民政府发出了《关于平谷等四县所办初级技术学校问题的请示》,吴晗于 1 月 8 日作出批示:"原则同意,有关各项应切实负责领导。请万(指万里——编者注)批。吴晗　一．八"。］

1 月 10 日　吴晗出席周末电影晚会。[2]

［按:1 月 10 日,吴晗出席在东交民巷正义路三号的团中央礼堂举行的电影晚会。这天上映的电影是彩色故事片《林家铺子》。］

1 月 20 日　吴晗出席周总理和彭真在北京市人委交际处召

---

① 本条引自北京市档案馆档案号为 002 - 011 - 00009 的档案。

② 本条引自北京市档案馆档案号为 002 - 020 - 00128 的档案。

开的有关人民大会堂设计问题的座谈会。[1]

［按：参加这次会议的有：习仲勋、齐燕铭、连贯、刘秀峰、金瓯卜、林乐义、邓恩成、刘开渠、梁思成、汪坦、刘小石、万里、冯基平、吴晗、王昆仑、赵鹏飞、佟铮、冯佩之、张鸿舜、沈勃、杨润寰、徐康、赵冬日、张鏄、朱兆雪、张开济等。］

1月20日 吴晗给北京市民政局呈报北京市人民委员会的民访陈（59）字第8号文件作出批示。[2]

［按：1月15日，北京市民政局就"关于我局劳动教养所兴建耐火砖制造厂"一事，以民访车（59）字第8号文件请示北京市人民政府，吴晗于1月20日对该文件作出批示："请计委研究并拟复。吴晗　一．廿"。］

2月2日 吴晗任北京市各界人民春节慰问团总团长。[3]

［按：2月2日到4日，北京市组成八个慰问团，对中国人民解放军在北京地区的施工部队和各医院的伤病员进行春节慰问，分别由彭思明、王春萍、王照华、赵鹏飞、张俊士、叶茂之、张令德、赵春霄任分团团长，吴晗任总团长，陈鹏、黄振棠任副总团长。］

---

① 北京市政协文史资料委员会编：《北京文史资料第49辑》，第28页。

② 本条引自北京市档案馆档案号为002－011－00042的档案。

③ 本条引自北京市档案馆档案号为002－0020－00114的档案及1959年2月8日《人民日报》第二版。

2月9日晚 吴晗出席北京市人民委员会举办的春节联欢晚会。[①]

[按:2月9日,北京市人民委员会在赵登禹路的政协礼堂举行1959年春节联欢晚会,晚会内容有:京剧、电影、河北梆子、木偶戏、游戏等。参加这次晚会的有五千多人。]

2月28日 吴晗参加国庆工程汇报会。[②]

[按:2月28日,周恩来总理在国务院会议厅召集各位副总理及有关部、委的领导开会,商讨调整国庆工程问题。参加会议的有:陈毅、薄一波、韩哲一、刘秀峰、吕东、万里、吴晗、赵鹏飞、齐燕铭、张苏、钱俊瑞、武竟天、姬鹏飞、杨静仁、范长江、贾庭三等。]

3月6日 吴晗和梁思成等联名向周总理、彭真、万里送交《关于国庆工程设计审查会议工作报告》。[③]

[按:国庆工程,即指庆祝国庆十周年的有关工程。联名上交这个报告的还有汪季琦、杨廷宝、赵深、茅以升、钱令希、邓恩诚。]

3月11日 吴晗出席在市人委交际处召开的有关国庆工程

---

① 本条引自北京市档案馆档案号为002－0020－00131的档案。

② 本条引自北京市档案馆档案号为002－011－00140的档案。

③ 北京档案馆编:《北京档案史料2003.2》,第146页。

会议。①

[按:会议由万里主持,出席这次会议的还有:赵鹏飞、佟铮、彭则放、冯佩之、张鸿舜等20多人。会议决议了国庆建筑工程的必成项目。]

3月12日 《北京日报》上刊载了出席第二届全国人民代表大会代表名单。吴晗作为北京市代表名列其中。②

[按:北京市代表有万里、王昆仑、毛泽东、乐松生、刘少奇、吴晗、林巧稚、张友渔、张百发、张晓梅、彭真、梁思成、舒舍予、蒋南翔、梅兰芳等共计二十九人。]

3月19日 吴晗和一百多位全国人大代表、全国政协委员一起开始在北京市视察工作。③

[按:3月19日,一百多位全国人民代表大会代表、政协全国委员会委员开始在北京市视察工作。其中包括第一届全国人民代表大会常务委员会副委员长、政协第二届全国委员会副主席沈钧儒,第一届人代会常委会委员刘宁一、华罗庚、李书城、陈劭先、陈其瑗、竺可桢、张治中、张云逸、梅龚彬、熊克武、蔡廷锴,政协第二届全国委员会常务委员刘斐、卢汉、李德全、沈雁冰、陈少敏、吴晗、许德珩、陶孟和、傅

① 北京档案馆编:《北京档案史料2009.3》,第35页。

② 本条引自1959年3月12日《北京日报》第三版。

③ 本条引自1959年3月20日《人民日报》第一版。

作义等。]

3月25日 吴晗出席解放军炮兵第二届积极分子代表会议开幕式。①

[按:3月25日,中国人民解放军炮兵第二届积极分子代表会议今天在北京开幕。来自陆、海、空军和祖国各地的六百四十二名炮兵积极分子代表汇集一堂,检阅去年政治思想工作、训练和对敌斗争的巨大成绩,总结和交流先进经验,争取今年更大更好更全面的跃进。中国人民解放军副总参谋长张爱萍上将、总政治部副主任甘泗淇上将、北京市副市长吴晗都到会讲了话,祝贺大会的召开。]

4月12日 《北京日报》刊载了政协第三届全国委员会名单。吴晗名列其中。②

[按:吴晗这次是以对外和平友好团体的名义出席的。对外和平友好团体第三届全国政协委员共22人,他们中有:沈兹九、吴晗、屈武、胡克实、郭沫若、楚图南、钱俊瑞等。]

4月14日下午 吴晗到车站欢迎班禅额尔德尼·确吉坚赞抵京。③

① 本条引自1959年3月26日《人民日报》第六版。
② 本条引自1959年4月12日《北京日报》第三版。
③ 本条引自1959年4月15日《人民日报》第一版。

［按：4月14日下午，前来出席第二届全国人民代表大会第一次会议的全国人民代表大会代表、西藏自治区筹备委员会代理主任委员班禅额尔德尼·确吉坚赞乘专车由西安到北京。周恩来总理，陈毅副总理，李济深、黄炎培、彭真副委员长，政协副主席李四光，国务院秘书长习仲勋，中央驻西藏代表张经武，和首都各界群众一千二百多人，前往北京火车站热烈欢迎。前往车站欢迎的，还有全国人民代表大会常务委员会委员张苏，政协全国委员会常务委员楚图南，全国人民代表大会民族委员会主任委员刘格平，各部部长和副部长史良、夏衍、韦悫，民族事务委员会副主任萨空了，全国妇联副主席许广平，北京市副市长吴晗等。］

4月17日　吴晗在第二届全国人民代表大会第一次大会上任预算委员会委员。[①]

［按：预算委员会主任委员曾山，委员邓宝珊、包尔汗、乐松生、吴晗、屈武、胡子昂、许广平、薛暮桥等27人。］

4月27日　吴晗在第二届全国人民代表大会大会讨论中作《北京市教育工作空前发展》的发言。[②]

［按：在大会上发言的有，广东省省长陈郁、四川省省长李大章、河北省省长刘子厚、山东省省长谭启龙、黑龙江省

---

① 本条引自1959年4月18日《北京日报》第四版。

② 本条引自《吴晗全集》十卷版第十卷，第361页。

省长李范五、河南省副省长赵文甫、内蒙古自治区副主席奎壁和王再天、北京市副市长吴晗、上海市副市长赵祖康和中共辽宁省委书记处书记喻屏等代表，都就本地区 1958 年工农业生产的辉煌成就和实现 1959 年国民经济计划的措施等问题作了发言。

吴晗在发言中汇报了北京市教育事业飞速发展的情况，特别重点介绍了北京市各中学普遍组织学生参加各种劳动，学校与工厂挂钩、在学校设立车间等新的尝试的经验。]

4 月 29 日 吴晗在第二届全国人民代表大会第一次大会上当选为常务委员。①

[按：会议选举毛泽东为政协第二届全国委员会名誉主席，周恩来为主席，彭真、李济深、郭沫若等十四人为副主席，史良、林巧稚、吴晗等一百四十三人为常委。]

5 月 1 日 吴晗登上天安门观礼台参加五一国际劳动节观礼。②

[按：吴晗是作为北京市民盟的代表登上天安门观礼台参加五一国际劳动节观礼的。北京市民盟登上天安门观礼台参加五一国际劳动节观礼的的代表还有：闻家驷、吴昱

① 本条引自 1959 年 4 月 30 日《北京日报》第二版。

② 本条引自北京市档案馆档案号为 002－020－00225 的档案。

恒、陆宗达、汪金丁。]

5 月 3 日下午 吴晗出席首都各界人民和青年隆重纪念“五四”四十周年盛大集会。①

[按:5 月 3 日下午,首都各界人民和青年在先农坛体育场举行盛大的集会,隆重纪念“五四”四十周年。中共中央政治局委员林伯渠、彭真,书记处候补书记刘澜涛,中央委员吴玉章、蔡畅、林枫、杨秀峰、张际春,候补中央委员周扬、赵毅敏参加了大会。在主席台上就座的,还有民主党派负责人和无党派民主人士李济深、黄炎培、陈叔通、程潜、许德珩,北京市党政负责人刘仁、邓拓、吴晗,北京大学校长马寅初,清华大学校长蒋南翔,以及在北京的著名劳动模范和战斗英雄。正在我国访问的匈牙利共青团中央第一书记科莫钦·佐尔坦和由他率领的匈牙利共青团代表团,非洲学生代表团,日本青年妇女代表团应邀出席了大会。]

5 月 4 日 吴晗给北京市周口店政府(59)教行字第 9 号文作出批示。②

[按:3 月 8 日,北京市周口店政府向北京市人民政府发出了《关于将区教学研究室和初级函校合并的请示》,北京市教育局于 4 月 29 日呈送给北京市人民政府,吴晗于 1 月 8

① 本条引自 1959 年 5 月 4 日《人民日报》第一版。

② 本条引自北京市档案馆档案号为 002－011－00009 的档案。

日作出批示："同意。吴晗　五．四"。]

5月11日晚　吴晗在首都保育工作者广播大会上讲话。[①]

[按:5月11日晚,首都保育工作者举行广播大会,北京市副市长吴晗和北京市妇女联合会主任张晓梅在会上勉励保育人员加强业务学习和思想锻炼,在进一步开展红旗竞赛中,要互相学习、互相帮助,同时注意总结推广先进经验。]

5月25日上午　吴晗等到车站欢送班禅额尔德尼[②]离京返藏。[③]

[按:5月25日上午,全国人大副委员长班禅额尔德尼·确吉坚赞和他的随行人员乘专车离京回西藏,邓小平、李先念、李济深、黄炎培、李维汉、李四光、吴晗、赵朴初等到车站送行。]

5月25日上午　吴晗和美协蔡若虹[④]、张诺同志一道研究人民大会堂宴会厅楼梯上下两面墙上的艺术处理问题。[⑤]

---

① 本条引自1959年5月12日《人民日报》第六版。

② 班禅额尔德尼·确吉坚赞,藏族,十世班禅。

③ 本条引自1959年5月26日《人民日报》《北京日报》第一版。

④ 蔡若虹,新中国美术奠基人之一、著名美术家、社会活动家。时任中国美术协会副主席。

⑤ 本条引自《吴晗全集》十卷版第十卷,第203页。

5月25日 吴晗致信万里并总理、彭真。[1]

［按：吴晗在信中向万里并总理、彭真汇报“关于人民大会堂宴会厅楼梯上下两面墙的艺术处理问题，遵总理指示”和“美协蔡若虹、张诺同志研究”的意见。］

5月31日晚 吴晗出席首都少年儿童庆祝“六一”国际儿童节游园晚会。[2]

［按：5月31日晚，首都两万多名少年儿童在中山公园举行游园晚会，庆祝“六一”国际儿童节。吴晗向孩子们祝贺节日，向到会的外国小朋友表示热烈欢迎。他在祝词中希望孩子们用功读书、热爱劳动、尊敬劳动人民、锻炼好身体，做一个诚实、正直、勇敢的好孩子。吴晗最后嘱咐孩子们要永远听党的话，听毛主席的话，天天向上，立志做一个有社会主义觉悟的、有文化、爱劳动的建设共产主义的优秀接班人。国务院副总理李富春、李先念，中国人民解放军总参谋长黄克诚，中华人民共和国全国妇女联合会主席蔡畅，中共北京市委书记处书记范儒生，北京市副市长程宏毅、贾庭三，以及中央和北京市许多部门的负责同志，和孩子们一起欢度这个美好的夜晚。以朝鲜民主主义人民共和国内阁副首相郑一龙为首的工业参观团人员和在京的许多其他国家的外宾，也应邀参加了孩子们的晚会。］

---

① 本条引自《吴晗全集》十卷版第十卷，第203页。

② 本条引自1959年6月1日《人民日报》第六版。

5 月间　刘宗华等老师应约到吴晗的住宅汇报有关教材编写的工作。[①]

［按:据刘宗华老师在他的《怀念吴晗先生对北京普教事业的关怀》一文中回忆说:“大约是在 1959 年 5 月间,天气比较热,我们来到北长安街 90 号吴晗先生的住宅……吴先生跟我们谈话像聊天,很随便,很谦和,我们毫无拘束感……在他的指导帮助下,这次教材的编写工作顺利完成,保证了 1959 年暑假后开学的用书。”］

6 月 3 日　吴晗给北京市周口店政府(59)教行字第 8 号文作出批示。[②]

［按:2 月 27 日,北京市周口店政府向北京市人民政府发出了《关于将各公社、厂矿干部职工业余学校下放的请示》,北京市政府办公厅于 6 月 1 日拟办吴晗批示,吴晗于 6 月 3 日作出批示:“同意。吴晗　六．三”。］

6 月 5 日　吴晗给周口店区人委(59)教行字第 8 号文件作出批示。[③]

［按:2 月 27 日,周口店区人委就“将公社、厂矿干部职工业余学校下放”一事请示北京市人民委员会,吴晗于 6 月

---

① 王宏志、闻立树主编:《怀念吴晗:百年诞辰纪念》,第 449 页。

② 本条引自北京市档案馆档案号为 152 - 001 - 00455 的档案。

③ 本条引自北京市档案馆档案号为 152 - 001 - 00455 的档案。

5日作出批示："可以下放试行。但防止下放后教师被抽去搞其他工作，原有的36名教师编制仍留在区里，由区统一调配，委托公社领导。在教学业务上，区校受区委托，对公社业余学校进行指导。"]

6月27日晚 吴晗出席周末电影晚会。[①]

[按：6月27日晚8点，吴晗出席在北京市人民委员会西院举行的电影晚会。这天上映的电影是阿联酋故事片《忠诚》。]

7月1日上午 吴晗出席北京工农师范学院开学典礼并在会上讲话。[②]

[按：7月1日上午，北京工农师范学院举行开学典礼。北京市副市长吴晗、市委教育部长张文松参加了开学典礼并讲了话。中央教育部工农教育司副司长李舜琴也到会讲了话，市工会派代表前来参加，师范大学等师范院校也派人到会祝贺。吴晗副市长以"文化翻身，勤俭办校，因材施教，努力学习"四点勉励学院的师生。他说，这个学校的创办有着很大的意义，是关系着工农群众的知识化，使他们尽速掌握文化科学知识，来建设社会主义的大事。]

---

① 本条引自北京市档案馆档案号为002－020－00128的档案。

② 本条引自1959年7月1日《北京晚报》第一版。

7月31日晚 吴晗出席首都庆祝"八一"建军节三十二周年晚会。[1]

[按:7月31日晚,首都三千多名烈属、军属和残疾、复员、退伍、转业军人在中山公园音乐堂举行晚会,庆祝"八一"建军节三十二周年。吴晗在会上讲了话,他叙述了今年以来烈属、军属和残疾、复员、退伍、转业军人在各个战线上所取得的成就,并要求大家继续鼓足干劲,在各个不同战线上,发挥积极带头作用,和群众一起,实干、苦干、巧干,用更出色的成绩迎接伟大的国庆十周年。内务部副部长郭炳坤、中国人民解放军驻北京某部队副政治委员张廷桢少将等也参加了晚会。在晚会上,参加中国人民解放军第二届文艺会演的广州代表队演出了优秀节目"五朵红云"。]

7月的一天 陈毅、郭沫若、齐燕铭、吴晗到东方饭店看望傅抱石、关山月和了解他们的创作《江山如此多娇》的情况。[2]

[按:7月的一天,陈毅、郭沫若、齐燕铭、吴晗来东方饭店看望他们和了解他们的创作、生活情况。傅抱石对这些领导直接说出了他俩的苦恼:"从没接触过这样大的题材,实在不好下笔。"陈毅说:"绘画跟作诗一个道理,都要意在笔先嘛。'江山如此多娇'的题目是总理定的,就一定要突出这个'娇'字。周总理在看了你们的画稿后,有更为具体

---

① 本条引自1959年8月1日《人民日报》第一版。

② 魏洲平:《〈江山如此多娇〉诞生细节》。

的意见：整个画面要表现出我们伟大祖国的风貌。近景应该是江南青绿山水、苍松翠石；远景是白雪皑皑的北国风光；中景是连接南北的原野，而长江和黄河则要贯穿整个画面。郭沫若补充说：周总理特别强调，画面上一定要画上红太阳，以体现‘东方红，太阳升’之意。红太阳是象征毛主席、共产党的。”］

8月24日 吴晗出席扩大的第十七次最高国务会议。[①]

［按：8月24日，国家主席刘少奇召集扩大的第十七次最高国务会议，讨论今年的国民经济继续跃进的情况和进一步开展增产节约运动的问题。出席会议的有中共中央副主席周恩来、朱德，国家副主席宋庆龄、董必武，中共中央政治局委员林伯渠、彭真、陈毅、李富春、李先念、谭震林等。中国民主同盟主席沈钧儒，副主席杨明轩、史良、胡愈之、邓初民、吴晗、楚图南，中央常务委员闵刚侯也出席了会议。］

暑假后 按照吴晗提出的编写思想编写的北京市高级小学历史试用课本正式为北京小学使用。[②]

［按：张友渔和薛子正在《深切怀念吴晗同志》的文章中说，“在吴晗的关怀和指导下，市教材编审处编写的一套北京市中小学历史教材，没有按照一般通行的按朝代叙述的

① 本条引自1959年8月25日《光明日报》第一版。

② 王宏志、闻立树主编：《怀念吴晗：百年诞辰纪念》，第451页。

方法，而是根据儿童喜爱故事的特点，选取历史上某些有代表性的人物和重大事件为中心，用故事题材来编写，教学效果比较好”。]

9月1日 吴晗给北京市教育局(59)教普字第342号文作出批示。[①]

[按:8月26日，北京市教育局以(59)教普字第342号文就“关于中学命名的问题”向吴晗发出请示，吴晗于9月1日作出批示:“同意，即办。吴晗 九．一”。]

9月10日 北京市第三届人民代表大会第二次会议召开，吴晗当选为主席团成员及大会执行主席。[②]

[按:主席团成员有万里、王昆仑、乐松生、吴晗、刘仁等四十五人。大会执行主席有彭真、万里、刘仁、吴晗、王昆仑、程宏毅、贾庭三。大会秘书长贾星五。]

9月10日 吴晗以中国民主同盟北京市委员会代表的身份出席政协北京市第二届一次会议。

[按:北京市民盟出席这次政协会议的一共有八名代表。]

---

① 本条引自北京市档案馆档案号为002－011－00009的档案。

② 本条引自1959年9月11日《北京日报》第五版及北京市档案馆档案号为002－011－00166的档案。

9 月 10 日 政协北京市第二届一次会议开幕，吴晗当选为主席团成员。

［按：主席团成员有刘仁、万里、廖沫沙、蒋光鼐、吴晗等二十八人。］

9 月 12 日 吴晗在第二届全国人民代表大会常务委员会第七次扩大会议上作了有关中印边界问题的书面发言。①

［按：9 月 12 日，第二届全国人民代表大会常务委员会举行扩大的第七次会议，讨论。吴晗在会上作了书面发言。坚决反对印度政府把边界问题上的片面主张强加于中国，严厉谴责印度军队侵占中国领土的行为，希望尼赫鲁总理和印度政府要以中印友谊为重，根据五项原则，通过友好协商的方式，全面解决中印边界问题。］

［按：中印边界问题，指中国与印度的边界问题，主要包括东段、锡金段、中段和西段。中国与印度两国边界全长约 2000 公里，分西、中、东 3 段。西段约 600 公里，中段约 450 公里，东段约 650 公里。1962 年两国因边界争端爆发了一场边界战争。］

9 月 14 日 吴晗作为北京市第三届人民代表大会第二次会议执行主席主持大会。②

---

① 本条引自 1959 年 9 月 13 日《人民日报》《光明日报》第一版。

② 本条引自北京市档案馆档案号为 002 - 011 - 00166 的档案。

［按：上午9点到12点进行大会发言。］

9月14日 吴晗在北京市第三届人民代表大会第二次会议上担任提案审查委员会教育组召集人。①

［按：教育组召集人还有：陈克寒、王昆仑、孙国樑。成员还有：王照华、叶恭绍、苏从周、关世雄、严镜清、焦菊隐等。］

9月14日 中国美术家协会致函吴晗。②

［按：9月14日，中国美术家协会就关于建议成立北京荣宝斋裱画装潢工场一事致函吴晗，请求吴晗能够督促有关方面促成这个事情的实现。］

9月17日上午 政协北京市第二届第一次会议闭幕，吴晗等10人当选为副主席。③

［按：9月17日上午，政协北京市第二届第一次会议闭幕。刘仁当选为主席，万里、陈鹏、蒋光鼐、吴晗、梁思成、陈垣、王炯、余心清、凌其峻、林巧稚等十人当选为副主席，廖沫沙为秘书长。］

---

① 本条引自北京市档案馆档案号为002－020－01622的档案。

② 本条引自北京市档案馆档案号为002－011－00008的档案。

③ 本条引自《当代北京大事记》，第142页。

9月17日　《人民日报》公布了庆祝新中国成立十周年筹备委员会主任、副主任、委员、秘书长名单，吴晗任委员。[①]

［按：9月17日，《人民日报》公布了第二届全国人民代表大会常务委员会扩大的第八次会议9月13日通过的庆祝新中国成立十周年筹备委员会主任、副主任、委员、秘书长名单。筹备委员会主任为彭真，副主任为王稼祥、沈钧儒、李济深、李维汉、陆定一、陈叔通、陈毅、班禅额尔德尼·确吉坚赞、乌兰夫、郭沫若、黄炎培、程潜、谭政等十三人，委员为于德江（战斗英雄）、万里、习仲勋、王国藩（农业劳模）、王绍鏊、王惠玲（战斗英雄）、包尔汉、乐松生、刘仁、刘宁一、齐燕铭、达浦生、沈雁冰、汪锋、李四光、李烛尘、李颉伯、李德全、陈丙寅（农业劳模）、陈其尤、陈嘉庚、吴冷西、吴晗等五十四人。］

9月18日　吴晗在中国美术家协会给他的公函上作出批示。[②]

［按：7月16日，中国美术家协会就“建议成立荣宝斋裱画装潢工场”一事致函北京市人民委员会，但时过一个半月后，问题仍未解决，9月4日，中国美术家协会就“请督促办理成立北京荣宝斋裱画装潢工场”一事致函吴晗，吴晗于9月18日在该公函上作出批示：“请续刚同志阅办并复。吴

---

① 本条引自1959年9月17日《人民日报》第一版。

② 本条引自北京市档案馆档案号为002－011－00008的档案。

晗　九．十八”。]

9月23日　吴晗在北京市人民广播电台作向蒙古乌兰巴托市人民的广播讲话录音。①

9月24日　北京市人民广播电台播放吴晗向蒙古乌兰巴托市人民的广播讲话录音。②

9月27日　吴晗出席北京市第二次国际聋人节庆祝会。③

[按:9月27日,北京市聋人协会在中山公园音乐堂举行集会,庆祝第二次国际聋人节。在庆祝会上,吴晗代表首都人民向聋哑人祝贺节日。他说,“北京市的聋哑人福利工作,在党的领导下,有了很大发展,有劳动生产条件的聋哑人90%都参加了工作,作出了很大成绩。这充分说明,在社会主义国家里,聋哑人完全可以成为残而不废、自食其力的劳动者,为伟大的社会主义建设事业贡献力量”。世界聋哑人联合会决定每年9月的第四个星期日为国际聋人节。当天晚上,全市聋哑人举行了联欢会,聋哑人演出了文娱节目。]

---

① 本条引自北京市档案馆档案号为102－001－00050号的档案。

② 本条引自北京市档案馆档案号为102－001－00050号的档案。

③ 本条引自1959年9月28日《人民日报》第六版。

10月6日 吴晗出席民族文化宫落成典礼。①

［按:10 月 6 日,民族文化宫举行落成典礼,全国十年来民族工作展览的预展同时在这里开幕。国务院副总理乌兰夫在落成典礼上剪了彩。来京参加新中国成立十周年庆祝活动的全国五十多个民族的代表,来到文化宫大门前的广场上参加落成典礼。西藏自治区筹备委员会代理主任委员班禅额尔德尼·确吉坚赞和副主任委员帕巴拉·卓列朗杰活佛、副主任委员兼秘书长阿沛·阿旺晋美参加了落成典礼。参加落成典礼的还有民族事务委员会和全国人民代表大会民族委员会在京委员,各民主党派和人民团体的代表,首都的宗教界、文化界人士,以及中央民族学院的师生等共两千多人。民族事务委员会副主任汪锋致开幕词,国务院副总理乌兰夫在落成典礼上讲了话。吴晗代表首都六百万人民致辞热烈祝贺民族文化宫的落成和十年来民族工作展览的预展。］

10月6日 吴晗等出席招待参加第一届全国运动会的运动员、裁判员和工作人员的盛大招待会。②

［按:10 月 6 日,北京市委、市人委在人民大会堂宴会厅举行盛大招待会,招待一万多名参加第一届全国运动会的

---

① 本条引自 1959 年 10 月 7 日《人民日报》第四版。

② 本条引自 1959 年 10 月 7 日《人民日报》第四版及北京市档案馆档案号为 002－0020－00128 的档案。

运动员、裁判员和工作人员等。彭真、贺龙、刘宁一、胡耀邦等中央领导出席。出席招待会的还有：中共北京市委第二书记刘仁，书记处书记陈鹏、郑天翔、邓拓、陈克寒、范儒生和北京市副市长万里、吴晗、王昆仑、程宏毅、乐松生，以及中华全国体育总会主席马约翰，国家体委副主任李达、卢汉、荣高棠、黄中等人。和吴晗同桌的有：梁正中、王明之、王福海。]

10 月 8 日中午　吴晗出席中共北京市委和北京市人委联合举办的招待各地来京参加国庆献礼的文化艺术界同志的宴会。①

[按：10 月 8 日中午 12 点，中共北京市委和北京市人委联合在人民大会堂宴会厅举办宴会，招待各地来京参加国庆献礼的文化艺术界的同志三千三百多人。在三桌主桌上就坐的有：彭真、刘仁、陆定一、康生、沈雁冰、刘志坚、常香玉、杨勇、杨成武、宋任穷、周扬、于振飞、梅兰芳、宝音德力格尔（第一桌）；万里、邓拓、钱俊瑞、夏衍、齐燕铭、欧阳予倩、陈伯华、舒舍予、言慧珠、苏育民、刘成基（第二桌）；郑天翔、陈克寒、张志祥、萨空了、田汉、阳翰笙、张修竹、徐玉兰、王文娟、韩俊卿、彭俐侬。]

10 月 8 日晚　吴晗出席北京市委市人委庆祝人民大会堂等

① 本条引自北京市档案馆档案号为 002－0020－00133 的档案。

建筑工程胜利完成和密云水库拦洪工程胜利的宴会。[1]

[按:10月8日晚,北京市委市人委在人民大会堂举行宴会,庆祝人民大会堂等建筑工程胜利完成和密云水库拦洪工程的胜利。出席宴会的有:周恩来、彭真、王鹤寿、赵尔陆、刘秀峰、吕正操、李葆华、钱俊瑞、刘仁、万里、吴晗、萧华、杨勇等以及人民大会堂、革命博物馆、历史博物馆、军事博物馆、农业展览馆、民族文化宫、工人体育场、北京车站、民族饭店和华侨大厦等建筑和密云水库的行政负责人、设计师、工程师、先进工作者及首都各有关单位代表共三百多人。和吴晗同桌的有:陈鹏、杨勇、邓洁、姬鹏飞、吕正操、钱俊瑞、林海云、吕东、韩哲一。]

10月17日　吴晗致函王昆仑、李续纲。

[按:10月17日,吴晗就中国美术家协会请求督办成立荣宝斋裱画装潢工场一事致函北京市副市长王昆仑和副秘书长李续纲。]

10月19日　吴晗出席首都工人群英会。[2]

[按:10月19日,来自北京市工业、交通运输、基本建设、财贸方面社会主义建设先进集体和先进生产者代表六

① 本条引自1959年10月9日《人民日报》第一版及北京市档案馆档案号为002－020－00114的档案。

② 本条引自1959年10月20日《北京日报》第一版。

千二百多人在人民大会堂誓师,决心奋战今年最后七十天,力争提前十五天到二十天完成和超额完成全年生产任务。会议选出182名先进集体和先进生产者代表出席全国群英会。出席会议的各方面领导有:刘仁、万里、陈克寒、范儒生、杨勇、蒋南翔、杨述、吴晗、王昆仑、程宏毅、乐松生等。]

10月21日 吴晗出席首都万人大会。①

[按:10月21日,北京人民大会堂举行万人大会,大会是由中国人民政治协商会议全国委员会及中国人民政治协商会议北京市委员会联合举行的。会议由政协全国委员会副主席彭真主持。大会听取了班禅额尔德尼副委员长,政协全国委员会副主席帕巴拉·格列朗杰、阿沛·阿旺晋美以及中共西藏工委副书记周仁山关于西藏工作的报告。出席会议的有陈叔通、包尔汉、康生、刘仁、万里、陈鹏、蒋光鼐、吴晗、陈垣、王炯、凌其峻以及政协全国委员会和政协北京市委员会的委员们,各民族和各界代表人士。]

10月24日下午 吴晗出席中共北京市委和北京市人委联合举办的招待班禅及其随员的宴会。②

[按:10月24日,中共北京市委和北京市人委联合举办宴会,招待班禅额尔德尼·确吉坚赞及其随员。毛泽东、刘

① 本条引自1959年10月22日《人民日报》第一版。

② 本条引自北京市档案馆档案号为002－020－00123的档案。

少奇、周恩来、朱德、陈云、林彪、邓小平、林伯渠、董必武、罗荣桓、陈毅、李富春、刘伯承、贺龙、李先念、谭震林、陆定一、薄一波、王稼祥等中央领导参加。]

11月21日晚 吴晗出席周末电影晚会。①

[按:11月21日晚8点,吴晗出席在公安部礼堂举行的电影晚会。这天上映的电影是《北京在建设中》《矿灯》。]

12月31日 吴晗出席中共北京市委和北京市人委举办的新年联欢晚会。②

[按:12月31日晚8点,中共北京市委和北京市人委在人民大会堂礼堂举办新年联欢会。出席这次晚会的还有:彭真、刘仁、陈鹏、郑天翔、万里、冯基平、王昆仑、程宏毅、贾庭三、乐松生等共计近万人。]

---

① 本条引自北京市档案馆档案号为002－020－00128的档案。

② 本条引自北京市档案馆档案号为002－020－00232的档案。

一九六〇年

1月25日　吴晗出席首都中小学教师春节联欢会。①

［按：1月25日，首都一万五千名中小学教师、少先队辅导员在人民大会堂举行了规模盛大的春节联欢会。全国人民代表大会副委员长林枫、教育部部长杨秀峰、北京市副市长吴晗和中共北京市委教育部、北京市教育局、北京市总工会、共青团北京市委的负责人也到会和教师们一起联欢。］

1月29日　吴晗出席周恩来总理主持召开的话剧《文成公主》彩排后修改意见座谈会。②

［按：会议有中宣部、文化部、全国文联、民委等单位的负责人、剧作家、历史学家周扬、汪峰、吴晗、曹禺、阳翰笙等参加。周总理在会上就如何修改话剧《文成公主》作了十一点指示。其最后一条意见就是“此事由周扬、汪峰、阳翰笙、

① 本条引自1960年1月26日《光明日报》第二版。

② 中共中央文献研究室编：《周恩来年谱　一九四九——九七六　中卷》，中央文献出版社，1997年版，第285—286页。

吴晗、田汉等组成五人小组，改剧本”。]

[按：话剧《文成公主》，著名话剧作家，戏曲作家，电影剧本作家，小说家，诗人，歌词作家、中华人民共和国国歌的词作者田汉编剧，著名导演金山执导，著名演员吴雪、郑振瑶等主演，1960 年由中国青年艺术剧院在北京首演。剧本以生动的细节写出了文成公主性格成熟发展的过程，也充分表达了汉族人民坚定不移地谋求民族和好的精神。剧本富于传奇色彩，在跌宕起伏的情节中刻画人物性格。由于思想上艺术上的巨大成就，《文成公主》和《关汉卿》被人们称为田汉晚年艺术创作的双璧。]

1 月 29 日　吴晗出席中共北京市委、北京市人委和北京军区联合举办春节联欢晚会。①

[按：1 月 29 日（正月初二），中共北京市委、北京市人委和北京军区在人民大会堂联合举办的春节联欢晚会。晚会的内容有：京剧、舞蹈、杂技、魔术、曲艺、舞会、电影、乒乓球表演、游戏等。]

2 月 2 日下午　吴晗出席北京市归侨、侨眷和归国华侨学生春节联欢会。②

[按：2 月 2 日下午，北京市归侨、侨眷和归国华侨学生

---

① 本条引自北京市档案馆档案号为 002－020－00233 的档案。

② 本条引自 1960 年 2 月 3 日《人民日报》第一版。

一万三千人在人民大会堂举行春节联欢会。联欢会是由中华全国归国华侨联合会、北京市民政局、北京市教育局、北京市归国华侨联合会、共青团北京市委、北京市青年联合会、北京市学生联合会、中国银行总管理处华侨服务部联合举办的。出席联欢会的有教育部部长杨秀峰,北京市副市长吴晗、王昆仑,中华全国青年联合会副主席张超,中华全国归国华侨联合会副主席尤扬祖等。参加联欢会的归侨、侨眷和归国华侨学生,在会上欣赏了中国人民解放军总政文工团、中国铁道艺术剧院杂技团、中国京剧院、中央实验歌剧院等艺术团体的精彩演出。]

2 月 10 日 《人民日报》《北京日报》公布了全国教育和文化、卫生、体育等方面社会主义建设先进单位和先进生产者代表大会筹备委员会名单,吴晗任委员。[1]

[按:筹备委员会主任委员陆定一,副主任委员:林枫、郭沫若、胡乔木、蔡畅、刘宁一、杨秀峰、沈雁冰、李德全、张奚若、周扬、钱俊瑞等 25 人,委员:丁西林、邓拓、陈克寒、吴晗、胡愈之、夏衍、蒋南翔、萨空了等 98 人。]

2 月 19 日晚 吴晗出席中共北京市委和北京市人委联合举办的招待华北协作区计划会议全体代表宴会。[2]

---

① 本条引自 1960 年 2 月 10 日《人民日报》《北京日报》第一版。

② 本条引自北京市档案馆档案号为 002 - 020 - 00235 的档案。

[按:2月19日晚6点,中共北京市委和北京市人委联合在人民大会堂山东厅举办宴会,招待出席华北协作区计划会议的全体代表。出席宴会的北京市领导有:刘仁、郑天翔、陈鹏、邓拓、陈克寒、万里、吴晗、冯基平、程宏毅、贾庭三等。]

2月26日上午　北京市文教战线群英会隆重开幕,吴晗出席大会并在会上致开幕词。①

[按:2月26日至29日,北京市教育和文化、卫生、体育等方面社会主义建设先进单位和先进工作者代表大会(亦称北京市文教群英会)在人民大会堂隆重举行。参加这次大会的先进单位和先进工作者代表共7400余人,他们中间有大中小学、业余学校的教员,保育员,医生、护士,文艺工作者,新闻工作者,运动员,工勤人员等,是从本市22万多名文教战线上的职工中评选出来的优秀人物。开幕式上,北京市副市长吴晗致开幕词,中共北京市委书记处书记邓拓代表市委和市人民委员会向大会作了重要报告。]

2月27日　吴晗出席北京市文教战线群英会。②

[按:2月27日的大会执行主席是张文松、崔月犁、高戈。大会的议程是大会发言。]

---

① 本条引自1960年2月27日《北京日报》第一版。

② 本条引自北京市档案馆档案号为002－012－00229的档案。

2月28日 吴晗出席北京市文教战线群英会。[①]

[按:2月28日的大会是分大专科研、教育、文化、卫生体育、保育五个口举行中型会议发言。]

2月29日 吴晗在北京市文教战线群英会上和其他市领导一起给红旗单位、先进工作者颁奖。[②]

[按:参加颁奖的北京市领导有:彭真、刘仁、万里、陈克寒、吴晗、王昆仑。]

3月17日 吴晗给教育部发送给北京市人民政府的(60)人载培字第352号文件作出批示。[③]

[按:3月8日,教育部就"制发高等学校教师职务名称问题的实施办法"一事,以(60)人载培字第352号文件发送北京市人民政府,吴晗于3月17日对该文件作出批示:"抄发有高等学校的有关各局。吴晗　三.十七"。]

3月17日 吴晗给国务院发送给北京市人民政府的议字30号文件作出批示。[④]

[按:3月5日,国务院就"关于评定和提升全日制中小学教师工资级别"一事,以议字30号文发送北京市人民政

① 本条引自北京市档案馆档案号为002－012－00229的档案。

② 本条引自北京市档案馆档案号为002－012－00229的档案。

③ 本条引自北京市档案馆档案号为002－012－00054的档案。

④ 本条引自北京市档案馆档案号为002－012－00054的档案。

府，吴晗于3月17日对该文件作出批示："教育局即研提实施办法。吴晗　三．十七"。]

3月17日　吴晗在北京市教育局给他的请示文件上作出批示。[1]

[按：3月16日，北京市教育局就"成立学前教育委员会"一事请示吴晗副市长，吴晗于3月17日在该请示文件上作出批示："拟同意，请万（指万里——编者注）批。吴晗　三．十七"。]

3月17日　北京市教育局建议吴晗担任北京市学前教育委员会主任委员。[2]

[按：副主任委员：张晓梅、严镜清、汪通祺；委员：谭壮、陈剑戈、钱令娟、杨建贞、吕建平、各区文教副区长、各县文教副县长共26人。]

3月21日　吴晗在国务院议字29号来文上作出批示。[3]

[按：3月5日，国务院全国各省、自治区、直辖市人民委员会，国务院各部门发出议字29号文《国务院关于高等学校教师职务名称及其确定与提升办法的暂行规定》，吴晗于

---

① 本条引自北京市档案馆档案号为002－012－00168的档案。

② 本条引自北京市档案馆档案号为002－012－00168的档案。

③ 本条引自北京市档案馆档案号为135－001－00898的档案。

3 月 21 日在这个来文上作出批示:“转教育局文化局卫生局城建委人事局执行。吴晗　1960 年 4 月 2 日”。]

3 月 26 日　吴晗给中华人民共和国教育部给北京市人民委员会的(60)人密发字第 70 号文件作出批示。[1]

[按:3 月 15 日,中华人民共和国教育部就“关于 1960 年高等学校和国家举办的全日制中小学教师工资升级工资的几点意见”一事,以(60)人密发字第 70 号文件发送北京市人民政府,吴晗于 3 月 26 日对该文件作出批示:“阅,教局即办。吴晗　三．廿六”。]

3 月 27 日　吴晗陪同周总理观看话剧《文成公主》。[2]

[按:3 月 27 日,周恩来总理、贺龙副总理观看田汉新近创作、有中国青年艺术剧院演出的十幕话剧《文成公主》,陪同周总理、贺龙副总理观看的有田汉、吴晗、齐燕铭等。]

3 月 29 日　全国政协三届二次会议开幕,吴晗任协助主席、副主席轮流主持会议的常务委员。[3]

[按:担任协助主席、副主席轮流主持会议常务委员的有王芸生、史良、安子文、沈雁冰、吴晗等 37 人。]

---

① 本条引自北京市档案馆档案号为 002－012－00054 的档案。

② 本条引自 1979 年 4 月 26 日《人民日报》第三版。

③ 本条引自 1960 年 3 月 30 日《北京日报》第一版。

4月2日 吴晗在教育部(60)人栽培字第352号来文上作出批示。[①]

[按:3月8日教育部向全国各省、自治区、直辖市高教(教育)厅(局)等发出(60)人栽培字第352号文件《中华人民共和国教育部制发高等学校教师职务名称问题的实施办法》,吴晗于4月2日在这个来文上作出批示:"抄发有高等学校的有关各局。吴晗 1960年4月2日"。]

4月2日 吴晗任北京市学前教育委员会主任委员。[②]

[按:4月2日,北京市人民委员会以(60)市万字第36号文件发出《关于成立学前教育委员会的通知》。通知宣布主任委员由吴晗副市长担任,副主任委员由张晓梅、严镜清、汪通祺担任,委员由谭壮、陈剑戈、杨建贞、吕静平担任。]

4月7日 吴晗在全国人民代表大会讨论上发言。[③]

[按:4月7日,全国人民代表大会全天进行大会讨论。许多代表讲到了教育事业的成就。他们有吴晗、茅以升、陈望道、苏步青等,代表们表示今后要继续坚持教育为无产阶级政治服务、教育和生产劳动相结合的方针,坚持普及和提

① 本条引自北京市档案馆档案号为135-001-00898的档案。

② 本条引自北京市档案馆档案号为153-001-00769的档案。

③ 本条引自1960年4月8日《人民日报》第九版。

高相结合的方针，促进教育事业的继续跃进。]

4月12日 吴晗签发北京市人民政府(60)市万字第52号文件。[①]

[按：4月×日，北京市人民委员会秘书厅拟写好《北京市人民委员会关于贯彻执行"国务院批准的教育部关于改进工人、农民、干部和研究生人民助学金标准的暂行规定"的通知》的(60)市万字第52号文件，吴晗于4月12日签发了这个文件。]

4月12日 吴晗签发北京市人民政府《关于"区"改"县"后，中小学校名问题的通知》的文件。[②]

4月15日 吴晗对北京师范学院历史系十年制教材作出指示。[③]

[按：该指示的记录稿是根据北京师范学院历史系创系元老、著名世界史专家戚国淦先生当年的笔记整理，存入北京市档案馆的。]

---

① 本条引自北京市档案馆档案号为002－012－00054的档案。

② 本条引自北京市档案馆档案号为002－012－00168的档案。

③ 张伟：《吴晗谈历史教科书编纂的两件档案史料》(《历史学家茶座》2010年第2期)

4月15日 吴晗到北京人民艺术剧院审看话剧《巴山红浪》。[①]

[按:4月15日,《巴山红浪》全剧连排。副市长刘仁、王昆仑、吴晗、陈克寒等到北京人民艺术院审看《巴山红浪》,一致肯定这是一部好戏。]

[按:话剧《巴山红浪》是黄悌创作的五幕大型话剧。该剧以陕南大巴山区人民,在党的建设社会主义总路线的光辉照耀下,大炼钢铁为背景,通过岭南、岭北两县相连的两个炼铁厂,展开了耐人寻味的戏剧冲突——共产主义大协作和本位主义思想的矛盾和冲突,也就是说,通过社会主义思想和资产阶级自私自利思想的斗争来开展戏剧冲突,塑造了具有共产主义思想的英雄人物,鞭笞了资产阶级本位主义思想。是一部反映现代生活的比较优秀的戏剧作品,受到了广大观众热烈的欢迎。该剧由著名导演欧阳山尊执导,著名演员狄辛、蓝荫海、杜澄夫、孙俊峰等主演。]

5月1日 吴晗出席首都劳动人民隆重纪念"五一"国际劳动节集会游行。[②]

[按:5月1日,首都三百万劳动人民举行了广泛空前热烈的集会游行,隆重纪念"五一"国际劳动节。党和国家领导人朱德、宋庆龄、邓小平、董必武,中共北京市委第一书

---

① 本条引自《北京人民艺术剧院大事记》。

② 本条引自1960年5月2日《人民日报》第一版。

记、北京市市长彭真,都分别参加了群众的庆祝活动。今天同群众一起欢度节日的党和国家领导人和各方面的负责人还有:罗荣桓、薄一波、胡乔木、罗瑞卿、沈钧儒、黄炎培、陈叔通、包尔汉等。同群众在一起共庆节日活动的,还有中共北京市委第二书记刘仁,书记处书记万里、陈克寒,北京市副市长冯基平、吴晗、王昆仑、程宏毅、贾庭三、乐松生等。]

5月3日 吴晗为档案工作题词。①

[按:该题词原载1960年第6期《档案工作》。后收入张克复编注的《档案诗词选》。题词的全文如下:

总结前人经验,
原始史料是求,
明确古为今用,
批判继承吸收,
服务国家建设,
知来察往所由,
兰台石室传统,
提高何止一头。
题赠档案工作

吴晗　一九六〇年五月三日]

5月8日 吴晗出席北京市中小学、业余教育方面社会主义

① 张克复编注:《档案诗词选》,甘肃人民出版社,1989年版,第6页。

建设先进单位和先进工作者代表会议,并在会上讲话。[1]

[按:市文教局局长孙国梁在会上作报告。会议选举产生了48位出席全国文教群英会的代表。]

5月 吴晗和邓小平、贺龙、李富春[2]、彭真一起观看足球赛。[3]

6月1日下午 全国文教群英会在北京隆重开幕。吴晗当选为主席团成员。[4]

[按:6月1日至11日,全国教育和文化、卫生、体育、新闻方面社会主义建设先进单位和先进工作者代表大会(简称全国文教群英会)在北京人民大会堂隆重举行。会议由中共中央、国务院主持召开。出席会议的代表有5806人,由中共中央、国务院授予全国先进单位称号3092个,授予全国先进工作者称号2686人。党和国家领导人刘少奇、周恩来、朱德、宋庆龄、董必武、邓小平等出席会议。陆定一、丁西林、邓拓、刘宁一、沈雁冰、张文松、张晓梅、张奚若、林巧稚、林枫、周扬、吴晗、郭沫若、钱俊瑞、徐冰、萨空了、蒋南翔等

---

① 本条引自1960年5月9日《北京日报》第二版。

② 李富春(1900—1975),历任财政经济部部长,政务院财政经济委员会副主任,国家计划委员会主任,科学规划委员会副主任,国务院副总理兼国家计委主任、政治局常委等职。

③ 王宏志、闻立树主编:《怀念吴晗:百年诞辰纪念》,第763页。

④ 本条引自《1960年全国文教群英会》及6月2日《人民日报》第二版。

当选为主席团成员。]

6月7日 吴晗给北京市教育局给北京市人民政府的(60)教普谭字第264号文件作出批示。[1]

[按:6月1日,北京市教育局就"关于37中等四个中小学合并实验九年一贯制请求改名问题"一事,以(60)教普谭字第264号文件请示北京市人民委员会,吴晗于6月7日对该文件作出批示:"同意。吴晗　六.七"。]

6月23日 吴晗给北京市教育局呈报给北京市人民政府的(60)教普孙字第303号文件作出批示。[2]

[按:6月17日,北京市教育局就"关于市教育局和区县教育局对师范学校领导分工的细则(草案)"一事,以(60)教普孙字第303号文件请示北京市人民政府,吴晗于6月23日对该文件作出批示:"为了加强师范教育的领导□□规则,同意教育局意见。请万(指万里——编者注)批。吴晗　六.廿三"。]

6月24日上午 吴晗出席北京市第三届人民代表大会第三次会议第一次主席团会议。[3]

---

① 本条引自北京市档案馆档案号为002-012-00168的档案。

② 本条引自北京市档案馆档案号为002-012-00168的档案。

③ 本条引自北京市档案馆档案号为002-012-00213的档案。

[按:北京市第三届人民代表大会第三次会议第一次主席团会议于6月24日上午在全国政协礼堂第一会议室召开。会议由刘仁主持。]

6月24日下午　北京市人大三届三次会议和政协二届二次会议同时开幕。吴晗当选为主席团成员。[①]

[按:6月24日下午三时,北京市人大三届三次会议和政协二届二次会议在北京政协礼堂同时开幕。会议选出由万里、王昆仑、吴晗等43人组成的主席团。]

6月27日上午　吴晗以北京市第三届人民代表大会第三次会议执行主席身份主持会议。[②]

[按:今天的执行主席还有:贾庭三、陈克寒、魏彬、蔡旭、王文斌、王福海、陈文润、张炳光。会议在全国政协礼堂举行。]

6月27日下午　吴晗出席北京市第三届人民代表大会第三次会议第二次主席团会议。[③]

[按:北京市第三届人民代表大会第三次会议第二次主席团会议于6月27日下午在全国政协礼堂第一会议室召

① 本条引自1960年6月25日《北京日报》第一版。
② 本条引自北京市档案馆档案号为002－012－00214的档案。
③ 本条引自北京市档案馆档案号为002－012－00213的档案。

开。会议由刘仁主持。]

6 月 30 日下午 吴晗以北京市第三届人民代表大会第三次会议执行主席身份主持会议。[①]

[按:今天的执行主席还有:贾庭三、陈克寒、魏彬、蔡旭、王文斌、王福海、陈文润、张炳光。会议在全国政协礼堂举行。]

6 月 30 日下午 吴晗出席北京市第三届人民代表大会第三次会议第三次主席团会议。[②]

[按:北京市第三届人民代表大会第三次会议第三次主席团会议于6月30日下午在全国政协礼堂第一会议室召开。会议由刘仁主持。]

7 月 4 日 吴晗出席北京市人民委员会第35次行政会议。[③]

[按:7月4日上午9点,北京市人民委员会第35次行政会议在市人委北楼楼下大客厅举行。会议由万里副市长主持。出席会议的还有:冯基平、王昆仑、贾庭三、乐松生、王纯、贾星五、李续纲、殷玉昆、闫继武、张晓梅、严镜清、王一平等27人。会议讨论了有关城市人民公社生产、卫生等

---

① 本条引自北京市档案馆档案号为002－012－00214的档案。

② 本条引自北京市档案馆档案号为002－012－00213的档案。

③ 本条引自北京市档案馆档案号为153－001－00769的档案。

各项工作中的三个问题。]

7月7日上午 吴晗出席少年儿童读物编辑委员会举行的座谈会并在会上发言。[①]

[按:7月7日上午,少年儿童读物编辑委员会邀集北京市八十多位教师、少年儿童工作者、作家等举行的座谈会,讨论编写少年儿童读物的问题。会上北京市副市长吴晗、市文联副主席张季纯、西城区书记韩作黎、中国作家协会严文井等发了言。]

7月22日下午 全国第三次文代会在北京隆重开幕。吴晗在会上当选为主席团成员。[②]

[按:7月22日下午,中国文学艺术工作者第三次代表大会在北京隆重开幕。中共中央副主席、中华人民共和国主席刘少奇,中共中央副主席、国务院总理周恩来,中共中央副主席、全国人民代表大会常务委员会委员长朱德,中华人民共和国副主席宋庆龄,中共中央总书记、国务院副总理邓小平,以及党和国家其他领导人彭真、陈毅、陆定一、陈伯达、康生、杨尚昆、沈钧儒等出席了大会的开幕式。中国文学艺术界联合会主席郭沫若主持大会并致开幕词。中共中央政治局候补委员、国务院副总理陆定一代表中共中央和

① 本条引自1960年7月9日《北京日报》第二版。

② 本条引自1960年7月23日《人民日报》第二版。

国务院向大会致祝词。中国文学艺术界联合会副主席周扬在会上作了题为“社会主义文学艺术的道路”的报告。参加大会的是两千三百名来自各省、市、自治区、中央直属机关和人民解放军等单位的文学艺术工作者代表。]

8月30日 吴晗陪同周总理视察密云水库。①

[按:1960年8月30日,周恩来陪同美国作家斯诺视察密云水库,吴晗作为周总理的陪同参加。这是周总理第七次视察密云水库。]

9月2日 吴晗在王之平拟写的《对中小学工资级别暂行办法的意见》文稿上作出批示。②

[按:8月30日,王之平拟写了《对中小学工资级别暂行办法的意见》的文稿,请吴晗副市长审阅,吴晗于9月2日在该文稿上作出批示:“同意。吴晗 九.二”。]

9月27日上午 吴晗到机场欢迎班禅额尔德尼抵京。③

[按:9月27日上午,全国人民代表大会常务委员会副委员长、西藏自治区筹备委员会代理主任委员班禅额尔德尼乘飞机从西安到达北京,前来参加新中国成立十一周年

---

① 本条引自《吴晗画传》,第110页。

② 本条引自北京市档案馆档案号为002-012-00054的档案。

③ 本条引自1960年9月28日《人民日报》第一版。

庆祝典礼。到机场欢迎的有贺龙、习仲勋、黄炎培、李维汉、张国华、谭冠三、吴晗和首都各界人民二百多人。]

9 月 28 日　毛泽东将当月出版的《毛泽东选集》第四卷赠送给吴晗。①

[按:毛泽东将当月出版的《毛泽东选集》第四卷赠送给吴晗,并在这本书的封面上题词:“吴晗同志审阅　毛泽东九月廿八日”。]

10 月 19 日　北京市选举委员会举行第一次会议,吴晗任委员。②

[按:选举委员会主席为刘仁,委员有:蒋光鼐、吴晗、浦洁修、王人旋、顾均正、严济慈等 20 人。]

12 月 31 日　吴晗出席中共北京市委和北京市人委举办的新年座谈会。③

[按:出席座谈会的还有:彭真、刘仁、郑天翔、陈鹏、陈克寒、邓拓、冯基平、程宏毅、贾庭三、王纯、赵鹏飞等近三百人。]

---

① 闻立树:《“怒狮”闻一多和“猛虎”吴晗的战友深情》。

② 本条引自 1960 年 10 月 19 日《北京晚报》第一版。

③ 本条引自北京市档案馆档案号为 002 - 020 - 00151 的档案。

12月31日 《北京日报》公布了北京市第四届人民代表大会代表名单。吴晗名列其中。[①]

[按:北京市第四届人民代表大会代表共七百四十五人。吴晗是东城区的代表。]

12月31日晚 吴晗出席中共北京市委和北京市人委主办的新年联欢晚会。[②]

[按:12月31日,中共北京市委和北京市人委在人民大会堂举办新年联欢晚会。晚会内容丰富多彩:在大礼堂有演出京剧《追鱼》;小礼堂演出京剧折子戏《罗成叫关》《女起解》《白良关》等;宴会厅演出杂技、魔术、游戏等;三楼大厅有舞会;北过厅放映电影,有乒乓球表演、自由体操表演等。]

① 本条引自1960年12月31日《北京日报》。

② 本条引自北京市档案馆档案号为002－020－00147的档案。

一九六一年

2月15日晚　吴晗出席全国人大、国务院、全国政协、中共华北局、中共北京市委、北京市人委联合举办的春节联欢晚会。①

［按：2月15日（农历正月初一）晚7点，全国人大、国务院、全国政协、中共华北局、中共北京市委、北京市人委在人民大会堂联合举办春节联欢晚会。晚会有京剧表演、舞会、曲艺、相声、乒乓球表演、电影、游艺等活动。］

3月9日　吴晗给北京市教育局（61）教计谭字第61号文件作出批示。②

［按：2月28日，北京市教育局就"关于将延庆县民办小学改为一般小学"一事，以（61）教计谭字第61号文请示北京市人民委员会。3月9日，吴晗对该文件作出批示："同意，所提意见，教局即办。吴晗　三．九"。］

① 本条引自北京市档案馆档案号为002－020－00148的档案。

② 本条引自北京市档案馆档案号为002－013－00133的档案。

4 月 14 日上午 吴晗出席并主持北京市人民委员会第 25 次会议。①

[按:会议在市人民委员会西院会议室举行。会议讨论了关于工业生产的问题等二个问题。出席会议的还有:王昆仑、程宏毅、贾庭三、乐松生、赵鹏飞、王文荣、王文斌、王明之、王振喜、王福海、孙孚凌等市人民委员会委员,以及其他方面负责人等。这次会议是和政协常委会第 7 次会议一并举行的。]

4 月 27 日 吴晗在北京市西城区人民委员会(61)区办字第 13 号文件上作出批示。②

[按:4 月 22 日,北京市西城区人民委员会就"关于我区小学因招生任务加大二部制班次增多校舍严重拥挤的情况"一事,以(61)区办字第 13 号文件报告北京市人民委员会。吴晗于 4 月 27 日在该文件上作出批示:"教育局研究提出意见报人委。吴晗 四. 廿七"。]

4 月 30 日晚 吴晗出席国务院举办的庆祝"五一"国际劳动节宴会。③

[按:4 月 30 日晚,国务院举办庆祝"五一"国际劳动节

---

① 本条引自北京市档案馆档案号为 002 - 013 - 00152 的档案。

② 本条引自北京市档案馆档案号为 002 - 013 - 00134 的档案。

③ 本条引自北京市档案馆档案号为 002 - 020 - 00236 的档案。

宴会。北京方面出席的有中共北京市委各书记，市人委各副市长，市政协各副主席以及各民主党派、各人民团体负责人等。]

5月1日上午 吴晗参加北京“五一”国际劳动节游园活动。①

[按：1961年北京的“五一”国际劳动节游园活动分别在中山公园、劳动人民文化宫、北海公园、景山公园、天坛公园、日坛公园、陶然亭公园、颐和园、工人体育场、北京体育馆、先农坛体育场、北海体育场、官园体育场、地坛体育场举行。吴晗的游园票是由国务院交际处直接发放的。]

5月3日晚 吴晗出席北京市人委招待“五一”国际劳动节礼花部队京剧晚会。②

[按：5月3日晚7点，北京市人委举办京剧晚会，招待“五一”国际劳动节礼花部队及花炮厂的工作人员。晚会演出的京剧是由中国京剧院四团演出的京剧《初出茅庐》。]

5月28日 吴晗给北京市丰台区人民委员会(61)丰文周字第33号文件作出批示。③

---

① 本条引自北京市档案馆档案号为002－020－00236的档案。

② 本条引自北京市档案馆档案号为002－020－00236的档案。

③ 本条引自北京市档案馆档案号为002－013－00134的档案。

［按:5 月 25 日,北京市丰台区人民委员会就“关于扩建中小学校舍问题”一事,以丰文周字第 33 号文件致函北京市人民委员会。5 月 28 日,吴晗对该公函作出批示:“教育局研提解决意见。吴晗　五．廿八”。］

5 月 28 日　吴晗给北京市教育局致北京市人民政府的公函作出批示。①

［按:5 月 24 日,北京市教育局就“关于接办商业部等单位所办的子弟小学”一事,致函请示北京市人民委员会。5 月 28 日,吴晗对该公函作出批示:“同意。吴晗　五．廿八”。］

5 月 31 日　吴晗出席庆祝“六一”儿童节招待会并在会上讲话。②

［按:5 月 31 日,首都庆祝“六一”国际儿童节筹备委员会在中山公园音乐堂举行招待会,招待全市的保育员、教养员、小学教师、校外教育辅导员、儿童服务员代表共三千人。中国人民保卫儿童全国委员会副主席、中华人民共和国卫生部部长李德全,全国妇女联合会副主席许广平,北京市副市长吴晗,北京市妇女联合会副主任王春平,北京市卫生局副局长阎毅,和出席招待会的儿童工作者一起庆祝孩子们

① 本条引自北京市档案馆档案号为 002－013－00133 的档案。
② 本条引自 1961 年 6 月 1 日《人民日报》《北京日报》第一版。

的节日。]

6月1日 吴晗出席首都儿童庆祝“六一”国际儿童节联欢会。①

[按:6月1日,景山公园里的北京市少年宫,变成全市少年儿童欢乐的中心。上万名少年儿童在这里举行了首都儿童庆祝“六一”国际儿童节联欢会,全国妇联主席蔡畅和副主席邓颖超、李德全,中华全国总工会书记处书记张修竹,共青团中央委员会书记处书记李琦涛,教育部副部长董纯才和北京市副市长吴晗、市妇联主任张晓梅、团市委第一书记王照华等都参加了这个集会。]

6月6日上午 吴晗出席并主持北京市人民委员会第25次会议。②

[按:会议在市人民委员会西院会议室举行。会议讨论了关于今年暑期中小学招生计划等二个问题。出席会议的还有:万里、王昆仑、程宏毅、贾庭三、乐松生、王纯、赵鹏飞、王文荣、王文斌、王明之、王振喜、王福海、叶恭绍、孙孚凌等市人民委员会委员,以及其他方面负责人等。]

6月22日 吴晗给北京市教育局致万里、吴晗的公函作出

---

① 本条引自1961年6月2日《人民日报》第四版。

② 本条引自北京市档案馆档案号为002－013－00152的档案。

批示。①

[按:1961年6月17日,北京市教育局就"由于纸张供应紧张,应回收使用旧课本,以供今秋使用"一事,致函副市长万里和吴晗。6月22日,吴晗对该公函作出批示:"拟同意,请万(指万里——编者注)批。吴晗　廿二日"。]

7月20日上午　吴晗出席北京市人民委员会第27次会议。②

[按:会议在市人民委员会西院会议室举行。会议讨论了二个问题。出席会议的还有:万里、王昆仑、程宏毅、贾庭三、乐松生、王纯、赵鹏飞、王文荣、王文斌、王明之、王振喜、王福海、叶恭绍、孙孚凌等市人民委员会委员,以及其他方面负责人等。]

7月22日　吴晗给北京市教育局(61)教计谭字第243号文件作出批示。③

[按:7月20日,北京市教育局就"关于接办两所机关子弟小学的问题"一事,以(61)教计谭字第243号文件请示北京市人民政府。吴晗于7月22日对该文件作出批示:"可。吴晗　七. 廿二"。]

---

① 本条引自北京市档案馆档案号为002-013-00134的档案。

② 本条引自北京市档案馆档案号为002-013-00152的档案。

③ 本条引自北京市档案馆档案号为002-013-00133的档案。

7月26日上午　吴晗出席北京市人民委员会第28次会议。[①]

［按：会议在市人民大会堂三楼福建厅举行。会议讨论了关于当前农村工作的问题。出席会议的还有：刘仁、万里、王昆仑、乐松生、王纯、赵鹏飞、王文荣、王文斌、王明之、王振喜、王福海、叶恭绍、孙孚凌等市人民委员会委员，以及其他方面负责人等。］

7月29日　吴晗给北京市教育局（61）教计谭字第255号文件作出批示。[②]

［按：7月28日，北京市教育局就"关于接办人民银行总行子弟小学的问题"一事，以（61）教计谭字第255号文件请示北京市人民政府。吴晗于7月29日对该文件作出批示："可。吴晗　七．廿九"。］

8月1日　吴晗出席北京市庆祝"八一"建军节大会。[③]

［按：为了庆祝"八一"建军节，在举行庆祝活动的同时，北京市展开了拥军优属的活动，连续几天广泛地慰问烈属、军属和残疾军人、复员军人，许多区、县召开座谈会，征求他们对优属的意见。8月1日，吴晗副市长在有三千多名烈

① 本条引自北京市档案馆档案号为002－013－00152的档案。

② 本条引自北京市档案馆档案号为002－013－00133的档案。

③ 本条引自1961年8月2日《人民日报》第四版。

属、军属和复员军人等参加的庆祝“八一”建军节大会上讲话，号召他们发扬艰苦奋斗的革命传统，作出更大的成绩。]

9月25日 《人民日报》公布了首都“鲁迅先生诞生八十周年纪念大会”主席团名单，吴晗为主席团成员。①

[按：首都“鲁迅先生诞生八十周年纪念大会”主席团成员有：丁西林、王冶秋、王昆仑、邓拓、邓颖超、叶圣陶、叶浅予、田汉、老舍、刘白羽、艾芜、艾思奇、齐燕铭、阳翰笙、沈钧儒、宋庆龄、吕骥、陆定一、陈垣、陈伯达、吴晗等。]

9月25日晚 吴晗出席首都各界纪念鲁迅八十诞辰大会。②

[按：9月25日晚，首都文学艺术界和其他各界一千四百多人今晚在政协礼堂集会，隆重纪念我国现代文学的奠基人、伟大的革命家和思想家鲁迅先生八十诞辰。中共中央副主席、国务院总理周恩来出席了纪念大会。郭沫若以“继续发扬鲁迅的精神和本领”为题，致开幕词。由茅盾作“纪念鲁迅先生诞生八十周年”的报告。茅盾报告结束以后，演出了文艺节目。节目中有鲁迅作品朗诵、根据鲁迅的《祝福》改编的评剧《祥林嫂》和绍剧《女吊》等。]

---

① 本条引自1961年9月26日《人民日报》第三版。

② 本条引自1961年9月26日《人民日报》第一版。

10月1日中午　吴晗出席在养蜂夹道举办的宴会。①

［按：出席这次宴会的有：周恩来、陈毅、李富春、李先念、谭震林、罗瑞卿、邓小平、彭真、贺龙、陆定一、习仲勋、李维汉、林枫、康生、杨尚昆、薄一波、蔡畅、谢富治、刘亚楼、童小鹏、徐冰、张晓梅、廖承志、荣高棠、刘仁、万里、吴晗、陈克寒等。］

12月13日　吴晗给北京市教育局（61）教计谭字第441号文件作出批示。②

［按：12月12日，北京市教育局就“关于接办农业部子弟小学及其范围内其他房屋”一事，以（61）教计谭字第441号文件请示北京市人民政府。吴晗于12月13日对该文件作出批示：“同意接办。吴晗　十二．十三”。］

12月19日　吴晗给北京市教育局（63）教工关字第893号文作出批示。③

12月23日上午　吴晗出席北京市人民委员会第30次会议。④

［按：会议在市人民大会堂三楼福建厅举行。会议由万

---

① 本条引自北京市档案馆档案号为002－020－00237的档案。

② 本条引自北京市档案馆档案号为002－013－00133的档案。

③ 本条引自北京市档案馆档案号为002－016－00398的档案。

④ 本条引自北京市档案馆档案号为002－013－00154的档案。

里副市长作关于去年和今年的工作情况的报告。出席会议的还有：万里、王昆仑、程宏毅、贾庭三、乐松生、王纯、赵鹏飞、王文荣、王文斌、王明之、王振喜、王福海、叶恭绍、孙孚凌等市人民委员会委员，以及其他方面负责人等。]

12 月 30 日晚 吴晗出席陈毅举行的新年招待会。[①]

［按：12 月 30 日晚，陈毅和夫人在人民大会堂举行新年招待会，同各国驻中国的使节、外交官员和他们的夫人以及在北京的其他外国朋友，一起迎接即将到来的 1962 年。出席招待会的有周恩来总理，陈毅副总理，各有关方面的负责人叶季壮、章汉夫、孔原、楚图南、甘泗淇、吴晗等。]

① 本条引自 1961 年 12 月 30 日《人民日报》第一版。

一九六二年

1 月 18 日上午 吴晗出席北京市人委、市政协联合举行的关于西藏情况的报告会。①

[按:1 月 18 日上午,北京市人委、市人政协合举行报告会,邀请全国人大常务委员会副委员长班禅额尔德尼·确吉坚赞作关于西藏情况的报告。出席报告会的有:全国人大副秘书长张苏、民族事务委员会副主任刘春、北京市副市长万里、吴晗、程宏毅、贾庭三、王纯等一万多人。]

1 月 25 日 吴晗率领北京市各界人民春节慰问团开始进行慰问活动。②

[按:北京市组织了各界人民春节慰问团,从 1 月 25 日起开始慰问在京部队和武装人民警察的伤病员。北京市各界人民春节慰问团由北京市党政机关、驻军、人民团体、烈属、军属、残疾军人、复员军人代表组成。中共北京市委书

---

① 本条引自 1961 年 12 月 19 日《北京日报》第一版。

② 本条引自 1962 年 1 月 26 日《北京晚报》第一版。

记处书记陈鹏任慰问团的总团长，北京市副市长吴晗及北京部队张正光少将任副团长。]

2月4日晚 吴晗出席中共北京市委和北京市人委联合举办的春节联欢晚会。①

[按：1962年2月4日，中共北京市委和北京市人委在人民大会堂联合举行春节联欢晚会。晚会有舞蹈、杂技、京剧、音乐、相声、乒乓球表演、电影、游戏等活动。]

3月7日晚 吴晗、贾庭三设便宴招待辽宁省陈先舟副省长来京参观访问。②

[按：出席便宴作陪的还有贾星五、李续纲、陶杰以及陈先舟副省长的秘书郭金生等。]

3月20日 在吴晗的关怀下，《北京日报》上公布了"第一批全国重点文物保护单位名单中北京市重点文物保护单位"和"北京市第一批文物保护单位"名单。③

[按：名单包括"北京大学红楼、卢沟桥、天安门"等18个第一批全国重点文物保护单位名单中北京市重点文物保护单位和"劳动人民文化宫、钟楼、鼓楼"等28个北京市第

① 本条引自北京市档案馆档案号为002－020－00157的档案。

② 本条引自北京市档案馆档案号为002－020－00158的档案。

③ 本条引自1962年3月20日《北京日报》第二版。

一批文物保护单位。]

4月13日上午 吴晗出席北京市人民委员会第31次会议。①

[按：会议在市人民委员会西院会议室举行。会议讨论了有关部分商品试行凭购货券供应的问题等二个问题。出席会议的还有：万里、程宏毅、乐松生、王纯、王文荣、王文斌、王明之、孙孚凌、严镜清、梁思成、贾星五、李续纲等市人民委员会委员，以及各局、区县负责人等。]

4月24日上午 吴晗出席北京市人民委员会第32次会议。②

[按：会议在市人民委员会西院会议室举行。会议由吴晗、乐松生、赵鹏飞传达了周恩来总理在全国第二次人民代表大会第三次会议上所作的政府工作报告。出席会议的还有：万里、程宏毅、贾庭三、乐松生、王纯、赵鹏飞、王文荣、王明之、王振喜、王福海、叶恭绍、孙孚凌等市人民委员会委员，以及其他方面负责人等。]

5月1日 吴晗参加首都"五一"节日庆祝联欢活动。③

---

① 本条引自北京市档案馆档案号为002－013－00155的档案。

② 本条引自北京市档案馆档案号为002－013－00155的档案。

③ 本条引自1962年5月2日《人民日报》第一版。

[按:5月1日,北京全城红旗漫卷,鼓乐喧天,三百万劳动人民同党和国家的领导人以及来自世界各地的国际朋友们一起,兴高采烈地欢庆全世界劳动人民团结战斗的节日——“五一”国际劳动节。中共北京市委第二书记刘仁,书记处书记万里、郑天翔、陈鹏、陈克寒,北京市副市长吴晗、程宏毅、贾庭三、乐松生、王纯、赵鹏飞等,也分别参加了各种庆祝联欢活动。]

6月1日 吴晗在北京市少年宫和孩子们一起欢度节日。[①]

[按:6月1日,景山公园的北京市少年宫两万名少年儿童和在京的外国小朋友一起联欢,共青团中央书记处书记李琦涛,教育部副部长董纯才、林砺儒,中国人民国防体育协会主任李达,北京市副市长吴晗和北京市各人民团体负责人,优秀的辅导员和儿童家长们与孩子们一起欢度节日。]

6月5日上午 吴晗出席北京市人民委员会第33次会议。[②]

[按:会议在市人民委员会交际处大客厅举行。会议讨论了关于召开北京市第四届人民代表大会第一次会议的问题。出席会议的还有:万里、程宏毅、贾庭三、乐松生、王纯、赵鹏飞、王文荣、王文斌、王明之、王振喜、王福海、叶恭绍、

① 本条引自1962年6月1日《光明日报》。

② 本条引自北京市档案馆档案号为002－013－00155的档案。

孙孚凌等市人民委员会委员，以及其他方面负责人等。]

6月7日上午 吴晗出席北京市人民委员会第34次会议。[①]

[按：会议在市人民委员会交际处大客厅举行。会议讨论了市人民委员会在北京市第四届人民代表大会上所作的工作报告。出席会议的还有：彭真、万里、程宏毅、贾庭三、乐松生、王纯、赵鹏飞、王文荣、王文斌、王明之、王振喜、王福海、叶恭绍、孙孚凌等市人民委员会委员，以及其他方面负责人等。]

6月上旬 吴晗以北京市东城区的身份当选为出席北京市第四届人民代表大会的代表。[②]

[按：出席北京市第四届人民代表大会的代表总共745人。]

6月10日下午 吴晗出席北京市第四届人民代表大会第一次会议预备会议。[③]

[按：北京市第四届人民代表大会第一次会议6月10日下午四时在全国政协礼堂举行预备会议。预备会议由万里副市长主持。会议选出了大会主席团，通过了秘书长人选，

① 本条引自北京市档案馆档案号为002－013－00155的档案。

② 本条引自《北京市人民代表大会文献资料汇编 1949—1993》，第491页。

③ 本条引自北京市档案馆档案号为002－020－00191的档案。

通过了会议议程。]

6月10日下午 吴晗出席北京市第四届人民代表大会第一次会议主席团第一次会议。[①]

[按:会议推举刘仁为主席团召集人,决定李续纲、殷玉昆、佘涤清为大会副秘书长,通过了大会执行主席名单、代表资格审查委员会名单、政府工作报告审查委员会名单、提案审查委员会名单等。]

6月11日 吴晗出席北京市第四届人民代表大会第一次会议并当选为主席团成员。[②]

[按:主席团成员有万里、王纯、乐松生、刘仁、吴晗、严镜清等51人。]

6月15日中午 吴晗出席北京市第四届人民代表大会第一次会议主席团第三次会议。[③]

[按:会议在全国政协礼堂第一会议室举行。会议由贾星五秘书长汇报了各代表小组关于中共北京市委和市各民主党派、各人民团体建议的市人委组成人员人选和高、中级人民法院院长人选讨论的情况,讨论通过了"选举北京市人

① 本条引自北京市档案馆档案号为002－020－00191的档案。

② 本条引自《北京市人民代表大会文献资料汇编1949—1993》,第491页。

③ 本条引自北京市档案馆档案号为002－014－00287的档案。

民委员会组成人员和北京市高级、中级人民法院院长的办法”，建议提请大会讨论。]

6月15日下午　吴晗以北京市第四届人民代表大会第一次会议执行主席的身份主持大会。①

[按：下午的执行主席还有：魏彬、蔡旭、王福海、陈文润、栾佩珍、黎晓。]

6月19日　在北京市第四届人民代表大会第一次会议上，吴晗当选为副市长。②

[按：彭真当选为北京市市长，万里、冯基平、吴晗、王昆仑、程宏毅、贾庭三、乐松生、王纯、赵鹏飞当选为副市长，王文斌等37人为市人民委员会委员。]

6月28日　吴晗任龙云治丧委员会委员。③

[按：6月27日上午全国政协常委、民革中央常委龙云因病在北京逝世。龙云治丧委员会主任由陈毅担任，委员有：万保邦、龙泽汇、卢汉、刘文辉、刘伯承、朱蕴山、李一平、李根源、李维汉、李鸿祥、陈劭先、陈叔通、吴晗、但懋辛、张天放、张冲、张治中、邵力子、金汉鼎、赵钟奇、徐冰、梅龚彬、

① 本条引自北京市档案馆档案号为002－020－00191的档案。

② 本条引自《当代北京大事记》，第174页。

③ 本条引自1962年6月29日《人民日报》第二版。

彭真、曾恕怀、曾泽生、程潜、楚图南、熊克武、潘朔端、蔡廷锴、顾鸿图。]

7月31日晚 吴晗出席解放军总政治部举行的庆祝人民解放军建军三十五周年联欢晚会。①

[按:7月31日晚,解放军总政治部在中国人民军事博物馆举行万人盛大联欢晚会,热烈庆祝人民解放军建军三十五周年。中共中央政治局委员、国务院副总理陈毅元帅,国务院副总理兼中国人民解放军总参谋长罗瑞卿大将,国务院副总理习仲勋,全国人民代表大会常务委员会副委员长陈叔通出席了晚会。参加今天晚会的还有,萧劲光海军大将、王树声大将、谭政大将、张宗逊上将、萧华上将、甘泗淇上将、李聚奎上将、傅秋涛上将、陈伯钧上将、李志民上将、苏振华海军上将、王宏坤海军上将、王震上将、李达上将、萧克上将等人民解放军高级将领,以及北京市副市长吴晗等。]

8月3日 吴晗在国侨习字208号"国务院发电"上作出批示。②

[按:7月28日,国务院以国侨习字208号加急"国务院发电"发至北京市人民委员会,电文的主要内容是:《国务院

① 本条引自1962年8月1日《人民日报》第七版。

② 本条引自北京市档案馆档案号为002-020-00888的档案。

批转华侨事务委员会关于安排归侨学生和侨眷子女升学问题的报告》,7月30日,北京市人民委员会机要科,拟办:"请吴副市长阅批。"吴晗于8月3日在电文上批示:"教育局、民政局阅办　吴晗　八．三"。]

8月上旬　北京广播函授学校成立,吴晗兼任校务委员会主任委员。①

[按:8月上旬,为了为部分未能升学的初中和高中学生补习文化,北京广播函授学校成立。这个学校开设有初中和高中两类课程,帮助学生们复习巩固所学得的知识,同时教给新的知识。这个学校采取广播讲授、函授、自学和辅导相结合的教学方式。担任各科广播讲授的都是有比较丰富的教学经验的教师,除广播讲授外,学校还给学生分发适合于函授自学的讲义。另外,还在城区和近郊区设立了七个分校,由辅导教师就近对学生进行辅导和批改作业。这个学校是由北京市教育局、共青团北京市委和北京人民广播电台等八个单位联合办的,吴晗兼任校务委员会主任委员。]

8月8日　吴晗在北京市东城区(62)东城区发办字第48号文件上作出批示。②

---

① 本条引自1962年8月12日《人民日报》第一版。

② 本条引自北京市档案馆档案号为152－001－00539的档案。

［按:8月6日,北京市东城区人民委员会以(62)东城区发办字第48号文,向北京市人民政府呈送了“关于审批私人开办补习学校、补习班问题的请示”,吴晗于8月8日在该文件上作出批示:“同意　吴晗　八.八”。］

9月17日　吴晗出席北京广播函授学校开学典礼并讲话。①

［按:9月17日,北京广播函授学校开学典礼在中山公园音乐堂举行。北京市副市长吴晗,北京市团委副书记周世贤,北京市教育局副局长薛成业、谭元坤、阎伯铭等出席了开学典礼。］

10月18日至12月26日　吴晗率中尼友协代表团在尼泊尔友好访问。

12月17日　北京市政协三届一次会议开幕。吴晗当选为主席团成员。②

［按:12月17日,北京市政协三届一次会议开幕。会议选出刘仁、万里、廖沫沙、严济慈、吴晗等三十人为主席团成员。］

12月19日　政协北京市第三届委员会第一次全体会议闭

---

① 本条引自1962年9月18日《北京日报》第二版。

② 本条引自1962年12月18日《北京日报》第一版。

幕，吴晗等11人当选为副主席。[1]

［按：会议讨论了进一步巩固人民公社集体经济、发展农业生产的问题。选举刘仁为政协北京市第三届委员会主席，万里、陈鹏、蒋光鼐、吴晗、梁思成、陈垣、余心清、凌其峻、林巧稚、廖沫沙、王源兴为副主席，廖沫沙兼秘书长。］

① 本条引自《当代北京大事记》，第178页。

一九六三年

1月27日晚 吴晗偕夫人袁震出席国务院机关事务管理局举办的川剧演出晚会。①

[按:1月27日(正月初三)晚7点半,国务院机关事务管理局在中南海怀仁堂举办川剧晚会,由成都市川剧院演出川剧《秀才外传》。北京市的领导刘仁、郑天翔、陈鹏、陈克寒、邓拓、万里、冯基平、王昆仑、程宏毅、贾庭三、赵鹏飞、王纯、乐松生均偕夫人应邀出席晚会。]

1月29日 吴晗参加北京电视大学领导小组(扩大)会议。②

[按:在这次会上吴晗提出对电大培养目标的意见。他主张:"通过业余学习,使符合学习条件的在职人员基本上掌握综合大学的基础理论,为其专业进修打下基础。"]

---

① 本条引自北京市档案馆档案号为002-020-00147的档案。

② 王宏志、闻立树主编:《怀念吴晗:百年诞辰纪念》,第428页。

1月30日下午 吴晗出席北京市人民政府举办的拥军优属联欢会。①

［按:1月30日下午,北京市人民政府在市人委交际处大客厅举办拥军优属联欢晚会。出席晚会的市领导有郑天翔、万里、陈鹏、赵凡、张南生、熊伯涛、贾星五等。这次晚会由各区县选派三名烈军属代表,由专人陪同住在北极阁招待所,届时由市领导在市人委交际处大客厅接见,接见后举行便宴、联欢。］

1月30日晚 吴晗出席首都各界人民拥军优属联欢晚会。②

［按:1月30日晚,首都各界人民三万多人在人民大会堂举行盛大的拥军优属联欢晚会。中共中央总书记邓小平以及党和国家的其他领导人彭真、李富春、谭震林、陆定一、康生、薄一波、李雪峰、程潜,国防委员会副主席傅作义、蔡廷锴,最高人民法院院长谢觉哉,最高人民检察院检察长张鼎丞等,出席了联欢晚会。出席联欢晚会的还有北京市其他党政负责人刘仁、郑天翔、万里、陈鹏、邓拓、陈克寒、吴晗、程宏毅、贾庭三、乐松生、王纯,以及各界人民代表、各方面的模范人物、先进生产者等。］

---

① 本条引自北京市档案馆档案号为002－020－00164的档案。

② 本条引自1963年1月31日《人民日报》第一版。

2月20日 吴晗任北京市选举委员会委员。[1]

［按:2月20日,国务院以国内会字129号文件批复了北京市人民委员会1963年2月11日呈报的《一九六三年二月九日北京市人民委员会六次会议通过的北京市选举委员会组成人员名单》。委员会主任刘仁,蒋光鼐、吴晗、浦洁修、王人旋、顾均正、严济慈等20人为委员。］

3月1日 吴晗给北京市教育局(63)教办阎字第67号公函作出批示。[2]

［按:2月11日,北京市教育局以(63)教办阎字第67号文《北京市一九六三年春季中学生田径运动会工作计划要点》致函万里、吴晗和程宏毅,吴晗于3月1日作出批示:"同意,请万、程(指万里、程宏毅——编者注)批。吴晗　三．一"。］

3月15日 吴晗到机场欢送我国市政代表团离京。[3]

［按:3月15日,由王基平率领的我国市政代表团,应非洲地方当局会议秘书处的邀请乘飞机离开北京去加纳,参加在加纳首都阿克拉召开的非洲地方当局会议。前往机场送行的有北京市副市长吴晗、外交部西亚非洲司司长王雨田等。］

---

① 本条引自北京市档案馆档案号为002－015－00065的档案。

② 本条引自北京市档案馆档案号为002－015－00407的档案。

③ 本条引自1963年3月17日《人民日报》第四版。

3月28日 吴晗给北京市教育局(63)教办阎字第132号文件作出批示。[①]

[按:1963年3月15日,北京市教育局以(63)教办阎字第132号文《北京市教育局关于中学运动会购置奖品的请示》致函市人委贾星五秘书长,贾秘书长批示:请示吴副市长,吴晗于3月28日作出批示:"不发锦旗,改为带框奖状,可稍大一些。其余同意。吴晗 三.廿八"。]

3月28日 吴晗给北京市教育局(63)教计谭字第155号文件作出批示。[②]

[按:1963年3月21日,北京市教育局以(63)教计谭字第155号文件《关于解决街道少年儿童活动站经费问题的请示的请示》致函吴副市长。吴晗于3月28日作出批示:"同意。吴晗 三.廿八"。]

3月28日 吴晗在北京市教育局给吴晗并万里的公函上作出批示。[③]

[按:3月11日,北京市教育局致信吴晗并万里,汇报教育局关于教育局和有关业务局对市属中等专业学校领导分工的意见。吴晗于3月28日作出批示:"同意,请万(指万

① 本条引自北京市档案馆档案号为002－015－00407的档案。
② 本条引自北京市档案馆档案号为002－015－00392的档案。
③ 本条引自北京市档案馆档案号为002－015－00394的档案。

里——编者注)批。吴晗　三．廿八”。]

3月28日　北京市教育局致函吴晗。[①]

[按:3月28日,北京市教育局就“北京速记学校关于开展速记函授工作”一事致函吴晗,并提出了具体实施的意见,请吴晗指示。]

3月29日上午　北京市人民代表大会第四届第二次会议开幕。吴晗任主席团成员。[②]

[按:3月29日上午九时,北京市人民代表大会第四届第二次会议在北京展览馆剧场隆重开幕。会议选举产生了由万里、王昆仑、王纯、刘仁、乐松生、吴晗等四十九人组成的主席团。]

3月29日上午　吴晗出席北京市人民代表大会第四届第二次会议主席团第一次会议。[③]

[按:3月29日上午10时30分,北京市人民代表大会第四届第二次会议主席团第一次会议在北京展览馆剧场会议主席台上举行。会议推选万里为主席团总召集人,通过了政府工作报告审查委员会、预决算审查委员会、提案审查

---

① 本条引自北京市档案馆档案号为152－001－00562号的档案。

② 本条引自《北京市人民代表大会文献资料汇编1949—1993》,第509页。

③ 本条引自北京市档案馆档案号为002－012－00453的档案。

委员会、大会执行主席名单，决定了大会副秘书长人选。]

3月29日 吴晗在北京市第四届人民代表大会第二次会议上担任提案审查委员会召集人。

[按：召集人还有：乐松生、王纯、魏建功。成员还有：孙孚凌、孙国樑、朱临、佟铮、李少春、严镜清、陈哲文、贾庭三等二十八人。]

4月1日下午 吴晗以北京市人民代表大会第四届第二次会议执行主席的身份主持会议。①

[按：这天的执行主席还有：郭步岳、魏彬（缺席）、王人旋、王福海、陈文润、黎晓、严希纯（缺席）。]

4月3日中午 吴晗出席北京市人民代表大会第四届第二次会议主席团第二次会议。②

[按：4月3日中午12时，北京市人民代表大会第四届第二次会议主席团第二次会议在北京展览馆剧场会议主席台上举行。贾星五秘书长报告代表和列席代表的发言情况和对大会的反应。鉴于大会报名发言的人很多，决定会议延长一天。]

---

① 本条引自北京市档案馆档案号为002－015－00455的档案。

② 本条引自北京市档案馆档案号为002－012－00453的档案。

4月5日中午 吴晗出席北京市人民代表大会第四届第二次会议主席团第二次会议。①

［按:3月29日中午12时20分,北京市人民代表大会第四届第二次会议主席团第二次会议在北京展览馆剧场会议主席台上举行。会议通过了侯仁之代表政府工作审查委员会提出“北京市第四届人民代表大会第二次会议关于郊区农村形势和任务的报告决议(草案)”,原则通过了彭思明代表政预决算审查委员会提出“关于1962年财政收支决算和1963年财政收支预算(草案)的审查报告”等。］

4月5日下午 吴晗以北京市人民代表大会第四届第二次会议执行主席的身份主持会议。②

［按:这天的执行主席还有:郭步岳、魏彬、王人旋、王福海、陈文润、黎晓、严希纯。］

4月5日晚 吴晗同彭真一道接见北京市的一部分农业劳动模范、农业先进单位的代表和参加农业生产的知识青年。③

［按:4月5日晚,彭真接见了北京市的一部分农业劳动模范、农业先进单位的代表和参加农业生产的知识青年,并且同他们进行了亲切的谈话。参加接见的,还有中共北京

① 本条引自北京市档案馆档案号为002－012－00453的档案。

② 本条引自北京市档案馆档案号为002－015－00455的档案。

③ 本条引自1963年4月7日《人民日报》第一版。

市委书记处书记郑天翔、万里，北京市副市长吴晗，北京大学副校长魏建功，清华大学副校长陈士骅和中共北京市委、北京市人民委员会的其他负责人。]

4月15日　吴晗给北京市教育局(63)教工关字第174号“请示”作出批示。①

[按：3月28日，北京市教育局以(63)教工关字第174号文向吴晗呈报了《关于北京速记学校开展速记函授工作的请示》，吴晗于4月15日作出批示：“同意。吴晗　四．十五”。]

4月15日　吴晗在北京市教育局(63)教办孙字第204号文件上作出批示。②

[按：4月9日，北京市教育局就“关于北京广播函授学校学生升学和就业安排问题”一事，以(63)教办孙字第204号文件报告北京市人民委员会。吴晗于4月15日在该文件上作出批示：“同意。吴晗　四．十五”。]

4月23日　吴晗给北京市教育局(63)教财谭字第230号文件作出批示。③

---

① 本条引自北京市档案馆档案号为002－015－00398的档案。

② 本条引自北京市档案馆档案号为002－015－00392的档案。

③ 本条引自北京市档案馆档案号为002－015－00392的档案。

［按:4 月 17 日,北京市教育局以(63)教财谭字第 230 号文《关于修订远郊区、县中小学住宿费和伙食费标准的意见》呈报北京市人民委员会。吴晗于 4 月 22 日作出批示:“同意。吴晗　四．廿三”。］

4 月 26 日　吴晗在北京市教育局和北京市体委联合给吴晗的公函上作出批示。①

［按:4 月 17 日,北京市教育局和北京市体育运动委员会致信吴晗,请示关于春季举行第七届北京市高校田径运动会的事宜。吴晗于4 月 26 日作出批示:“同意举办。吴晗　四．廿六”。］

5 月 1 日　吴晗参加在景山公园举行的庆祝“五一”国际劳动节游园活动。②

［按:1963 年北京庆祝“五一”国际劳动节游园活动分别在中山公园、北海公园、天坛公园、陶然亭公园、日坛公园、工人文化宫、景山公园、颐和园、工人体育馆、工人体育场、北京体育馆和天安门广场举行。］

5 月 1 日晚　吴晗在天安门城楼观礼台上出席“五一”国际

---

① 本条引自北京市档案馆档案号为 002 - 015 - 00407 的档案。

② 本条引自北京市档案馆档案号为 002 - 020 - 00242 的档案。

劳动节焰火晚会。[①]

［按：国务院机关事务管理局规定的到天安门城楼观礼台上观看焰火晚会的是人员的自合是：全国人大代表、全国政协委员、部分司局级干部（解放军为大校军官，团体、党派为部级干部）和三级以上的高级知识分子。］

5月9日 吴晗在北京市民政局（63）民访王字第172号文件上作出批示。[②]

［按：5月4日，北京市民政局就“关于儿童教养院教师员工转正和人员配备问题”一事，以（63）民访王字第172号文件请示北京市人民委员会。吴晗于5月9日在该文件上作出批示：“我意可以，请贾秘书长阅，是否可以？吴晗五．九”。］

5月21日 吴晗召开北京市教育局、园林局局长及相关负责人会议，调整龙潭教学植物园“建园筹备委员会”，组建“建园指导委员会”。

［按：龙潭教学植物园“建园指导委员会”由吴晗担任主任，李谦任教学植物园主任，刘汉兴、宋云生任副主任，范金印任党支部书记。］

① 本条引自北京市档案馆档案号为002－020－00242的档案。

② 本条引自北京市档案馆档案号为002－015－00050的档案。

6月1日 吴晗参加首都上万名“红领巾”在工人体育馆欢度儿童节的联欢会。[①]

[按:6月1日,北京少年儿童一万五千人在工人体育馆举行联欢会。他们还邀请了邓颖超、李德全、叶圣陶、李达、马纯古、李琦涛、万里等有关方面负责人,参加了联欢会。应邀参加联欢会的,还有外国小朋友、各国驻华使馆人员以及在京的外国朋友。许多优秀教师、少先队辅导员、保育人员,以及解放军“五好”战士、志愿军战斗英雄、工农业劳动模范、作家、艺术家,也应邀来和小朋友一起过节。北京市副市长吴晗在会上讲话,希望小朋友永远继承党的光荣的革命传统;永远同情和支持各国小朋友,关心世界革命。他还希望小朋友们更加用功读书,经常锻炼身体,更加热爱劳动,从小树立伟大的革命理想,为实现共产主义事业而时刻准备着。]

[按:据胡良骥在他的《又逢“六一”想吴晗》一文回忆说:“1963年‘六一’,首都上万名‘红领巾’在工人体育馆欢度儿童节,许多文艺界、体育界的名人和少先队员一起联欢。会上,我听到大会主持人,两个月后与我一起考入北京二中的赵寅同学宣布:‘下面请北京市副市长吴晗同志讲话。’那是我第一次离得那么近地听一位高级领导人讲话,字字句句充满着对少年儿童的关怀、激励和鼓舞,至今记忆犹新。”]

---

① 胡良骥:《又逢“六一”想吴晗》及1963年6月2日《人民日报》第一版。

6月1日　吴晗陪同国家副主席宋庆龄在中山公园与孩子们欢度国际儿童节，并一起观看精彩的文艺节目。①

［按：王宏志、金若年合著的《吴晗画传》第99页上刊登了一张“吴晗陪同国家副主席宋庆龄在中山公园与孩子们欢度国际儿童节，并一起观看精彩的文艺节目”的照片。］

6月4日　吴晗任吴昱恒先生治丧委员会委员。②

［按：中国民主同盟北京市委员会副主任委员吴昱恒先生六月三日晚在北京逝世。吴昱恒先生治丧委员会成员有沈钧儒、万里、邓初民、邓哲熙、史良、刘淇生、关世雄、李维汉、陆宗达、陈士骅、吴晗、吴德峰、余湛、武新宇、张苏、张友渔、周鲠生、胡愈之、高崇民、唐士吉、徐冰、徐迈进、徐寿轩、连贯、杨明轩、董必武、楚图南、廖沫沙、闻家驷、赖坚。］

6月11日上午　沈钧儒在北京逝世。吴晗前往灵前瞻仰遗容，并向他的遗体告别。③

［按：6月11日上午三时五十五分，全国人大副委员长、全国政协副主席、中国民盟主席沈钧儒因病逝世。国家领导人和各民主党派以及各方面负责人董必武、周恩来、郭沫若、黄炎培、李维汉、陈叔通、何香凝、邓小平、李先念、薄一

① 本条引自王宏志、金若年著：《吴晗画传》，第99页。
② 本条引自1963年6月5日《人民日报》第二版。
③ 本条引自1963年6月12日《人民日报》第一版及《北京日报》第二版。

波等怀着悲痛的心情前往沈钧儒的灵前瞻仰遗容，并向他的遗体告别。]

6月11日 吴晗任沈钧儒治丧委员会成员。[①]

[按：沈钧儒治丧委员会由朱德、王炳南、史良、吴晗等58人组成。沈钧儒治丧委员会办公处设在中山公园中山堂。]

6月13日 吴晗到中山堂吊唁沈钧儒。[②]

[按：6月13日，从上午九时到下午四时半，首都各界人士怀着悲痛的心情纷纷前往中山堂吊唁全国人民代表大会常务委员会副委员长沈钧儒。他们中有刘少奇、郭沫若、包尔汉、杨明轩、史良、高崇民、胡愈之、邓初民、吴晗、楚图南等。]

6月14日上午 吴晗出席首都各界公祭沈钧儒副委员长大会。[③]

[按：6月14日上午，首都各界人民在中山公园中山堂公祭全国人大副委员长、全国政协副主席、中国民主同盟主席沈钧儒。全国人大主席朱德主持公祭。参加陪祭的有董

---

① 本条引自1963年6月12日《人民日报》第一版及《北京日报》第二版。

② 本条引自1963年6月14日《人民日报》第一版。

③ 本条引自1963年6月15日《北京日报》第二版。

必武、周恩来、郭沫若、黄炎培、李维汉、陈叔通、刘伯承等。]

6月18日 吴晗在北京市西城区人民委员会(63)区办字第60号文件上作出批示。[1]

[按:6月3日,北京市西城区人民委员会就"关于呈请批准举办'西城区教工幼儿园'"一事,以(63)区办字第60号文件请示北京市人民委员会。吴晗于6月18日在该文件上作出批示:"同意　吴晗　六．十八"。]

6月18日 吴晗在北京市教育局(63)教办谭字第354号文件上作出批示。[2]

[按:6月12日,北京市教育局就"关于进一步调整中等师范学校的问题"一事,以(63)教办谭字第354号文件请示北京市人民委员会。吴晗于6月18日在该文件上作出批示:"同意　吴晗　六．十八"。]

6月27日 吴晗在河北省人民委员会教力字562号文件上作出批示。[3]

[按:24日,河北省人民委员会以教力字562号文《河北省人民委员会关于黄村林业学校招生问题的函》致函北京

① 本条引自北京市档案馆档案号为002－015－00050的档案。

② 本条引自北京市档案馆档案号为002－015－00050的档案。

③ 本条引自北京市档案馆档案号为002－015－00398的档案。

市人民委员会，吴晗于6月27日作出批示："请万（指万里——编者注）批。吴晗　六．廿七"。]

7月5日上午　吴晗到机场欢送邓小平、彭真同志率中共代表团离京参加中苏两党会谈。[①]

[按：7月5日上午，参加中苏两党会谈的中国共产党代表团，在团长、中共中央总书记邓小平，副团长、中共中央政治局委员、书记处书记彭真率领下，乘专机离开北京前往莫斯科。中共中央副主席、国家主席刘少奇，中共中央副主席、国务院总理周恩来，中共中央副主席、人大常委会委员长朱德，中共中央政治局委员、国家副主席董必武，以及党和国家其他领导人，中共中央和国务院各部门负责人，各民主党派负责人和无党派民主人士，各人民团体负责人，都前往首都机场热烈欢送。]

7月13日　吴晗在北京市民政局、北京市教育局、共青团北京市委员会（63）民侨李字第288号、（63）教计谭字第434号、（63）总号037市青字第28号文件作出批示。[②]

[按：7月10日，北京市民政局、北京市教育局、共青团北京市委员会就"关于组织本市归侨学生暑假活动"一事，以（63）民侨李字第288号、（63）教计谭字第434号、（63）总

---

① 本条引自1963年7月6日《人民日报》第一版。

② 本条引自北京市档案馆档案号为002－015－00392的档案。

号037市青字第28号文件请示北京市人民委员会。吴晗于8月13日在该文件上作出批示:“同意。吴晗　七.十三”。]

7月21日下午　吴晗到首都机场欢迎从苏联会谈回国的邓小平、彭真同志。①

[按:参加中国共产党和苏联共产党会谈的中国共产党代表团,由团长、中共中央总书记邓小平同志和副团长、中共中央政治局委员、书记处书记彭真同志率领,7月21日下午乘专机由莫斯科回到北京。毛泽东、刘少奇、周恩来等党和国家领导人、中共中央各部门负责人,全国人民代表大会常务委员会委员,国务院各部门负责人,中国人民政治协商会议全国委员会常务委员,各民主党派负责人和无党派民主人士,各人民团体负责人,中国人民解放军高级将领,中共中央华北局和北京市的负责人,以及首都各界五千多人,到首都机场热烈地欢迎代表团同志归来。]

7月27日　北京市教育局致函吴晗。②

[按:7月27日,北京市教育局就有关北京市“六联干部业余文化学校的领导问题”一事致函吴晗,信中叙述了该校目前存在的问题和解决这些问题的意见,请求吴晗对此事

① 本条引自1963年7月22日《人民日报》第一版。

② 本条引自北京市档案馆档案号为152-001-00569号的档案。

作出指示。]

7月31日 吴晗出席北京市庆祝八一建军节拥军优属联欢会并讲话。①

[按:吴晗在联欢会上勉励大家发扬革命传统,在阶级斗争中站稳立场,为社会主义建设积极贡献力量。]

8月7日 吴晗在北京市教育局致吴副市长的公函上作出批示。②

[按:7月24日,北京市教育局就呈报"1963—1964学年度城市地区中学校历"和"1963—1964学年度城市地区小学校历"一事,致函吴副市长。吴晗于8月7日在该公函上作出批示:"同意。吴晗　八.七"。]

8月8日 吴晗在北京市教育局致吴晗的公函上作出批示。③

[按:7月27日,北京市教育局就"关于撤销六联干部业余学校"一事致函吴副市长。吴晗于8月8日作出批示:"同意。吴晗　八.八"。]

---

① 本条引自1963年8月3日《人民日报》第二版。

② 本条引自北京市档案馆档案号为002－015－00392的档案。

③ 本条引自北京市档案馆档案号为002－015－00050的档案。

8月12日 吴晗在北京市人民委员会办公厅收文处理单上作出批示。[①]

［按：8月10日北京市人民委员会办公厅在《国务院批转教育局关于调整中等专业学校学生人民助学金问题的报告》上作出拟办意见："拟请市教育局研究执行意见，并代市人委拟转发各单位执行。请吴副市长批示。"吴晗于8月12日作出批示："同意。吴晗　八．十二"。］

8月27日 吴晗给北京市教育局（63）教人字第573号文件作出批示。[②]

［按：8月22日，北京市教育局就"关于颁发北京市中、小学、幼儿园教职员工请假试行办法"一事，以（63）教人字第573号文件请示北京市人民委员会。吴晗于8月27日给该文件作出批示："同意试行。吴晗　八．廿七"。］

8月28日 吴晗给北京市民政局（63）民联王字第332号文件作出批示。[③]

［按：8月17日，北京市民政局就"关于本市盲人毕业生如何安排的问题"一事，以（63）民联王字第332号文件请示北京市人民委员会。吴晗于8月28日对该文件作出批示：

① 本条引自北京市档案馆档案号为002－015－00387的档案。
② 本条引自北京市档案馆档案号为002－015－00392的档案。
③ 本条引自北京市档案馆档案号为002－015－00134的档案。

“一、同意所提意见；二、请贾庭三、王纯副市长考虑安排；三、对盲人就业的长远规划，民政局应向内务部报告，请示办法。吴晗 八．廿八”。]

9月9日 吴晗签发北京市教育局代市人委拟好的拟转国务院有关文件的文件。[①]

[按：9月9日，《北京市人民委员会转发国务院批转教育局关于调整中等专业学校学生人民助学金问题的报告》，请吴晗副市长签发，吴晗于9月9日予以签发。]

9月30日 吴晗在北京市教育局的一份计划上作出批示。[②]

[按：9月28日，贾星五转批一份北京市教育局的《北京市1963年重点试行高等学校毕业生劳动实习制度的计划》，9月30日吴晗在该计划上批示：“同意这个计划，请各有关局及农场、工厂按照执行。吴晗 九．卅”。]

10月1日上午 吴晗登上天安门城楼观礼台观看群众庆祝游行大会。[③]

[按：10月1日上午10点，北京天安门广场举行了盛大的群众庆祝中华人民共和国成立十四周年游行大会，吴晗

---

① 本条引自北京市档案馆档案号为002－015－00387的档案。

② 本条引自北京市档案馆档案号为002－015－00056的档案。

③ 本条引自北京市档案馆档案号为002－020－00243的档案。

应邀登上了观礼台观看游行盛况。]

10月1日中午 吴晗出席邓小平在养蜂夹道举办的便宴。[1]

[按:10月1日,邓小平在北京养蜂夹道举行便宴,出席便宴的有邓小平的夫人卓琳和三个孩子、贺龙、徐向前、陈毅、李富春、蔡畅、聂荣臻、李先念、薄一波、谭震林、罗瑞卿、陆定一、彭真、康生、陈伯达、林枫、杨尚昆、廖承志、谢富治、汪东兴、张启祥等。吴晗和张启祥是邓小平特别邀请去的。]

11月2日 北京市教育局致函吴晗。[2]

[按:11月2日,北京市教育局就有关"厂矿企业职工业余教育领导问题"致函吴晗,他们信中说,"在职工教育的实际工作中,市教育局的具体任务还不够明确。为了进一步贯彻市委指示,我们对市教育局在职工教育工作方面所担负的具体任务提出以下意见……是否妥当、请指示"。]

11月5日 吴晗给北京市人民政府(63)市吴字第246号文作出批示。[3]

[按:11月3日北京市人民政府办公厅作出拟办意见,

① 本条引自北京市档案馆档案号为002－020－00161的档案。
② 本条引自北京市档案馆档案号为152－001－00549的档案。
③ 本条引自北京市档案馆档案号为002－015－00056的档案。

准备转发《国务院批转教育部关于中等专业学校专业设置和调整问题的规定》,请吴晗副市长批示。吴晗于11月5日作出批示:“同意。吴晗　十一．五”。]

11月7日　吴晗给北京市教育局(63)教工关字第809号“请示”作出批示。①

[按:11月1日,北京市教育局以(63)教工关字第809号文向吴晗呈报了《关于今冬明春开展农村扫盲、业余教育工作的意见》,吴晗于11月7日作出批示:“同意。吴晗　十一．七”。]

11月7日　吴晗给北京市教育局(63)教工关字第815号“意见”作出批示。②

[按:11月2日,北京市教育局以(63)教工关字第815号文向吴晗呈送了《关于厂矿企业职工业余教育领导问题的请示》,吴晗于11月7日作出批示:“同意。吴晗　十一．七”。]

11月21日　吴晗给北京市教育局致吴副市长的公函作出批示。③

---

① 本条引自北京市档案馆档案号为002－015－00394的档案。

② 本条引自北京市档案馆档案号为002－015－00394的档案。

③ 本条引自北京市档案馆档案号为002－015－00392的档案。

［按：11 月 15 日，北京市教育局就“关于制定北京市城近郊区教育部门主办校外教育机关活动历（试行草案）”一事，致函吴副市长。吴晗于 11 月 21 日对该公函作出批示：“同意试行。吴晗　十一．廿一”。］

11 月 21 日　吴晗给北京市教育局致吴副市长的公函作出批示。[①]

［按：4 月 17 日，北京市教育局以（63）教财谭字第 230 号文《关于修订远郊区、县中小学宿费和伙食费标准的意见》呈报北京市人民委员会。吴晗于 4 月 22 日作出批示：“同意。吴晗　四．廿三”。］

12 月 16 日　吴晗给中华人民共和国外交部抄送给北京市人委的（63）部人字第 1010 号文件上作出批示。[②]

［按：12 月 3 日，北京市教育局就“关于进一步解决我部常驻国外工作人员子女上学问题”一事，以（63）部人字第 1010 号文件抄送北京市人民委员会。北京市人委办公厅于 12 月 14 日作出拟办意见，吴晗于 4 月 15 日在该文件上作出批示：“同意处理意见，办公厅即拟复外交部。并送万（指万里——编者注）阅。吴晗　十二．十六”。］

---

① 本条引自北京市档案馆档案号为 002－015－00392 的档案。

② 本条引自北京市档案馆档案号为 002－015－00392 的档案。

12 月 19 日 吴晗给北京市教育局(63)教工关字第 893 号文作出批示。[①]

[按:12 月 5 日,北京市教育局就“关于拟定农村业余教育专职干部设置、管理的暂行规定”一事,以(63)教工关字第 893 号文件请示北京市人民委员会。吴晗于 12 月 9 日给该文件作出批示:“同意　试行。吴晗　十二.十九”。]

12 月下旬 吴晗给北京市教育局(63)教办谭字第 940 号文件作出批示。[②]

[按:12 月 21 日,北京市教育局就“关于改变十所中小学行政领导关系的问题”一事,以(63)教办谭字第 940 号文件请示北京市人民委员会。吴晗于 12 月×日(下旬)给该文件作出批示:“同意”。]

12 月 30 日 《北京日报》刊登了北京市选举委员会公布的北京市第五届人民代表大会代表名单。吴晗作为东城区的代表名列其中。[③]

[按:北京市第五届人民代表大会代表共计 751 人,其中东城区代表 90 人。]

---

① 本条引自北京市档案馆档案号为 002－016－00398 的档案。

② 本条引自北京市档案馆档案号为 002－015－00392 的档案。

③ 本条引自 1963 年 12 月 30 日《北京日报》第二版。

一九六四年

1月11日 吴晗给北京市教育局(64)教计谭字第1号文作出批示。①

[按:1月2日北京市教育局以(64)教计谭字第1号文向北京市人民委员会发出《关于接管军队干部子女学校问题的请示》,吴晗于1月18日作出批示:“同意,请万(指万副市长——编者注)批。”]

1月15日 吴晗在北京市人民委员会办公厅收文处理单上作出批示。②

[按:1月8日,北京市教育局和北京市体育运动委员会联合发文向万里副市长和吴晗副市长请示“关于今年暑假邀请上海等七城市高等学校学生足、篮球代表队来京友谊比赛”的工作问题,1月15日,北京市人委办公厅王立平批示:“请万、吴副市长批。”当日,吴晗在收文处理单上批示:

① 本条引自北京市档案馆档案号为002－016－00399的档案。

② 本条引自北京市档案馆档案号为002－016－00425的档案。

“拟同意,请万批。吴晗　一．十五”。]

1 月 30 日　关世雄致函吴晗。[①]

[按:1 月 30 日,北京市教育局局长关世雄就邀请吴晗出席北京市教育局和北京市总工会 1964 年 2 月 5 日在市工人俱乐部召开老教师代表座谈会一事致函吴晗。]

2 月 9 日上午　吴晗参加甘泗淇同志公祭大会。[②]

[按:2 月 9 日上午,解放军总部各部和首都部队官兵以及首都各界两千五百多人,在中山公园中山堂举行公祭,追悼解放军总政治部副主任甘泗淇同志。参加公祭大会的有罗瑞卿、杨尚昆、李四光、蔡畅、廖承志、王首道、伍修权、萧克、吕正操、杨献珍、余秋里、何长工、吴晗等。]

2 月 10 日晚　吴晗出席归国华侨春节联欢晚会。[③]

[按:2 月 10 日晚,正在北京的八千多名归国华侨今天在人民大会堂举行了春节联欢晚会。中华人民共和国华侨事务委员会主任廖承志在会上致辞祝贺。参加晚会的还有华侨事务委员会副主任方方、北京市副市长吴晗以及举办这次晚会的北京市民政局、北京市教育局、共青团北京市委

① 本条引自北京市档案馆档案号为 152－001－00576 的档案。
② 本条引自 1964 年 2 月 10 日《人民日报》第一版。
③ 本条引自 1964 年 2 月 11 日《人民日报》第二版。

员会、中华全国归国华侨联合会、北京市归国华侨联合会等八个单位的负责人。]

2月12日傍晚 吴晗参加接见出席拥军优属联欢晚会的人民解放军和人民公安部队的四好连队、四好单位、五好战士、神枪手、神炮手、技术能手的代表，以及烈属、军属、复员军人的代表等。①

[按：2月12日傍晚，毛主席、刘主席和邓小平总书记等领导人接见了出席拥军优属联欢晚会的人民解放军和人民公安部队的四好连队、四好单位、五好战士、神枪手、神炮手、技术能手的代表，以及烈属、军属、复员军人的代表。参加接见的党和国家领导人，还有彭真、李富春、刘伯承、李先念、谭震林、乌兰夫、陆定一、陈伯达、康生、薄一波、杨尚昆、郭沫若、黄炎培、李维汉、陈叔通、林枫、邓子恢等，北京市党政负责人刘仁、郑天翔、万里、邓拓、陈克寒、冯基平、吴晗、程宏毅、乐松生、贾庭三、王纯，也参加了接见。]

2月12日晚 吴晗出席中共北京市委和北京市人委举办的拥军优属联欢晚会。②

[按：2月12日（农历十二月二十九）晚7点半，中共北京市委和北京市人委在人民大会堂举办盛大的拥军优属联

---

① 本条引自1964年2月13日《人民日报》第一版。

② 本条引自1964年2月13日《人民日报》第一版。

欢晚会。毛泽东主席、刘少奇主席、邓小平总书记以及党和国家的其他领导人，同首都三万多军民一起欢度新春佳节。正在北京的越南劳动党中央第一书记黎笋，越南劳动党的其他领导人黎德寿、黄文欢、素友同志，参加了联欢晚会，在这个欢乐的夜晚，人们在大礼堂、各个大厅等联欢场所，欣赏了首都文艺工作者演出的戏剧、杂技、曲艺等节目，观看了电影、体操和乒乓球表演赛等。充满革命情谊的欢聚，一直进行到深夜。]

2月14日下午 吴晗出席彭真接见四好连队、四好单位、五好战士、神枪手、神炮手、技术能手以及烈军属、复原转业军人会议和宴会。①

[按:2月14日(农历正月初二)下午5点，彭真在人民大会堂福建厅举办宴会，接见并宴请四好连队、四好单位、五好战士、神枪手、神炮手、技术能手以及烈军属、复原转业军人。北京方面出席会议的领导有：彭真、刘仁、郑天翔、万里、邓拓、吴晗、王纯等；军队方面出席的有：王树声、许光达、刘亚楼、彭绍辉、杨成武、张爱萍、李天佑、杨勇等。]

2月15日下午 吴晗出席彭真接见北京市运动员和市体育界代表会议和宴会。②

---

① 本条引自北京市档案馆档案号为002－020－00174的档案。

② 本条引自北京市档案馆档案号为002－020－00174的档案。

[按:2月15日(农历正月初三)下午6点,彭真在正义路招待所(原国际饭店)举办宴会,接见并宴请北京市的运动员和市体育界的代表。出席会议和宴会的领导有:彭真、刘仁、郑天翔、万里、吴晗、王纯、陈克寒等。宴会在招待所剧场放映电影《汾水长流》和《小铃铛》。]

2月27日 吴晗在北京市人民委员会办公厅文件处理单上作出批示。①

[按:2月18日,北京市教育局、北京市卫生局、北京市妇联、北京市总工会联合发文,向吴晗发出有关"保育界开展热爱孩子评选运动的奖品费"的申请报告,2月26日,北京市人民政府办公厅王立平作出拟办意见:"拟同意召开发奖大会……请吴副市长批",吴晗于2月27日在该文件处理单上作出批示:"同意 吴晗 二.廿七"。]

3月3日 吴晗在北京市人民委员会办公厅文件处理单上作出批示。②

[按:2月17日,北京市教育局发文,向吴晗发出有关"关于接管私立洁民幼儿园"的请示,3月2日,北京市人民政府办公厅王立平作出拟办意见:"……请吴副市长批",吴晗于3月2日在该文件处理单上作出批示:"同意 吴晗

① 本条引自北京市档案馆档案号为002-016-00401的档案。
② 本条引自北京市档案馆档案号为002-016-00401的档案。

三．三”。]

3月4日 吴晗给“北京市教育局关于郊区中、小学校舍修缮问题的报告”作出批示。①

[按:3月4日,吴晗在北京市人民委员会办公厅王立平3月4日拟办的“北京市教育局关于郊区中、小学校舍修缮问题的报告”的收文处理单上作出批示:“同意”。]

3月7日晚 吴晗偕夫人袁震及孩子出席北京市人民委员会举办的电影晚会。②

[按:电影晚会在北京市正义路招待所剧场举行。电影的名字是《第一届新兴力量运动会》。]

3月10日 吴晗出席北京市保育工作者关心热爱孩子运动发奖大会。③

[按:3月10日北京市在天桥剧场举行全市保育工作者关心热爱孩子运动的发奖大会。北京市副市长吴晗出席了这天的会议,并讲了话。他预祝大家今后在培育革命接班人的工作中作出更大的成绩。北京市妇联副主任王春平也在会上讲了话。“七一”幼儿园教养员王德霞等在会上介绍

① 本条引自北京市档案馆档案号为002－016－00366的档案。

② 本条引自北京市档案馆档案号为002－020－00251的档案。

③ 本条引自1964年3月11日《北京日报》第一版。

了工作经验。]

3月19日 吴晗给北京市教育局(64)教办阎字第150号文作出批示。①

[按:3月4日,北京市教育局以(64)教办阎字第150号文向北京市人委发出《关于改变盲聋哑、工读等七所特殊学校行政领导关系的请示》,吴晗于3月19日作出批示:"一、同意。二、教育局应由专人负责,不要搞成名义上管,实际不管的局面。"]

4月6日 吴晗给北京市教育局(64)教办孙字第251号文作出批示。②

[按:3月31日,北京市教育局以(64)教办孙字第251号文向北京市人委发出《关于成立教育行政干部学校的请示》,吴晗于12月19日作出批示:"同意"。]

4月9日 吴晗在北京市人民政府办公厅的收文处理单上作出批示。③

[按:3月31日,北京市教育局以(64)教办孙字第251号文件向北京市人委呈报了"关于成立教育行政干部学校

① 本条引自北京市档案馆档案号为002－016－00399的档案。
② 本条引自北京市档案馆档案号为002－016－00398的档案。
③ 本条引自北京市档案馆档案号为002－016－00398的档案。

的请示”,办公厅王立平于4月6日作出拟办意见,吴晗于当日批示:“同意　吴晗　四．六”。]

4月23日　吴晗给“北京市教育局关于全市中学生田径运动会的请示”作出批示。①

[按:4月23日,吴晗在北京市人民委员会办公厅王立平4月22日拟办的“北京市教育局关于举行全市中学生田径运动会的请示”的收文处理单上作出批示:“同意。吴晗　四．廿三”。]

4月23日　吴晗给“北京市文化局、北京市教育局关于今年秋季中、小学用书问题的紧急报告”作出批示。②

[按:4月23日,吴晗在北京市人民委员会办公厅王立平4月22日拟办的“北京市文化局、北京市教育局关于今年秋季中、小学用书问题的紧急报告”的收文处理单上作出批示:“关于请财政局准许适当减少上缴利润问题。同意。关于其他问题,由文化局、教育局分别向教育部、文化部请示,主动联系,争取解决。”]

4月25日　吴晗任王人旋先生治丧委员会委员。③

① 本条引自北京市档案馆档案号为002－016－00425的档案。
② 本条引自北京市档案馆档案号为002－016－00384的档案。
③ 本条引自1964年4月25日《光明日报》第三版。

[按：全国政协委员、北京市政协常务委员会委员、北京市人大代表、国家第一机械工业部机械科学研究院副总工程师、中国农工民主党中央委员会主席团委员、中国农工民主党北京市委员会主任委员王人旋于1964年4月23日因病逝世，王人旋治丧委员会的主任委员是季方，委员有叶浅予、江泽民、严济慈、汪道涵、李维汉、周谷城、段君毅、浦洁修、廖沫沙、黎锦晖、黎锦熙等。]

5月1日 吴晗陪同中央领导邓小平、贺龙、杨尚昆在北京景山公园与儿童们一起观看文艺节目，欢庆“五一”劳动节。[①]

[按：5月1日上午，首都三百万人民今天在全市各处举行游行集会，同来自世界五大洲的国际友人一起欢庆“五一”国际劳动节。刘少奇、董必武、朱德、周恩来、邓小平等党和国家的领导人，以及中共中央华北局、北京市党和政府的负责同志，今天上午分别到各个集会联欢的中心场所，参加了群众欢庆节日的活动。同各族各界人民欢度节日的，还有国务院副总理邓子恢，人大常委会副委员长郭沫若、李维汉、林枫，政协全国委员会副主席包尔汉，中共北京市委和市人民委员会的负责人刘仁、郑天翔、万里、陈克寒、冯基平、吴晗、王昆仑、乐松生、王纯。]

---

① 王宏志、金若年著：《吴晗画传》，第100页及1964年5月2日《人民日报》第一版。

5月3日晚 吴晗出席首都各界青年纪念“五四”运动四十五周年联欢晚会。[①]

[按:5月3日晚,首都各界青年一万八千人在人民大会堂举行联欢晚会,隆重纪念“五四”运动四十五周年。刘少奇、董必武、朱德、周恩来、邓小平等党和国家领导人和首都各界青年们一起联欢。中共北京市委、北京市人民委员会、解放军总政治部等单位的负责人万里、邓拓、吴晗、刘志坚等参加了今天的联欢晚会。联欢会上,青年们演出和欣赏了各种反映革命斗争的歌舞节目,观看了电影等。共青团中央书记处书记胡克实、王伟、张超,候补书记曾德林、路金栋等负责人在会上和青年们一起合唱了《东方红》。]

5月20日 《北京日报》报道,“首都庆祝‘六一’国际儿童节筹委会成立”。吴晗任筹委会主任。[②]

[按:5月20日《北京日报》第一版报道:为了让首都广大少年儿童愉快而有意义地度过自己的节日,北京市成立了首都庆祝“六一“国际儿童节筹备委员会,积极筹备各种活动。首都庆祝“六一“国际儿童节筹备委员会由市级十四个有关单位组成,由吴晗副市长担任筹备委员会主任。]

5月26日 吴晗给北京市教育局(64)教谭字第379号文作

① 本条引自1964年5月4日《人民日报》第一版。

② 本条引自1964年5月20日《北京日报》第一版。

出批示。[1]

[按:5月9日,北京市教育局以(64)教谭字379号文发出《关于将中小学学生所交伙食管理费用于学生伙食开支的请示》,吴晗于5月26日作出批示:"同意教育局意见,请万(指万里——编者注)批。"]

5月31日 吴晗出席北京市人民委员会等单位在中山公园音乐堂举行的儿童工作者招待会。[2]

[按:5月31日,北京市人民委员会等单位在中山公园音乐堂举行了儿童工作者招待会。会上,北京市副市长吴晗对全市小学教师、少先队辅导员、学生校外辅导员、保育教养人员和机关、工厂、企业少年之家的辅导员代表们致以节日的慰问,祝他们在为培养共产主义接班人的岗位上作出更大的贡献。]

6月1日 吴晗出席首都"六一"国际儿童节联欢会并在会上讲话。[3]

[按:6月1日,首都一万五千名少年儿童今天在北京工人体育馆举行盛大的联欢会。全国人民代表大会常务委员会副委员长郭沫若,教育部副部长林砺儒,中国人民保卫儿

① 本条引自北京市档案馆档案号为002-016-00400的档案。

② 本条引自1964年6月1日《人民日报》第一版。

③ 本条引自1964年6月2日《人民日报》第二版。

童全国委员会副主席李德全，全国妇联副主席史良、康克清和书记处书记曹孟君，共青团中央书记处书记杨海波、李琦涛，以及北京市人民团体、教育部门的负责人，一些优秀教师、少先队辅导员、保育人员、工农业劳动模范、人民解放军战斗英雄等，参加了联欢会。吴晗在会上讲话，向全市少年儿童祝贺节日快乐，身体健康，学习进步。]

6月1日 吴晗出席北京儿童工作者招待会。[①]

[按:6月1日，北京市人民政府在中山公园音乐堂举行北京市儿童工作者招待会。吴晗代表北京市人民政府出席了会议并在会上讲话，他对全市小学教师、少先队辅导员、学生校外辅导员、保育教养人员、工厂、企业少年之家的辅导员代表们致以节日的慰问，祝他们在为培养共产主义接班人的岗位上作出更大的贡献。]

6月7日下午 吴晗出席首都各界人民欢迎中国登山队征服希夏邦马峰胜利归来大会。[②]

[按:6月7日下午3点，中国北京市委和北京市人委在人民大会堂举行欢迎中国登山队征服希夏邦马峰胜利归来大会。中共中央政治局委员彭真、国务院副总理贺龙、全国

① 本条引自天祉楼网文:《好好学习天天向上，做红色接班人——北京、上海、武汉、广州、沈阳举行各种活动庆祝“六一”儿童节》。

② 本条引自北京市档案馆档案号为002－020－00173的档案及1964年6月8日《人民日报》第一版。

人民代表大会常务委员会副委员长林枫等出席了欢迎大会。中共北京市委书记处书记、北京市副市长万里首先致辞。中华全国总工会书记处书记张天民代表各人民团体讲话。登山队队长许竞在热烈的掌声中详细地汇报和介绍了中国登山队征服希夏邦马峰的经过。出席大会的，还有各方面负责人张际春、蔡廷锴、李达、卢汉、马约翰、李德全、沙千里、何长工、谢鹤筹、庄希泉、张经武、张国华、竺可桢、杨海波、曾宪植、刘仁、郑天翔、邓拓、吴晗、乐松生、王纯，以及一九六〇年曾经从北坡登上世界最高峰珠穆朗玛峰的登山队员贡布、屈银华等。欢迎大会结束以后，由中央民族歌舞团、中国京剧院、中国铁路文工团联合演出了歌舞、杂技、京剧等节目。]

6月7日晚上　吴晗出席北京市举办的欢迎中国登山队征服希夏邦马峰胜利归来宴会。①

[按：6月7日晚上6点半，中共北京市委和北京市人委在人民大会堂北京厅举办欢迎中国登山队征服希夏邦马峰胜利归来宴会。中共中央政治局委员、中共北京市委第一书记、北京市市长彭真在会上祝酒。国务院副总理贺龙、人大常委会副委员长林枫等出席了今晚的联欢会。出席宴会的还有：张际春、刘仁、郑天翔、万里、邓拓、程宏毅、贾庭三、

---

① 本条引自北京市档案馆档案号为002－020－00173的档案及1964年6月8日《人民日报》第一版。

乐松生、梁思成、廖沫沙和北京市的优秀运动员、劳动模范、五好战士、先进工作者等五百多人。在联欢会上,放映了中国登山队征服希夏邦马峰等纪录影片。]

6月11日午 吴晗在北京市人民委员会办公厅收文处理单上作出批示。①

[按:5月13日,北京市教育局以(64)教幼谭字第418号文向北京市人民委员会请示"关于接管中国作家协会幼儿园"的问题,6月10日,市人委办公厅王立平拟办:"请吴副市长批",吴晗于6月11日在该文件处理单上批示:"同意 吴晗 六.十一"。]

6月15日 吴晗给"北京市教育局关于1964年中等专业学校招生地区问题的请示"作出批示。②

[按:6月15日,吴晗在北京市人民委员会办公厅王立平6月14日拟办的"北京市教育局关于1964年中等专业学校招生地区问题的请示"的收文处理单上作出批示:"我同意第一种办法。请万(指万里副市长——编者注)批。"]

6月17日 吴晗给"北京市民政局关于对儿童教养院教师

① 本条引自北京市档案馆档案号为002-016-00401的档案。

② 本条引自北京市档案馆档案号为002-016-00396的档案。

实行特殊教育津贴的请示报告”作出批示。[1]

[按:6月17日,吴晗在北京市人民委员会办公厅王立平6月16日拟办的“北京市民政局关于对儿童教养院教师实行特殊教育津贴的请示报告”的收文处理单上作出批示:“同意”。]

6月18日 吴晗给“河北省人民委员会关于河北农大分校中专部分今年招生问题的函”作出批示。[2]

[按:6月18日,吴晗在北京市人民委员会办公厅王立平6月18日拟办的“河北省人民委员会关于河北农大分校中专部分今年招生问题的函”的收文处理单上作出批示:“按照去年办理。请万(指万里副市长——编者注)批。”]

6月27日下午 吴晗出席首都佛教界和文化界纪念玄奘法师逝世一千三百年集会。[3]

[按:6月27日下午,首都佛教界和文化界人士在政协礼堂集会,纪念玄奘法师逝世一千三百年。中国文联副主席茅盾致开会词后,“玄奘法师逝世一千三百年纪念委员会”主任委员、中国佛教协会副会长赵朴初讲话,接着各国来宾先后登台讲话。中国人民保卫世界和平委员会主席郭

---

① 本条引自北京市档案馆档案号为002－016－00128的档案。

② 本条引自北京市档案馆档案号为002－016－00396的档案。

③ 本条引自1964年6月28日《人民日报》第一版。

沫若、中国佛教协会会长喜饶嘉措等有关方面人士，来自亚洲十个国家和地区的佛教代表团和代表，一些亚洲国家驻中国的使节和外交官员，出席了大会。参加今天大会的还有，丁西林、阿旺嘉措、噶喇藏、巨赞、周叔迦、吴晗、谢冰心、侯外庐等。]

6月29日晚　北京市教育局致函吴晗。[①]

[按：6月29日，北京市教育局拟在幼儿教师进修学校内举办保育员训练班一事致函请示吴晗。]

7月14日　吴晗陪同邓小平视察哈尔滨，到工厂了解生产情况。

[按：7月14日，吴晗陪同邓小平到哈尔滨视察军工企业生产情况。先后视察了哈尔滨飞机制造厂、东北轻合金加工厂、国营伟建机器厂等企业。]

7月20日　吴晗陪同邓小平等中央领导到伊春林区视察。[②]

[按：7月20日，时任中共中央书记处总书记兼国务院副总理的邓小平同志同国务院副总理李富春、薄一波，中共中央书记处候补书记杨尚昆等同志，以及北京市副市长吴晗、邓小平同志的爱人卓琳到伊春林区视察。]

---

① 本条引自北京市档案馆档案号为158－001－00779的档案。

② 本条引自《伊春日报》记者孙立民：《让历史告诉未来》。

7月26日　吴晗给市教育局关于接办中央第五机械工业部所属自强小学的请示作出批示。①

［按:7月26日,吴晗在王立平7月24日拟办的"市教育局关于接办中央第五机械工业部,所属自强小学的请示"收文处理单上批示:"同意"。］

8月1日晚　吴晗出席罗瑞卿举行的庆祝中国人民解放军建军三十七周年的招待会。②

［按:8月1日晚,国务院副总理兼中国人民解放军总参谋长罗瑞卿大将举行招待会,庆祝中国人民解放军建军三十七周年。中国人民解放军的高级将领许光达、刘亚楼、谢富治、彭绍辉、张爱萍、杨成武、李天佑、王新亭、杨勇、李聚奎、刘震、钟期光、宋时轮、李达、廖汉生、徐立清、梁必业、萧向荣、赵启民等出席了招待会。出席招待会的还有有关方面负责人曾山、李一氓、曾涌泉、吴晗等。］

8月6日　吴晗给"北京市教育局关于中等师范学校由三年制改为四年制的请示"作出批示。③

［按:8月6日,吴晗在北京市人民委员会办公厅王立平8月6日拟办的"北京市教育局关于中等师范学校由三年制

---

① 本条引自北京市档案馆档案号为002－016－00031的档案。

② 本条引自1964年8月2日《人民日报》第一版。

③ 本条引自北京市档案馆档案号为002－016－00396的档案。

改为四年制的请示”的收文处理单上作出批示:“我同意。请万(指万里副市长——编者注)批。”]

8月15日 吴晗在北京市教育局教小汪字第644号文件上作出批示。①

[按:8月5日,北京市教育局就“关于中等普通师范学校由三年制改为四年制”一事以(64)教小汪字第644号文件向北京市人民政府递呈请示。吴晗于8月15日在该文件上作出批示:“同意。吴晗 八.十五”。]

8月21—31日 吴晗参加北京科学讨论会。②

8月31日晚 吴晗参加了北京电视大学1964—1965学年度开学典礼,并即席发表了热情洋溢的讲话。③

[按:8月31日晚7点30分,北京电视大学1964—1965新学年开学典礼在广播电视大厦音乐厅举行。在主席台上就坐的有北京市副市长兼电大校长吴晗、北京市教育局副局长兼电大副校长魏明,北京市教育局副局长兼电大副校长薛成业,电视大学办公室主任接维城,北师大副教务长张刚,北京广播电视台副台长汪小为等。吴晗即席发表了热

---

① 本条引自北京市档案馆档案号为153-001-00089的档案。

② 王宏志、金若年著:《吴晗画传》,第119页。

③ 王宏志、闻立树主编:《怀念吴晗:百年诞辰纪念》,第431页。

情洋溢的讲话。]

[按：据时任北京电大办公室主任的接维城回忆说，当时有600余名教师和学员代表参加，分布在全市各学习单位的学员收看了大会实况。这时参加电大学习的学员已经占到全市业余大学学员总数的40%。]

8月 吴晗参加了北京电视大学首届毕业典礼大会。①

[按：在会上，吴晗与时任高等教育部部长的杨秀峰等领导一起，为毕业生颁发了由他签署的北京电大毕业证。]

8月 吴晗以东城区的身份当选为出席北京市第五届人民代表大会的代表。

[按：出席北京市第五届人民代表大会的代表总共751人。]

9月2日上午 吴晗出席北京市政协第三届第二次全体会议。②

[按：会议在人民大会堂三楼小会议室举行。会议由刘仁主席主持。会议听取了万里副主席作的关于常务委员会的工作报告。下午会议进行分组讨论。会议从九月三日起，将列席北京市人大五届一次会议。]

---

① 王宏志、闻立树主编：《怀念吴晗：百年诞辰纪念》，第431页。

② 本条引自北京市档案馆档案号为127－001－00158的档案。

9月2日下午 北京市人大五届一次会议举行预备会议。吴晗当选为主席团成员。①

［按:9月2日下午,北京市人大五届一次会议在人民大会堂举行预备会议。预备会议上,选出了万里、王纯、王昆仑、吴晗等四十九人的主席团。大会通过了这次会议的议程。］

9月2日下午 吴晗出席北京市人大五届一次会议主席团第一次会议。②

［按:9月2日下午3点半,北京市第五届人民代表大会第一次会议主席团在人民大会堂主席台举行第一次会议。会议推选刘仁为主席团总召集人。会议通过了代表资格审查委员会、政府工作报告审查委员会、财政收支预算审查委员会、提案审查委员会委员名单和总监票人、监票人、代表小组临时召集人、列席人员和执行主席分组名单。］

9月3日 吴晗在北京市第五届人民代表大会第一次会议上担任提案审查委员会召集人。

［按:召集人还有:乐松生、王纯、周发岐。成员还有:王振武、安林、朱临、孙孚凌、孙国樑、佟铮、袁世海、崔月犁、陈哲文、贾庭三等三十一人。］

---

① 本条引自1964年9月3日《北京日报》第一版。

② 本条引自北京市档案馆档案号为002－016－00463的档案。

9月5日上午　吴晗出席并主持北京市人大五届一次会议提案审查委员会第一次会议。

[按:上午十一时,提案审查委员会在人民大会堂四川厅举行第一次会议。会议通过了审查提案的原则,决定分设财经、文教卫生、城市建设、政法及其他等四个组,分别对各类提案进行初步审查,并提案分组审查在九月八日晚至九月九日进行,九月十日举行第二次全体委员会进行总审查,并讨论提案审查报告。]

9月5日下午　吴晗出席北京市人大五届一次会议主席团第二次会议。①

[按:9月5日下午3点,北京市第五届人民代表大会第一次会议主席团在人民大会堂四川厅举行第二次会议。会议首先由贾秘书长汇报工业报告和财政预决算报告讨论的情况。一致通过了代表资格审查报告。]

9月7日下午　吴晗以北京市人大五届一次会议执行主席的身份主持下午的大会。②

[按:下午的执行主席还有:郭步岳、崔月犁、魏彬、严镜清、王福海、陈文润、严希纯。]

---

① 本条引自北京市档案馆档案号为002－016－00463的档案。

② 本条引自北京市档案馆档案号为002－020－00195的档案。

9 月 10 日上午 吴晗出席并主持北京市人大五届一次会议提案审查委员会第二次会议。①

[按:会议对分组审查过的提案进行总审查,并讨论向大会报告的提案审查报告。]

9 月 10 日上午 吴晗出席北京市人大五届一次会议主席团第三次会议。

[按:9 月 10 日上午 11 点,北京市第五届人民代表大会第一次会议主席团在人民大会堂四川厅举行第三次会议。会议同意中国共产党北京市委员会和北京市各民主党派、各人民团体联合提出的北京市应选的第三届全国人民代表大会代表候选人名单和北京市人民委员会组成人员人选并提请大会通过、选举。]

9 月 11 日下午 吴晗出席北京市人大五届一次会议主席团第四次会议。②

[按:9 月 11 日下午 6 点,北京市第五届人民代表大会第一次会议主席团在人民大会堂小礼堂主席台举行第三次会议。会议首先由贾星五秘书长汇报各代表小组讨论北京市应选的第三届全国人民代表大会代表候选人名单和北京市人民委员会组成人员人选的情况。讨论通过了各项

① 本条引自北京市档案馆档案号为 002 - 016 - 00463 的档案。
② 本条引自北京市档案馆档案号为 002 - 016 - 00463 的档案。

决议。]

9月12日 在北京市第五届人民代表大会第一次会议上，吴晗当选为副市长。①

[按：彭真继续当选为北京市市长，万里、贾庭三、吴晗、王昆仑、程宏毅、赵凡、范瑾、王纯、崔月犁、乐松生当选为副市长，刘仁等三十六人当选为北京市人民委员会委员。]

9月12日下午 在北京市第五届人民代表大会第一次会议上，吴晗当选为第三届全国人民代表大会代表。②

[按：下午五时四十五分，毛泽东、刘少奇、周恩来、邓小平、彭真、万里、吴晗等一百〇一人被选为北京市出席第三届全国人民代表大会的代表。]

9月16日 吴晗给北京市教育局《关于修改幼儿师范学校教学计划的请示》作出批示。③

[按：8月27日，北京市教育局就“关于修改幼儿师范学校教学计划”一事，以(64)幼教汪字第711号文件，向吴晗呈送请示。吴晗于9月16日在该文件上作出批示：“除□理外，余均同意。吴晗　九．十六”。]

---

① 本条引自《当代北京大事记》，第197页及1964年9月13日《人民日报》第一版。

② 本条引自1964年9月12日《北京日报》第一版。

③ 本条引自北京市档案馆档案号为153－001－00779的档案。

9月19日 吴晗出席新办的三十所半工半读学校开学典礼并会见了学校的师生。[①]

[按:9月19日,北京市工业、交通、城市建设等工厂企业部门新办的三十所半工半读学校,举行了开学典礼。全市第一批到这种新型学校参加学习的学生一共有两千多人。中共北京市委书记处书记邓拓,北京市副市长贾庭三、吴晗等今天会见了全市半工半读学校的师生。]

9月21日晚 吴晗在北京电视大学举行首届毕业典礼上致开会词。[②]

[按:9月21日晚,北京电视大学在广播大厦广播剧场举行首届毕业典礼。高教部部长杨秀峰、北京市副市长吴晗以及北京市有关部门和各办学单位的负责人、首届毕业生共二百〇二人出席了大会。北京市副市长、北京电视大学校长吴晗在会上致开会词。会上还由杨秀峰和吴晗向毕业生发给毕业证书。]

10月1日上午 吴晗登上天安门城楼观礼台观看群众庆祝游行大会。[③]

[按:10月1日上午10点,北京天安门广场举行了盛大

---

① 本条引自1964年9月22日《人民日报》第二版。

② 本条引自1964年9月22日《北京日报》第一版及北京市档案馆档案号为025-001-00045的档案。

③ 本条引自北京市档案馆档案号为002-020-00246的档案。

的群众庆祝中华人民共和国成立十四周年游行大会，吴晗应邀登上了他们城楼观礼台观看游行盛况。］

10月8日晚 吴晗到人民大会堂观看音乐舞蹈史诗《东方红》。①

［按：1964年10月，为庆祝中华人民共和国成立十五周年，我国赶排了大型音乐舞蹈史诗《东方红》，从10月2日开始演出，到10月9日共演出6场（10月4日和10月7日休息）。10月2日招待外宾；10月3日招待华侨、少数民族、劳模及部队等观礼代表团；10月5日招待中央、国务院各部委、直属局、人大、政协、各党派、人民团体；10月6日招待解放军总参、总政、总后、各军兵种、院校；10月8日、9日招待华北局、北京军区、北京卫戍区、北京市。］

10月22日 吴晗在北京市人民委员会的收文处理单上作出批示。②

［按：市教育局10月21日向吴晗、赵凡副市长呈递了《关于召开农村业余教育先进单位积极分子代表会的请示》，10月22日，吴晗在收文处理单上作出批示："我同意，送赵阅"。］

---

① 本条引自北京市档案馆档案号为002－020－00169的档案。

② 本条引自北京市档案馆档案号为152－001－00580的档案。

11 月 2 日 北京市政府任命吴晗兼任北京电视大学校长。[①]

[按:魏明、薛成业兼任副校长,魏明负责电视大学的常务工作。]

11 月 5 日 北京电视大学致函吴晗。[②]

[按:11 月 5 日,北京电视大学致函吴晗,报告向陆定一同志汇报的关于《北京电视大学概况》的草稿,吴晗在草稿上批示:“很好,即送梅益同志,请他会衔报送定一同志。”]

11 月 11 日 吴晗出席北京市农村业余教育先进单位积极分子代表会。[③]

[按:11 月 11 日,北京市教育局、北京市农林局、共青团北京市委、北京市妇联联合召开北京市农村业余教育先进单位积极分子代表会,有 100 多人参加了会议。吴晗副市长代表市人民委员会在会上讲了话,他对代表们在农村业余教育战线上付出的艰苦劳动表示感谢,勉励他们在工作中取得更大成绩。]

11 月 12 日 吴晗出席北京市农村业余教育先进单位积极分子代表大会并讲话。[④]

---

① 王宏志、闻立树主编:《怀念吴晗:百年诞辰纪念》,第 429 页。

② 本条引自北京市档案馆档案号为 025 - 001 - 00001 的档案。

③ 欧阳璋主编:《成人教育大事记 1949—1986》,第 265 页。

④ 欧阳璋主编:《成人教育大事记 1949—1986》,第 265 页。

［按：这次会议是由北京市教育局、北京市农林局、北京市团委、北京市妇联联合召开的。吴晗代表市人委对代表们在农村业余教育战线上付出的艰苦劳动表示感谢，勉励他们在工作中取得更大的成绩。］

11月17日下午 吴晗出席北京市各界人民欢迎马晴山、陈觉光荣起义返回祖国大陆集会。①

［按：11月17日下午，北京市各界人民一千五百多人今天下午在政协礼堂集会，热烈欢迎原台湾参加东京奥运会射击运动员马晴山和“体育考察团”团员陈觉光荣起义返回祖国大陆。欢迎大会由政协北京市委员会副主席廖沫沙主持。吴晗在会上发表了讲话。蔡廷锴代表国家体育运动委员会发给马晴山、陈觉奖金各一万元和证明书。出席欢迎大会的，还有交通部副部长萧民、教育部副部长林砺儒，政协北京市委员会副主席蒋光鼐、梁思成、余心清、凌其峻，北京市各民主党派、各人民团体的负责人，北京市的工人、学生、机关干部、体育工作者和运动员等。］

12月8日 吴晗给市教育局的请示作出批示。②

［按：北京市教育局1964年11月28日以（教人字）第872号文件向北京市人民委员会发出《关于请求分配一批部

---

① 本条引自1964年11月18日《人民日报》第二版。

② 本条引自北京市档案馆档案号为002－016－00397的档案。

队转业干部和退伍士兵补充中学教师、中小学人事。保卫干部和工勤人员的请示》，吴晗12月8日作出批示："一、同意按中央规定补充人员。二、调配问题请教育局直接和有关局会商解决。"］

12月13日 《人民日报》《北京日报》刊载了《中华人民共和国第三届全国人民代表大会代表名单》。吴晗作为北京市的代表名列其中。①

［按：北京市出席第三届全国人民代表大会的代表主要有：万里、王昆仑、毛泽东、邓小平、邓拓、乐松生、刘少奇、庄则栋、华罗庚、吴晗、张友渔、张百发、张奚若、陆平、范瑾、林巧稚、周恩来、浦洁修、诸福棠、贾庭三、梁思成、彭真、蒋南翔、舒舍予、蔡旭、魏建功等一百〇一人。］

12月21日下午 吴晗出席全国人民代表大会第三届一次会议开幕式。②

［按：12月21日下午，全国人民代表大会第三届一次会议在人民大会堂隆重举行。党和国家领导人毛泽东、刘少奇、宋庆龄、朱德、周恩来等出席开幕式。会议由刘少奇主持，周恩来作政府工作报告。出席会议的代表共计二千八百三十六人。］

---

① 本条引自1964年12月13日《人民日报》《北京日报》第二版。

② 本条引自1964年12月22日《人民日报》第一版。

12月21日下午 吴晗在全国人民代表大会第三届一次会议上当选为预算委员会委员。[①]

[按:预算委员会主任为谷牧,委员(按姓名笔划排列):丁西林、王芸生、王绍鏊、王崇伦、邓宝珊、宁武、乐松生、刘靖基、许广平、许崇清、协饶顿珠、华罗庚、李范五、李明灏、杨海波、吴晗、邱及、张天民、陈此生、陈绍宽、茅以升、林默涵、周纯全、周叔弢、周明山、施惠珍、胡子昂、钱正英、康世恩、韩光、潘震亚、薛暮桥。]

下半年 吴晗在电大致陆定一的报告上作出批示。[②]

[按:1964年下半年,解放军一中级军官给陆定一同志写了一封信,批评北京电视大学中文系的教学。后来这封信转到了北京电视大学。电视大学领导们阅后,就给陆定一写了一个情况汇报,吴晗在这个报告上做出了批示:"这个报告很好,可转送陆定一同志。"]

---

① 本条引自1964年12月21日《人民日报》第二版。

② 本条引自北京市档案馆档案号为025-001-00001的档案。

一九六五年

1月3日 吴晗在全国人大第三届第一次会议上当选为人大常务委员会委员。[①]

[按:全国人大第三届第一次会议选举的委员还有:王昆仑、区棠亮、史良、张苏、范文澜、林巧稚、竺可桢、徐冰、梁思成、蔡畅等96人。]

1月5日 《人民日报》刊登了《中华人民共和国全国人民代表大会公告　第六号》,吴晗作为全国人大常务委员会委员名列其中。[②]

[按:《人民日报》1月5日第二版上刊登的《中华人民共和国全国人民代表大会公告　第六号》,是公布1月3日全国人大第三届第一次会议选举的全国人大常务委员会委员名单。]

① 本条引自1965年1月5日《人民日报》第二版。

② 本条引自1965年1月5日《人民日报》第二版。

春节前夕　吴晗任北京市各界人民春节慰问团团长。①

［按：春节前夕，北京市成立了由吴晗、王纯担任正、副团长的北京市各界人民春节慰问团，热情慰问驻京的中国人民解放军和中国人民公安部队。］

2月16日　吴晗在北京电大中文系教改方案（草案）上作出批示。②

［按：吴晗在批示中写道："魏明同志：这个方案很好符合少而精的原则。有两点意见：一、写作课是否应规定学生必须作文若干次，教师负责修改。不这样，光说不练是学不好的。但是规定修改作文，必须增加人力，如何解决请考虑。二、方案虽好，如教师不同意，也很难贯彻，好不好组织中文系教师讨论取得一致意见后全力贯彻。以上意见供参考。"］

2月　吴晗在电大的一份教学质量的文件上作出关于中文系写作课的批示。③

［按：批示说，"中文系写作课是否应该规定学生必须作文若干次，教师负责修改。不这样，光说不练是学不好的"。］

3月8日至4月初　吴晗去非洲访问。

---

① 本条引自1965年1月26日《人民日报》第二版。

② 本条引自北京市档案馆档案号为025－001－00001的档案。

③ 王宏志、闻立树主编：《怀念吴晗：百年诞辰纪念》，第429页。

4月中旬 吴晗圈阅了高等教育部(65)高一密究字第978号文件。[1]

[按:高等教育部(65)高一密究字第978号文件的内容是:高等教育部关于做好1965年研究生新生录取工作的通知。]

5月14日 吴晗给"北京市高等教育局关于广播科学研究所在京增办一所半工半读广播专科学校的报告"作出批示。[2]

[按:5月14日,吴晗在北京市人民委员会办公厅拟办的"北京市高等教育局关于广播科学研究所在京增办一所半工半读广播专科学校的报告"收文处理单上作出批示:"同意"。]

5月25日 吴晗圈阅了高等教育部(65)高一蒋究字第1264号文件。[3]

[按:高等教育部(65)高一蒋究字第1264号文件的内容是:关于制订1966年全国理工农医各专业招收研究生计划的通知。]

5月31日下午 吴晗在北京市人民委员会办公厅(65)收文

① 本条引自北京市档案馆档案号为002-017-00135的档案。

② 本条引自北京市档案馆档案号为002-017-00136的档案。

③ 本条引自北京市档案馆档案号为002-017-00135的档案。

中字68号收文处理单上作出批示。①

［按:5月27日,北京市人民委员会以(65)市吴字第26号文件发出《北京市人民委员会转发国务院批转国务院文教办公室关于天津大学实验室情况调查材料》的文件,5月31日,吴晗在北京市人民委员会办公厅(65)收文中字68号收文处理单上作出批示:“请魏明同志阅,并即进行检查,将结果报国务院文教办公室。吴晗　五．卅一”。］

6月1日　吴晗出席首都少年儿童庆祝“六一”国际儿童节联欢会并在会上讲话。②

［按:6月1日,首都一万五千名少年儿童在北京工人体育馆热烈庆祝“六一”国际儿童节。朱德和夫人康克清、郭沫若和夫人于立群、蔡畅、万里等一起参加了联欢会,同孩子们一起过节。吴晗在会上讲话。他向少年儿童表示节日的祝贺。］

6月3日　吴晗出席首都欢迎中国乒乓球代表团,祝贺乒乓球队健儿们在世界锦标赛中取得的辉煌胜利盛大集会。③

［按:6月3日,首都工人、学生、机关干部和中国人民解放军指战员在工人体育馆举行盛大集会,欢迎中国乒乓球

① 本条引自北京市档案馆档案号为002－017－00129的档案。

② 本条引自1965年6月2日《人民日报》第一版。

③ 本条引自1965年6月4日《人民日报》第一版。

代表团，祝贺乒乓球队健儿们在世界锦标赛中取得的辉煌胜利。中共北京市委书记处书记、北京市副市长万里首先致欢迎词，中华全国总工会书记处书记张天民代表首都各界人民在会上讲话，中国乒乓球队运动员代表庄则栋、林慧卿在热烈的掌声中也先后讲了话。参加今天欢迎会的，还有各方面的负责人张际春、张奚若、刘新权、吴冷西、黄中、赵正洪、庄希泉、刘季平、杨海波、杨蕴玉、马约翰，以及北京市副市长吴晗、崔月犁、乐松生等。欢迎会后，庄则栋、李富荣、徐寅生、张燮林、周兰荪、余长春、林慧卿、郑敏之、梁丽珍、李赫男、李莉等优秀乒乓球选手作了精彩的单打和双打表演。]

6 月 12 日 吴晗圈阅了高等教育部(65)高学学载字第 282 号文件和高等教育部(65)高学密发字第 22 号文件。①

[按：高等教育部(65)高学学载字第 282 号文件的内容是：发布关于一九六五年高等学校招考新生的规定。高等教育部(65)高学密发字第 22 号文件的内容是：关于一九六五年高等学校招考工作的通知。]

7 月 20 日晚 吴晗陪同接见从海外归来的李宗仁先生和他的夫人郭德洁女士等。②

---

① 本条引自北京市档案馆档案号为 002 - 017 - 00135 的档案。

② 本条引自 1965 年 7 月 21 日《人民日报》第一版。

［按:7月20日晚,中国人民政治协商会议全国委员会主席、国务院总理周恩来接见并设宴欢迎刚从海外归来的李宗仁先生和他的夫人郭德洁女士,以及随同回国的程思远先生。参加接见和宴会的,有政协全国委员会副主席、人大常委会副委员长彭真和夫人张洁清,人大常委会副委员长郭沫若和夫人于立群,人大常委会副委员长陈叔通,国务院副总理贺龙、罗瑞卿,政协全国委员会副主席徐冰和夫人张晓梅,政协全国委员会副主席高崇民、沈雁冰、许德珩,国防委员会副主席傅作义、蔡廷锴等。参加接见和宴会的,还有各民主党派、全国工商联和无党派民主人士余心清、翁文灏、蒋光鼐、胡愈之、吴晗、楚图南、千家驹、华罗庚、浦洁修、郭则沉、乐松生、张奚若、舒舍予、王芸生等。］

7月29日中午 吴晗出席徐冰和夫人张晓梅举行的欢迎李宗仁先生和夫人郭德洁女士等的宴会。[①]

［按:7月29日中午,中共中央统战部部长徐冰和夫人张晓梅同志宴请李宗仁先生和夫人郭德洁女士,以及程思远先生。出席宴会的,有人大常委会副委员长郭沫若和夫人于立群,政协全国委员会副主席高崇民、沈雁冰、许德珩等。出席宴会的还有各民主党派和全国工商联的负责人余心清、吴晗、季方、陈其尤、苏子蘅。出席宴会的,还有有关部门的负责人和各界知名人士周荣鑫、刘清扬、曾宪植、竺

① 本条引自1965年7月30日《人民日报》第一版。

可桢、舒舍予、曹禺、冯友兰、何基沣、何思源、申伯纯、高登榜、刘仲华、顾颉刚、袁世海、高玉倩、钱浩梁、刘长瑜等。]

7月30日晚 吴晗出席北京市人民委员会举办的拥军优属联欢会并在会上讲话。①

[按:7月30日晚,首都驻京部队、民兵、军属、烈属、革命残疾军人和复员退伍军人代表等二千五百多人,今晚参加了北京市人民委员会举办的拥军优属联欢会,庆祝中国人民解放军建军三十八周年。中共北京市委书记处书记郑天翔、赵凡,北京市副市长吴晗、崔月犁、乐松生和北京市政协副主席余心清、王源兴等参加了联欢会,和大家一起欢庆节日。参加联欢会的,还有北京部队政治部副主任张正光,北京卫戍区司令员李家益、副司令员李钟奇、政治部主任张益三等。吴晗代表北京市人民委员会向到会的代表们热烈祝贺节日并且表示亲切慰问。会后,北京京剧团演出了京剧《沙家浜》。]

8月4日 吴晗给“北京市教育局关于接办九一小学等三校问题的请示”作出批示。②

[按:8月4日,吴晗在北京市人民委员会办公厅闫继武7月29日拟办的“北京市教育局关于接办九一小学等三校

---

① 本条引自《人民日报》1965年7月31日第一版。

② 本条引自北京市档案馆档案号为002-017-00136的档案。

问题的请示”的收文处理单上作出批示:“同意接办”。]

8 月 11 日 吴晗出席北京电视大学第二届毕业典礼、附中第一届结业典礼大会,并在会上讲话。[1]

[按:8 月 11 日,北京电视大学在北京农业展览馆剧场举行第二届毕业典礼、附中第一届结业典礼大会。这次电视大学有数学系、物理系和中文系的四千余名学员毕业。这部分学员来自全市十七个区(县)两千多个单位。吴晗出席大会并在会上讲话。

在这次会上吴晗和时任高等教育部部长杨秀峰等领导一起,为毕业生颁发了由他签署的北京电视大学毕业证书。]

8 月 27 日上午 吴晗乘机前往拉萨祝贺西藏自治区成立。[2]

[按:8 月 27 日上午,为祝贺西藏自治区成立,中共中央和国务院派出代表团,乘专机离开北京前往拉萨。中央代表团团长为谢富治,副团长为张经武、刘春。代表团团员共七十六名,他们是北京市副市长吴晗,上海市副市长张承宗等。前往机场送行的有中共中央书记处书记、国务院副总理罗瑞卿,中共中央书记处候补书记杨尚昆,人大常委会副委员长林枫,政协全国委员会副主席、中共中央统一战线工作部部长徐冰,

① 王宏志、闻立树主编:《怀念吴晗:百年诞辰纪念》,第 431 页及北京市档案馆档案号为 025 - 001 - 00001 的档案。

② 本条引自《人民日报》1965 年 8 月 28 日第一版。

政协全国委员会副主席沈雁冰,国务院秘书长周荣鑫,中共中央统一战线工作部副部长平杰三等,以及各族各界群众数百人。]

9月1日 吴晗出席西藏自治区第一届人民代表大会第一次会议开幕式并在会上致祝词。①

[按:9月1日,西藏自治区第一届人民代表大会第一次会议在拉萨开幕。中央代表团团长谢富治,副团长张经武、刘春,和代表团全体团员出席了今天的开幕式。谢富治、萧向荣、桑吉悦希(藏族)、吴晗、张天民等在大会上致祝词。吴晗代表北京市人民委员会和北京市各族人民,向西藏各族人民致以衷心的热烈的祝贺。他赞扬了西藏人民在革命和建设事业中取得的成就,并且祝西藏人民今后在社会主义革命和社会主义建设中不断取得更加伟大的胜利。他说,首都人民一定要和全国各族人民、兄弟的西藏人民一起,继续努力,共同前进,并继续尽力给西藏同胞以兄弟般的支援。]

9月6日 《北京日报》公布了政协北京市第四届委员会名单,吴晗名列其中。②

[按:政协北京市第四届委员会共计委员373人。]

---

① 本条引自《人民日报》1965年9月2日第一版。

② 本条引自1965年9月6日《北京日报》第二版。

9月6—10日 政协北京市第四届委员会第一次全体会议召开，吴晗等10人当选为副主席。①

［按：会议选举产生了北京市政协第四届委员会主席、副主席、秘书长和常务委员。刘仁为主席，万里、蒋光鼐、吴晗、余心清、凌其峻、林巧稚、崔月犁、王源兴、杨宽麟、夏翔为副主席，崔月犁为秘书长，丁贡南等六十六人为常务委员。］

10月2日中午 吴晗出席彭真举行的招待参加第二届全国运动会的各体育代表团全体人员、裁判员、工作人员的招待会。②

［按：10月2日中午，中共中央政治局委员、中共北京市委第一书记、北京市市长彭真今天午间举行招待会，招待参加第二届全国运动会的各省、市、自治区和中国人民解放军的体育代表团全体人员、裁判员、工作人员，热烈祝贺这届运动会取得成功。邓小平、陈毅、陆定一、陶铸、刘澜涛、杨尚昆、宋任穷等同志出席了招待会，并且和彭真同志一起接见了各体育代表团负责人和一部分优秀运动员。国家体委副主任蔡廷锴、李达，中华全国体育总会主席马约翰，以及其他有关方面的负责人，出席了招待会。出席招待会的，还有中共北京市委书记处书记郑天翔、万里、邓拓、赵凡，北京市副市长吴晗、王昆仑、乐松生、王纯、范瑾等。］

---

① 本条引自《当代北京大事记》，第204页。

② 本条引自1965年10月3日《人民日报》第一版。

10 月 4 日下午 吴晗在中山公园中山堂作《西藏见闻》的报告。①

［按:北京市政协委员及其他方面人士 680 多人出席。］

10 月 13 日 吴晗参加北京电视大学系主任会议。②

［按:出席会议的有:魏明、王力、段学复、冯钟泰、张森等近 20 人。在这次会议上,谈到教师坐班制问题,吴晗说:"知识分子有知识分子的特点和习惯",主张取消电大教师坐班制。］

10 月 22 日 王刚致函吴晗。③

［按:10 月 22 日,王刚就"接见日本东京都亚非团结委员会理事长伊藤吉春的有关情况"致函吴晗,并列出四个方面的情况告知吴晗,供其在接见时参考。］

［按:本信函原件上没有年份,编者根据本信函的内容考证,时间应为 1965 年。］

10 月 25 日 《北京日报》刊登了全国政协"孙中山诞辰百年纪念筹备委员会名单",吴晗作为委员名列其中。④

［按:10 月 24 日,全国政协常委会举行第三次会议,决

① 本条引自北京市档案馆档案号为 127－001－00165 的档案。

② 王宏志、闻立树主编:《怀念吴晗:百年诞辰纪念》,第 429 页。

③ 本条引自北京市档案馆档案号为 127－001－00187 号的档案。

④ 本条引自 1965 年 10 月 25 日《北京日报》第一版。

定在明年孙中山先生诞辰一百周年时，举行隆重纪念。会议决定了筹备委员会委员的名单。]

10 月 31 日下午 吴晗出席"孙中山先生诞辰一百周年纪念筹备委员会"第一次会议。①

[按:10 月 31 日下午，孙中山先生诞辰一百周年纪念筹备委员会举行第一次会议。国家主席刘少奇主持会议。筹备委员会全体委员出席了这次会议。]

11 月 5 日 吴晗参观中国书店举办的古籍装订修补技术展览会的现场，并题词祝贺。②

[按:这次，吴晗是和邓拓一起去参观的。参观后他们分别题词，邓拓的题词是:"寻书忘岁月人莫笑蹉跎 但满邺侯架宁辞辛苦多 壬寅冬日戏改邵康节诗一绝以谢中国书店诸同志之辛勤劳动。"吴晗的题词是:"救活破旧书，使古为今用。"]

11 月 5 日 吴晗就电视台新发射台电视大学播出室换房问题去月坛工地视察。③

[按:这份史料出自于北京市档案馆档案号为 025 -

---

① 本条引自 1965 年 12 月 1 日《人民日报》《北京日报》第一版。

② 闻立树:《在吴晗副市长身边工作的日子》。

③ 本条引自北京市档案馆档案号为 025 - 001 - 00001 的档案。

001－00001的档案。在这份档案中，有一份1966年5月27日北京电视大学办公室写的题为《吴晗在电视大学直接参加的活动》的档案文件，这份资料提供的日期在全国大批吴晗之后，估计是当时北京电视大学办公室为需要整理吴晗的材料而提供的。]

11月12日 吴晗出席北京市政协第四届第一次常务委员会会议。①

[按：会议在南河沿政协文化俱乐部召开。会议由吴晗副主席主持。会议主要有二个议程：一、由崔月犁副主席报告北京市知识青年上山下乡工作的情况，二、通过有关政协的工作机构和人员名单。]

11月25日 吴晗出席北京市政协第四届第二次常务委员会扩大会议。②

[按：会议在南河沿政协文化俱乐部礼堂召开。出席会议的还有：万里、蒋光鼐、余心清、林其峻、崔月犁等六十八人。]

12月11日 吴晗在北京市教育局教工薛字第421号文件

① 本条引自北京市档案馆档案号为127－001－00165的档案。

② 本条引自北京市档案馆档案号为127－001－00165的档案。

上作出批示。[1]

［按：12 月 2 日，北京市教育局就“关于建立北京市广播函授农业学校”一事以(65)教工薛字第 421 号文件向北京市人民政府递呈请示。吴晗于 12 月 11 日在该文件上作出批示：“同意。吴晗　十二．十一”。］

12 月 14 日　吴晗出席中共北京市委的工作会议。[2]

［按：会议在国际饭店举行。在会议休息时，彭真对吴晗说：你上不着天，下不着地，脱离工农兵，世界观没有改造好。你错的就检讨，对的就坚持，坚持真理，修正错误。吴晗表示：我是有错误的，愿意检讨，愿意到工农兵中去。］

12 月 19 日　吴晗给“北京市教育局关于建立北京广播函授农业学校的请示”作出批示。[3]

［按：12 月 9 日，吴晗在闫继武 12 月 4 日拟办的“北京市教育局关于建立北京广播函授农业学校的请示”收文处理单上作出批示：“同意”。］

---

① 本条引自北京市档案馆档案号为 153－001－00089 的档案。

② 本条引自北京市档案馆档案号为 127－001－00165 的档案。

③ 本条引自北京市档案馆档案号为 002－017－00008 的档案。

一九六六年

1月1日 吴晗给“北京市高等教育局关于文化部在京开办图书馆半工半读专科学校和新华书店外文发行所半工半读专科学校的报告”作出批示。①

[按:1月1日,吴晗在北京市人民委员会办公厅闫继武拟办的“北京市高等教育局关于文化部在京开办图书馆半工半读专科学校和新华书店外文发行所半工半读专科学校的报告”收文处理单上作出批示:“同意”。]

2月26日 吴晗出席一九六六年北京市人民委员会第二十六次会议。②

[按:1月13日上午9点,北京市人民委员会第十五次会议在市人委北楼大会议室召开。出席会议的主要有:万里、吴晗、王昆仑、范瑾、崔月犁、乐松生、彭城、陶杰等十八人。会议主要讨论北京市计划委员会关于北京市小商品生

① 本条引自北京市档案馆档案号为002-017-00136的档案。

② 本条引自北京市档案馆档案号为002-020-00636的档案。

产安排情况和问题的报告。]

3月2日 北京市委领导为了保护吴晗，由市委书记处书记万里出面，让吴晗下乡参加“四清”，让他换个环境。[①]

[按：为了保护吴晗，中共北京市委根据周恩来的指示，由万里出面，让吴晗到昌平县大东流公社参加“四清”，吴晗下去时化名李明光。万里还特地安排吴晗的秘书郭星华陪同。]

[按：“四清”，是1963年到1966年5月先后在大部分农村和少数城市工矿企业和学校等单位开展的一次清政治、清经济、清思想、清组织的运动。即社会主义教育运动。这次运动，虽然对于解决干部作风和经济管理等方面的问题起到了很大的作用，但由于把这些不同性质的问题都认为是阶级斗争或者是阶级斗争在党的反映，在一九六四年下半年使少数基层干部受到不应有的打击。一九六五年一月，中共中央制定了《农村社会主义教育运动中目前提出的一些问题》，共二十三条。这个文件虽然对“四清”运动中某些“左”的偏向作了纠正，但又提出了这次社会主义教育运动的重点是整“党内走资本主义道路的当权派”。]

---

① 王宏志、金若年著：《吴晗画传》，第137页及宋连生著：《吴晗的后二十年》，第231页。

主要参考文献

一、报纸

1949 年 2 月至 1966 年 3 月的《人民日报》

1949 年 11 月至 1966 年 3 月的《光明日报》

1953 年 4 月至 1966 年 3 月的《北京日报》

1959 年 7 月至 1966 年 3 月的《北京晚报》

二、专著

郑士德编著:《新华书店五十年春秋(1937—1987)》

王宏志、金若年著:《吴晗画传》

王宏志、闻立树主编:《怀念吴晗:百年诞辰纪念》

宋连生著:《吴晗的后二十年》

马新国、刘锡庆编:《北京师范大学百年图志》

清华大学校史研究室编:《清华大学九十年》

清华大学校史研究室编《清华大学一百年》

清华大学校史研究室编:《清华大学史料选编》第五卷(上)

清华大学校史研究室编:《清华大学史料选编》第五卷(下)

方惠坚、张思敬主编:《清华大学志(下)》

刘国生著《从清华走出的教育家》

麻星甫编:《楚图南年谱》

李建编著:《八宝山纪事》

欧阳璋主编:《成人教育大事记》

陈世崇主编:《北京市文联五十年》

王树声文:《北京的黎明〈建国初期北京市的文化艺术工作〉》

王康久主编:《北京卫生志》

王康久主编:《北京卫生大事记》

常君实主编:《吴晗全集》十卷版第十卷

王世民、夏素琴等编:《夏鼐日记》

李建盛编著:《北京文化60年》

《彭真传》编写组编:《彭真年谱》第二卷

《彭真传》编写组编:《彭真年谱》第三卷

人民出版社出版:《竺可桢日记》

崔振华主编:《北京天文馆文集》

傅谨主编:《新中国北京文艺60年:1949—2009戏剧卷》

刘光永著:《清官梦——吴晗传》

顾潮编著:《顾颉刚年谱(增订本)》

北京历史学会编:《吴晗纪念文集》

当代中国的北京编辑部编:《当代北京大事记》

崔振华主编:《北京天文馆文集(1957—1997)》

上海鲁迅纪念馆编:《郑振铎纪念集》

李永敏主编:《中国共产党北京朝阳区历史大事记 1944—2000》

中共中央文献研究室编:《周恩来年谱(一九四九——一九七六)(中卷)》

张克复编注:《档案诗词选》

政协北京市委员会办公厅、北京市档案馆编:《北京政协五十年》

北京市档案馆等编:《北京市重要文献选编 1950》

北京市档案馆等编:《北京市重要文献选编 1951》

北京市档案馆等编:《北京市重要文献选编 1952》

北京市人大常委办公厅编:《北京市人民代表大会文献资料汇编 1949　1993》

北京市档案局(馆)编:《北京档案珍藏展图录》

三、档案

北京市档案馆档案号为 001－006－00131 的档案

北京市档案馆档案号为 001－006－00960 的档案

北京市档案馆档案号为 001－023－00037 的档案

北京市档案馆档案号为 001－023－00238 的档案

北京市档案馆档案号为 002－001－00136 的档案

北京市档案馆档案号为 002－003－00001 的档案

北京市档案馆档案号为 002－003－00021 的档案

北京市档案馆档案号为 002－003－00220 的档案

北京市档案馆档案号为 002 - 003 - 00222 的档案
北京市档案馆档案号为 002 - 003 - 00231 的档案
北京市档案馆档案号为 002 - 003 - 00232 的档案
北京市档案馆档案号为 002 - 003 - 00234 的档案
北京市档案馆档案号为 002 - 003 - 00235 的档案
北京市档案馆档案号为 002 - 003 - 00246 的档案
北京市档案馆档案号为 002 - 003 - 00247 的档案
北京市档案馆档案号为 002 - 003 - 00248 的档案
北京市档案馆档案号为 002 - 003 - 00249 的档案
北京市档案馆档案号为 002 - 003 - 00250 的档案
北京市档案馆档案号为 002 - 003 - 00251 的档案
北京市档案馆档案号为 002 - 003 - 00252 的档案
北京市档案馆档案号为 002 - 003 - 00253 的档案
北京市档案馆档案号为 002 - 003 - 00254 的档案
北京市档案馆档案号为 002 - 003 - 00255 的档案
北京市档案馆档案号为 002 - 004 - 00018 的档案
北京市档案馆档案号为 002 - 004 - 00086 的档案
北京市档案馆档案号为 002 - 004 - 00107 的档案
北京市档案馆档案号为 002 - 004 - 00105 的档案
北京市档案馆档案号为 002 - 004 - 00123 的档案
北京市档案馆档案号为 002 - 004 - 00125 的档案
北京市档案馆档案号为 002 - 004 - 00126 的档案
北京市档案馆档案号为 002 - 004 - 00190 的档案
北京市档案馆档案号为 002 - 004 - 00207 的档案

北京市档案馆档案号为 002 - 004 - 00208 的档案

北京市档案馆档案号为 002 - 004 - 00211 的档案

北京市档案馆档案号为 002 - 005 - 00116 的档案

北京市档案馆档案号为 002 - 005 - 00150 的档案

北京市档案馆档案号为 002 - 005 - 00152 的档案

北京市档案馆档案号为 002 - 005 - 00160 的档案

北京市档案馆档案号为 002 - 005 - 00166 的档案

北京市档案馆档案号为 002 - 005 - 00173 的档案

北京市档案馆档案号为 002 - 005 - 00194 的档案

北京市档案馆档案号为 002 - 005 - 00269 的档案

北京市档案馆档案号为 002 - 006 - 00018 的档案

北京市档案馆档案号为 002 - 006 - 00020 的档案

北京市档案馆档案号为 002 - 006 - 00038 的档案

北京市档案馆档案号为 002 - 006 - 00189 的档案

北京市档案馆档案号为 002 - 006 - 00193 的档案

北京市档案馆档案号为 002 - 006 - 00197 的档案

北京市档案馆档案号为 002 - 006 - 00202 的档案

北京市档案馆档案号为 002 - 006 - 00210 的档案

北京市档案馆档案号为 002 - 006 - 00215 的档案

北京市档案馆档案号为 002 - 006 - 00235 的档案

北京市档案馆档案号为 002 - 006 - 00252 的档案

北京市档案馆档案号为 002 - 006 - 00254 的档案

北京市档案馆档案号为 002 - 006 - 00256 的档案

北京市档案馆档案号为 002 - 006 - 00258 的档案

北京市档案馆档案号为 002 – 006 – 00259 的档案

北京市档案馆档案号为 002 – 006 – 00261 的档案

北京市档案馆档案号为 002 – 006 – 00263 的档案

北京市档案馆档案号为 002 – 006 – 00264 的档案

北京市档案馆档案号为 002 – 006 – 00268 的档案

北京市档案馆档案号为 002 – 006 – 00270 的档案

北京市档案馆档案号为 002 – 006 – 00274 的档案

北京市档案馆档案号为 002 – 006 – 00275 的档案

北京市档案馆档案号为 002 – 006 – 00276 的档案

北京市档案馆档案号为 002 – 006 – 00277 的档案

北京市档案馆档案号为 002 – 006 – 00279 的档案

北京市档案馆档案号为 002 – 006 – 00288 的档案

北京市档案馆档案号为 002 – 006 – 00331 的档案

北京市档案馆档案号为 002 – 007 – 00170 的档案

北京市档案馆档案号为 002 – 007 – 00171 的档案

北京市档案馆档案号为 002 – 008 – 00019 的档案

北京市档案馆档案号为 002 – 008 – 00025 的档案

北京市档案馆档案号为 002 – 008 – 00057 的档案

北京市档案馆档案号为 002 – 008 – 00068 的档案

北京市档案馆档案号为 002 – 008 – 00170 的档案

北京市档案馆档案号为 002 – 008 – 00178 的档案

北京市档案馆档案号为 002 – 008 – 00194 的档案

北京市档案馆档案号为 002 – 008 – 00195 的档案

北京市档案馆档案号为 002 – 008 – 00197 的档案

北京市档案馆档案号为 002 - 008 - 00198 的档案
北京市档案馆档案号为 002 - 008 - 00199 的档案
北京市档案馆档案号为 002 - 008 - 00238 的档案
北京市档案馆档案号为 002 - 008 - 00239 的档案
北京市档案馆档案号为 002 - 009 - 00160 的档案
北京市档案馆档案号为 002 - 009 - 00164 的档案
北京市档案馆档案号为 002 - 009 - 00166 的档案
北京市档案馆档案号为 002 - 009 - 00167 的档案
北京市档案馆档案号为 002 - 009 - 00169 的档案
北京市档案馆档案号为 002 - 009 - 00171 的档案
北京市档案馆档案号为 002 - 009 - 00174 的档案
北京市档案馆档案号为 002 - 009 - 00221 的档案
北京市档案馆档案号为 002 - 009 - 00223 的档案
北京市档案馆档案号为 002 - 009 - 00224 的档案
北京市档案馆档案号为 002 - 010 - 00029 的档案
北京市档案馆档案号为 002 - 010 - 00049 的档案
北京市档案馆档案号为 002 - 010 - 00065 的档案
北京市档案馆档案号为 002 - 010 - 00070 的档案
北京市档案馆档案号为 002 - 010 - 00076 的档案
北京市档案馆档案号为 002 - 010 - 00218 的档案
北京市档案馆档案号为 002 - 010 - 00219 的档案
北京市档案馆档案号为 002 - 010 - 00220 的档案
北京市档案馆档案号为 002 - 010 - 00221 的档案
北京市档案馆档案号为 002 - 010 - 00224 的档案

北京市档案馆档案号为 002－010－00227 的档案
北京市档案馆档案号为 002－010－00267 的档案
北京市档案馆档案号为 002－011－00008 的档案
北京市档案馆档案号为 002－011－00009 的档案
北京市档案馆档案号为 002－011－00042 的档案
北京市档案馆档案号为 002－011－00140 的档案
北京市档案馆档案号为 002－011－00166 的档案
北京市档案馆档案号为 002－011－00260 的档案
北京市档案馆档案号为 002－011－00261 的档案
北京市档案馆档案号为 002－012－00054 的档案
北京市档案馆档案号为 002－012－00168 的档案
北京市档案馆档案号为 002－012－00213 的档案
北京市档案馆档案号为 002－012－00214 的档案
北京市档案馆档案号为 002－012－00229 的档案
北京市档案馆档案号为 002－012－00453 的档案
北京市档案馆档案号为 002－013－00133 的档案
北京市档案馆档案号为 002－013－00134 的档案
北京市档案馆档案号为 002－013－00152 的档案
北京市档案馆档案号为 002－013－00154 的档案
北京市档案馆档案号为 002－013－00155 的档案
北京市档案馆档案号为 002－014－00287 的档案
北京市档案馆档案号为 002－015－00050 的档案
北京市档案馆档案号为 002－015－00056 的档案
北京市档案馆档案号为 002－015－00065 的档案

北京市档案馆档案号为 002 - 015 - 00134 的档案

北京市档案馆档案号为 002 - 015 - 00387 的档案

北京市档案馆档案号为 002 - 015 - 00392 的档案

北京市档案馆档案号为 002 - 015 - 00394 的档案

北京市档案馆档案号为 002 - 015 - 00398 的档案

北京市档案馆档案号为 002 - 015 - 00407 的档案

北京市档案馆档案号为 002 - 015 - 00455 的档案

北京市档案馆档案号为 002 - 016 - 00031 的档案

北京市档案馆档案号为 002 - 016 - 00128 的档案

北京市档案馆档案号为 002 - 016 - 00366 的档案

北京市档案馆档案号为 002 - 016 - 00384 的档案

北京市档案馆档案号为 002 - 016 - 00396 的档案

北京市档案馆档案号为 002 - 016 - 00397 的档案

北京市档案馆档案号为 002 - 016 - 00398 的档案

北京市档案馆档案号为 002 - 016 - 00399 的档案

北京市档案馆档案号为 002 - 016 - 00400 的档案

北京市档案馆档案号为 002 - 016 - 00401 的档案

北京市档案馆档案号为 002 - 016 - 00425 的档案

北京市档案馆档案号为 002 - 016 - 00463 的档案

北京市档案馆档案号为 002 - 017 - 00008 的档案

北京市档案馆档案号为 002 - 017 - 00129 的档案

北京市档案馆档案号为 002 - 017 - 00135 的档案

北京市档案馆档案号为 002 - 017 - 00136 的档案

北京市档案馆档案号为 002 - 020 - 00090 的档案

北京市档案馆档案号为 002－020－00091 的档案

北京市档案馆档案号为 002－020－00098 的档案

北京市档案馆档案号为 002－020－00111 的档案

北京市档案馆档案号为 002－020－00114 的档案

北京市档案馆档案号为 002－020－00123 的档案

北京市档案馆档案号为 002－020－00128 的档案

北京市档案馆档案号为 002－020－00131 的档案

北京市档案馆档案号为 002－020－00133 的档案

北京市档案馆档案号为 002－020－00147 的档案

北京市档案馆档案号为 002－020－00148 的档案

北京市档案馆档案号为 002－020－00151 的档案

北京市档案馆档案号为 002－020－00157 的档案

北京市档案馆档案号为 002－020－00158 的档案

北京市档案馆档案号为 002－020－00161 的档案

北京市档案馆档案号为 002－020－00164 的档案

北京市档案馆档案号为 002－020－00169 的档案

北京市档案馆档案号为 002－020－00173 的档案

北京市档案馆档案号为 002－020－00174 的档案

北京市档案馆档案号为 002－020－00188 的档案

北京市档案馆档案号为 002－020－00191 的档案

北京市档案馆档案号为 002－020－00195 的档案

北京市档案馆档案号为 002－020－00225 的档案

北京市档案馆档案号为 002－020－00232 的档案

北京市档案馆档案号为 002－020－00233 的档案

北京市档案馆档案号为 002 -020 -00235 的档案

北京市档案馆档案号为 002 -020 -00236 的档案

北京市档案馆档案号为 002 -020 -00237 的档案

北京市档案馆档案号为 002 -020 -00242 的档案

北京市档案馆档案号为 002 -020 -00243 的档案

北京市档案馆档案号为 002 -020 -00246 的档案

北京市档案馆档案号为 002 -020 -00251 的档案

北京市档案馆档案号为 002 -020 -00636 的档案

北京市档案馆档案号为 002 -020 -00720 的档案

北京市档案馆档案号为 002 -020 -00888 的档案

北京市档案馆档案号为 002 -020 -01610 的档案

北京市档案馆档案号为 002 -020 -01620 的档案

北京市档案馆档案号为 002 -020 -01620 的档案

北京市档案馆档案号为 002 -020 -01622 的档案

北京市档案馆档案号为 004 -001 -00035 的档案

北京市档案馆档案号为 004 -004 -00005 的档案

北京市档案馆档案号为 004 -004 -00041 的档案

北京市档案馆档案号为 004 -009 -00006 的档案

北京市档案馆档案号为 004 -010 -00820 的档案

北京市档案馆档案号为 010 -006 -00036 的档案

北京市档案馆档案号为 011 -001 -00001 的档案

北京市档案馆档案号为 011 -001 -00016 的档案

北京市档案馆档案号为 011 -001 -00018 的档案

北京市档案馆档案号为 011 -001 -00019 的档案

北京市档案馆档案号为 011－001－00020 的档案
北京市档案馆档案号为 011－001－00023 的档案
北京市档案馆档案号为 011－001－00027 的档案
北京市档案馆档案号为 011－001－00029 的档案
北京市档案馆档案号为 011－001－00032 的档案
北京市档案馆档案号为 011－001－00034 的档案
北京市档案馆档案号为 011－001－00035 的档案
北京市档案馆档案号为 011－001－00038 的档案
北京市档案馆档案号为 011－001－00041 的档案
北京市档案馆档案号为 011－001－00057 的档案
北京市档案馆档案号为 011－001－00058 的档案
北京市档案馆档案号为 011－001－00066 的档案
北京市档案馆档案号为 011－001－00071 的档案
北京市档案馆档案号为 011－001－00077 的档案
北京市档案馆档案号为 011－001－00078 的档案
北京市档案馆档案号为 011－001－00086 的档案
北京市档案馆档案号为 011－001－00088 的档案
北京市档案馆档案号为 011－001－00095 的档案
北京市档案馆档案号为 011－001－00104 的档案
北京市档案馆档案号为 011－001－00106 的档案
北京市档案馆档案号为 011－001－00100 的档案
北京市档案馆档案号为 011－001－00118 的档案
北京市档案馆档案号为 011－001－00119 的档案
北京市档案馆档案号为 011－001－00124 的档案

北京市档案馆档案号为 011 –001 –00125 的档案

北京市档案馆档案号为 011 –001 –00135 的档案

北京市档案馆档案号为 011 –001 –00136 的档案

北京市档案馆档案号为 011 –001 –00138 的档案

北京市档案馆档案号为 011 –001 –00162 的档案

北京市档案馆档案号为 011 –001 –00165 的档案

北京市档案馆档案号为 011 –001 –00238 的档案

北京市档案馆档案号为 011 –001 –00335 的档案

北京市档案馆档案号为 011 –002 –00003 的档案

北京市档案馆档案号为 011 –002 –00017 的档案

北京市档案馆档案号为 011 –002 –00021 的档案

北京市档案馆档案号为 011 –002 –00044 的档案

北京市档案馆档案号为 011 –002 –00045 的档案

北京市档案馆档案号为 011 –002 –00049 的档案

北京市档案馆档案号为 011 –002 –00118 的档案

北京市档案馆档案号为 011 –002 –00120 的档案

北京市档案馆档案号为 025 –001 –00001 的档案

北京市档案馆档案号为 025 –001 –00045 的档案

北京市档案馆档案号为 027 –001 –00014 的档案

北京市档案馆档案号为 052 –001 –00007 的档案

北京市档案馆档案号为 102 –001 –00050 的档案

北京市档案馆档案号为 127 –001 –00001 的档案

北京市档案馆档案号为 127 –001 –00004 的档案

北京市档案馆档案号为 127 –001 –00005 的档案

北京市档案馆档案号为 127 - 001 - 00009 的档案
北京市档案馆档案号为 127 - 001 - 00097 的档案
北京市档案馆档案号为 127 - 001 - 00158 的档案
北京市档案馆档案号为 127 - 001 - 00165 的档案
北京市档案馆档案号为 127 - 001 - 00187 的档案
北京市档案馆档案号为 135 - 001 - 00042 的档案
北京市档案馆档案号为 135 - 001 - 00068 的档案
北京市档案馆档案号为 135 - 001 - 00069 的档案
北京市档案馆档案号为 135 - 001 - 00078 的档案
北京市档案馆档案号为 135 - 001 - 00079 的档案
北京市档案馆档案号为 135 - 001 - 00082 的档案
北京市档案馆档案号为 135 - 001 - 00124 的档案
北京市档案馆档案号为 135 - 001 - 00130 的档案
北京市档案馆档案号为 135 - 001 - 00131 的档案
北京市档案馆档案号为 135 - 001 - 00154 的档案
北京市档案馆档案号为 135 - 001 - 00146 的档案
北京市档案馆档案号为 135 - 001 - 00180 的档案
北京市档案馆档案号为 135 - 001 - 00184 的档案
北京市档案馆档案号为 135 - 001 - 00236 的档案
北京市档案馆档案号为 135 - 001 - 00237 的档案
北京市档案馆档案号为 135 - 001 - 00239 的档案
北京市档案馆档案号为 135 - 001 - 00302 的档案
北京市档案馆档案号为 135 - 001 - 00304 的档案
北京市档案馆档案号为 135 - 001 - 00323 的档案

北京市档案馆档案号为 135－001－00898 的档案

北京市档案馆档案号为 147－001－00235 的档案

北京市档案馆档案号为 152－001－00031 的档案

北京市档案馆档案号为 152－001－00039 的档案

北京市档案馆档案号为 152－001－00049 的档案

北京市档案馆档案号为 152－001－00101 的档案

北京市档案馆档案号为 152－001－00105 的档案

北京市档案馆档案号为 152－001－00135 的档案

北京市档案馆档案号为 152－001－00145 的档案

北京市档案馆档案号为 152－001－00146 的档案

北京市档案馆档案号为 152－001－00149 的档案

北京市档案馆档案号为 152－001－00155 的档案

北京市档案馆档案号为 152－001－00156 的档案

北京市档案馆档案号为 152－001－00157 的档案

北京市档案馆档案号为 152－001－00160 的档案

北京市档案馆档案号为 152－001－00161 的档案

北京市档案馆档案号为 152－001－00165 的档案

北京市档案馆档案号为 152－001－00166 的档案

北京市档案馆档案号为 152－001－00185 的档案

北京市档案馆档案号为 152－001－00215 的档案

北京市档案馆档案号为 152－001－00277 的档案

北京市档案馆档案号为 152－001－00278 的档案

北京市档案馆档案号为 152－001－00288 的档案

北京市档案馆档案号为 152－001－00300 的档案

北京市档案馆档案号为 152－001－00311 的档案
北京市档案馆档案号为 152－001－00317 的档案
北京市档案馆档案号为 152－001－00328 的档案
北京市档案馆档案号为 152－001－00332 的档案
北京市档案馆档案号为 152－001－00362 的档案
北京市档案馆档案号为 152－001－00379 的档案
北京市档案馆档案号为 152－001－00420 的档案
北京市档案馆档案号为 152－001－00428 的档案
北京市档案馆档案号为 152－001－00455 的档案
北京市档案馆档案号为 152－001－00539 的档案
北京市档案馆档案号为 152－001－00549 的档案
北京市档案馆档案号为 152－001－00562 的档案
北京市档案馆档案号为 152－001－00569 的档案
北京市档案馆档案号为 152－001－00576 的档案
北京市档案馆档案号为 152－001－00580 的档案
北京市档案馆档案号为 153－001－00762 的档案
北京市档案馆档案号为 153－001－00769 的档案
北京市档案馆档案号为 153－001－00779 的档案
北京市档案馆档案号为 153－004－01306 的档案
北京市档案馆档案号为 153－004－02486 的档案

四、期刊

《今日东城总第 553 期》文:《第六医院:百年老院再创辉煌》
北京市政协文史资料委员会编:《北京文史资料第 49 辑》

北京市政协文史资料委员会编:《北京文史资料第 58 辑》
北京市政协文史资料委员会编:《北京文史资料第 59 辑》
北京市档案馆编:《北京档案史料》1988 年第 1 期
北京市档案馆编:《北京档案史料》1993 年第 4 期
北京市档案馆编:《北京档案史料》1997 年第 1 期
北京市档案馆编:《北京档案史料》1999 年第 1 期
北京市档案馆编:《北京档案史料》2003 年第 2 期
北京市档案馆编:《北京档案史料》2007 年第 3 期
北京市档案馆编:《北京档案史料》2007 年第 4 期
北京市档案馆编:《北京档案史料》2009 年第 3 期
北京市档案馆编:《北京档案史料》2013 年第 1 期

后　记

1. 由于这本《吴晗年谱·政务篇》中编纂的是有关吴晗从事政务活动的年谱,吴晗从事的其他活动(如外事活动、党派活动、学术活动、交友活动等)均未收录其中,故年谱中有时活动的时间跳动性会比较大。

2. 在这本《吴晗年谱·政务篇》中,我们可以看到吴晗因工作需要,频频出席有关成立大会、典礼、开幕式并在这些成立大会、典礼、开幕式上作了演说、报告、讲话等。但这数百篇的演说、报告、讲话的原文的全文(或摘要)编者已收录在编者编纂的另外的两本尚未出版的专著——《吴晗职务文稿汇编1》和《吴晗职务文稿汇编2》之中,为了减少本书的篇幅,本书中均没有重复引录。读者如有兴趣阅读,可查阅届时出版的上述两本专著。

3. 在这本《吴晗年谱·政务篇》中,我们可以看到百数篇吴晗撰写的公函或别人写给吴晗的公函的信息,为了减少本书的篇幅，本书也没有重复全文引录。上述这些公函，编者已收录在编者编纂的另外一本尚未出版的专著——《吴晗信函汇编》之中，读者如有兴趣阅读，可查阅届时出版的这本专著。

4. 在这本《吴晗年谱·政务篇》中，我们可以看到很多吴晗和其他几位北京市的领导一起签发的诸如布告、通告、报告、令、指示等文件。凡这些公布在《人民日报》上的布告、通告、报告、令、指示等文件，本书都依据《人民日报》在按文中作了简略的介绍。凡没有用按文作介绍的，都是编者引自北京市档案馆等编纂的《北京市重要文献选编1950》或《北京市重要文献选编1951》二书当中，读者如需深入研究，可自行去查阅该书的有关章节。

5. 在这本《吴晗年谱·政务篇》中，凡是按文中标注有符合"□"的地方，均为笔者查阅的史料文献中原件字迹无法辨认者，一般每一处符合"□"，代表一个汉字。

6. 在这本《吴晗年谱·政务篇》中，我们可以看到自1957年开始，每年的谱文条数逐年减少，这里的原因除开部分是与编纂者搜集史料的多寡有关外，其主要原因是当时北京市的副市长已由解放初期的二位增加到了八位，到1962年增至为九位，分管的副市长增加，吴晗的政务活动也相应减少；另一个原因则是，后期吴晗经多次申请、领导同意，逐渐加重了对于学术研究方面工作的力度。这方面的谱条将在编者编纂尚未出版的《吴晗年谱·著述篇》中的这个时段的谱条中予以反映。

7. 本书是编者在继已经出版的《吴晗年谱·外事篇》之后,再从正在编撰、尚未完稿的《吴晗年谱》中抽出来出版的第二本较为详细的有关介绍吴晗生平活动的历史专著,由于成书的时间较短,搜集的资料可能还不甚全面,编者在编纂《吴晗年谱》的过程中肯定还有可能搜集到其他有关吴晗从事政务活动的有关资料,这就只好等本书需要再版的时候给予增补了。

跋

在《民盟历史文献》丛书付梓之际，掩卷回首，民盟先贤们的音容笑貌挥之不去，不绝如缕，久久难忘。在编辑此丛书的过程中，我们每每被他们为信仰、为理想奋斗的坚定精神所感召和感动。

人不能没有理想和信仰，一个民族也不能没有自己的理想和信仰。我们的先辈们，正是怀揣民族富强、人民福祉的赤诚之心，身先士卒、鞠躬尽瘁；凭借自身高尚的人文品格和社会良知，与中国共产党团结合作，为中国社会的前途和命运探索了一条新的宪政之路；和平、民主是人类社会的两大主题，也是中国共产党人和各民主党派所共同追求的理想。

如今，面对着他们的拳拳之心和丰功伟绩，我们感叹！赞叹！怀念！更要继承！

《民盟历史文献》在整个创作和出版过程中，得到了来自社会各界人士的关注和厚爱。我们要特别感谢为此丛书孜孜不倦地考证、核实、梳理、完善的各位专家、学者，是他们的认真严谨，才使此丛书能够客观地展现历史的真貌；更要特别感谢中共中央统战部与民盟中央给予我们的鼎力支持和重视，没有他们的指导和帮助，我们不可能完成如此厚重的出版工作任务；还要感谢各省、市、地区的民盟组织，为搜集、挖掘、抢救民盟的历史文献资料做出的不懈努力和贡献；感谢每一本书的作者，是他们的辛勤笔耕和一点一滴的忠实记录，才集成了民盟历史的全貌；感谢为此丛书付出辛劳的编辑以及所有工作人员，感谢你们辛勤的劳动和无私的奉献。

谨以此丛书献给所有伟大的民主革命先驱者；献给为共和国诞生抛洒了智慧和热血的先贤们；献给那一段筚路蓝缕、以启山林的峥嵘岁月。

《民盟历史文献》编委会